FÁSCIA no esporte e no movimento

FÁSCIA no esporte e no movimento

Editor
Robert Schleip, PhD, MA
Diretor do Fascia Research Project, divisão de neurofisiologia da Universidade de Ulm; diretor de pesquisa da Associação Europeia de Rolfing®; vice-presidente da Ida P. Rolf Research Foundation; instrutor certificado de Rolfing® e professor de Feldenkrais

Coeditora
Amanda Baker, MA
Experiente professora de yoga e instrutora de Pilates que trabalha com a prática clínica; jornalista na área de saúde e *fitness*; instrutora de *Fascial Fitness*

Com a colaboração de

Joanne Avison
Leon Chaitow
Stefan Dennenmoser
Donna Eddy
Klaus Eder
Raoul H.H. Engelbert
Piroska Frenzel
Fernando Galán del Río
Christopher-Marc Gordon
Robert Heiduk
Helmut Hoffmann
Birgit Juul-Kristensen
Wilbour E. Kelsick

Michael Kjaer
Werner Klingler
Elizabeth Jane Porter Larkam
Eyal Lederman
Divo Müller
Stephen Mutch
Thomas Myers
Sol Petersen
Lars Remvig
Philipp Richter
Raúl Martínez Rodríguez
Liane Simmel
Adjo Zorn

Título original em inglês: *Fascia in sport and movement*
Copyright © 2015 by Handspring Publishing Limited. Todos os direitos reservados.
The original English language work has been published by: Handspring Publishing Limited. Pencaitland, EH34 5EY, United Kingdom. Copyright © 2015. All rights reserved.
Esta publicação contempla as regras do Novo Acordo Ortográfico da Língua Portuguesa.

Editora-gestora: Sônia Midori Fujiyoshi
Produção editorial: Cláudia Lahr Tetzlaff
Tradução: Johannes Carl Freiberg Neto e Maria Claudia Palomo
Revisão científica: Johannes Carl Freiberg Neto
 Educador físico formado pela Escola de Educação Física e Esporte da Universidade de São Paulo (EEFE-USP). Master Trainer Fascial Fitness. Membro da Fascial Research Society. Ministra cursos sobre fáscia no esporte e no movimento para profissionais da área de saúde e movimento. Estuda psicologia formativa de Stanley Keleman desde 1998 e atua como terapeuta corporal, em que relaciona a forma do corpo com as subjetividades produzidas pelos eventos biossociais.
Revisão de tradução e revisão de prova: Depto. editorial da Editora Manole
Diagramação: R G Passo
Capa: Rubens Lima
Imagens da capa: istockphoto

Dados Internacionais de Catalogação na Publicação (CIP)
(Sindicato Nacional dos Editores de Livros, RJ)

Schleip, Robert
 Fáscia no esporte e no movimento / Robert Schleip ; tradução Johannes Carl Freiberg Neto, Maria Claudia Palomo. - 1. ed. - Santana de Parnaíba [SP] : Manole, 2020.
 320 p. : il. ; 24 cm.

 Tradução de: Fascia in sport and movement
 Inclui bibliografia
 ISBN 978-85-204-5549-4

 1. Biomecânica. 2. Sistema musculoesquelético - Fisiologia. 3. Fáscia (Anatomia) - Fisiologia. 4. Esportes - Aspectos fisiológicos. I. Freiberg Neto, Johannes Carl. II. Palomo, Maria Claudia. III. Título.

19-58428
CDD-611.74
CDU: 611.74

Vanessa Mafra Xavier Salgado - Bibliotecária - CRB - 7/6644

Todos os direitos reservados.
Nenhuma parte desta publicação poderá ser reproduzida, por qualquer processo, sem a permissão expressa dos editores. É proibida a reprodução por fotocópia.
A Editora Manole é filiada à ABDR - Associação Brasileira de Direitos Reprográficos.

Edição brasileira - 2020

Direitos em língua portuguesa adquiridos pela:
Editora Manole Ltda.
Alameda América, 876 - Tamboré - 06543-315 - Santana de Parnaíba - SP - Brasil
Fone: (11) 4196-6000 | www.manole.com.br | https//:atendimento.manole.com.br

Impresso no Brasil | *Printed in Brazil*

Sumário

Apresentação vii

Prefácio xi

Colaboradores xiii

Seção I – Teoria

1 Fáscia como uma rede tensional para todo o corpo: anatomia, biomecânica e fisiologia 3
Werner Klingler e Robert Schleip

2 Transmissão de força miofascial 13
Stephen Mutch

3 Fisiologia e bioquímica 23
Werner Klingler

4 A fáscia como um órgão sensorial 33
Robert Schleip

5 Carga de estresse e remodelação da matriz no tendão e no músculo esquelético: mecanoestimulação celular e remodelação do tecido 41
Michael Kjaer

6 Trilhos anatômicos no movimento 47
Thomas Myers

7 Movimentos intencionais como resultado da atividade coordenada da cadeia miofascial, representada pelos modelos de Kurt Tittel e Léopold Busquet 61
Philipp Richter

8 Hiper e hipomobilidade articular: consequências para a função, atividades e participação 73
Lars Remvig, Birgit Juul-Kristensen e Raoul Engelbert

9 Desempenho do movimento humano: equívocos no alongamento e tendências futuras 89
Eyal Lederman

10 Tecidos fasciais em movimento: dinâmicas do armazenamento e retração elástica ... 99
Robert Schleip

Seção II – Aplicação clínica

11 Treinamento da fáscia 109
   Robert Schleip e Divo Müller

12 Forma fascial na yoga 119
   Joanne Avison

13 Treinamento de Pilates orientado para a fáscia 131
   Elizabeth Larkam

14 Treinamento da fáscia na metodologia Gyrotonic® 145
   Stefan Dennenmoser

15 Como treinar a fáscia na dança 157
   Liane Simmel

16 O segredo da fáscia nas artes marciais 169
   Sol Petersen

17 Andar elástico 179
   Adjo Zorn

18 Métodos de treinamento funcional para a fáscia do corredor 191
   Wilbour Kelsick

19 Entender a adaptação mecânica dos tecidos fasciais: aplicação na medicina esportiva 205
   Raúl Martínez Rodríguez e Fernando Galán del Río

20 Como treinar a fáscia no treino de futebol 217
   Klaus Eder e Helmut Hoffmann

21 Treinamento atlético 229
   Stephen Mutch

22 Treinamento pliométrico: princípios básicos para atletas competitivos e guerreiros ninja modernos 243
   Robert Heiduk

23 *Kettlebells* e *clubbells* 255
   Donna Eddy

24 Tecnologias de avaliação: de ultrassom e miometria a bioimpedância e sensores de movimento 269
   Christopher-Marc Gordon, Piroska Frenzel e Robert Schleip

25 Métodos de palpação e avaliação funcional para disfunção relacionada à fáscia 283
   Leon Chaitow

Índice remissivo 299

Apresentação

Por muitos anos, tanto os atletas amadores como os profissionais procuravam fisiologistas e treinadores em busca de meios para melhorar e manter os seus desempenhos e evitar lesões. Trinta anos atrás, havia pesquisas relacionadas à construção de força muscular por meio de exercícios concêntricos e excêntricos, com exercícios isométricos, isocinéticos e isotônicos como blocos de construção, espaçados em várias repetições e intervalos. A isso seguiram-se pesquisas sobre perda muscular pela inatividade e exercícios para combater essa perda, considerados particularmente importantes pelo programa espacial. As biópsias musculares mostraram fibras de contração lenta e de contração rápida, com pouca conversão de tipos de fibra de um para o outro. Quando mudanças na força gerada pelos músculos foram vistas em questão de dias, muito antes de haver qualquer mudança demonstrável no tamanho das fibras musculares, isso foi atribuído a modificações nas inervações e ativação do músculo. No entanto, todos esses estudos levaram à mesma conclusão: para melhorar o desempenho em uma atividade específica, em oposição à força em um músculo isolado, o melhor treinamento é a atividade em si, que envolve o movimento de todo o corpo.

Ao mesmo tempo, modelos de movimento baseados em músculos e ossos foram desafiados pela realidade do movimento que não podia ser explicado. Na lombar, a fáscia toracolombar precisava ser adicionada ao modelo para explicar as capacidades de movimento. A capacidade de corrida do duplo amputado, inicialmente declarado inelegível para competir nos Jogos Olímpicos regulares de 2008 por temores de que suas próteses abaixo do joelho lhe dessem uma vantagem artificial sobre atletas com músculos normais da panturrilha, mostra que os músculos da perna não são forças suficientes ou mesmo necessárias para impulsionar o corpo humano. Estudos de armazenamento de energia no tendão e outros tecidos conjuntivos mostraram sua importância na marcha humana. Acontece que o sistema locomotor miofascial normal dos humanos é, de fato, um pouco melhor que o das próteses baseadas em molas, e nos animais, como o canguru, o armazenamento de energia nos tendões é fundamental para manter os padrões repetitivos de locomoção (Cap. 10).

Mais recentemente, estudos mostraram que o armazenamento de energia em tecidos ao redor do ombro permite que humanos atirem a velocidades de mais de 160 km/h, em comparação com os modestos 32 km/h alcançados pela espécie de primata mais próxima de nós. A pré-contração do músculo alonga os tecidos conjuntivos, que então são liberados de forma explosiva, realizando um movimento para o qual a força muscular sozinha seria insuficiente. Enquanto nos membros inferiores são encontrados grandes tendões em posições óbvias para armazenar essa energia, isso não acontece no ombro. Em vez disso, o armazenamento é difundido por meio de uma rede de tecidos ainda indefinidos, mas a "preparação" para o arremesso indica que o corpo inteiro está envolvido.

Os capítulos da Seção I oferecem uma base para a compreensão dos princípios da rede tensional da fáscia para todo o corpo. Existe uma continuidade de fibrilas da matriz extracelular através do receptor da integrina e da membrana celular para o núcleo. A massagem manual após o exercício pode auxiliar na ativação das vias de condução de força para o núcleo, seguida, após algumas horas, por alterações na transcrição do gene. É um conceito útil pensar no corpo como uma rede fascial com conexões de músculos e ossos, em vez da visão mais tradicional de um sistema musculoesquelético com conexões de fáscia (Cap. 1). Isso sugere que a contração dos músculos do tronco antes do uso das cadeias musculares superficiais, descrita no Capítulo 7, pode não estar apenas estabilizando o tronco. Em vez disso, ela pode estar tirando a folga das camadas fasciais do núcleo a fim de permitir o "pré-estiramento" e o armazenamento de energia para o lançamento posterior. Golfistas e atletas marciais conhecem a potência de uma rotação adequada do tronco.

Conforme descrito no Capítulo 8, existem diferenças claras na mobilidade dos tecidos ao redor das articulações, e algumas pessoas são mais flexíveis do que outras. No entanto, a flexibilidade nem sempre é uma função uniforme, e o especialista clínico encontrará pacientes com cotovelos flexíveis e posteriores da coxa encurtados e vice-versa. De fato, existem alguns distúrbios musculares raros caracterizados por certas articulações tensas e outras frouxas. O tema do alongamento para aumentar a amplitude de movimento em partes específicas do corpo continua no Capítulo 9, no qual, mais uma vez, descobrimos que a prática de uma tarefa é a melhor maneira de se preparar para seu desempenho. Se retomarmos a ideia de que os tecidos fasciais armazenam energia para liberação durante as atividades, chegamos à conclusão lógica de que alongar esses tecidos até o ponto em que suas propriedades de absorção de energia são alteradas resultará em redução na liberação de energia e diminuição do desempenho subsequente. As interações mecânicas entre músculo, tendão e fáscia em humanos se desenvolveram ao longo de muitos milhares de anos para permitir que nos adaptássemos a uma ampla gama de atividades. Estamos apenas começando a entender essas interações para poder direcionar essa adaptação para exercícios e atividades específicas, que diferem da tarefa final desejada.

O músculo esquelético claramente responde à carga por hipertrofia e outras adaptações, o que aumenta sua capacidade de geração de força. O Capítulo 5 leva esse conceito ao tecido conjuntivo e explora a carga no contexto da adaptação ou patologia de sobrecarga. Para certas ocupações, ciclos específicos de trabalho/descanso podem ser identificados como toleráveis ou levando à perda funcional. Mais uma vez, a especificidade da tarefa é primordial. Os tendões mostram pouca mudança ou remodelação nos adultos, a menos que haja cicatrização de lesões a ser reparada. No entanto, para colocar isso em perspectiva, o balanço do tecido conjuntivo a cada dois dias é encontrado nas pequenas fibras que conectam um músculo à arteríola próxima, que abre os receptores de óxido nítrico e aumenta o fluxo sanguíneo para o músculo em contração.

Aspectos adicionais da fisiologia e bioquímica fascial são apresentados no Capítulo 3, expondo uma gama de fatores a serem levados em conta na compreensão da base para o amplo espectro de aplicações clínicas apresentadas na próxima seção. Alguns fatores são específicos da fáscia. Outros, como o endurecimento relacionado à atividade, são propriedades gerais do endurecimento por deformação plástica, que têm sido usadas com o cobre, o aço e outros metais há milhares de anos. Em maior ou menor medida, cada um dos capítulos na Seção II remete a alguma porção da fisiologia básica subjacente a essas atividades. Ao alternar o estudo entre as Seções I e II, o leitor desenvolverá uma facilidade para analisar terapias potencialmente benéficas que irá se ampliar além das específicas aqui apresentadas. Essa é talvez a contribuição mais útil deste livro: ajudar o leitor a decidir qual dos muitos sistemas de terapia concorrentes ele se comprometerá a estudar mais profundamente e quais irá incorporar total ou parcialmente em sua própria abordagem clínica aos seus pacientes e assistidos. Talvez, mais importante, eles também começarão a identificar quais abordagens específicas funcionarão para quais pacientes.

O Capítulo 25 oferece ferramentas e técnicas para avaliação durante o exame clínico com o objetivo de auxiliar na coleta de evidências para orientar o início do tratamento e monitorar o progresso. Espero que este livro se torne uma adição, muito consultada e anotada, à biblioteca de profissionais de muitas disciplinas.

Thomas Findley

Prefácio

A fáscia certamente conecta. Ela não apenas conecta uma grande variedade de tecidos colagenosos dentro do corpo humano, desde tendões a cápsulas articulares e envelopes musculares, mas também o campo das explorações orientadas à fáscia, que vem crescendo rapidamente, o qual reúne muitas disciplinas, personalidades e perspectivas profissionais diferentes. Entre essas estão cientistas, profissionais da dança, gurus do alongamento e celebridades da medicina esportiva. Este livro é nada menos que a primeira publicação interdisciplinar a revisar abordagens científicas e práticas que investigam a importância da fáscia em terapias esportivas e de movimento.

Nós, editores, estamos orgulhosos do que foi realizado nas páginas desta obra. Em uma extensa e intensa colaboração, conseguimos incluir como membros da equipe de colaboradores os melhores especialistas científicos em suas áreas, bem como figuras proeminentes de diferentes abordagens práticas, como treinamento esportivo, yoga, Pilates, reabilitação esportiva, treinamento com *kettlebell*, artes marciais, pliometria, medicina da dança e outros.

Observe que a amplitude de perspectivas profissionais varia tanto quanto os diferentes tecidos fibrosos que estão conectados uns aos outros como partes da rede fascial em todo o corpo. Com base nisso, o escopo deste livro didático abrange propositadamente opiniões diferentes, como as sugestões provocativamente céticas apresentadas no Capítulo 9, sobre alongamento, que são posteriormente complementadas por diferentes visões sobre o mesmo tópico de outros autores. Da mesma forma, as linhas de transmissão miofasciais do nosso colega Thomas Myers são descritas com seus avanços mais recentes e impressionantes, juntamente com aplicações práticas detalhadas. No entanto, outros modelos de transmissão de força miofascial em todo o corpo humano também são apresentados. Sim, este livro apresenta muitas respostas interessantes e uma infinidade de informações confiáveis e novas. Além disso, também oferece novas questões inspiradoras, especulações hipotéticas cuidadosas, bem como observações clínicas que nós, editores, consideramos bem fundamentadas e clinicamente valiosas.

Um enorme obrigado deve ser expresso aos nossos 26 autores, os quais se esforçaram para oferecer uma ótima contribuição de seu campo para esse primeiro livro em um território novo e promissor. Além disso, a equipe da Handspring Publishing tem sido maravilhosa em seu apoio entusiasmado ao nosso projeto. Sua extensa experiência de publicação e familiaridade pessoal com o campo foram além de qualquer coisa que pudéssemos ter imaginado. O entusiasmo pioneiro, quase palpável no Primeiro Congresso sobre Tecidos Conectivos na Medicina Esportiva (Universidade de Ulm, abril de 2013) e que desde então tem moldado os diferentes projetos em rede dentro desse campo em expansão, forneceu um forte pano de fundo motivacional para todos os envolvidos neste livro. Nós acreditamos que o leitor não apenas notará o espírito colaborativo e entusiasmado dessa nova aventura, mas também se beneficiará da resultante riqueza de informações e da qualidade das contribuições de toda a nossa equipe internacional.

Robert Schleip e Amanda Baker

Colaboradores

Joanne Avison, KMI, CTK, E-RYT500, CMED
Director, Art of Contemporary Yoga, Teacher Training, London, UK
Co-chair Presentation Committee: Biotensegrity Interest Group

Leon Chaitow, ND DO
Director, Ida P. Rolf Research Foundation
Honorary Fellow, University of Westminster, London, UK

Stefan Dennenmoser, MA in Sports Science
PhD-student at the Fascia Research Project
Institute of Applied Physiology,
Ulm University, Ulm
Germany
Cert. Adv. Rolfer, Gyrotonic/Gyrokinesis-Instructor
Fascial-Fitness-Master Trainer (FFA)

Donna Eddy, BHSc TCM
Grad Dip Counselling, Dip RM,
Cert IV Pilates & Fitness
Physical Therapist & Movement Specialist
Owner & Creator Posture Plus
Co-owner & Creator Everything Movement & The Swinging Weights Academy
Bondi, Sydney, Australia

Klaus Eder, PT
Lecturer at the Institute of Sport Science, University of Regensburg,
Instructor for sports physiotherapy at the German Olympic Sport Confederation,
Donaustauf, Germany

Raoul H.H. Engelbert, PhD, PT
Professor of Physiotherapy, University of Amsterdam, Department of Rehabilitation, AMC Amsterdam
Director, School of Physiotherapy, Amsterdam School of Health Professions, University of Applied Sciences, The Netherlands

Piroska Frenzel, MD
Master student of the Vienna School for Osteopathy at the Danube University Krems, Austria
Member of the Fascia Research Project
Division of Neurophysiology,
Ulm University, Ulm, Germany

Fernando Galán del Río, PhD, PT, DO
Spanish National Football Federation,
Physiotherapy Team
Professor at Department of Physical Therapy,
Occupational Therapy,
Rehabilitation and Physical Medicine, Rey Juan Carlos University, Madrid, Spain

Christopher-Marc Gordon, SRP, hcpc, HP
Physiotherapist, Naturopath,
Founder of the Center of Integrative Therapy
Stuttgart
Myofascial Pain Researcher
Lecturer Institute for Medical Psychology and
Behavioural Neurobiology
University Tübingen, Germany

Robert Heiduk, MSc
Sports Science Director, German Strength
and Conditioning Conference Sports Coach,
Bochum, Germany

Helmut Hoffmann, MSS, MBA
Owner Eden Sport Private Institute for
Performance Diagnostics
Sportscientific Director Eden Reha Private
Clinic for Sport Rehabilitation
Donaustauf, Germany

Birgit Juul-Kristensen, PhD, PT
Associate professor,
Research Unit of Musculoskeletal Function,
and Head of Centre for Research in Adapted
Physical Activity and Participation, Institute
of Sports Science and Clinical Biomechanics
University of Southern Denmark, Odense,
Denmark
Professor, Bergen University College,
Institute of Occupational Therapy,
Physiotherapy and Radiography,
Department of Health Sciences,
Bergen, Norway

Wilbour E. Kelsick, BSC(kin), PhD, DC,
FRCCSS(C), FCCRS(C)
Sports Chiropractic Lead
Athletics Olympic Team Canada
Clinical Director
MaxFit Movement Institute
Vancouver, Canada

Michael Kjaer, MD DMSci
Professor, Chief physician
Institute of Sports Medicine, Bispebjerg
Hospital and Centre for Healthy Aging
Faculty of Health and Medical Sciences
University of Copenhagen,
Copenhagen, Denmark

Werner Klingler, MD, PhD
Director, Neurophysiological Laboratory,
Neuroanaesthesiology, Ulm University
Fascia Research Group, Division of Neurophysiology,
Ulm University, Ulm, Germany
Department of Neuroanaesthesiology, Ulm
University, Guenzburg, Germany

Elizabeth Larkam
Pilates Method Alliance-Gold CPT
Balanced Body Faculty/Mentor
PMA Heroes in Motion® Pioneer
Distinguished Instructor, Pilates Anytime
GYROTONIC®/GYROKINESIS® Teacher
GCFP®
San Francisco, California, USA

Eyal Lederman, DO, PhD
Director, CPDO Ltd, Self Care Education Ltd.
Senior Honorary Lecturer and Research Supervisor
Institute of Orthopaedics & Musculoskeletal
Health, University College London (UCL), UK

Divo G. Müller
FF Mastertrainer
CEO Fascial Fitness Association
Director Somatic Academy
Munich, Germany

Stephen Mutch, MSc (Sports Physiotherapy)
BSc (Physiotherapy) MCSP
Clinical Director Spaceclinics.com,
Physiotherapist, Scotland Rugby Team
Vice President Association of Chartered
Physiotherapists in Sports & Exercise
Medicine, Edinburgh, UK

Thomas W. Myers, LMT, NCTMB
Director: Kinesis LLC,
Walpole, Maine, USA

Sol Petersen, B Phys Ed
Rehabilitation Specialist and Psychotherapist,
Tai Ji & Qi Gong Instructor
Founder, Mana Retreat Centre, Coromandel,
New Zealand

Lars Remvig, MD, DMSc
Senior Consultant,
Department of Infectious Medicine and
Rheumatology
Rigshospitalet, University of Copenhagen,
Copenhagen, Denmark

Philipp Richter, DO
Osteopath, Belgium; Head of the IFAO
(Institut für angewandte Osteopathie),
Germany

Raúl Martínez Rodríguez, PT, DO
Spanish National Football Federation,
Physiotherapy Team
Director of Tensegrity Clinic Physiotherapy &
Osteopathy
Health Area, European University of Madrid,
Madrid, Spain

Liane Simmel, PhD, MD, DO
Director, Institute for Dance Medicine 'Fit for
Dance', Munich
Medical Consultant, University for
Theatre and Performing Arts, Dance
Department, Munich
Lecturer for Dance Medicine, Palucca
University for Dance, Dresden
Senior Consultant, Dance Medicine
Germany eV, Munich, Germany

Adjo Zorn, PhD
Fascia Research Project
Institute of Applied Physiology
Ulm University, Ulm;
European Rolfing Association
Munich, Germany

Durante o processo de edição desta obra, foram tomados todos os cuidados para assegurar a publicação de informações precisas e de práticas geralmente aceitas. Do mesmo modo, foram empregados todos os esforços para garantir a autorização das imagens aqui reproduzidas. Caso algum autor sinta-se prejudicado, favor entrar em contato com a editora. Os autores e os editores eximem-se da responsabilidade por quaisquer erros ou omissões ou por quaisquer consequências decorrentes da aplicação das informações presentes nesta obra. É responsabilidade do profissional, com base em sua experiência e conhecimento, determinar a aplicabilidade das informações em cada situação.

Seção I

Teoria

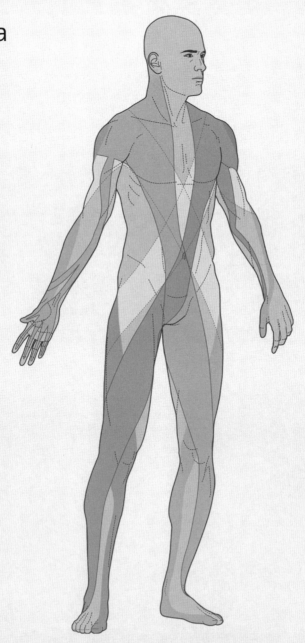

1
Fáscia como uma rede tensional para todo o corpo: anatomia, biomecânica e fisiologia

Werner Klingler e Robert Schleip

FÁSCIA, O ÓRGÃO ESQUECIDO

Depois de várias décadas adormecida, a fáscia de repente entrou em evidência no campo das ciências humanas. Literalmente descartada na maioria das dissecações anatômicas, esse tecido fibroso incolor foi tratado, na maioria das vezes, como uma embalagem tediosa e inerte de órgãos. Houve várias razões para esse desprezo. Uma delas é a falta de distinções claras baseadas na natureza universal e aparentemente desordenada desse tecido, em comparação com os músculos e órgãos brilhantes por baixo dela. Outra razão, ainda mais importante para tal ausência de atenção científica, era a falta de ferramentas de medidas adequadas. Enquanto o raio X permitia o estudo dos ossos e a eletromiografia permitia o estudo dos músculos, durante muitas décadas as alterações na fáscia foram difíceis de medir. Por exemplo, a fáscia lata ou fáscia toracolombar tem em geral menos de 2 mm de espessura, e um crescimento local de 20% na densidade era muito pouco para ser visto em um ultrassom (ou outra tecnologia de imagem acessível à prática clínica), embora possa ser facilmente palpada pelo terapeuta e sentida pelo paciente durante o movimento.

Essa situação lamentável mudou significativamente nos últimos anos. Os avanços na medição por ultrassom e na histologia resultaram em um grande aumento dos estudos relacionados à fáscia (Chaitow et al., 2012). Os campos clínicos cujos profissionais têm um interesse ávido e participam desse processo incluem terapias manuais, fisioterapia, tratamento de cicatriz, oncologia (com base nas células cancerígenas, dependentes de uma matriz), cirurgia e medicina física e reabilitação, entre outros. Da mesma forma, a ciência esportiva vem abraçando esses desenvolvimentos. O primeiro congresso sobre "Os tecidos conjuntivos na medicina esportiva", sediado na Universidade de Ulm, na Alemanha, em 2013, serviu de grande estímulo para o desenvolvimento desse campo. Atualmente, a fáscia tem se tornado o assunto favorito em conferências sobre a ciência do esporte e entre professores de movimento.

O QUE É FÁSCIA?

Com base na natureza interligada dos tecidos fasciais, a nova terminologia proposta no primeiro Congresso de Pesquisa sobre Fáscia define fáscia como todo tecido conjuntivo colagenoso fibroso que pode ser visto como elemento de uma rede de transmissão de força tensional para todo o corpo. Ao contrário dos ossos e cartilagens, a morfologia específica desses tecidos fibrosos é formada pela predominância da carga tensional, em vez da compressão. O formato específico do tecido fascial depende da história local dessas forças tensionais. Se as demandas na tensão local forem principalmente unidirecionais e estiverem envolvidas com altas cargas, então a rede fascial manifestará essas demandas na forma de tendão ou ligamento. Em outras circunstâncias, pode manifestá-las como uma membrana em forma de treliça ou como a fibra frouxa areolar do açafrão. (ver Fig. 1.1) Portanto, o termo "fáscia" é o mesmo que "tecido conjuntivo" para o entendimento de uma pessoa leiga (embora na medicina o termo "tecido conjuntivo" inclua ossos, cartilagens e até o sangue, todos derivados da camada mesenquimal embrionária).

UMA REDE TENSIONAL INTERCONECTADA COM O CORPO TODO

Uma vantagem dessa terminologia mais nova e abrangente é que ela reconhece as extensas continuidades dessa teia fibrosa, enquanto ainda permite uma descrição detalhada da arquitetura local. Observe que, ao contrário da anatomia simplificada das ilustrações de livros didáticos, os tecidos colagenosos ao redor das articulações mais importantes do corpo humano manifestam grandes áreas de transição gradual, em que uma distinção clara entre ligamento, cápsula, tendão, septo ou revestimento muscular é praticamente impossível.

A transmissão de força de um músculo para o esqueleto também envolve mais delineações miofasciais extramusculares do que classicamente se supunha. O trabalho de Huijing et al., 2007 nos mostra como os músculos transmitem mais de 40% de sua força de contração não apenas aos seus respectivos tendões, mas via conexões fasciais com outros músculos que estão posicionados ao lado deles. O interessante é que esse processo geralmente envolve a transmissão de força para músculos antagonistas, que são então enrijecidos em conjunto e tendem a aumentar a resistência a esse movimento principal. Já foi mostrado que um aumento nessa específica transmissão de força para músculos antagonistas é uma complicação

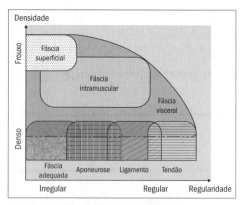

Figura 1.1 Tecidos conjuntivos diferentes como especializações de uma rede fascial global.

Na nova terminologia, proposta no primeiro Congresso de Pesquisa sobre Fáscia, todo tecido conjuntivo colagenoso fibroso é considerado como "fáscia". Esses tecidos diferem em termos de densidade e no alinhamento direcional das fibras de colágeno. Por exemplo, a fáscia superficial é caracterizada por uma densidade relativamente baixa e por um alinhamento na maioria das vezes multidirecional ou irregular, enquanto nos tendões ou ligamentos mais densos as fibras são na maioria unidirecionais. Observe que a fáscia intramuscular – septo, perimísio e endomísio – pode manifestar vários graus de direcionalidade e densidade. O mesmo serve para a fáscia visceral, como o omento maior muito macio na barriga ou o pericárdio mais rígido. Dependendo do histórico de carga local, a fáscia propriamente dita pode manifestar uma organização unidirecional, como uma treliça, ou multidirecional. (A ilustração é uma cortesia de fascialnet.com.)

importante em muitas contrações espasmódicas (Huijing et al., 2007).

Transmissões de força muscular importantes, por meio de suas conexões fasciais, são mostradas entre:

- Latíssimo do dorso e glúteo máximo contralateral via fáscia lombodorsal (Barker et al., 2004).
- Bíceps femoral para a fáscia eretora da espinha via ligamento sacrotuberal (Vleeming et al., 1995).
- Bíceps braquial e músculos flexores do antebraço via aponeurose bicipital (Brasseur, 2012).
- Glúteo máximo e músculos do membro inferior via fáscia lata (Stecco et al., 2013).

Don Ingber mostrou que a arquitetura das células pode ser compreendida por comportar-se como uma estrutura de tensegridade. Na estrutura de tensegridade, os elementos de compressão (suportes) estão suspensos sem nenhum contato de compressão entre eles, enquanto os elementos tensionais (tiras elásticas e membranas) estão todos conectados uns aos outros em uma teia global de transmissão de tensão. Esse modelo serviu como inspiração básica para o campo de pesquisa da fáscia. Motivado pela observação de que um corpo humano saudável manifesta um alto grau de qualidades como a tensegridade em seus movimentos, muitos médicos e cientistas começaram a ver a teia fascial como os elementos elásticos de uma estrutura de tensegridade, na qual os ossos e cartilagens estão suspensos como espaçadores, e não como as estruturas clássicas de suporte de peso (Levin, 2003). Com base na hipótese de que o corpo humano é uma estrutura de tensegridade pura, uma vez que também possui elementos hidráulicos que se comportam como uma esponja, os exemplos acima de transmissão de força miofascial em várias articulações mostram que uma perspectiva inspirada na tensegridade oferece um melhor entendimento sobre a rede fascial e seu papel na dinâmica musculoesquelética.

COMPONENTES DO TECIDO FASCIAL

Os tecidos conjuntivos fasciais consistem basicamente em dois componentes: células mais a matriz extracelular (Fig. 1.2). Diferentemente da maioria dos tecidos, as células ocupam uma parte muito pequena do volume total (geralmente menos de 5%). A maioria das células são fibroblastos, que funcionam como trabalhadores de construção e manutenção para a matriz circundante. Novamente, a matriz consiste em duas partes: a substância fundamental e as fibras. A substância fundamental consiste principalmente em água, que é ligada por proteoglicanos. Em sua maioria as fibras são de colágeno, exceto por poucas fibras elásticas.

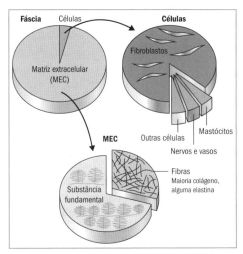

Figura 1.2 Componentes da fáscia.
Os componentes básicos são células (na maioria fibroblastos) e matriz extracelular (MEC). Essa última consiste em fibras mais substância de base aquosa. (A ilustração é uma cortesia de fascialnet.com.)

Um equívoco comum é que às vezes a substância fundamental e a matriz são consideradas sinônimos. Entretanto, a rede de fibras de colágeno é um elemento importante da matriz. A arquitetura geral da matriz pode ser comparada com uma estrutura composta na engenharia, na qual uma malha de cabos resistentes está combinada com um material mais disforme a fim de fornecer uma grande resistência mecânica à carga multidirecional.

Exceto pela água (que é extrudada por pequenas arteríolas na fáscia), a maioria dos componentes é produzida, remodelada e mantida por fibroblastos residentes. Essas células são sensíveis ao estímulo mecânico e ao estímulo biomecânico. O estímulo biomecânico inclui o efeito de citocinas inflamatórias, várias outras citocinas, hormônios e alterações no nível do pH (acidez da substância fundamental). Por exemplo, o hormônio de crescimento humano (GH) – que na sua maioria é produzido durante o sono – é um requisito importante para a produção de colágeno. Como muitos fisiculturistas que experimentaram o GH descobriram, o crescimento muscular não é afetado por esse importante hormônio. Entretanto, há um efeito claro sobre a produção de colágeno, e a síntese adequada de colágeno como renovação depende de um abastecimento suficiente de GH, que age efetivamente como um fertilizante importante (Kjaer et al., 2009).

O estímulo biomecânico é pelo menos tão importante para a saúde do tecido como o ambiente biomecânico. De fato, sem o estímulo biomecânico apropriado, os fibroblastos fasciais não criarão uma matriz fibrosa adequada, não importa se seu ambiente biomecânico é bom ou ruim. Ainda que o cuidado nutricional possa melhorar o ambiente bioquímico, as terapias de movimento e os esportes são ferramentas potentes para promover um ótimo estímulo biomecânico para o comportamento dos fibroblastos de remodelação da matriz. Os fibroblastos são equipados com numerosos dispositivos para "sentir" o estímulo de cisalhamento tensional e mecânico exercido sobre eles. Como resposta, eles alteram sua função metabólica de maneira constante.

ADAPTABILIDADE À CARGA MECÂNICA

Para uma abordagem de treinamento orientada ao tecido conjuntivo, é preciso entender que a arquitetura local dessa rede se adapta à história específica das demandas anteriores de carga de tensão (Blechschmidt, 1978) (Chaitow, 1988). O colágeno mostra uma enorme capacidade de adaptação à demanda no campo gravitacional. Por exemplo, o homem bípede desenvolveu uma estrutura única: a fáscia lata densa no lado de fora da coxa, que nos permite estabilizar os quadris ao caminhar, correr e pular. Nenhum outro animal, nem mesmo o chimpanzé, que é nosso parente geneticamente mais próximo, mostra esse tipo de característica fascial. Essas camadas fasciais na lateral da coxa desenvolvem uma firmeza mais evidente do que no lado medial naquelas pessoas que caminham ou correm regularmente. Em um viciado em TV, que prefere um estilo de vida sedentário, ou em um paciente em cadeira de rodas quase sem movimento nos membros inferiores, essa diferença na rigidez do tecido raramente é encontrada. Por outro lado, para praticantes de hipismo o oposto seria o caso. Após alguns meses, a fáscia na parte interna da perna se tornaria densa e forte (El-Labban et al., 1993).

Há boas notícias para a renovação do tecido: se as estruturas conjuntivas recebem carga de maneira adequada, as redes de células inerentes, chamadas fibroblastos, adaptam sua atividade de remodelação matricial para que a arquitetura do tecido responda ainda melhor às demandas diárias. Não é só a densidade do osso que é alterada, como acontece com astronautas que ficam em gravidade zero e cujos ossos ficam mais porosos (Ingber, 2008): o tecido fascial também reage a seus padrões de carga dominantes. Com a ajuda dos fibroblastos, eles lentamente, mas de maneira constante, reagem à tensão do dia a dia e também ao treinamento específico (Kjaer et al., 2009). Sua atividade de remodelação é particularmente sensível a desafios repetidos à integridade mecânica de sua matriz circundante. Os desafios à força, extensibilidade e capacidade de cisalhamento do tecido estimularão os fibroblastos a responderem em um processo de reconstrução constante e reajuste da rede fascial.

FÁSCIA NA CIÊNCIA DO ESPORTE

Na ciência do esporte, e na educação esportiva recente, a principal ênfase é dada à tríade do treinamento muscular clássico, condicionamento cardiovascular e coordenação neuromuscular (Jenkins, 2005). Em comparação, pouca atenção se dava ao treinamento direcionado específico dos tecidos conjuntivos envolvidos. Essa prática difundida não tem levado em consideração o importante papel que os tecidos conjuntivos colagenosos têm nos esportes associados com lesões por uso excessivo. Seja na corrida, futebol, beisebol, natação ou ginástica, a maioria das lesões por esforços repetitivos associados ocorre nos tecidos conjuntivos colagenosos musculares, tais como tendões, ligamentos ou cápsulas articulares. Mesmo nas chamadas "distensões musculares", as rupturas específicas raramente ocorrem entre as miofibrilas vermelhas, mas dentro das partes de colágeno branco de toda a estrutura muscular. Parece que, nesses exemplos, os respectivos tecidos colagenosos tiveram uma preparação menos adequada – e estão menos adaptados ao seu desafio de carga – do que suas contrapartes musculares e esqueletais (Renström & Johnson, 1985) (Hyman & Rodeo, 2000) (Counsel & Breidahl, 2010).

Com certeza, qualquer treino muscular também "treina" os tecidos conjuntivos envolvidos, embora de forma não específica e em geral não ideal. Isso é comparável ao efeito insuficiente do treinamento de resistência cardiovascular sobre a força muscular e vice-versa. Do mesmo modo, todos os treinos esportivos estimularão a remodelação de colágeno "de alguma forma". Portanto, sugestões recentes sobre o treinamento orientado para fáscia propõem que um treinamento específico e personalizado do tecido conjuntivo pode produzir a mesma melhoria que um treinamento de força, coordenação ou programa de condicionamento cardiovascular personalizado faz com suas funções específicas.

OBTENHA SUA ENERGIA DE VOLTA

Um dos aspectos mais inspiradores para os profissionais do movimento e esporte, nesse rápido avanço no campo de novas revelações científicas sobre a fáscia, é a habilidade dos tendões e aponeuroses de armazenarem e liberarem energia cinética. Isso será explicado com mais detalhes no Capítulo 10. Com a arquitetura correta para a carga da estrutura de colágeno, e com o refinamento sensório-motor suficiente para sentir a frequência de ressonância apropriada, os movimentos de retração elástica podem ser realizados aparentemente sem esforço.

A qualidade do armazenamento elástico geralmente maior em jovens reflete-se no fato de que seus tecidos fasciais mostram uma organização como treliça tipicamente em duas direções, a exemplo da organização regular na meia fina de uma mulher (Staubesand et al., 1997). O envelhecimento está geralmente associado com uma perda de elasticidade, balanceio e flexibilidade na nossa maneira de caminhar, e isso também reflete a arquitetura da fáscia (Fig. 1.3). Aqui as fibras se proliferam e assumem uma organização irregular. Experimentos com animais nos mostram que a imobilização nos leva rapidamente a uma desregulação na organização da fibra e a um crescimento multidirecional de outras ligações cruzadas entre as fibras densas de colágeno. Como resultado, as fibras perdem sua elasticidade, assim como o movimento de deslizamento suave umas contra as outras. Então, elas grudam umas às outras, formando uma aderência entre os tecidos ao longo do tempo, e, ainda pior, se tornam um emaranhado (Jarvinen et al., 2002).

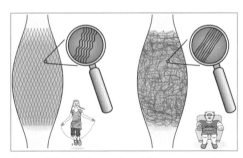

Figura 1.3 As fibras de colágeno respondem ao carregamento.
Uma fáscia saudável (imagem à esquerda) apresenta uma organização bidirecional clara (treliça) de suas redes fibrosas de colágeno. Além disso, cada fibra de colágeno mostra uma formação forte de onda. Por outro lado, a falta de exercícios mostra o estímulo de uma rede de fibra multidirecional e a redução da formação de ondas, levando a uma perda da flexibilidade e retração elástica (imagem à direita). (A ilustração é uma cortesia de fascialnet.com.)

Se olharmos de perto a microestrutura das fibras colágenas, podemos observar ondas que lembram molas elásticas. Em pessoas mais velhas, ou naquelas cujas fibras fasciais sofreram imobilizações, a estrutura da fibra parece aplanada, perdendo as ondas e a flexibilidade (Staubesand et al., 1997). As pesquisas confirmaram a suposição previamente otimista de que exercícios adequados de carga nas fibras, se aplicados com regularidade, podem estimular uma arquitetura de colágeno mais jovem. Isso recupera um arranjo de fibras mais ondulado (Wood et al., 1988) (Jarniven et al., 2002) e manifesta um aumento significativo na capacidade de armazenamento da elasticidade (Fig. 1.4) (Reeves et al., 2006) (Witvrouw et al., 2007).

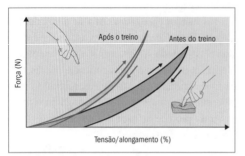

Figura 1.4 Diminuição da histerese em tendões treinados.

Nos tecidos tendinosos de ratos que praticaram corrida rápida na esteira regularmente, houve um aumento na capacidade de armazenamento de elasticidade em comparação com os que não se exercitaram. Veja a curva dupla à esquerda. A área entre as respectivas curvas de carga *versus* descarga representa a quantidade de "histerese", que é uma medida para a perda de energia cinética. A baixa histerese dos animais treinados (curva dupla à esquerda) revela sua capacidade mais "elástica" de armazenamento de tecido. Em contraste, a alta histerese dos que não se exercitaram indica que as propriedades do tecido são mais "viscoelásticas", também referida como inércia. Note que, comparadas às informações iniciais, as diferenças relativas entre as curvas duplas foram aumentadas para um melhor entendimento. (A ilustração é uma cortesia de fascialnet.com, modificada segundo Reeves et al., 2006.)

Considerando uma resiliência elástica adequada no tecido fascial dos pés e das pernas, pode-se precisar de menos amortecimento para absorção do impacto externo no calçado. O hábito de correr descalço, além de correr com calçados minimalistas, tende a envolver um contato mais precoce da parte dianteira do pé com o solo em comparação com calçados convencionais de corrida. Isso parece envolver uma capacidade maior de armazenamento através da fáscia do pé e da tíbia em comparação com os calçados de corrida (Tam et al., 2014). É interessante que esse aumento na qualidade elástica de armazenamento está mais evidente na corrida descalço do que na corrida com calçados minimalistas (Bonacci et al., 2013), possivelmente por causa do papel do envolvimento da estimulação proprioceptiva pelo contato do solo com os pés descalços. Entretanto, em virtude da lentidão na adaptação da fáscia (ver adiante), a transição para um calçado mais "natural" deveria ser feita ainda mais gradualmente do que o recomendado por instruções conservadoras, por causa da alta probabilidade de lesões por uso excessivo, como edema de medula óssea, durante o tempo de troca (Ridge et al., 2013).

HIDRATAÇÃO E RENOVAÇÃO

É conveniente notar que aproximadamente dois terços do volume dos tecidos fasciais são constituídos de água. Durante a aplicação da carga mecânica, seja pelo alongamento ou compressão local, uma quantidade significativa de água é empurrada para fora das zonas mais estressadas, semelhante a espremer uma esponja (Schleip et al., 2012). Durante o tempo de liberação subsequente, a área volta a ser preenchida com um novo fluido, vindo de tecidos circundantes e de arteríolas locais. O tecido conjuntivo, semelhante a uma esponja, pode ter falta de hidratação em lugares que não são alcançados durante movimentos cotidianos. A aplicação de carga externa nos tecidos fasciais pode resultar em uma hidratação revigorante em tais lugares do corpo (Chaitow, 2009).

Também parece ser importante o tipo de água que é armazenada no tecido. Em uma fáscia saudável, uma grande porcentagem de água extracelular está em um estado de água ligada (ao contrário de partículas de água), no qual seu comportamento pode ser caracterizado como o de um cristal líquido (Pollack, 2013). Muitas patologias, como condições inflamatórias, edema ou aumento no acúmulo de radicais livres e outros resíduos, tendem a acompanhar uma mudança para um percentual de partículas de água maior na substância fundamental. Relatórios recentes de Sommer e Zhu (2008) sugerem que, quando um tecido conjuntivo local é espremido como uma esponja e reidratado na sequência, algumas das zonas que antes possuíam partículas de água (nas quais a água tinha sido "poluída" com citocinas inflamatórias e com radicais livres como um subproduto do estresse ou envelhecimento) podem então ser substituídas por água "fresca" do plasma sanguíneo que instantaneamente forma água ligada, que pode levar a uma constituição de água mais saudável na substância fundamental. Como apresentado no estudo de Pollack, a água ligada tem uma capacidade alta de armazenamento elástico e se comporta como um cristal líquido (Pollack, 2013). É provável que alguns efeitos no tecido por alongamento, yoga e autotratamento com rolo de espuma estejam relacionados com a dinâmica de renovação da água. É possível que uma área de tecido relativamente desidratada possa ser reidratada novamente por meio desses tratamentos (Schleip et al., 2012). Além disso, é possível que não apenas o teor total de água seja melhor, mas também a qualidade da água, no sentido de uma maior percentagem de água ligada, com uma melhoria subsequente nas propriedades do tecido viscoelástico.

QUAL A VELOCIDADE DA MUDANÇA?

A que velocidade ocorre o processo de adaptação descrito? Parece que depende de quais elementos são analisados. Alguns dos cabos de colágeno mais densos no tendão do calcâneo – que são compostos de feixes especialmente grossos de fibras colágenas tipo 1 –, não são repostos até o final do período de crescimento do esqueleto e não apresentam nenhuma mudança após essa idade. No outro extremo do espectro, muitos dos proteoglicanos na água ligante da substância fundamental são constantemente remodelados em questões de dias. Para as fibras de colágeno na cartilagem, a meia-vida foi calculada em cem anos, enquanto na pele ela foi estimada em quinze anos. As técnicas de rotulagem mais recentes examinando as proteínas de colágeno do tendão do calcâneo e patelar sugerem uma fração de 1% ao dia para o colágeno da fáscia intramuscular. O mesmo estudo estimou que a renovação da taxa de tecidos colagenosos era aproximadamente duas a três vezes mais lenta do que a taxa para fibras musculares esqueléticas (Miller et al., 2005). Em resumo, a velocidade de renovação da rede facial no corpo inteiro é bem lenta, com uma meia-vida entre meses e anos, em vez de dias ou semanas.

A CIÊNCIA DA FÁSCIA COLOCADA NA PRÁTICA DIÁRIA

Sugere-se que, a fim de construir uma rede corporal fascial elástica resistente a lesões, é essencial transferir os conhecimentos atuais do campo de pesquisa da fáscia a programas práticos de treinamento. Um treinamento adequadamente personalizado pode melhorar a capacidade de armazenamento de elasticidade do tecido fascial estimulado (Fig. 1.4). Para a remodelação do respectivo tecido, aparentemente os tipos de movimentos de exercício aplicados fazem diferença: um estudo de exercícios controlados com mulheres idosas usando contração de baixa velocidade e carga demonstrou apenas um aumento na força e volume muscular. Entretanto, não produziu qualquer alteração na capacidade de armazenamento elástico das estruturas de colágeno (Kubo et al., 2003). Embora a última resposta possa estar também relacionada a diferentes idades, estudos mais recentes de Arampatzis et al. (2010) confirmaram que, para produzir efeitos de adaptação nos tendões humanos, a magnitude da tensão aplicada deve exceder o valor que ocorre durante as atividades regulares.

Esses estudos fornecem evidências sobre a existência de um limiar na magnitude da tensão aplicada na qual o estímulo mecânico influencia a homeostase dos tendões. (Arampatzis et al., 2007). Para o tecido tendinoso, a magnitude da carga exigida parece ser bem alta e geralmente não é alcançada com cargas comparáveis às das atividades normais diárias. Porém, para as fáscias intramusculares, forças muito menores são suficientes (Kjaer, comunicação pessoal).

Estudos recentes nos mostram que, durante as primeiras três horas após uma carga de exercícios apropriados, a síntese de colágeno é aumentada. Entretanto, a degradação do colágeno também aumenta, e o interessante é que, durante as primeiras 36 horas, a degradação supera a síntese (Fig. 1.5). Somente depois é que a síntese resultante da produção de colágeno se torna positiva. Presume-se, portanto, que uma carga diária pesada de exercícios pode levar a uma estrutura de colágeno mais fraca. Com base nisso, recomenda-se que os tecidos fasciais sejam exercitados de maneira adequada somente duas ou três vezes na semana, a fim de permitir a renovação adequada do colágeno (Magnusson et al., 2010).

Foram propostas várias recomendações de treinos para promover uma perfeita remodelação dos tecidos faciais, as quais serão exploradas na segunda parte deste livro. Elas tentam traduzir uma compreensão das propriedades da fáscia em instruções de movimentos ou tratamentos recomendados. Com base na sua ênfase em particular, elas prometem promover uma mobilidade para nosso corpo mais forte, mais rápida, mais jovem, mais elástica, redefinida, resistente, flexível e, acima de tudo, resistente a lesões. Como esse campo geral é relativamente novo na ciência esportiva, muito poucas dessas promessas foram clinicamente comprovadas até o momento (serão mencionadas nos respectivos capítulos). A vasta

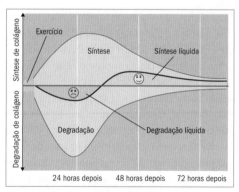

Figura 1.5 Balanço de colágeno após o exercício.

A curva superior demonstra como a síntese de colágeno é aumentada após o exercício. Após 24 horas, a síntese aumentou duas vezes em comparação com a condição anterior em repouso. No entanto, como efeito adicional do exercício, os fibroblastos estimulados também aumentaram sua taxa de degradação de colágeno. O interessante é que, durante os primeiros 1-2 dias, a degradação de colágeno supera a síntese de colágeno, ao passo que, posteriormente, essa situação é revertida. Com base nisso, as recomendações de treino direcionadas à melhoria da força do tecido conjuntivo sugerem exercícios apenas 2-3 vezes por semana. Dados com base em Miller et al., 2009. (A ilustração é uma cortesia de fascialnet.com, modificada segundo Magnusson et al., 2010.)

maioria dessas alegações é sustentada apenas por evidências casuais, que naturalmente podem ser suscetíveis a múltiplos vieses baseados nas expectativas. Futuras pesquisas críticas, possivelmente baseadas em ferramentas de medição descritas na última seção deste livro, revelarão em que medida esses efeitos benéficos promissores podem ser alcançados.

Referências bibliográficas

Arampatzis, A., Karamanidis, K. & Albracht, K. (2007) Adaptational responses of the human Achilles tendon by modulation of the applied cyclic strain magnitude. *J Exp Biol.* 210: 2743–2753.

Arampatzis, A., Peper, A., Bierbaum, S. & Albracht, K. (2010) Plasticity of human Achilles tendon mechanical and morphological properties in response to cyclic strain. *J Biomech.* 43: 3073–3079.

Barker, P.J., Briggs, C.A. & Bogeski, G. (2004) Tensile transmission across the lumbar fasciae in unembalmed cadavers: effects of tension to various muscular attachments. *Spine* 29(2): 129–138.

Blechschmidt, E. (1978). In: Charles, C. (Ed.), *Biokinetics and Biodynamics of Human Differentiation: Principles and Applications*. Thomas Pub Ltd, Springfield, Illinois.

Bonacci, J., Saunders, P.U., Hicks, A.,Rantalainen, T.,Vicenzino, B.G. & Spratford, W. (2013) Running in a minimalist and lightweight shoe is not the same as running barefoot: a biomechanical study. *Br J Sports Med.* 47(6): 387–392.

Brasseur, J.L. (2012) The biceps tendons: From the top and from the bottom. *J Ultrasound. 15(1): 29–38.*

Chaitow, L. (1988) *Soft-tissue Manipulation: A Practitioner's Guide to the Diagnosis and Treatment of Soft-tissue Dysfunction and Reflex Activity*. Healing Arts Press, Rochester, Vermont.

Chaitow, L. (2009) Research in water and fascia. Micro-tornadoes, hydrogenated diamonds & nanocrystals. *Massage Today* 09(6): 1–3.

Chaitow, L., Findley, T.W. & Schleip, R. (Eds.) (2012) *Fascia research III – Basic science and implications for conventional and complementary health care*. Kiener Press, Munich.

Counsel, P. & Breidahl, W. (2010) Muscle injuries of the lower leg. *Seminars in Musculoskelet Radiol* 14: 162–175.

El-Labban, N.G., Hopper, C. & Barber, P. (1993) Ultrastructural finding of vascular degeneration in myositis ossificans circum-scripta (fibrodysplasia ossificans). *J Oral Pathol Med*. 22: 428–431.

Huijing, P.A. (2007) Epimuscular myofascial force transmission between antagonistic and synergistic muscles can explain movement limitation in spastic paresis. *J Electromyogr Kinesiol*. 17(6): 708–724.

Hyman, J. & Rodeo, S.A. (2000) Injury and repair of tendons and ligaments. *Phys Med Rehabil Clin N Am*. 11: 267–288.

Ingber, D.E. (1998) The architecture of life. *Scientific American*. January, 48–57.

Ingber, D.E. (2008) Tensegrity and mechanotransduction. *J Bodyw Mov Ther*. 12: 198–200.

Jarvinen, T.A., Jozsa, L., Kannus, P., Jarvinen, T.L., & Jarvinen, M. (2002) Organization and distribution of intramuscular connective tissue in normal and immobilized skeletal muscles. An immunohistochemical, polarization and scanning electron microscopic study. *J Musc Res Cell Mot*. 23: 245–254.

Jenkins, S. (2005) Sports Science Handbook. In: *The Essential Guide to Kinesiology, Sport & Exercise Science*, vol. 1. Multi-science Publishing Co. Ltd., Essex, UK.

Kjaer, M., Langberg, H., Heinemeier, K., Bayer, M.L., Hanse, M., Holm, L., Doessing, S., Kongsgaard, M., Krogsgaard, M.R. & Magnusson, S.P. (2009) From mechanical loading to collagen synthesis, structural changes and function in human tendon. *Scand J Med Sci Sports* 19(4): 500–510.

Kubo, K., Kanehisa, H., Miyatani, M., Tachi, M., Fukunaga, T. (2003). Effect of low-load resistance training on the tendon properties in middle-aged and elderly women. *Acta Physiol Scand*. 178: 25–32.

Levin, S.L. & Martin, D. (2012) Biotensegrity: The mechanics of fascia. In: Schleip, R. et al. *Fascia – the tensional network of the human body*. Edinburgh: Elsevier, 137–142.

Magnusson, S.P., Langberg, H. & Kjaer, M. (2010). The pathogenesis of tendinopathy: balancing the response to loading. *Nature Rev Rheumat*. 6: 262–268.

Miller, B.F., Olesen, J.L., Hansen M., Døssing, S., Crameri, R.M., Welling, R.J., Langberg, H., Flyvbjerg, A., Kjaer, M., Babraj, J.A., Smith, K. & Rennie, M.J. (2005) Coordinated collagen and muscle protein synthesis in human patella tendon and quadriceps muscle after exercise. *J Physiol*. 567(Pt 3): 1021–1033.

Pollack, G.H. (2013) *The fourth phase of water. Beyond solid, liquid and vapor*. Ebner and Sons Publishers, Seattle, Washington.

Reeves, N.D., Narici, M.V. & Maganaris, C.N. (2006). Myotendinous plasticity to aging and resistance exercise in humans. *Exp Physiol*. 91: 483–498.

Renström, P. & Johnson, R.J. (1985) Overuse injuries in sports. A review. *Sports Med*. 2: 316–333.

Ridge, S.T., Johnson, A.W., Mitchell, U.H., Hunter, I., Robinson, E., Rich, B.S. & Brown, S.D. (2013) Foot bone marrow edema after a 10-wk transition to minimalist running shoes. *Med Sci Sports Exerc*. 45(7): 1363–1368.

Schleip, R., Duerselen, L., Vleeming, A., Naylor, I.L., Lehmann-Horn, F., Zorn, A., Jaeger, H. & Klingler, W. (2012) Strain hardening of fascia: static stretching of dense fibrous connective tissues can induce a temporary stiffness increase accompanied by enhanced matrix hydration. *J Bodyw Mov Ther*. 16(1): 94–100.

Staubesand, J. & Baumbach KUK, Li Y (1997) La structure find de l'aponeurose jambiere. *Phlebologie*. 50: 105–113.

Stecco, A., Gilliar, W., Hill, R., Fullerton, B., & Stecco, C. (2013) The anatomical and functional relation between gluteus maximus and fascia lata. *J Bodyw Mov Ther*. 17(4): 512–517.

Tam, N., Astephen Wilson, J.L., Noakes, T.D. & Tucker, R. (2014) Barefoot running: an evaluation of current hypothesis, future research and clinical applications. *Br J Sports Med*. 48(5): 349–355.

Vleeming, A., Pool-Goudzwaard, A.L., Stoeckart, R., van Wingerden, J.P. & Snijders C.J (1995) The posterior layer of the thoracolumbar fascia. Its function in load transfer from spine to legs. *Spine* 20(7): 753–758.

Witvrouw, E., Mahieu, N., Roosen, P. & McNair, P. (2007) The role of stretching in tendon injuries. *Br J Sports Med*. 41: 224–226.

Wood, T.O., Cooke, P.H. & Goodship, A.E. (1988) The effect of exercise and anabolic steroids on the mechanical properties and crimp morphology of the rat tendon. *Am J Sports Med*. 16: 153–158.

2
Transmissão de força miofascial

Stephen Mutch

"CONECTIVIDADE" E O EFEITO DO EXERCÍCIO

A fáscia, que é definida como "o componente de tecido mole do sistema de tecido conjuntivo que permeia o corpo humano", é efetivamente uma teia reconhecida como parte do sistema de transmissão de força tensional em todo o corpo (Schleip et al., 2012). A fáscia tem um papel importante na dinâmica musculoesquelética: sua habilidade de se ajustar e se adaptar espontaneamente à tensão ou ao alongamento a estabelece como um contribuidor ativo para a estabilidade e mobilidade (Cap. 1). O processo de adaptação funciona essencialmente na base da resposta a estímulos.

Esse processo de conversão do estímulo de carga mecânica para resposta celular é chamado de mecanotransdução. A mudança na estrutura atual ocorre como resultado da conversão do processo e acontece praticamente com a aplicação de uma carga de compressão manual, por movimento ou, ainda, alongamento (Chaitow, 2013) (Khan & Scott, 2009). O potencial de impacto desse processo quando aplicado por profissionais é enorme. Suas habilidades na obtenção de mudanças biológicas específicas e manipulação do processo fisiológico, por meio de tratamentos e métodos de exercícios, são apenas o começo para que seja entendido e reconhecido.

Além da formação de um tecido conjuntivo denso e regular, geralmente conhecido como ligamentos e tendões, as camadas de tecido plano, tais como os septos, os revestimentos musculares, as juntas ou as cápsulas viscerais e retináculos são incluídas nessa rede fascial interconectada. Também estão incluídos os tecidos conjuntivos areolares colagenosos mais macios da fáscia superficial e da camada intramuscular do epimísio, perimísio e endomísio. Esses têm uma grande diversidade de tipos de células, todas com suas próprias composições e estruturas individuais, mas fundamentalmente são todas feitas de fibras de colágeno em uma matriz amorfa de proteoglicanos hidratados. Isso é fundamental para a ligação mecânica dessa teia de tecido conjuntivo (Purslow, 2010). Os fibroblastos areolares fazem parte da mecanotransdução e se comunicam entre si via junções comunicantes (*junctions gap*), respondendo ao alongamento do tecido por meio de mudanças moldadas pelo citoesqueleto (Langevin et al., 2005).

É evidente que o músculo não pode existir como uma entidade isolada. Ele é mecanicamente conectado a estruturas vizinhas adjacentes que coletivamente têm um efeito substancial na transmissão de força miofascial sobre as características de força e comprimento muscular (Yucesoy at al., 2003b) (Yucesoy, 2010). As transmissões de força intramuscular, intermuscular e extramuscular têm a capacidade de alterar a distribuição de comprimento dos sarcômeros nas fibras musculares (Fig. 2.1).

Para o movimento controlado do esqueleto humano, devem-se exercer forças no quadro esquelético a fim de criar um movimento biomecânico em relação às juntas articulares. Uma força adicional é exercida sobre os tecidos das juntas para estabelecer condições mecânicas estáveis e, desse modo, contribuir com as funções e com a mecânica do músculo (Yucesoy et al., 2003a).

As evidências experimentais do início do século XXI têm mostrado que há um aumento significativo na transmissão de força miofascial extramuscular que complementa a função do músculo. A tensão, inicialmente gerada nos filamentos de actina-miosina dos sarcômeros, é transmitida através da superfície da fibra muscular para os tecidos conjuntivos circundantes por meio de uma via mecanomolecular complexa (Masi et al., 2010). Foram observadas miofibrilas transmitindo forças tanto longitudinalmente como para miofibrilas adjacentes, bem como para o sarcolema. Então, as fibras musculares transmitem força pelos tendões, que estão organizados parte em série e parte em paralelo com as fibras musculares (Yucesoy et al., 2003a). Essa matriz de conexão contínua do tecido conjuntivo e fibras musculares adjacentes coordenam a transmissão de força entre as fibras em fascículo, mantendo as fibras uniformes (Purslow, 2010).

FORÇA DE TRANSMISSÃO PELO EPI-, PERI- E ENDOMÍSIO

Cada músculo é revestido pelo epimísio, uma camada contínua de tecido conjuntivo com tendões. O epimísio pode ser dois grupos paralelos de colágeno ondulado, incorporados a uma matriz de proteocolágeno organizada em camadas cruzadas em alguns músculos longos como uma cinta, ou em músculos penados, nos quais o colágeno está organizado em paralelo a um longo eixo do músculo, formando uma camada densa superficial que funciona como um tendão superficial (Purslow, 2010).

Na superfície muscular, o perimísio se une diretamente ao epimísio, e os dois estão mecanicamente conectados. O perimísio é uma teia

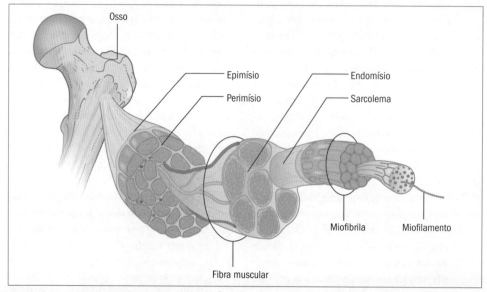

Figura 2.1 Estruturas anatômicas inter-relacionadas que contribuem para a transmissão de força.

de tecido conjuntivo contínua que divide o músculo em fascículos, ou feixes de fibras musculares que correm no comprimento muscular de tendão a tendão. As extremidades interdigitantes dobradas dessas fibras musculares formam as junções miotendinosas.

Dentro de cada fascículo ou feixe de fibras musculares, o endomísio é uma teia de tecido conjuntivo contínua que separa de forma singular, mas liga fibras musculares individuais. Como o endomísio é compatível em tensão, a transmissão de força pode ser por ligação de cisalhamento através da sua densidade, o que oferece uma via de força de transdução altamente eficiente de uma única célula muscular para suas vizinhas. Desse modo, o comprimento uniforme dos sarcômeros é mantido pela coordenação de fibras não contráteis com fibras de contração adjacentes. Em virtude da baixa rigidez elástica, o endomísio pode se deformar facilmente no plano da rede, e, portanto, não restringe mudanças no comprimento da fibra muscular e em seu diâmetro conforme o músculo se contrai e relaxa (Purslow, 2010).

Essa forma de distribuição de carga lateral pelo endomísio explica como o músculo pode crescer, adquirir e reparar sarcômeros danificados sem qualquer perda da função contrátil. As conexões endomisiais entre as fibras adjacentes podem garantir a manutenção dessa tensão, altamente desejada, por todo o tecido. Mesmo quando danificadas, as miofibrilas são remodeladas após uma lesão, revelando uma proteção inerente contra o esforço excessivo e um rompimento ainda maior no local da lesão traumática (Maas & Sandercock, 2010).

As tensões de cisalhamento dentro do músculo de trabalho são substanciais e diversas, e o perimísio existe em densidades diferentes. Assim, o perimísio é capaz de se adaptar e acomodar essas grandes tensões de cisalhamento (Purslow, 2010). Geralmente, há uma consistência na composição, quantidade e resultado da densidade do endomísio, mas há diferenças significativas em tamanho e forma do fascículo muscular do perimísio, que é, como resultado, 50 vezes mais denso do que o endomísio (Purslow, 2010).

Há dois tamanhos de fascículos: os pequenos fascículos primários, delineados pelo que é denominado perimísio primário; e os fascículos secundários, maiores e mais densos, que são compostos por grupos de fascículos primários, organizados pelo perimísio secundário. A camada perimisial é principalmente composta de camadas cruzadas de feixes de fibras colágenas onduladas em uma matriz de proteoglicanos que funcionam separados e divididos em dois fascículos adjacentes. Essa rede estratificada e fenestrada se estende através da área transversal de todo o músculo. O diâmetro dos feixes de fibras colágenas é maior no perimísio do que no endomísio, e eles encontram-se em paralelo uns com os outros, entre 20° e 80° do eixo da fibra muscular, no comprimento em repouso de qualquer músculo (Purslow, 2010).

De fato, as propriedades elásticas do perimísio e do endomísio são similares, com mudanças no comprimento e no diâmetro que causam uma deformação inicial após a contração ou o alongamento dos músculos antagonistas, afetando os fascículos e as fibras musculares. Ocorre muito pouco deslocamento de cisalhamento dentro de um fascículo, com a maioria das deformações de cisalhamento ocorrendo nos limites entre os fascículos (Purslow, 2010).

Já se postulou que o músculo é dividido em fascículos para facilitar as deformações de cisalhamento, as quais permitem mudanças na forma do músculo em contração (Purslow, 2010). Isso pode explicar por que o diâmetro e a forma do perimísio demonstram tal variação entre os músculos, com um perimísio mais fino em músculos longos em forma de cinta associados a pequenos deslocamentos de cisalhamento e grandes folhas perimisias e fascículos primários envolvidos em deslocamentos de cisalhamento maiores. Desse modo, a rede de tecido conjuntivo permite a acomodação de uma variedade de tensões de cisalhamento, mantendo ao mesmo tempo as vantagens de uma ligação de cisalhamento contraída do endomísio. Embora o epimísio e o perimísio estejam organizados como complexas vias mecanomoleculares para a transmissão de força miofascial, o perimísio também permite que ocorra um grande deslizamento no plano de deslocamentos entre fascículos musculares durante a contração (Purslow, 2010).

Quando os músculos estão em comprimentos menores, as fibras de colágeno endomisial estão organizadas em circunferências, enquanto em comprimentos musculares maiores é mais provável que elas estejam posicionadas longitudinalmente. Independentemente do comprimento dos sarcômeros, uma grande proporção de fibras de colágeno é ondulada. Consequentemente, a rede de tecido mole responde sob tensão em qualquer comprimento fisiológico apropriado, mas pode ser facilmente deformada para acompanhar a alteração no comprimento muscular em seres vivos. Isso é vantajoso como provisão de proteção de sobrecargas em alta deformação quando o comprimento muscular excede aqueles de funções normais. Um estudo com roedores tinha mostrado que havia efeitos na transmissão de força miofascial entre sarcômeros e a matriz extracelular do músculo, além de efeitos extracelulares nas características da força do comprimento muscular; qualquer músculo individual não poderia ser considerado uma unidade geradora de força e movimento completamente independente (Huijing & Baan, 2003) (Masi et al., 2010) (Yucesoy, 2010).

São necessários níveis diferentes de organização, do nível celular ao nível compartimental, e as estruturas da matriz extracelular auxiliam o músculo esquelético sinergético na transmissão de força por todas as ligações profundamente complexas do tecido conjuntivo já descritas (Maas & Sandercock, 2010) (Masi et al., 2010). Para concluir, o músculo não deve ser visto nem como uma unidade mecanicamente independente, nem como único responsável por gerar força e, para que a "contração" ocorra, uma sequência de eventos multicelulares é desencadeada, a qual, em última análise, leva a forças simultâneas sendo exercidas sobre o esqueleto (Huijing et al., 2011).

A EVIDÊNCIA PARA A ADAPTAÇÃO

A cicatrização de feridas e os "miofibroblastos"

Os fibroblastos no tecido conjuntivo são dinamicamente sensíveis ao alongamento do tecido e a estímulos mecânicos. O agrupamento e revezamento do colágeno são de responsabilidade do tipo dominante de célula do tendão, o tenócito, e de sua mecanobiologia (Benjamin et al., 2008). Esses fibroblastos especializados são tipicamente dispostos em fileiras longitudinais, e próximo das fibras de colágeno, cercadas por proteoglicanos matrizes, tais como biglicano e fibromodulina. Esses estão envolvidos na produção de escleraxia, um fator de transcrição para a síntese de colágeno e a diferenciação tendínea (Magnusson et al., 2010). Os tenócitos são responsáveis pela secreção da matriz extracelular, e acredita-se que a extensão da síntese do colágeno é provavelmente regulada pela tensão sofrida por esses fibroblastos.

Os miofibroblastos são células específicas do tecido conjuntivo que regulam a remodelação do tecido conjuntivo. O papel deles é reparar o tecido lesionado, por meio da combinação da secreção de novas características da síntese da matriz extracelular de fibroblastos, com características citoesqueléticas de células musculares lisas contráteis que influenciam o esforço de contração forçada (Wipff & Hinz, 2009) (Hinz et al., 2012). Isso está correlacionado ao grau de produção de actina de um músculo liso (Hinz et al., 2001a). Os fibroblastos, condroblastos e osteoblastos têm uma capacidade inata de expressar o gene para a actina de músculo liso e exibir comportamentos contráteis (Spector, 2002). A expressão é desencadeada patologicamente, tal como na cicatrização de uma ferida ou por lesão, bem como mecanicamente (Hinz et al., 2007).

Existe um mecanismo pelo qual as forças celulares e mecânicas da matriz extracelular podem ser traduzidas em sinais bioquímicos pelas ações de proteínas transmembranosas chamadas integrinas (Zollner et al., 2012). O estresse mecânico causa a ativação da citocina pró-fribrótica, transformando o fator de crescimento beta (TGF-beta 1) por miofibroblastos como um aspecto de suas funções contráteis (Wipff et al., 2007). TGF-beta 1 é sintetizado com um composto proteico e é secretado pela maioria dos tipos celulares como parte de um grande complexo latente. As integrinas são usadas pelos miofibroblastos para transmitir a contração de fibras de estresse para a matriz extracelular. Elas também são usadas para detectar a mudança mecânica no microambiente (Wipff & Hinz, 2009).

As atividades dos miofibroblastos deveriam ocorrer para promover a adaptação adequada ao nível de estresse em tecidos circundantes, mas a atividade excessiva e a secreção da matriz extracelular contribuem para a má adaptação e o fenômeno da retração que caracteriza a maioria das doenças fibrocontrativas, tais como no coração, fígado, rins, esclerodermia, contraturas de Dupuytren e cicatrizes hipertróficas (Wipff & Hinz, 2009) (Hinz et al., 2007).

A fáscia parece ter a capacidade de se contrair ativamente quando desafiada em períodos de estresse mecânico e/ou emocional. Essa situação é mediada pela tensão mecânica e por citocinas específicas relacionadas ao estresse. Isso ocorre somente em tecidos lesionados ou doentes? A presença de fibroblastos contráteis em uma fáscia normal e saudável sugere que a produção regular do fenótipo celular provavelmente serve a um propósito funcional, por exemplo, essas células são, por vezes, usadas como contração de músculo liso além de ajudar na rigidez fascial (Schleip et al., 2005).

Portanto, a contração celular ativa dos fibroblastos e miofibroblastos contribui, em parte, para o efeito de endurecimento pela tensão, além de alterar o teor de água nos tecidos fasciais locais (Schleip et al., 2012). Uma alteração temporária na matriz do tecido pode contribuir para o endurecimento do tecido fascial em áreas densas de tecido conjuntivo, tais como tendões, cápsulas articulares, ligamentos, retináculos e aponeuroses.

INFLUÊNCIAS E EFEITOS DO SISTEMA NERVOSO CENTRAL

Interação com o tecido conjuntivo e o cíngulo do membro inferior

O sistema nervoso central testa de maneira consistente os ambientes internos e externos, interpretando o *status* contemporâneo e imediato da estabilidade e do movimento, assim como planejando tarefas previsíveis. Ele precisa ser capaz de administrar e lidar com desafios e cargas imprevisíveis (Hodges & Mosley, 2003). Um exame das características da fáscia aos desafios locais e de estabilidade que afetam a "seguridade" lombopélvica e do cíngulo do membro inferior ou dor lombar é instrutivo e benéfico em como o sistema nervoso central interage para otimizar o controle motor. O papel principal da pelve, como ligação entre o tronco e os membros inferiores, precisa ser reconhecido (Cusi, 2010), bem como o fato de que o cíngulo do membro inferior ou a incompetência sacroilíaca podem estar correlacionados com dor lombar, lesão, incontinência e problemas respiratórios.

O controle neuromotor da tensão fascial depende do tensionamento ativo ou passivo dos músculos com ligações diretas (transverso do abdome) e aqueles que estão envoltos na fáscia como o eretor da espinha e multífidos. Independente do sistema nervoso central, ou seja, passiva, a tensão presente em repouso no sistema miofascial proporciona a estabilidade postural (Masi et al., 2010). Os multífidos lombares têm sido descritos como dotados de propriedades de rigidez passiva e inter-relações fasciais que contribuem para sua funcionalidade na estabilidade postural e lombar.

O controle intersegmentar é aumentado pela lei de Laplace, compreendendo o raio do abdome e aumentando a pressão intra-abdominal. Entretanto, isso também aumenta a pressão da bexiga e apresenta um desafio para a continência, uma vez que a atividade da uretra estriada aumenta proporcionalmente com a pressão intra-abdominal (Stafford et al., 2012).

Para uma contribuição satisfatória para a estabilidade, a pressão intra-abdominal depende do cilindro do assoalho pélvico ser eficaz, de modo que é fácil ver a relação entre a respiração e a continência para a manutenção estática da postura além do controle dinâmico do movimento. O transverso do abdome nunca relaxa e está envolvido com o sistema fascial em antecipação e pré-ativação, tal como em movimentos unilaterais periféricos de levantar o membro superior ou movimentar o membro inferior.

A estabilização da articulação sacroilíaca é aumentada pelas contribuições miofasciais extensas e específicas para forçar o fechamento e o tensionamento do ligamento, por exemplo, o sacrotuberal (van Wingerden et al., 2004). O fechamento forçado foi definido como "o efeito de trocar as forças de reação articular geradas pela tensão nos ligamentos, fáscias e músculos, além das forças de reação do solo", a fim de superar as forças da gravidade pela provisão de uma compressão forte (Cusi, 2010).

Existem evidências de transmissão de força benéficas nas extensas conexões do glúteo máximo, bíceps femoral, latíssimo do dorso, músculos paravertebrais, transverso do abdome/aponeurose oblíqua interna e fáscia toracolombar (Carvalhais et al., 2013). A fáscia toracolombar é crucial para a integridade da parte lombar da coluna vertebral inferior e da articulação sacroilíaca. Isso se deve, em particular, a sua estrutura tridimensional, a qual é construída da junção dos "planos aponeurótico e fascial para envolver os músculos paravertebrais e estabilizar a coluna lombossacral" (Willard et al., 2012).

Isso foi experimentalmente apresentado por um estudo em seres vivos que mostrava a transmissão miofascial definitiva do latíssimo do dorso para o glúteo máximo contralateral oposto ao corpo por meio da fáscia toracolombar (Cap. 1). A dinâmica da atividade miofascial, juntamente com a qualidade e a integridade estrutural, influencia de forma inquestionável o cíngulo do membro inferior e a estabilidade e a rigidez lombar. Parece decisivo para a função do movimento, pois as articulações sacroilíacas são essenciais para uma transferência de carga efetiva entre a coluna vertebral e os membros por meio dessas interações funcionais e cadeias musculares (Cusi, 2010) (Vleeming et al., 2012).

Os músculos abdominais anterolaterais, ligados à fáscia toracolombar, já foram relacionados à estabilização da coluna vertebral (Hodges et al., 1996, 2003) (Hodges & Richardson, 1997) (Hides et al., 2011), com alterações nos padrões presentes de ativação da dor lombopélvica (Hodges & Richardson, 1996) (Hungerford et al., 2003). As tensões na rafe lateral e na fáscia toracolombar são parte de um mecanismo complexo de interatividade de transferência de carga na região lombopélvica, com os músculos transmitindo forças longitudinais e adjacentes por meio de conexões endomisiais (Huijing, 2007). Desse modo, o aumento da densidade na região fascial, que recebe a transmissão de força muscular direta e indireta, aliada à contração fascial ativa, através da matriz celular aumenta a estabilidade local e global de maneira significativa.

Brown & McGill (2009) relatam estudos com roedores mostrando que mesmo quando a aponeurose do transverso do abdome foi cortada, significando que uma rota antecipada de transmissão de força foi rompida, percentagens efetivas de produção de força original do "músculo" ainda poderiam ser geradas: mostrou-se que os tecidos conjuntivos transferem a grande maioria (73%) da força e rigidez. Esse grau espantoso de eficiência na transmissão deve-se aos três músculos do oblíquo e do transverso do abdome, semelhantes a camadas, sendo firmemente unidas pelos seus anexos de tecido conjuntivo complexo. Isso deve ser considerado como uma contribuição para a estabilidade efetiva da coluna vertebral, aprimorando a musculatura localizada para funcionar sinergicamente.

A estrutura do tecido não apenas sugere que há uma ligação significativa entre o músculo e a fáscia, mas também que há uma otimização da fáscia em razão da composição local. Um triângulo interfascial lombar preenchido com gordura é relatado ao longo da borda lateral dos músculos paravertebrais, desde a 12ª costela até a crista ilíaca, como resultado da unificação do revestimento da fáscia ao longo da borda lateral da fáscia toracolombar. Essa junção estriada de tecido conjuntivo denso foi previamente descrita como a rafe lateral, termo inicialmente criado por Bogduk & Mackintosh em 1984. A função do triângulo interfascial lombar talvez seja minimizar a fricção fascial entre as fáscias adjacentes sob pressão, para acomodar a expansão lateral dos músculos paravertebrais quando contraídos, ou, como recentemente sugerido, para agir como um ponto de apoio para distribuir a tensão mediada lateralmente a fim de "equilibrar diferentes módulos viscoelásticos ao longo das camadas central e posterior da fáscia toracolombar" (Schuenke et al., 2012).

Hoffman & Gabel (2013) propuseram uma atualização no modelo clássico Punjabi de estabilidade de 1992, com a contribuição da fáscia para os seis subsistemas propostos apresentados. Sugere-se que uma quebra em qualquer um dos subsistemas individuais irá inevitavelmente resultar em um prejuízo ao movimento, independentemente da causa e da estabilidade ou da mobilidade, seja passiva, ativa ou neutra. Trata-se da progressão de ideias originais derivadas da dor experimentalmente induzida, que leva a alterações nos tempos de ativação que afetam os músculos da estabilidade e mobilidade (Hodges & Moseley, 2003).

Um estudo dirigido mostrou que há uma perda significativa na propriocepção local em indivíduos com dor lombar (Taimela et al., 1999). Sem o retorno sensorial dos mecanorreceptores localizados nas camadas fasciais largas, bem como nos mecanorreceptores artrogênicos e ligamentares, a coordenação neuromuscular pode ser prejudicada.

Padrões de inervação multissegmentados podem existir, oferecendo soluções terapêuticas potenciais para dor nas costas, adaptação das regiões miofasciais e exercícios de reabilitação (Schuenke et al., 2012). A ligação do tecido conjuntivo com os sistemas muscular, respiratório e de continência urinária pode promover uma sinergia maior e um sistema de estabilização mecânica unificado para promover o controle do tronco. Os desafios do esporte, doenças, ou mau funcionamento desses sistemas inter-relacionados podem prejudicar os padrões de movimento multifacetados e os mecanismos de controle postural.

RESUMO CLÍNICO

- A força muscular é transmitida por vias complexas pela fáscia endo-, peri- e epimisial.
- As células de tecido conjuntivo residente são sensíveis ao estresse mecânico e são prontamente adaptáveis. Portanto, simulações de exercícios podem influenciar o comportamento metabólico e contrátil dessas células.
- A estabilidade intersegmentar, tal como na estabilidade dinâmica do tronco/*core*, envolve arquitetura fascial e força de transmissão adequadas.

Referências bibliográficas

Benjamin, M., Kaiser, E. & Milz, S. (2008) Structure-function relationships in tendons: a review. *J Anat.* 212: 211–228.
Brown, S.H. & McGill, S.M. (2009) Transmission of muscularly generated force and stiffness between layers of the rat abdominal wall. *Spine* 15; 34(2): 70–75.
Carvalhais, V.O.D., Ocarino, Jde., M., Araujo, V.L., Souza, T.R., Silva, P.L. & Fonseca, S.T. (2013) Myofascial force transmission between the latissimus dorsi and gluteus maximus muscles: An in vivo experiment. *J Biomech.* 46: 1003–1007.
Chaitow, L. (2013) Understanding mechanotransduction and biotensegrity from an adaptation perspective. *J Bodyw Mov Ther.* 17: 141–142.
Corey, S.M., Vizzard, M.A., Bouffard, N.A., Badger, G.J. & Langevin, H.M. (2012) Stretching of the Back Improves Gait, Mechanical Sensitivity and Connective Tissue Inflammation in a Rodent Model. *PLoS ONE* 7(1): 1–8.
Cusi, M.F. (2010) Paradigm for assessment and treatment of SIJ mechanical dysfunction. *J Bodyw Mov Ther.* 14: 152–161.
Hides, J., Stanton, W., Mendis, M.D. & Sexton, M. (2011) The relationship of transversus abdominis and lumbar

multifidus clinical muscle tests in patients with chronic low back pain. *Man Ther.* 16: 573–577.

Hinz, B., Celetta, G., Tomasek, J.J., Gabbiani, G. & Chaponnier, C. (2001a) Smooth muscle actin expression upregulates fibroblast contractile activity. *Mol Biol Cell.* 12: 2730–2734.

Hinz, B. Phan, S.H., Thannickal, V.J., Galli, A., Bochaton-Piallat, M.L., Gabbiani, G. (2007) Biological Perspectives. The Myofibroblast. One Function, Multiple Origins. *Am J Pathol.* 170(6): 1807–1819.

Hinz, B., Phan, S.H., Thannickal, V.J., Prunotto, M., Desmoulière, A., Varga, J., De Wever, O., Mareel, M. & Gabbiani, G. (2012) Recent Developments in Myofibroblast Biology: Paradigms for Connective Tissue Remodeling. Am J Pathol. 180(4): 1340–1355.

Hodges, P.W. & Moseley, G.L. (2003) Pain and motor control of the lumbopelvic region: effect and possible mechanisms. *J Electromyogr Kinesiol.* 13(4): 361–370.

Hodges, P.W. & Richardson, C.A. (1996) Inefficient muscular stabilization of the lumbar spine associated with low back pain. A motor control evaluation of transversus abdominis. Spine 21: 2640–2650.

Hodges, P.W. & Richardson, C.A. (1997) Contraction of the abdominal muscles associated with movement of the lower limb. Phys Ther. 77: 132–142.

Hodges, P.W., Richardson, C.A. & Jull, G. (1996) Evaluation of the relationship between laboratory and clinical tests of transversus abdominis function. *Physiother Res Int.* 1: 30–40.

Hodges, P.W., Holm, A.K., Holm, S., Ekstrom, L., Cresswell, A., Hansson, T. & Thorstensson, A. (2003) Intervertebral stiffness of the spine is increased by evoked contraction of transversus abdominis and the diaphragm: in vivo porcine studies. *Spine.* 28: 2594–2601.

Hoffman, J. & Gabel, P. (2013) Expanding Panjabi's stability model to express movement: A theoretical model. *Med Hypotheses* Apr. 1–5.

Huijing, P.A. & Baan, G.C. (2003) Myofascial force transmission: muscle relative position and length determine agonist and synergist muscle force. *J Appl Physiol.* 94: 1092–1107.

Huijing, P.A., Yaman, A., Ozturk, C. & Yucesoy, C.A. (2011) Effects of knee angle on global and local strains within human triceps surae muscle: MRI analysis indicating in vivo myofascial force transmission between synergistic muscles. *Surg Radiol Anat.* 33(10): 869–879.

Hungerford, B., Gilleard, W. & Hodges, P. (2003) Evidence of altered lumbopelvic muscle recruitment in the presence of sacroiliac joint pain. *Spine* 28: 1593–1600.

Khan, K.M. & Scott, A. (2009) Mechanotherapy: how physical therapists' prescription of exercise promotes tissue repair. *Br J Sports Med.* 43: 247–252.

Kim, A.C. & Spector, M. (2000) Distribution of chondrocytes containing α-smooth muscle actin in human articular cartilage. *J. Orthop. Res.* 18(5): 749–755.

Langevin, H.M., Bouffard, N.A., Badger, G.J., Iatridis, J.C. & Howe, A.K. (2005) Dynamic fibroblast cytoskeletal response to subcutaneous tissue stretch ex vivo and in vivo. *Am J Physiol Cell Physiol.* 288: C747–C756.

Maas, H. & Sandercock, T.G. (2010) Force Transmission between Synergistic Skeletal Muscles through Connective Tissue Linkages. *J Biom Biotechnol.* 1–9.

Magnusson, S.P., Langberg, H. & Kjaer, M. (2010) The pathogenesis of tendinopathy: balancing the response to loading. *Nat Rev Rheumatol.* 6: 262–268.

Masi, A.T., Nair, K., Evans, T. & Ghandour, Y. (2010) Clinical, biomechanical, and physiological translational interpretations of human resting myofascial tone or tension. *Int J Ther Massage Bodywork* 3(4): 16–28.

Purslow, P. (2010) Muscle fascia and force transmission. *J Bodyw Mov Ther.* 14: 411–417.

Schleip, R., Klingler, W. & Lehmann-Horn, F. (2005) Active fascial contractility: Fascia may be able to contract in a smooth muscle-like manner and thereby influence musculoskeletal dynamics. *Med Hypotheses* 65: 273–277.

Schleip, R., Duerselen L., Vleeming A., Naylor, I.L., Lehmann-Horn, F., Zorn, A., Jaeger, H. & Klingler, W. (2012) Strain hardening of fascia: static stretching of dense fibrous connective tissues can induce a temporary stiffness increase accompanied by enhanced matrix hydration. J Bodyw Mov Ther. 16: 94–100.

Schuenke, M.D., Vleeming, A., Van Hoof, T. & Willard, F.H. (2012) A description of the lumbar interfascial triangle and its relation with the lateral raphe: anatomical constituents of load transfer through the lateral margin of the thoracolumbar fascia. *J Anat.* 221(6): 568–576.

Spector, M. (2002) Musculoskeletal connective tissue cells with muscle: expression of muscle actin in and contraction of fibroblasts, chondrocytes, and osteoblasts. *Wound Repair Regen.* 9(1): 11–8.

Stafford, R.E., Ashton-Miller, J.A., Sapsford, R. & Hodges, P.W. (2012) Activation of the striated urethral sphincter to maintain continence during dynamic tasks in healthy men. *Neurourol Urodyn.* 31(1): 36–3.

Stecco, C. & Day, J.A. (2010) The Fascial Manipulation Technique and Its Biomechanical Model: A Guide to the Human Fascial System. *Int J Ther Massage Bodywork* 3(1): 38–40.

Taimela, S., Kankaanpaa, M. & Luoto, S. (1999) The effect of lumbar fatigue on the ability to sense a change in lumbar position. A controlled study. Spine. 24: 1322-1327.

Tesarz, J., Hoheisel, U., Wiedenhofer, B. & Mense, S. (2011) Sensory innervation of the thoracolumbar fascia in rats and humans. *Neuroscience* 194: 302-308.

Van der Waal, J. (2009) The Architecture of the Connective Tissue in the Musculoskeletal System—An Often Overlooked Functional Parameter as to Proprioception in the Locomotor Apparatus. *Int J Ther Massage Bodywork* 2(4): 9-23.

Van Wingerden, J.P., Vleeming, A., Buyruk, H.M. & Raissadat, K. (2004) Stabilization of the sacroiliac joint in vivo: verification of muscular contribution to force closure of the pelvis. *Eur Spine J.* 13: 199-205.

Willard, F.H., Vleeming, A., Schuenke, M.D., Danneels, L. & Schleip, R. (2012) The thoracolumbar fascia: anatomy, function and clinical considerations. *J Anat.* 221(6): 507-536.

Wipff, P-J. & Hinz, B. (2009) Myofibroblasts work best under stress. *J Bodyw Mov Ther.* 13(2): 121-127.

Wipff, P.J., Rifkin, D.B., Meister J.J. & Hinz B. (2007). Myofibroblast contraction activates latent TGF- 1 from the extracellular matrix. *J Cell Biol.* 179: 1311 – 1323.

Yucesoy, C.A. (2010) Epimuscular myofascial force transmission implies novel principles for muscular mechanics. *Exerc Sport Sci Rev.* 38(3): 128-134.

Yucesoy, C.A., Koopman, B.H.F.J.M., Baan, G.C., Grootenboer, H.J. & Huijing, P.A. (2003a) Extramuscular myofascial force transmission: experiments and finite element modeling. *Arch Physiol Biochem.*111(4): 377-388.

Yucesoy, C.A., Koopman, B.H.F.J.M., Baan, G.C., Grootenboer, H.J. & Huijing, P.A. (2003b) Effects of inter- and extramuscular myofascial force transmission on adjacent synergistic muscles: assessment by experiments and finite-element modeling. *J Biomech.* 36(12): 1797-1811.

Zollner, A.M., Tepole, A.B. & Kuhl, E. (2012) On the biomechanics and mechanobiology on growing skin. *J Theor Biol.* 297: 166-175.

Leituras adicionais

Arampatzis, A. (2010) Plasticity of human Achilles tendon mechanical and morphological properties in response to cyclic strain. *J Biomech.* 43: 3073-3079.

Barker, P., Briggs, C.A. & Bogeski, G. (2004) Tensile transmission across the lumbar fasciae in unembalmed cadavers: effects of tension to various muscular attachments. *Spine.* 29(2): 129-138.

Benjamin, M. (2009) The fascia of the limbs and back – a review. *J Anat.* 214: 1-18.

Bogduk, N. & MacIntosh, J.E. (1984) The applied anatomy of the thoracolumbar fascia. *Spine* 9: 164-170.

Chaudhry, H., Schleip, R., Ji, Z., Bukiet, B., Maney, M. & Findley, T. (2008) Three-dimensional mathematical model for deformation of human fasciae in manual therapy. *J Am Osteopath Assoc.* 108(8): 379-390

DellaGrotte, J., Ridi, R., Landi, M. & Stephens, J. (2008) Postural improvement using core integration to lengthen myofascia. *J Bodyw Mov Ther.* 12: 231-245.

Fukashiro, S., Hay, D.C. & Nagano, A. (2006) Biomechanical behavior of muscle-tendon complex during dynamic human movements. *J Appl Biomech.* 22(2): 131-147.

Fukunaga, T., Kawakami, Y., Kubo, K., Kanehisa, H. (2002) Muscle and tendon interaction during human movements. *Exercise Sport Sci R.* 30(3): 106-110.

Hashemirad, F., Talebian, S., Olyaei, G. & Hatef, B. (2010) Compensatory behaviour of the postural control system to flexion-relaxation phenomena. *J Bodyw Mov Ther.* 14(2): 418-423.

Hinz, B. & Gabbiani, G. (2003) Mechanisms of force generation and transmission by myofibroblasts. *Curr Opin Biotechnol.* 14: 538-546.

Hinz, B. (2010) The myofibroblast: paradigm for a mechanically active cell. *J Biomech.* 43: 146-155.

Hinz, B., Phan, S.H., Thannickal, V.J., Prunotto, M., Desmoulière, A., Varga, J., De Wever, O., Mareel, M. & Gabbiani, G. (2012) Recent Developments in Myofibroblast Biology: Paradigms for Connective Tissue Remodeling. *Am J Pathol.* 180(4): 1340-1355.

Huijing, P.A. & Baan, G.C. (2003) Myofascial force transmission: muscle relative position and length determine agonist and synergist muscle force. *J Appl Physiol.* 94: 1092-1107.

Huijing, P.A. (2007) Epimuscular myofascial force transmission between antagonistic and synergistic muscles can explain movement limitation in spastic paresis. *J Electromyogr Kinesiol.* 17: 708-724.

Ianuzzi, A., Pickar, J.G. & Khalsa, P.S. (2011) Relationships between joint motion and facet joint capsule strain during cat and human lumbar spinal motions. *JPMT.* 34: 420-431.

Kawakami, Y. (2012) Morphological and functional characteristics of the muscle-tendon unit. *J Phys Fit Sports Med.* 1(2): 287-296.

Killian, M.L., Cavinatto, L., Galatz, L.M. & Thomopoulos, S. 2012. The role of mechanobiology in tendon healing. *J Shoulder Elbow Surg.* 21(2): 228-37.

Kjaer, M., Langberg, H., Heinemeier, K., Bayer, M.L., Hansen, M., Holm, L., Doessing, S., Konsgaard, M., Krogsgaard, M.R. & Magnusson, S.P. (2009) From mechanical loading to collagen synthesis, structural changes and function in human tendon. *Scand. J. Med. Sci. Sports.* 19(4): 500–510.

Moseley, G.L., Zalucki, N.M. & Wiech, K. (2008) Tactile discrimination, but not tactile stimulation alone, reduces chronic limb pain. *Pain*, 137: 600–608.

Myers, T. (2001) *The Anatomy Trains.* Churchill Livingstone.

Sawicki, G.S., Lewis, C.L. & Ferris, D.P. (2009) It pays to have a spring in your step. *Exerc Sport Sci Rev.* July, 37(3): 130.

Schleip, R. & Klingler, W. (2007) Fascial strain hardening correlates with matrix hydration changes. In: Findley, T.W., Schleip, R. (Eds.), *Fascia research – basic science and implications to conventional and complementary health care.* Munich: Elsevier GmbH, 51.

Schleip, R. & Müller, D.G. (2012) Training principles for fascial connective tissues: Scientific foundation and suggested practical applications. *J Bodyw Mov Ther.* 1–13.

Stecco, C., Porzionato, A., Lancerotto, L., Stecco, A., Macchi, V., Day, J.A. & De Caro, R. (2008) Histological study of the deep fasciae of the limbs. *J Bodyw Mov Ther.* 12: 225–230.

Vleeming, A., Schuenke, M.D., Masi, A.T., Carreiro, J.E. Danneels, L. & Willard, F.H. (2012) The sacroiliac joint: an overview of its anatomy, function and potential clinical implications. *J Anat.* 221(6): 537–567.

Vleeming, A., Snijders, C., Stoeckart, R. & Mens, J. (1997) The role of the sacroiliac joins in coupling between spine, pelvis, legs and arms. In: Vleeming et al. (Eds.), *Movement, Stability & Low Back Pain.* Churchill Livingstone, 53–71.

Wallden, M. (2010) Chains, trains and contractile fields. *J Bodyw Mov Ther.* 14: 403–410.

3
Fisiologia e bioquímica

Werner Klingler

O tecido miofascial é composto por elementos celulares e não celulares. Os dois componentes são sensíveis a tensão física, temperatura, pH e fatores humorais. Este capítulo descreve as propriedades fisiológicas e bioquímicas do tecido fascial e a interação com o tecido conjuntivo, especialmente no músculo esquelético. O conhecimento das vias neurofisiológicas é indispensável porque "você não pode depender dos olhos quando sua imaginação está fora de foco" (Mark Twain, 1889).

FUNDAMENTOS NEUROFISIOLÓGICOS

O movimento, sobretudo no esporte, envolve uma interação sofisticada do sistema nervoso central e periférico central, o músculo gerador de força e os tecidos conjuntivos, tais como a fáscia, que está intrinsecamente ligada ao músculo esquelético.

Motoneurônio superior e inferior

O protocolo de movimento (engrama) é gerado no córtex motor do cérebro. Os impulsos elétricos originados de neurônios piramidais propagam-se ao longo dos axônios, cruzando para o lado contralateral ao nível do tronco cerebral. Essa é a razão pela qual o hemisfério esquerdo do cérebro controla o lado direito do corpo. Na maioria dos casos, o hemisfério esquerdo é dominante. Esse fato é comprovado não apenas em pessoas destras, mas, surpreendentemente, também na grande maioria dos indivíduos canhotos. À parte do cérebro, a predominância do lado esquerdo é também encontrada em outros órgãos como os rins e os testículos, que são um pouco maiores no lado esquerdo. O coração também está localizado no lado esquerdo. A razão pela qual o corpo é assimétrico favoravelmente ao lado esquerdo é desconhecida.

O trato piramidal transporta informações do cérebro para a medula espinal e inclui a denominação sistemática do trato corticospinal ou dos motoneurônios superiores. O sinal do motoneurônio superior é então transmitido no corno anterior da medula espinal para o motoneurônio inferior, que por fim transporta a informação para o músculo esquelético (Fig. 3.1). Por definição, uma lesão do motoneurônio superior leva a uma paralisia espástica em consequência da desinibição dos reflexos motores. Por outro lado, a perda da função do nervo periférico, lesão do motoneurônio inferior, resulta em paralisia flácida.

O tecido conjuntivo reage a tais distúrbios do circuito reflexo no devido tempo. Por exemplo, após a lesão dos motoneurônios superiores, como em um acidente vascular encefálico ou

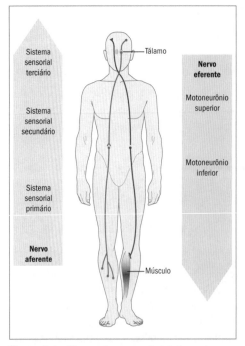

Figura 3.1 Elementos neurais básicos do controle do movimento.

Precisamente duas células nervosas eferentes, o motoneurônio superior e o inferior, conduzem informações específicas dos movimentos codificados como frequência de ações potenciais para o órgão-alvo, por exemplo, o músculo esquelético. Na parte sensorial, há três neurônios interconectados. O sistema extrapiramidal integra informações como estímulo visual, acústico e sensorial e modula o trato corticospinal eferente, por exemplo, o motoneurônio superior. Um importante componente do sistema motor extrapiramidal é o núcleo talâmico. A formação do plexo nervoso periférico não é mostrada nesse esboço.

em uma lesão da medula espinal, há um enrijecimento fascial significativo que, em alguns casos, pode exigir liberação cirúrgica. Em suma, exatamente duas células nervosas, incluindo seus longos axônios, transportam a informação motora do cérebro para o músculo. No lado sensorial, três células nervosas são agrupadas. O neurônio sensorial periférico é transferido para a parte central do corno dorsal da medula espinal. A parte central do sistema sensorial é composta por dois neurônios que estão interconectados em uma parte do encéfalo que parece uma noz, o tálamo. O tálamo está localizado no centro do encéfalo e é também conhecido como "a porta de entrada para a consciência".

Coordenação do movimento extrapiramidal

Esse sistema de controle motor direcionado e mecânico está sujeito a uma variedade de influências e modificações, que coletivamente são conhecidas como sistema motor extrapiramidal. Componentes anatômicos importantes do sistema motor extrapiramidal são os núcleos da base, o cerebelo e inúmeros interneurônios, que interconectam os axônios piramidais recursivamente, lado a lado com o núcleo cerebral. O sistema extrapiramidal é projetado para melhorar ou dificultar o sinal de transdução. Ele avalia sinais aferentes, como a estímulo somatossensorial já mencionado, e calcula o fator de amplificação necessário. Desse modo, o sistema extrapiramidal coordena e ajusta os movimentos (Chaitow e DeLany 2000). Uma perda na função desse sistema, por exemplo, a doença de Parkinson, acarreta um distúrbio acinético e rígido muito específico.

O interessante é que os outros estímulos convergentes no núcleo talâmico também influenciam a coordenação extrapiramidal do movimento. Aqui, os fatores importantes são as emoções e as dores. Acredita-se que a emoção seja gerada por um fluxo circular de impulsos elétricos, ao longo de uma série de estruturas anatômicas do encéfalo conhecida como sistema límbico. Além disso, o sistema límbico é um elemento-chave para a memória, o olfato e a sobrevivência evolutiva. Ele inclui várias estruturas anatômicas do encéfalo, interferindo em especial no núcleo talâmico, e, desse modo, explica a razão pela qual o estado emocional pode influenciar os movimentos e vice-versa. Nesse contexto, é interessante que a prática regular de esporte melhore o aprendizado, reduza a probabilidade de demência e prolongue a expectativa de vida de modo significativo.

Outra via pode ser encontrada nos hormônios cerebrais, que na sua maioria possuem funções múltiplas. A dopamina e a serotonina são promotores-chave do movimento, mas também da felicidade. Tal coerência pode ser observada, por exemplo, em pacientes com manias, que são inquietos nos movimentos até serem tratados com drogas neurolépticas, isto é, antagonistas da dopamina. Então, podem ser observados movimentos robóticos. Do lado positivo, o bom humor é frequentemente associado à atividade física, como a dança. Outro exemplo é a necessidade das crianças de se movimentarem, especialmente como uma expressão de felicidade. Os efeitos diretos desses hormônios sobre o tecido fascial só foram mostrados indiretamente até o momento. Por exemplo, a medicação prolongada com potentes agonistas dopaminérgicos leva a fibrose nos pulmões e ao redor dos rins, assim como a um espessamento e enrijecimento das válvulas cardíacas (Antonini e Poewe, 2007).

A dor é um tópico complexo que envolve fatores humorais, estruturas dos nervos periféricos e centros altos do encéfalo, como o núcleo talâmico. Em resumo, a fáscia possui numerosos nociceptores, como as terminações nervosas livres. Em contraste com os neurônios somatossensoriais mencionados, que têm velocidades de condução na ordem de 10-100 m/s, as "chamadas" fibras C não são envolvidas por uma bainha de mielina e, portanto, conduzem impulsos mais lentamente, a aproximadamente 0,5-2 m/s. A sensação de dor resultante é fraca e menos localizada. As terminações nervosas cuja estimulação provoca sensações de dor são chamadas de nociceptores. Tais terminações estão ligadas ao sistema nervoso autônomo. A irritação e o acoplamento das fibras simpáticas é um dos mecanismos para o desenvolvimento da dor crônica, como na chamada Síndrome da Dor Regional Complexa (também conhecida como doença de Sudeck). Além disso, foram encontrados na fáscia neurônios contendo substância P ou peptídeo relacionado ao gene da calcitonina. Ambos os mediadores humorais estão associados à dor crônica e autossustentável (Tesarz et al., 2011) (Cap. 4).

MÚSCULO E FÁSCIA – O TIME DOS SONHOS

O músculo esquelético é composto por miofibrilas, que se desenvolvem como uma fusão de várias células musculares individuais por meio de múltiplas fusões celulares. Microscopicamente, miofibrilas são rapidamente identificadas pelo arranjo regular das proteínas contráteis. As unidades contráteis subcelulares são chamadas de sarcômeros, nos quais a geração efetiva de força requer uma grande interdigitação dos filamentos de actina e miosina. Experiências mostraram que, após a excisão cirúrgica de um feixe muscular, as fibras elásticas encolhem cerca de um terço do seu comprimento *in vivo*. Portanto, a força registrada em medições em ambiente laboratorial requer um pré-estiramento experimental do feixe.

Para um desenvolvimento eficiente da contração, esse pré-estiramento pode ser dinamicamente regulado no corpo pelo tecido fascial. Dependendo da tensão da ligação cruzada, hidratação, teor elástico e até mesmo contração fascial ativa, a tensão sobre as miofibrilas pode ser regulada para intensificar ou enfraquecer a geração de força muscular. Em outras palavras, a fáscia age como um servomecanismo inteligente e de economia de energia.

Tônus miofascial

O tônus muscular é uma característica que é avaliada regularmente por uma grande variedade de profissionais da área médica. Entretanto, o diagnóstico tem como base a experiência do avaliador, pois faltam padrões de referência para sintomas como dores no corpo ou rigidez subjetiva. As elevações de tônus muscular avaliadas manualmente também são frequentemente atribuídas a síndromes de dor postural. Semanticamente, é mais preciso o uso do termo "tônus miofascial" porque as propriedades de tensão se originam não apenas do próprio tecido muscular, mas também do tecido fascial, como epi-, peri- e endomísio. O interessante é que a quantidade de tecido conjuntivo encontrado em um músculo específico depende de sua função. O músculo tônico contém significativamente mais componentes fasciais, e mais firmes, do que o músculo fásico. Também são encontradas diferenças entre as espécies. A carne da cabra-das-rochosas possui uma alta percentagem de tecido conjuntivo colagenoso se comparada, por exemplo, a porcos domésticos. Nas doenças musculares hereditárias, a fibrose é uma das características mais proeminentes e pode até ser o primeiro sintoma da doença. Esforços terapêuticos visam reduzir a fibrose na doença muscular, como a miopatia de Duchenne. Aqui, os corticosteroides são inibidores eficazes da proliferação de fibroblastos e da síntese de colágeno. O tratamento com corticosteroides adia, portanto, significativamente o início da incapacidade em relação à caminhada. Em decorrência dos efeitos adversos das altas doses de corticosteroides, opções alternativas de tratamento estão atualmente sendo exploradas com a observação dessas patologias (Klingler et al., 2012). Em resumo, a contribuição da fáscia e das miofibras ao tônus muscular é extremamente variável e adaptável a fatores externos e internos.

Tônus de repouso

O que é o tônus miofascial de **repouso**? Essa questão não é simples e será abordada no próximo parágrafo. Por definição, o tônus muscular de repouso é eletricamente silencioso. Isso significa que a inervação voluntária é zero e que o circuito reflexivo está adormecido. Em teoria, essa é uma condição clara e deve ser de fácil avaliação por meio do exame de um músculo em repouso em termos de resistência ao movimento passivo e firmeza do tecido (Masi e Hannon, 2008). Entretanto, de uma perspectiva prática, pode-se observar que em indivíduos acordados, ou mesmo adormecidos, o repouso muscular está longe de ser eletricamente silencioso. Na maioria dos pacientes que são submetidos à eletromiografia (EMG), pode-se observar uma atividade neural no tecido muscular, mesmo que o músculo esteja voluntariamente relaxado. De fato, o som rangente do dispositivo EMG pode ser usado como um método de *biofeedback* para acalmar e relaxar o indivíduo. Outro problema durante o exame clínico é que muitos pacientes tendem a estimular ("ajudando inconscientemente") o músculo/membro sob investigação ou sofrem de desinibição dos reflexos monossinápticos, por exemplo, na encefalomielite disseminada, acidente vascular encefálico ou outras patologias do sistema nervoso central. Um excesso de estímulo neuronal em longo prazo leva a uma remodelagem fascial, aumento das fibras de colágeno e tecido fascial conjuntivo mais rígido e menos hidratado. Do ponto de vista da finalidade ou da função, a hipertrofia fascial não é apenas uma compensação para o excesso de estímulo muscular, mas também uma reação aos processos inflamatórios. Isso corresponde a uma alteração na microperfusão, hidratação e nutrição do tecido.

Uma inibição completa da inervação pode ser observada durante a anestesia geral no hospital. Aqui, agentes bloqueadores neuromusculares são usados para indução e intubação da traqueia. Para fins de treinamento, é recomendado para qualquer profissional de movimento visitar um centro cirúrgico e ter noção do efeito de um bloqueio neuromuscular completo no tecido miofascial.

Tensão física

Experimentos em amostras de fáscia isoladas mostram que o alongamento repetitivo leva a mudanças no pico de força e rigidez. Essa característica do tecido fascial tem sido descrita como endurecimento por tensão. Esse efeito também ocorre após o pré-tratamento com um intenso congelamento e rápido descongelamento. Desse modo, os componentes celulares são desvitalizados de forma confiável. Essa é uma forte indicação de que o endurecimento por tensão não é causado pela contração celular ativa de fibroblastos/miofibroblastos. Investigações suplementares revelam que o mesmo protocolo produz uma melhora na hidratação do tecido que acompanha o aumento da rigidez dos tecidos. Portanto, é provável que o endurecimento por tensão seja causado, pelo menos em parte, pela hidratação temporariamente aprimorada da matriz. As implicações clínicas são consideradas uma transferência de carga aumentada que promove uma interação mais direta entre o músculo e o tendão (Schleip et al., 2012).

O alongamento é um debate controverso na ciência do esporte. Para o tecido fascial, pode-se afirmar que o alongamento imediatamente antes do exercício aumenta a amplitude de movimentos, possivelmente influenciando a hidratação do tecido e o alinhamento das fibras. Isso pode ser útil em esportes como natação, por exemplo, no nado *crawl*. Aqui, a propulsão ideal depende significativamente da alavancagem produzida pelo alongamento do ombro e do braço. Outros esportes, como a corrida de obstáculos, podem se beneficiar de estruturas fasciais firmes por causa da transmissão direta de força e da redução do tempo de contato com o solo.

Os componentes celulares também reagem à tensão física. Os fibroblastos estão envolvidos na remodelação do tecido fascial. Eles podem expressar proteínas contráteis sob condições especiais, como estímulos mecânicos ou químicos (Fig. 3.3). Vários fatores de crescimento são expressos em resposta à carga mecânica. São exemplos o fator de crescimento transformador beta 1 (TGF-beta 1), o fator de crescimento semelhante à insulina tipo 1 (IGF-1) e o fator de crescimento do tecido conjuntivo (CTGF). Esses fatores induzem a proliferação de fibroblastos, miofibroblastos e a síntese de fibras colágenas (Tab. 3.1). Esses processos são semelhantes aos encontrados na cicatrização de feridas (Klingler et al., 2012).

Temperatura

A temperatura é extremamente variável no tecido miofascial e distribuída de maneira desigual pelo corpo. As reações biológicas obedecem à lei logarítmica de Arrhenius. Ou seja, a temperatura é um dos principais determinantes para a alocação do tônus miofascial. A temperatura central é regulada entre 36,5-38,5ºC. Fora do núcleo corporal, a temperatura depende muito das condições ambientais e da atividade muscular. Em repouso, um membro pode esfriar até aproximadamente 30ºC, enquanto durante a prática esportiva pode chegar a 40ºC. Temperaturas mais altas, como febre ou exercícios

Tabela 3.1 Fatores que influenciam o sistema fascial

Fatores que influenciam o sistema fascial	Exemplo	Impacto clínico
Motoneurônio superior	Lesão por acidente vascular encefálico	Paralisia espástica
Motoneurônio inferior	Lesão no disco lombar herniado	Paralisia flácida
Sistema extrapiramidal	Doença de Parkinson	Distúrbio do movimento rígido e hipocinético
Hormônios cerebrais	Serotonina, dopamina	Humor, necessidade de movimento
Condições microambientais	pH, temperatura, hidratação	Efeitos na matriz extracelular e (mio)fibroblastos
Fatores humorais	Fator de crescimento transformador-beta 1 (TGF-beta 1), fator de crescimento do tecido conjuntivo (CTGF), relaxina, interleucinas, cortisol	Efeitos na matriz extracelular e (mio)fibroblastos
Tensão física	Prática de esporte, alongamento	Efeitos em todos os níveis discutidos

sustentados, aumentam o metabolismo em torno de 10-20% por grau Celsius. A contração do músculo esquelético depende exclusivamente da liberação de cálcio das reservas internas, o chamado retículo sarcoplasmático. O cálcio revela o local de ligação da enzima miosina contrátil, que é uma ATPase dependente da temperatura. O ATP é reabastecido pela respiração celular e pela glicólise. Por sua vez, essas reações bioquímicas levam ao acúmulo do metabólito lactato, que promove a síntese de fatores de crescimento e colágeno (ver a seguir).

Temperaturas mais altas levam a um aumento na excitabilidade e no balanço de cálcio das células musculares. Em miofibrilas excisadas, observa-se o aumento da tensão basal e da força de contração muscular. O interessante é que os componentes fasciais mostram uma reação diferente às mudanças de temperatura. A fáscia mostra um pico mais alto de força e rigidez em condições frias. Em outras palavras, uma importante característica da fáscia é o relaxamento térmico (Mason e Rigby, 1963) (Muraoka et al., 2008).

À primeira vista, as características de temperatura diferentes entre as fibras musculares e o tecido fascial parecem conflitantes. No entanto, o oposto é verdadeiro. Em repouso, isto é, em condições frias, as propriedades viscoelásticas do tecido fascial são adaptadas para servir à função estabilizadora e de suporte de carga (Fig. 3.2). Quando o tecido miofascial é aquecido, isto é, durante os esportes, a fáscia mostra relaxamento térmico, permitindo uma expansão na amplitude de movimentos. O relaxamento fascial induzido pela temperatura mais baixa pode provocar lesões em alguns casos, o que é atribuído à resposta mais rígida do tecido. Por outro lado, isso depende principalmente do grau e tipo de estresse do tecido.

pH do tecido e ácido lático

pH do tecido

O pH (potencial hidrogeniônico) é um indicador para as condições ácidas ou alcalinas.

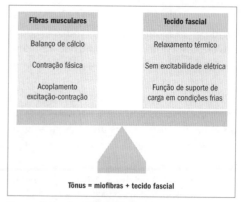

Figura 3.2 Equilíbrio de temperatura.
Durante a atividade física, a temperatura em estruturas miofasciais fora do núcleo corporal pode subir mais de 10°C. O calor produz uma maior excitabilidade do músculo esquelético, parâmetros de contração e relaxamento mais rápidos, além de aumento na geração de força. Esse efeito é causado principalmente pelo aumento do balanço de cálcio e facilitação induzida pela temperatura de processos enzimáticos que promovem a atividade contrátil. No tecido fascial, entretanto, uma temperatura mais alta promove o relaxamento térmico e reduz a rigidez miofascial *in vitro*. Por não haver inervação voluntária, esse efeito também pode ser observado em seres vivos. A lição que aprendemos sobre os efeitos de temperaturas diferentes na fáscia e miofibrilas também nos ajuda a entender o tônus muscular passivo. Em repouso, isto é, em condições frias, há um aumento na função de suporte de carga do tecido fascial, ao passo que nos esportes são alcançadas temperaturas maiores que 41°C, permitindo a liberação fascial e o aumento da amplitude de movimentos.

É rigorosamente regulado em todos os sistemas biológicos porque é um elemento-chave de todos os processos orgânicos no corpo, tais como consumo de oxigênio, coagulação e resposta imune. Um pH ótimo é necessário para uma função enzimática eficaz. Valores de pH inferiores a 7,35 indicam uma concentração elevada de prótons (íons H^+), ou seja, condições ácidas. Por outro lado, valores de pH do sangue superiores a 7,45 são definidos como alcalose. O potássio é um íon, que pode penetrar a dupla camada de lipídios das membranas celulares e, portanto, serve como um contra-íon de prótons. Em outras palavras, a concentração de potássio aumenta com a queda do pH.

O exercício físico promove uma queda no pH do tecido miofascial causada pela produção de lactato e dióxido de carbono, por causa da glicólise e da cadeia respiratória celular. Os metabólitos ácidos se acumulam e são exalados pelos pulmões como ácido carbônico e mais lentamente excretados pelos rins. Em menor grau, os ácidos são expelidos pela pele, fígado e intestinos. A respiração mais profunda após o exercício não é apenas necessária para o reabastecimento de oxigênio, mas também para a eliminação de ácido carbônico. Os padrões respiratórios anormais crônicos, que influenciam a regulação do pH, também podem ter impacto sobre o tecido miofascial (Chaitow, 2007). A ativação muscular pode conduzir à acidose do tecido, assim como inflamações por causas diversas, sejam elas traumáticas, infecciosas ou autoimunes.

Lactato

O lactato desempenha um papel importante na regeneração dos tecidos, não só porque promove a perfusão sanguínea e a troca de nutrientes, mas também por causa de seus efeitos sobre a síntese de colágeno e a angiogênese.

Dados *in vitro* mostram que as condições ácidas melhoram a contratilidade dos miofibroblastos (Pipelzadeh e Naylor IL. 1998). Essa característica é importante na reparação dos tecidos. Pode-se observar os efeitos opostos nas fibras de músculo esquelético. Aqui, o aumento na concentração de prótons, potássio e lactato reduz a contratilidade e medeia a fadiga por meio da inibição da excitabilidade da membrana e da atividade enzimática de ATPase da miosina, bem como pela redução da taxa de glicólise e balanço de cálcio (Gladden, 2004).

A concentração de lactato é aumentada cerca de 2 vezes na cicatrização de ruptura do tendão do calcâneo, indicando um fator-chave da resposta metabólica após danos teciduais (Greve et al., 2012). Já foi mostrado que o lactato estimula a produção do fator de crescimento endotelial vascular (VEGF). Além disso, ele estimula a diferenciação dos miofibroblastos pela ativação dependente do pH do fator de crescimento transformador-beta (TGF-beta), que foi mostrado na fibrose pulmonar. Os autores, portanto, consideram que o microambiente acidótico e o metabólito ácido lático desempenham um papel importante, respectivamente, na remodelação do tecido conjuntivo fascial (Trabold et al., 2003) (Kottmann et al., 2012).

Matriz extracelular e fatores humorais

Matriz extracelular

A matriz extracelular (MEC) é um complexo dinâmico que modifica constantemente as suas propriedades viscoelásticas. Ela se adapta a mudanças nas demandas fisiológicas e mecânicas. É composta por uma substância gelatinosa fundamental constituída de glicoproteínas e proteoglicanos, a qual é entrelaçada por proteínas fibrosas mais duras. Isso atende a um sistema de reserva mecânica semelhante a um lençol freático. A hidratação pode influenciar as propriedades mecânicas da MEC (Fig. 3.3). O fator de crescimento transformador beta 1 (TGF-beta 1) promove o acúmulo da substância fundamental, bem como a regulação da expressão de enzimas catabólicas e outros mediadores.

Da perspectiva mecânica, pode ser observado que, pouco tempo depois da tensão no tendão do calcâneo e da patela, a área da secção transversal do tendão diminui significativamente. Na tensão transversal, a recuperação foi prolongada. Os autores cogitam que a redução no diâmetro do tendão se assemelha a espremer água. A reidratação resultante na recuperação pode ser um colaborador importante para uma troca de ação lenta de nutrientes, eletrólitos e outros fatores humorais, tais como citocinas (Wearing et al., 2013).

É notável que a excreção de fatores humorais depende da direção da tensão nos (mio)fibroblastos. A tensão irregular, como em uma lesão, acarreta uma liberação significativamente maior de interleucina-6, uma substância envolvida em processos regenerativos e no aumento da produção de óxido nítrico (NO), que é um neurotransmissor gasoso e vasodilatador (Murrell, 2007).

Figura 3.3 Fisiologia e bioquímica do tecido miofascial.

O tecido fascial forma uma rede tridimensional interconectada pelo corpo todo. Os processos fisiológicos e bioquímicos determinam as características dos tecidos, como o balanço de colágeno, a hidratação da matriz extracelular e a rigidez dos componentes fasciais. A foto mostra uma ilustração fictícia da fáscia no membro inferior. Aqui, uma "meia fina fascial" frouxa pode contribuir para o desenvolvimento de varizes. Por outro lado, um tecido fascial contraído pode levar a dor causada por exercício, incompatibilidade de perfusão sanguínea e metabolismo muscular na panturrilha. Dé fato, a síndrome compartimental é uma complicação temida no pós-exercício para corredores.

Fatores de crescimento

No tecido fascial, vários fatores de crescimento são produzidos em resposta à estimulação mecânica, como no esporte, mas também após dano tecidual. A interação de múltiplos fatores humorais é uma orquestra complexa de processos bioquímicos, a qual não permite conclusões simples de causa e efeito. Os hormônios de crescimento mais proeminentes no tecido fascial são o TGF-beta, o fator de crescimento semelhante à insulina tipo 1 (IGF-I), o fator de crescimento derivado de plaquetas (PDGF) e o fator de crescimento do tecido conjuntivo (CTGF). Os fatores de crescimento regulam, em colaboração com várias citocinas (p. ex., interleucina-1, 6 e 8), a proliferação e a diferenciação de fibroblastos e miofibroblastos e a produção de colágeno e de proteínas da matriz extracelular. Esses fatores humorais também influenciam a perfusão sanguínea, a hidratação de tecidos, a geração de dor e a nutrição, bem como a migração de células por causa das propriedades quimiotáticas (Kjaer et al., 2009) (D'Ambrosia et al., 2010) (Kjaer et al., 2013).

Hormônios

As influências hormonais, bem como os fatores de crescimento, são importantes para o tecido fascial. A insulina tem efeitos anabólicos e aumenta a proliferação de (mio)fibroblastos *in vitro*. Estrogênio e receptores do hormônio estimulador da tireoide também foram encontrados em fibroblastos. Experimentos preliminares sugerem que os hormônios estimuladores da tireoide promovem a expansão dos fibroblastos e neutralizam a apoptose no tecido conjuntivo. A administração de estrogênio leva a uma redução de mais de 40% na síntese de colágeno, uma redução na proliferação de fibroblastos *in vitro* e uma redução na biodisponibilidade de fatores de crescimento. Mulheres que tomam contraceptivos orais tiveram síntese de colágeno reduzida em resposta à prática de esporte. Os autores consideram que essa descoberta pode explicar o maior risco de certos tipos de lesões para atletas do sexo feminino, como a ruptura do ligamento cruzado e a instabilidade articular pélvica (Hansen et al., 2009).

O cortisol endógeno é o principal oponente da insulina e um regulador do metabolismo e inflamação dos tecidos. Vários estudos mostram que uma alta dosagem de hormônios corticosteroides e derivados leva à redução na proliferação e atividade dos fibroblastos e na síntese de colágeno, o que causa atraso e dificuldades na resposta à cicatrização, por exemplo, depois de dano tecidual. Por outro lado, em níveis fisiológicos, o cortisol é indispensável para o metabolismo energético celular. Assim, a interação dependente da dose com as células e outros fatores é decisiva para os efeitos anabólicos ou catabólicos dos hormônios corticosteroides. Os corticosteroides podem ser um tratamento efetivo para a prevenção da fibrose pulmonar, por exemplo, na asma. No entanto, por causa dos efeitos catabólicos em concentrações altas, injeções de corticosteroides em lesões ou dores crônicas na estrutura fascial devem ser evitadas sempre que possível.

A relaxina é um hormônio peptídeo relacionado estruturalmente aos peptídeos da família da insulina de regulação aumentada durante a gestação, por exemplo. O efeito biológico mais consistente da relaxina é um efeito regulador sobre a síntese de colágeno e sua capacidade para estimular a degeneração do colágeno.

O interessante é que ratos com *knock-out* do gene da relaxina (RLX-/-) são caracterizados por um aumento significativo do colágeno de tipo 1 e 3, resultando em esclerodermia grave e fibrose intersticial e levando a falência múltipla de órgãos. Esse efeito pode ser inibido por administração de relaxina recombinante (Samuel et al., 2005).

RESUMO CLÍNICO

- Os estímulos sensoriais a partir do tecido miofascial são indispensáveis para o controle do movimento nervoso.
- O tônus miofascial depende da excitação nervosa, do nível de ativação do balanço de cálcio intracelular, propriedades mecânicas de miofibrilas e, em grande medida, da quantidade e natureza dos componentes fasciais entrelaçados, adjacentes e ligados.
- A prática esportiva leva a mudanças microambientais significativas, como aumento de temperatura, acúmulo de metabólitos, mudança de hidratação na matriz extracelular e alteração da expressão de proteínas, incluindo fatores de crescimento e citocinas. Processos de adaptação no tecido fascial podem explicar parte dos fenômenos pós-exercício.
- O conhecimento sobre o tecido fascial pode ajudar a melhorar o movimento e deve ser integrado na ciência do esporte e de exercícios, além da aplicação prática. Dependendo do tipo de esporte, as características fasciais podem ser decisivas para melhorar o desempenho.

Referências bibliográficas

Antonini, A. & Poewe, W. (2007) Fibrotic heart-valve reactions to dopamine-agonist treatment in Parkinson's disease. *Lancet Neurol* 6(9): 826–829.

Chaitow, L. & DeLany, J.W. (2000) *Clinical Application of Neuromuscular Techniques.* Vol. 1 The Upper Body. Churchill Livingstone, Edinburgh, 131–134.

Chaitow, L. (2007) Chronic pelvic pain: Pelvic floor problems, sacro-iliac dysfunction and the trigger point connection. *J Bodyw Mov Ther* 11(4): 327–339.

D'Ambrosia, P., King, K., Davidson, B., Zhou, B.H., Lu, Y. & Solomonow, M. (2010) Pro-inflammatory cytokines expression increases following low- and high-magnitude cyclic loading of lumbar ligaments. *Eur Spine J* 19(8): 1330–1339.

Gladden, L.B. (2004) Lactate metabolism: a new paradigm for the third millennium. *J Physiol* 558(1): 5–30.

Greve, K., Domeij-Arverud, E., Labruto, F., Edman, G., Bring, D., Nilsson, G. & Ackermann, P.W. (2012) Metabolic activity in early tendon repair can be enhanced by intermittent pneumatic compression. *Scand J Med Sci Sports* 22(4): 55–63.

Hansen, M., Miller, B.F., Holm, L., Doessing, S., Petersen, S.G., Skovgaard, D., Frystyk, J., Flyvbjerg, A., Koskinen, S., Pingel, J., Kjaer, M. & Langberg, H. (2009) Effect of administration of oral contraceptives in vivo on collagen synthesis in tendon and muscle connective tissue in young women. *J Appl Physiol* 106(4): 1435–1443.

Kjaer, M., Langberg, H., Heinemeier, K., Bayer, M.L., Hansen, M., Holm, L., Doessing, S., Kongsgaard, M., Krogsgaard, M.R. & Magnusson, S.P. (2009) From mechanical loading to collagen synthesis, structural changes and function in human tendon. *Scand J Med Sci Sports* 19(4): 500–510.

Kjaer, M., Bayer, M.L., Eliasson, P. & Heinemeier, K.M. (2013). What is the impact of inflammation on the critical interplay between mechanical signaling and biochemical changes in tendon matrix? *J Appl Physiol* [Epub Abril, 2013]

Klingler, W., Jurkat-Rott, K., Lehmann-Horn, F. & Schleip, R. (2012) The role of fibrosis in Duchenne muscular dystrophy. *Acta myologica* 31: 184–195.

Kottmann, R.M., Kulkarni, A.A., Smolnycki, K.A., Lyda, E., Dahanayake, T., Salibi, R., Honnons, S., Jones, C., Isern, N.G., Hu, J.Z., Nathan, S.D., Grant, G., Phipps, R.P. & Sime, P.J. (2012) Lactic acid is elevated in idiopathic pulmonary fibrosis and induces myofibroblast differentiation via pH-dependent activation of transforming growth factor--β. *Am J Respir Crit Care Med* 186(8): 740–751.

Masi, A.T. & Hannon, J.C. (2008) Human resting muscle tone (HRMT): Narrative introduction and modern concepts. *J Bodyw Mov Ther* 12(4): 320–332.

Mason, T. & Rigby, B.J. (1963). Thermal transition in collagen. *Biochemica et Biophysica Acta*, 79: 448–450.

Muraoka, T., Omuro, K., Wakahara, T., Muramatsu, T., Kanehisa, H., Fukunaga, T. & Kanosue, K. (2008). Effects of Muscle Cooling on the Stiffness of the Human Gastrocnemius Muscle in vivo. *Cells Tissues Organs* 187(2): 152–160.

Murrell, G.A. (2007) Oxygen free radicals and tendon healing. *J Shoulder Elbow Surg* 16(5): 208–214.

Pipelzadeh, M.H. & Naylor, I.L. (1998) The in vitro enhancement of rat myofibroblast contractility by alterations to the pH of the physiological solution. *Eur J Pharmacol* 357(2): 257–259.

Samuel, C.S., Zhao, C., Bathgate, R.A., DU X.J., Summers R.J., Amento, E.P., Walker, L.L., McBurnie, M., Zhao, L. & Tregear G.W. (2005) The relaxin gene-knockout mouse: a model of progressive fibrosis. *Ann N Y Acad Sci* 1041: 173–181.

Schleip, R., Duerselen, L., Vleeming, A., Naylor, I.L., Lehmann-Horn, F., Zorn, A., Jaeger, H. & Klingler, W. (2012) Strain hardening of fascia: Static stretching of dense fibrous connective tissues can induce a temporary stiffness increase accompanied by enhanced matrix hydration. *J Bodyw Mov Ther* 16: 94–100.

Tesarz, J., Hoheisel, U., Wiedenhöfer, B. & Mense, S. (2011) Sensory innervation of the thoracolumbar fascia in rats and humans. *Neuroscience* 194: 302–308.

Trabold, O., Wagner, S., Wicke, C., Scheuenstuhl, H., Hussain, M.Z., Rosen, N., Seremetiev A., Becker, H.D. & Hunt, T.K. (2003) Lactate and oxygen constitute a fundamental regulatory mechanism in wound healing. *Wound Repair Regen* 11(6): 504–509.

Wearing, S.C., Smeathers, J.E., Hooper, S.L., Locke, S., Purdam, C. & Cook, J.L. (2013) The time course of in vivo recovery of transverse strain in high-stress tendons following exercise. *Br J Sports Med* [Epub ahead of print April 2013].

Bibliografia

Chaitow, L., Gilbert, C. & Morrison, D. (2013). *Recognizing and Treating Breathing Disorders: A Multidisciplinary Approach*, 2e. Edinburgh, Churchill Livingstone. The International Fascia Research Society: www.fasciaresearchsociety.org

Schleip, R., Findley, T., Chaitow, L. & Huijing, P. (eds.), (2012). *Fascia- The Tensional Network of the Human Body* Edinburgh, Elsevier.

4
A fáscia como um órgão sensorial

Robert Schleip

O MILAGRE SURPREENDENTE DA EMBALAGEM

Para a maioria dos pesquisadores de anatomia, a fáscia costumava ser considerada como um órgão de embalagem inerte, que dava suporte aos nossos músculos e à maioria dos outros órgãos. Sim, houve alguns relatos histológicos sobre a presença de nervos sensoriais na fáscia (Stilwell, 1957) (Sakada, 1974), mas esses foram amplamente desconsiderados e não afetaram o entendimento comum da dinâmica musculoesquelética. Se Moshe Feldenkrais e Ida Rolf, fundadores das terapias somáticas relacionadas, aparentemente não tinham consciência da importância da fáscia como órgão sensorial, Andrew Taylor Still, o fundador da osteopatia, declarou que "Sem dúvida existem nervos na fáscia...", sugerindo que todos os tecidos fasciais deveriam ser tratados com o mesmo grau de respeito reservado às "áreas do encéfalo" (Still, 1902).

Van der Wal já havia relatado, com detalhes minuciosos, a presença substancial de terminações nervosas sensoriais na fáscia de ratos, mas essa descoberta foi ignorada por décadas (Van der Wal, 1988). Quanto aos ligamentos, sua inervação proprioceptiva foi reconhecida durante a década de 1990, o que posteriormente influenciou as diretrizes para as cirurgias de lesões articulares (Johansson et al., 1991). Da mesma maneira, descobriu-se que a fáscia plantar contribui para a regulação sensório-motora do controle postural em pé (Erdemir e Piazza, 2004). No entanto, o que mudou a "visão" de um modo mais expressivo foi o Primeiro Congresso de Pesquisa sobre a Fáscia, realizado na Harvard Medical School (HMS), em Boston, em 2007. Durante o congresso, três equipes de países diferentes relataram, de maneira independente, suas descobertas de uma grande presença de nervos sensoriais nos tecidos fasciais (Findley e Schleip, 2007).

A Figura 4.1 apresenta um exemplo de densidade de nervos sensoriais em uma parte da fáscia toracolombar, adquirida pelo uso de imuno-histoquímica. Quando o intrincado sistema de envoltórios intramusculares e septos de tecidos conjuntivos colagenosos é incluído como elemento contribuinte dessa rede tensional para todo o corpo, a trama fascial pode ser vista como nosso maior órgão sensorial em termos de área superficial total. Além disso, com relação à grande quantidade e variações de terminações nervosas, essa rede pode "rivalizar" com nosso senso de visão, ou mesmo a audição ou qualquer outro de nossos órgãos considerados sensoriais (Mitchell e Schmidt, 1977).

A analogia a seguir pode servir para expressar a magnitude da mudança na percepção geral

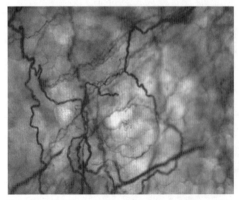

Figura 4.1 Demonstração da grande presença de nervos em um pedaço de fáscia.

A imunocoloração de um pedaço da lombar de um roedor com um marcador pan-neuronal revela a rica rede de nervos visíveis. Comprimento da imagem: aprox. 0,5 mm. (Foto: Tesarz et al., 2011, com autorização da Elsevier.)

obtida pelo Primeiro Congresso da Fáscia: imagine receber um presente de Natal de um amigo muito querido, que o entrega com uma expressão muito significativa. À primeira vista, parece uma garrafa de vinho embrulhada em uma folha de jornal comum. Depois de desembrulhar o jornal, você descobre que é apenas uma garrafa de suco de maçã de um mercado próximo... e você talvez exagere seu sentimento de decepção agradecendo seu amigo pela "garrafa tão legal". Contudo, após um minuto você percebe que aquele papel de embrulho no chão começa a mudar de cor em resposta a suas expressões faciais. Ele até começa a se contorcer lentamente acompanhando os seus movimentos. Então você percebe que não era a garrafa que era especial, mas sim o papel de embrulho, que claramente era mais vivo e fascinante do que você esperava.

TIPOS DIFERENTES DE RECEPTORES SENSORIAIS NA REDE FASCIAL

De uma perspectiva morfológica e embriológica, já se descreveu que a rede fascial consiste em tecidos conjuntivos que adaptam sua arquitetura em resposta ao domínio local de carga tensionada em vez de compressiva (Schleip et al., 2012). Portanto, não é surpresa que a maioria das terminações nervosas sensoriais intrafasciais, também chamadas de receptores nervosos, sejam particularmente sensíveis à carga de estiramento ou cisalhamento.

A Figura 4.2 ilustra a composição típica de um feixe do nervo musculoesquelético, como o nervo isquiático nos membros inferiores ou o nervo radial nos membros superiores.

Um dos muitos aspectos interessantes sobre essa composição é que um vasto número de nervos é dedicado ao ajuste preciso da distribuição de nutrientes por meio do suprimento vascular, que é regulado pelo sistema nervoso simpático. A porção restante, lidando com a regulação sensório-motora, de fato não é igualmente dedicada às vias motoras e sensoriais. Em contraste, a arquitetura do corpo dedica mais do que o dobro de neurônios para os aspectos de "ouvir" ou sentir da comunicação do que para os de "falar" e passar instruções para os arredores. Esse sábio princípio arquitetônico poderia ser uma das razões pelas quais, às vezes, a inteligência inata do corpo alcança resultados muito mais inteligentes do que o CEO antiquado que dirige a empresa alcançaria?

Um quarto dos nervos sensoriais contém axônios mielinizados de condução relativamente rápida. Esses incluem os corpúsculos de Pacini, Golgi e Ruffini. Todos esses servem, claramente, a uma função proprioceptiva. Eles geralmente terminam em tecidos fasciais, seja nas porções epimisiais, tendíneas ou nos tecidos conjuntivos intramusculares. Note que os fusos musculares, que são uma invenção bastante recente em termos evolutivos para ajustar o movimento de animais terrestres, podem ser considerados dispositivos sensoriais que também estão localizados dentro dos tecidos de colágeno perimisiais ou endomisiais da rede fascial intramuscular. É plausível que, se os tecidos de colágeno circundantes sofrem perda de elasticidade, o funcionamento desses fusos pode ser corrompido. É possível que isso seja um fator contribuinte em condições como a fibromialgia ou a rigidez

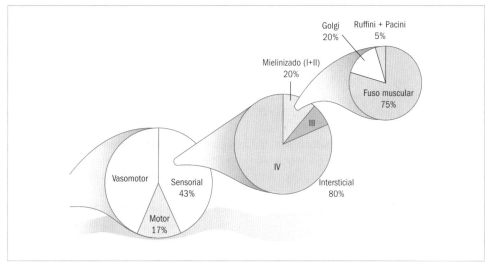

Figura 4.2 Composição de neurônios em tecidos conjuntivos musculoesqueléticos.
As quantidades dos respectivos axônios mostrados são originárias da análise detalhada do combinado de nervos que suprem os músculos gastrocnêmio lateral e sóleo de um gato. Embora uma pequena quantidade dos neurônios intersticiais possa terminar dentro do osso, pode-se considerar que os neurônios restantes terminam em tecidos fasciais. Mesmo os dispositivos sensoriais chamados fusos musculares estão localizados dentro de tecidos intramusculares colagenosos fibrosos. Os neurônios intersticiais acabam em terminações nervosas livres. Alguns desses claramente têm uma função interoceptiva proprioceptiva ou nociceptiva. Entretanto, investigações recentes sugerem que a maioria dos neurônios intersticiais na fáscia tem uma função polimérica, o que significa que eles estão abertos ao estímulo de mais de uma dessas categorias sensoriais mencionadas. (A ilustração é uma cortesia de fascialnet.com.)

muscular crônica, uma vez que a espessura aumentada do endomísio tem demonstrado caracterizar pacientes com fibromialgia (Liptan, 2010). Além disso, uma espessura aumentada do perimísio parece ser a principal diferença arquitetural entre músculos duros de carne *versus* músculos macios de carne dentro do mesmo animal (Schleip et al., 2006).

Embora se conheça muito sobre o funcionamento desses diferentes neurônios mecanossensitivos, a maioria dos nervos sensoriais no tecido fascial pertence aos neurônios intersticiais, que são muito menos compreendidos e ainda considerados intrigantes por aqueles que os investigam. Seus axônios terminam nas chamadas terminações nervosas livres. A neurologia clássica os divide ainda em neurônios do tipo III, cujos axônios contêm uma bainha de mielina muito fina, e neurônios do tipo IV, com axônios não mielinizados. Para o nosso propósito, no entanto, eles podem ser considerados de comportamento semelhante, embora a velocidade dos neurônios tipo IV (também chamados de fibras C em uma outra categoria de classificação) seja um pouco mais lenta que a dos axônios tipo III (também chamados de fibras A-delta).

Propriedades funcionais desses neurônios

Quais são as respectivas funções dos diferentes neurônios sensoriais na fáscia? Para os neurônios regularmente mielinizados, está claro que eles servem principalmente como dispositivos proprioceptivos. Alguns deles, como as terminações de Ruffini, são altamente sensíveis à carga de cisalhamento (i. e., uma diferença direcional na carga tensionada entre uma camada de tecido e uma camada adjacente). Outros, como as terminações de Pacini, respondem a mudanças rápidas apenas quando suas terminações filtram quaisquer estímulos que não mudam. Embora anteriormente se considerasse que os receptores de Golgi existiam apenas nos tecidos tendinosos, sua presença em outros tecidos fasciais tem sido seguramente confirmada por vários estudos independentes (Yahia et al., 1992) (Stecco et al., 2007). A estimulação dos receptores de Golgi tende a desencadear uma resposta de relaxamento nas fibras musculoesqueléticas que estão diretamente ligadas às fibras de colágeno respectivamente tensionadas. No entanto, se os tecidos extramusculares tendíneos são estendidos em uma condição na qual eles estão dispostos em série com fibras musculares relaxadas, a maior parte do respectivo alongamento será "engolida" pelas miofibrilas mais flexíveis. Dessa forma, o impulso de alongamento respectivo pode não fornecer estímulo suficiente para provocar qualquer alteração no tônus muscular (Jami, 1992). Uma conclusão prática disso pode ser que um impulso de alongamento, destinado a alcançar os tecidos tendinosos, pode se beneficiar da inclusão de alguns momentos em que as fibras musculares alongadas estejam ativamente contraídas ou temporariamente resistam ao seu alongamento total.

Os neurônios que acabam em terminações nervosas livres são com frequência entendidos como nociceptivos, isto é, estímulos de sinalização que estão associados a um possível dano no tecido, que está geralmente associado a uma percepção de dor. Esses neurônios nociceptivos foram recentemente identificados de maneira clara nos tecidos fasciais. Testes de provocação, com injeção intrafascial de solução salina hipertônica, também confirmaram que a fáscia pode ser a origem da percepção de dor. Isso foi mostrado mais claramente na fáscia toracolombar humana (Schilder et al., 2014), em que os neurônios intersticiais relacionados parecem ser particularmente sensíveis a repetidas irritações mecânicas ou bioquímicas, em termos de uma hipersensibilidade subsequente de longa duração. Testes de provocação semelhantes com solução salina hipertônica revelaram que grande parte da sensação conhecida como dor muscular de início tardio (DMIT) após exercício excêntrico extenuante parece originar-se de neurônios intersticiais nociceptivos na camada fascial do epimísio muscular (Gibson et al., 2009).

RECEPTORES POLIMODAIS NA FÁSCIA

Para os profissionais de saúde, é importante perceber que nem todos os neurônios intersticiais podem ser classificados como nociceptivos. Alguns deles são dispositivos sensoriais para termocepção. Outros monitoram a atividade muscular para o sistema nervoso simpático, a fim de permitir um ajuste preciso no local específico do fluxo sanguíneo para as respectivas partes musculares, o que então é chamado de ergorrecepção. É interessante notar que, nos tecidos fasciais, a maioria dos neurônios intersticiais são os chamados receptores polimodais, o que significa que eles são sensíveis a mais de um tipo de estímulo. Enquanto suas respectivas sinapses no corno posterior da medula espinal estão famintas e ávidas por "qualquer" tipo de estímulo, elas parecem ser facilmente satisfeitas se informações proprioceptivas suficientes lhes são fornecidas através desses receptores polimodais. No entanto, em casos de oferta insuficiente com estímulo proprioceptivo (p. ex., por causa de alterações na matriz do tecido conjuntivo ao redor das respectivas terminações nervosas), esses neurônios tendem a diminuir ativamente seu limiar para a estimulação nociceptiva. Além disso, eles podem expulsar ativamente as citocinas que sensibilizam os neurônios polimodais a sua volta e predispô-los a uma função nociceptiva. Um estímulo mecânico aparentemente minúsculo, tal como uma diferença no comprimento de uma perna de apenas 1 mm, pode levar a uma resposta nociceptiva dentro da intricada rede desses receptores polimodais intrafasciais.

Com base na dinâmica mutuamente inibidora entre o estímulo intrafascial proprioceptivo e o nociceptivo, muitas abordagens terapêuticas estão explorando o uso do movimento e/ou do toque para suprir os respectivos receptores polimodais com um estímulo proprioceptivo refinado. Isso pode ser feito por muitos métodos diferentes, seja a exploração guiada de novos padrões de movimento (como no método de Feldenkrais), o uso de micromovimentos ativos do paciente em uma amplitude de apenas alguns milímetros (como no *Continuum Movement*) ou o uso de um calibrador para melhorar a discriminação de dois pontos quando tocados em distâncias decrescentes de dois pontos na pele, entre muitos outros. Como a fáscia constitui o órgão mais importante para a propriocepção, também faz sentido se concentrar particularmente no estímulo dos mecanorreceptores fasciais ao seguir essa estratégia terapêutica geral.

Nos campos das terapias complementares, existem opiniões diferentes sobre a atenção mental do paciente ser um requisito necessário para a estratégia descrita de "propriocepção *versus* nocicepção potencial". Enquanto algumas escolas ensinam que não há problema se a atenção cortical do paciente se distanciar de suas sensações somáticas específicas, outras estão constantemente atraindo a atenção consciente de seus pacientes como pré-requisito para a obtenção dos efeitos terapêuticos desejados. Embora tenha sido difícil avançar nesse debate importante por meio de argumentação filosófica ou por uma observação clínica aleatória apenas, um estudo eficaz de Lorimer Moseley apoiou fortemente os defensores que insistem em promover a atenção consciente de seus pacientes. Ao aplicar uma terapia tátil recém-desenvolvida, que envolve o estímulo de mecanorreceptores na pele e na fáscia superficial da mão de pacientes com síndrome da dor complexa regional, os examinadores trataram metade dos pacientes em uma configuração que exigia atenção mental completa ao toque respectivo. O outro grupo de pacientes foi tratado exatamente com os mesmos estímulos, mas sua atenção mental foi distraída do estímulo corporal específico, permitindo que eles lessem um livro durante o tratamento. O resultado mostrou que apenas o grupo com atenção mental alcançou uma melhora significativa, ao passo que nenhuma melhora significativa pôde ser comprovada no grupo mentalmente distraído (Moseley et al., 2007). Não está claro se as descobertas impressionantes desse estudo podem ser usadas de modo generalizado para outras condições musculoesqueléticas similares ou não, bem como abordagens terapêuticas. Pode-se concluir, no entanto, que a atenção mental, ou estado de consciência do paciente, parece proporcionar um efeito de aumento, se não for uma exigência necessária, em pelo menos algumas abordagens terapêuticas que visam seguir a via da "propriocepção *versus* nocicepção potencial", descrita anteriormente.

NEM TODAS AS FÁSCIAS SÃO IGUAIS

Faz diferença quais localizações da rede fascial do corpo como um todo são estimuladas para fornecer à medula espinal um novo estímulo proprioceptivo? Duas novas percepções sobre a densidade de receptores sensoriais na fáscia fornecem visões valiosas sobre essa questão. Primeiro, estudos recentes do grupo próximo a Mense na Universidade de Heidelberg, na Alemanha, mostraram que na fáscia toracolombar humana, bem como na de ratos, a densidade dos neurônios sensoriais é significativamente maior nas camadas superficiais de tecido entre a derme e a fáscia profunda em comparação com a respectiva densidade dentro da camada mais profunda do tecido, chamada fáscia lombodorsal, logo abaixo dessas camadas superficiais (Tesarz et al., 2011). Em nossos próprios exames experimentais na Universidade de Ulm, também observamos uma densidade aumentada dos nervos visíveis na zona de cisalhamento transicional entre a fáscia profunda e a fáscia superficial. Nas regiões saudáveis do corpo, essa zona fica onde um movimento lateral de "deslizamento da pele", em relação aos tecidos subjacentes, pode ser facilmente estimulado. É também a zona cuja arquitetura determina se uma dobra de pele pode ser afastada do corpo ou não. Faz sentido supor que os movimentos de deslizamento lateral proporcionados pelos movimentos cotidianos são uma fonte importante de propriocepção fascial. É também intrigante pensar que os efeitos terapêuticos relatados com frequência nas várias técnicas de exploração da pele na medicina esportiva podem ser parcialmente explicados por uma amplificação local dos respectivos movimentos da pele no funcionamento normal da articulação.

O segundo *insight* relativo às áreas de aumento da densidade de nervos sensoriais na rede fascial vem do grupo Stecco da Universidade de Pádua, na Itália (Stecco et al., 2007). Seus exames histológicos das fáscias dos membros superiores e inferiores em cadáveres humanos revelaram diferenças enormes na densidade das terminações nervosas proprioceptivas, tais como os corpúsculos de Golgi, Pacini e Ruffini. Esses dados recentes indicam que os tecidos fasciais, que claramente desempenham uma importante função na transmissão de força (tal como o *lacertus fibrosus* na porção superior do antebraço como uma extensão do bíceps braquial), quase não contêm terminações proprioceptivas. Por outro lado, eles observaram que algumas estruturas fasciais parecem ter um papel muito pequeno na transmissão de força, como testemunharam ao cortá-las, como é o caso dos retináculos em torno da região do tornozelo e do punho. O interessante é que essas bandas fasciais mais oblíquas parecem estar localizadas em aproximações específicas das grandes articulações e contêm uma densidade muito alta de terminações nervosas proprioceptivas. Alguns pesquisadores chegam até a sugerir que a função primordial dessas bandas fasciais pode não ser sua função biomecânica, mas sua função sensorial no fornecimento de uma propriocepção detalhada ao sistema nervoso central. Se verificado, isso poderia sugerir que abordagens de melhoria da propriocepção, como exploração da pele, yoga, alongamento, autotratamento com rolos de espuma ou micromovimentos do tipo *Continuum Movement*, poderiam possivelmente ter sua respectiva eficácia terapêutica aumentada se estimulassem movimentos do tecido fascial nas regiões com inervação proprioceptiva aumentada.

INTEROCEPÇÃO E O CÓRTEX INSULAR

Um aspecto frequentemente negligenciado do estímulo da fáscia é a presença de nervos intersticiais na fáscia que servem a uma função interoceptiva, em vez de uma função proprioceptiva ou nociceptiva. O estímulo dessas terminações nervosas livres fornece ao encéfalo informações sobre a condição do corpo em sua busca constante pela homeostase em relação às suas necessidades fisiológicas. Muitas das respectivas terminações nervosas livres estão localizadas em tecidos conjuntivos viscerais e constituem uma parte importante do que é frequentemente chamado de cérebro entérico. Entretanto, outros neurônios intersticiais interoceptivos estão localizados dentro dos tecidos conjuntivos intramusculares endomisiais e perimisiais. A sinalização interoceptiva está associada a sentimentos como calor, náusea, fome, dor, esforço, peso ou leveza, bem como aos sentimentos de pertencimento ou alienação relacionados a regiões específicas do corpo etc. (Craig, 2002).

O estímulo neural das respectivas terminações nervosas não segue as vias aferentes normais em direção ao córtex somatomotor do encéfalo, mas projetam esses neurônios para o chamado córtex insular, uma área dobrada internamente da substância cinzenta localizada no interior do prosencéfalo. Nessa área cortical do tamanho de uma noz, as percepções sobre sensações somáticas internas estão associadas a preferências sentimentais e emocionais. Pessoas com perturbações no funcionamento insular podem ainda ter um funcionamento biomecânico completo e alcançar altos níveis de QI nos respectivos testes, no entanto, são geralmente disfuncionais socialmente e incapazes de tomar decisões razoáveis em situações complexas (Damasio, 1999).

Enquanto algumas condições relacionadas à saúde, como a dor lombar, escoliose ou síndrome da dor regional complexa, estão associadas à diminuição da acuidade proprioceptiva, outras condições parecem estar mais claramente relacionadas a um processo interoceptivo disfuncional. Essas últimas condições incluem anorexia, ansiedade, depressão, síndrome do intestino irritável, alexitimia (incapacidade de reconhecer e expressar estados emocionais próprios) e possivelmente fibromialgia. Portanto, faz sentido que os instrutores de movimento, seja na yoga, no Pilates ou nas artes marciais, examinem com cuidado suas preferências habituais a fim de direcionar a curiosidade somática sugerida a seus pacientes. Uma dependência rígida da percepção proprioceptiva – "Onde exatamente sua lombar está tocando o chão?" – pode fornecer efeitos limitados em longo prazo se aplicada a pacientes para os quais uma abordagem de refinamento mais interoceptiva pode ser necessária. Nesses casos, um estímulo hábil às sensações fasciais viscerais, por meio de posturas específicas da yoga, por exemplo, pode, às vezes, ter efeitos mais profundos do que o foco habitual nas sensações musculoesqueléticas (Tab. 4.1).

Uma nova e surpreendente descoberta é a das chamadas fibras C táteis na fáscia superficial de humanos e outros primatas. Esses neurônios intersticiais estão presentes nas áreas do corpo nas quais nossos ancestrais tinham pele peluda (p. ex., não nas palmas das mãos nem nas plantas dos pés) e estão associados ao comportamento de higiene pessoal como uma função de saúde social nos primatas. Quando estimulados, esses neurônios intrafasciais não sinalizam nenhuma informação proprioceptiva (e o encéfalo aparentemente não consegue localizar a região de origem do estímulo), mas desencadeiam ativação no córtex insular, que se expressa com uma sensação de bem-estar e de pertencimento social (McGlone et al., 2014).

RESUMO CLÍNICO

- A fáscia constitui uma rede tensional para o corpo todo, que serve como nosso órgão sensorial mais forte e mais importante para sentir mudanças em nosso próprio corpo.
- Os nervos sensoriais relacionados incluem receptores que sinalizam claramente informações proprioceptivas.
- A sinalização proprioceptiva tende a inibir a nocicepção miofascial potencial, particularmente se acompanhada por um estado de atenção plena.
- Outros pequenos neurônios receptores na fáscia concentram-se em sensações interoceptivas ou nociceptivas.
- O aumento terapêutico do estímulo proprioceptivo pode ser benéfico em muitas condições de dor miofascial.
- Por outro lado, uma facilitação hábil das percepções interoceptivas pode funcionar igualmente bem em várias disfunções somáticas complexas ao promover uma melhora no processo insular.

Tabela 4.1 Condições de saúde associadas a disfunções no processo proprioceptivo ou interoceptivo

Várias patologias mostraram estar associadas a disfunções na propriocepção. Outras condições estão associadas a um processamento interoceptivo alterado. Nas vias de interocepção, o córtex insular desempenha um papel de liderança, no qual todo estímulo sensorial é combinado com associações afetivas. Na propriocepção, o córtex somatomotor e seu mapeamento que representa o corpo ("esquema corporal") são de extrema importância. Dependendo da via de disfunção envolvida, pode ser indicada uma ênfase diferente nas terapias orientadas para a fáscia. As terminações nervosas receptivas para propriocepção tendem a estar localizadas em zonas de cisalhamento fascial entre a fáscia superficial e a profunda. As respectivas terminações nervosas sensoriais para interocepção são encontradas diretamente abaixo da pele não glabra, bem como nos tecidos conjuntivos viscerais. Recentemente, foi documentada na fibromialgia uma sinalização de temperatura aumentada da fáscia superficial. No entanto, a hipótese de interocepção aumentada como um fator importante na fibromialgia e síndrome da fadiga crônica ainda precisa ser confirmada.

Deficiência proprioceptiva	Desorganização interoceptiva
Dor lombar	Síndrome do intestino irritável
Síndrome de chicote	Ansiedade, depressão
Síndrome da dor regional complexa (SDRC)	Alexitimia ("cegueira emocional")
Transtorno de déficit de atenção e hiperatividade (TDAH)	Esquizofrenia
Escoliose	Anorexia e outros transtornos alimentares
Outras síndromes de dores miofasciais	Fibromialgia/síndrome da fadiga crônica?

Referências bibliográficas

Bednar, D.A.1., Orr, F.W. & Simon, G.T. (1995) Observations on the pathomorphology of the thoracolumbar fascia in chronic mechanical back pain. A microscopic study. *Spine.* 15;20(10): 1161-1164.
Craig, A.D. (2002) How do you feel? Interoception: the sense of the physiological condition of the body. *Nat Rev Neurosci.* 3(8): 655-666.
Damasio, A. (1999) *The feeling of what happens: body and emotion in the making of consciousness.* Harcourt-Brace, New York.
Erdemir, A. & Piazza, S.J. (2004) Changes in foot loading following plantar fasciotomy: a computer modeling study. *J Biomech Eng.* 126(2): 237-243.
Findley T., Schleip R. (eds.) (2007) *Fascia research - Basic science and implications for conventional and complementary health care.* Elsevier Urban & Fischer, Munich.
Gibson, W., Arendt-Nielsen, L., Taguchi, T., Mizumura, K. & Graven-Nielsen, T. (2009) Increased pain from muscle fascia following eccentric exercise: animal and human findings. *Exp Brain Res* 194(2): 299-308.
Jami, A. (1992) Golgi tendon organs in mammalian skeletal muscles: functional properties and central actions. *Physiol Rev.* 72(3): 623-666.
Johansson, H., Sjölander, P. & Sojka, P. (1991) A sensory role for the cruciate ligaments. *Clin Orthop Relat Res.* 268: 161-178.
Liptan, G.L. (2010) Fascia: A missing link in our understanding of the pathology of fibromyalgia. *J Bodyw Mov Ther.* 14(1): 3-12.
McGlone, F., Wessberg, J. & Olausson, H. (2014) Discriminative and affective touch: sensing and feeling. *Neuron* 82(4): 737-755.
Mitchell, J.H. & Schmidt, R.F. (1977) Cardiovascular reflex control by afferent fibers from skeletal muscle receptors. In: Shepherd JT et al. (eds.) *Handbook of physiology,* Section 2, Vol. III, Part 2: 623-658.
Moseley, G.L.1., Zalucki, N.M. & Wiech, K. (2007) Tactile discrimination, but not tactile stimulation alone, reduces chronic limb pain. *Pain.* 137(3): 600-608.

Sakada, S. (1974) Mechanoreceptors in fascia, periosteum and periodontal ligament. *Bull Tokyo Med Dent Univ.* 21 Suppl(0): 11-13.
Sandkühler, J. (2009) Models and mechanisms of hyperalgesia and allodynia. *Physiol Rev.* 89(2): 707-758.
Schilder, A., Hoheisel, U., Magerl, W., Benrath, J., Klein, T. & Treede, R.D. (2014) Sensory findings after stimulation of the thoracolumbar fascia with hypertonic saline suggest its contribution to low back pain. *Pain* 155(2): 222-231.
Schleip, R., Naylor, I.L., Ursu, D., Melzer, W., Zorn, A., Wilke, H.J., Lehmann-Horn, F. & Klingler, W. (2006) *Med Hypotheses* 66(1): 66-71.
Schleip, R., Jäger, H. & Klingler, W. (2012) What is 'fascia'? A review of different nomenclatures. *J Bodyw Mov Ther.* 16(4): 496-502.
Stecco, C., Gagey, O., Belloni, A., Pozzuoli, A., Porzionato, A., Macchi, V., Aldegheri, R., De Caro, R. & Delmas, V. (2007) Anatomy of the deep fascia of the upper limb. Second part: study of innervation. *Morphologie* 91(292): 38-43.
Still, A.T. (1902) *The philosophy and mechanical principles of osteopathy.* Hudson-Kimberly Publishing Company, Kansas City, 62.
Stillwell, D.L. (1957) Regional variations in the innervation of deep fasciae and aponeuroses. *Anat Rec* 127: 635-648.
Tesarz, J., Hoheisel, U., Wiedenhöfer, B. & Mense, S. (2011) Sensory innervation of the thoracolumbar fascia in rats and humans. *Neuroscience* 194: 302-308.
Van der Wal, J.C. (1988) The organization of the substrate of proprioception in the elbow region of the rat. [PhD thesis]. Maastricht, Netherlands: Maastricht University, Faculty of Medicine.
Yahia, L., Rhalmi, S., Newman, N. & Isler, M. (1992) Sensory innervation of human thoracolumbar fascia. An immunohistochemical study. *Acta Orthop Scand.* 63(2): 195-197.

5

Carga de estresse e remodelação da matriz no tendão e no músculo esquelético: mecanoestimulação celular e remodelação do tecido

Michael Kjaer

INTRODUÇÃO – O CONCEITO DE CARGA MECÂNICA EM TECIDOS E CÉLULAS

Carga no tecido conjuntivo é uma condição dominante de todo o movimento do corpo, desde uma simples caminhada recreativa até corridas de alta performance e atividades esportivas, como saltos e arremessos. O tecido conjuntivo tem que resistir a altos níveis de carga provenientes da atividade contrátil muscular, e, evidentemente, cargas muito altas resultam em lesões agudas de estruturas do tecido conjuntivo, como ligamentos, tendões ou ossos. Essas lesões se apresentam como uma ruptura de tecido ou fratura por causa de uma única carga mecânica que ultrapassa a tolerância de carga.

No que diz respeito à carga repetida no tecido conjuntivo, existe uma linha tênue, mas indefinida, entre tolerância da carga do tecido e adaptação potencial e o desenvolvimento de patologia do tecido e sintomas clínicos associados. No entanto, está claro que o treinamento físico muito intenso, nos esportes de elite que exigem movimentos repetidos de partes específicas do corpo, de fato demonstra um tipo de limite superior de tolerância no corpo. A Tabela 5.1 ilustra como atletas de elite de esportes como corrida, natação e remo experimentam a carga do membro inferior, ombro ou parte superior do corpo de até 40.000-50.000 repetições por semana. É notório que as diferenças genéticas estabelecem um grau variado de tolerância em relação à carga repetitiva, mas, em geral, entre os atletas aceita-se a ideia de que se você ampliar a quantidade de treinamento para além da Tabela 5.1, a maioria dos atletas terá um desempenho pior em seus esportes. Em geral, é improvável que essa piora resulte do número total de horas de treinamento, uma vez que muitos esportistas que têm carga mais variada no corpo do que os dos exemplos da Tabela 5.1, por exemplo, os triatletas, são capazes de treinar por até 35-38 horas por semana sem qualquer di-

Tabela 5.1 Tolerância de tecidos em atletas de elite

	Dose de treinamento/semana	Repetições de carga de tecido/semana
Corrida de longa distância	120 km/semana (passos de 1,5 m)	~40.000 passadas/perna
Natação	3-4 horas/dia (30-40 braçadas/minuto)	~26.000 braçadas/braço
Remo	3-4 horas/dia (22-35 remadas/minuto)	~38.000 remadas

minuição resultante no desempenho ou no acúmulo de lesões. Assim, a Tabela 5.1 parece mostrar que cada tecido conjuntivo regional específico tem um limite superior para carga repetida.

O tecido conjuntivo no corpo é capaz de suportar uma carga substancial, variando de uma carga elástica a uma carga com mais compressão. Os dados, principalmente da literatura animal, mas também, mais recentemente, de experimentos com humanos, mostram que o aumento da carga resulta em maior tamanho e força de tendões, ligamentos, ossos e cartilagens (Tab. 5.2). No entanto, está evidente que a melhora é muito moderada e que a adaptação requer um tempo considerável. Em comparação com a adaptação do músculo esquelético, a resposta ao treinamento no tecido da matriz é moderada. Por outro lado, descobertas sobre a influência da inatividade, em diferentes tecidos conjuntivos, normalmente indicam algum tipo de perda na força do tecido e características mecânicas (Tab. 5.2). Tais descobertas demonstram que o tecido conjuntivo é altamente dependente da carga diária normal e é vulnerável quando não carregado mecanicamente. Quando submetido à inatividade, o tecido conjuntivo não diminui de tamanho rapidamente, mas demonstra uma alteração acelerada (dentro de 1-2 semanas) nas propriedades mecânicas passivas. A explicação para isso é desconhecida atualmente, mas indica que as estruturas moleculares, que são importantes para as propriedades mecânicas, podem mudar rapidamente quando sem estímulos de carga. Nos tendões artificiais, demonstrou-se que apenas alguns dias sem carga em estruturas semelhantes a tendões resultam em uma desorganização das fibrilas. Em seres humanos, as rápidas mudanças nas propriedades mecânicas do tendão são acompanhadas por uma mudança na expressão de enzimas de importância para a formação de moléculas de ligação cruzada.

MECANOTRANSDUÇÃO – SINALIZAÇÃO E RESULTADO

A carga mecânica do tecido conjuntivo é um processo complexo que envolve várias etapas, a partir da conversão inicial do estresse mecânico no tecido em sinais químicos. Inicialmente, os receptores da integrina serão ativados e isso resultará na adesão e ativação de vias de mecanotransdução (Kjaer, 2004) (Magnusson et al., 2010). Uma via importante para a mecanotransdução é a via Rho-Rock, o que já foi documentado em vários estudos. A ativação resultante da síntese de proteínas, a partir do núcleo da célula, levará à formação de proteínas da matriz, tais como colágenos, e alterações subsequentes da estrutura do tecido, sejam essas alterações um adensamento do tecido, maior volume de

Tabela 5.2 Exemplos de adaptação do tecido conjuntivo ao treinamento físico de longo prazo e à inatividade

Função	Capacidade (aguçada)	Treinamento (% aumento)	Inatividade (% redução 4-8 semanas)
Tecido conjuntivo			Meses
Tendão	100 MPa	10	30 (+ rigidez/ligação cruzada)
Ligamento	60-100 MPa	10	30 (+ rigidez/elasticidade)
Osso	50-200 MPa	5-10	30 (+ mineralização/Ca^{++})
Cartilagem	5-40 MPa	5-10	30 (+ água/proteoglicano)
Músculo esquelético			Meses
Força		100	60
Massa muscular		60	20-30

tecido ou organização alterada de estruturas fibrilares e outras. Por fim, isso irá contribuir para as propriedades mecânicas do tecido da matriz.

A carga mecânica também levará a uma regulação local aumentada (i. e., expressão mais pronunciada e síntese de proteína aumentada) dos fatores de crescimento, como o IGF-I e o TGF-beta. Eles provavelmente serão liberados dos fibroblastos do tecido conjuntivo. Ainda não se sabe se esses fatores de crescimento agirão de forma autócrina ou parácrina, mas pode-se verificar que a regulação aumentada desses fatores está associada a uma regulação aumentada induzida pelo exercício da síntese de proteína de colágeno. Isso sugere uma associação direta entre a liberação do fator de crescimento e a formação de proteínas na matriz. Há também algumas indicações de que a carga mecânica e os fatores de crescimento podem estimular o tecido da matriz de forma aditiva ou ainda sinérgica (Magnusson, 2010).

A carga mecânica aumenta tanto a expressão de colágeno como a síntese de proteína em estudos com animais (Heinemeier et al., 2007). Nos seres humanos, um aumento na regulação da síntese de proteína tem sido demonstrado tanto no tecido peritendíneo como, conforme determinado pela incorporação de aminoácidos marcados, no tecido do tendão (Miller et al., 2005). Além disso, uma degradação do tecido de colágeno também foi demonstrada em humanos. Apesar dessas mudanças bastante dinâmicas no balanço de colágeno no tecido do tendão, elas não provam nenhuma troca importante de estrutura tendínea com a carga mecânica. Dados bem recentes indicam que a troca de estruturas tendíneas ocorre nos primeiros 17 anos de vida e que, a partir de então, uma estrutura mais estável é mantida em um tendão intacto e não lesionado (Heinemeier et al., 2013). O fato de indivíduos bem treinados terem maiores áreas transversais nos tendões do calcâneo e patelas do que indivíduos não treinados, e que em um mesmo indivíduo um membro inferior mais forte mostra um tendão de maior diâmetro do que o lado contralateral (Couppe et al., 2008), indica que ou o crescimento do tendão em função do treinamento ocorre nos primeiros anos, ou representa uma adição de tecido na superfície do tendão não muito diferente da adição de camadas em uma árvore com o passar dos anos.

RESPOSTAS CELULARES À CARGA MECÂNICA: DE *IN VITRO* PARA *IN VIVO*

Durante a carga mecânica do tecido conjuntivo, nos tendões, por exemplo, a célula dentro do tendão responde, como mencionado, com um aumento de RNAm e síntese de proteínas nos elementos centrais da matriz (colágeno tipo 1). Estudos mostram que as concentrações intersticiais de fragmentos de propeptídeo de colágeno no espaço peritendíneo aumentaram após o exercício. Além disso, ao infundir aminoácidos, marcados com isótopos estáveis, e determinar a incorporação deles no tecido conjuntivo relevante, foi demonstrado que esta incorporação na hidroxiprolina e, portanto, no colágeno, foi quase duplicada no tendão e no músculo esquelético após exercício intenso (Miller et al., 2005). Por outro lado, com inatividade ao longo de 2-3 semanas pode ser demonstrado que tal incorporação seria diminuída. Portanto, parece que a produção de colágeno no tendão e na matriz musculoesquelética é afetada pelo grau de carga mecânica. É interessante que tanto no tendão como no músculo parece que a curva dose-resposta para a relação entre a intensidade da carga e o resultado da síntese de proteína responsiva está se estabilizando relativamente cedo. Isso significa que, já em uma carga relativamente moderada do tecido, é observada uma resposta suficiente do tecido conjuntivo. Como a adaptação do tecido conjuntivo em geral é relativamente lenta, ela apresenta a vantagem de que também uma carga relativamente moderada resultará em um aumento na síntese de proteínas. Isso significa que, durante a reabilitação, após uma lesão, os seres humanos podem estimular seu tecido conjuntivo com baixos níveis de intensidade, em um momento em que o tecido estaria fraco demais para tolerar o treinamento pesado de resistência muscular.

A questão agora é se isso reflete ou não uma verdadeira renovação do tecido e a substituição de estruturas de fibrilas existentes, ou se representa uma ferramenta pela qual a carga mecânica fornece colágeno para uma potencial incorporação no caso de lesão. Pode ser que apenas uma pequena fração do tendão adulto seja alterada e que uma grande parte do tendão seja mais inerte e, portanto, menos dinâmica. Para que isso seja determinado, é possível realizar um experimento em que o conteúdo atmosférico do isótopo de carbono radioativo C-14 pode ser usado para marcar a idade do tecido conjuntivo. Isso é possível porque o conteúdo do C-14 teve seu pico nos testes de bombas atômicas no final da década de 1950 e início da de 1960. Depois disso, ele foi proibido e seu conteúdo no ar reduziu-se ao longo dos anos. Por meio dessa metodologia, pode-se mostrar que, levando-se em consideração o aumento do revezamento dos tecidos nos primeiros 17 anos de vida durante o crescimento em altura, parece que nenhum grande revezamento de colágeno ocorreu no tendão adulto (Heinemeier et al., 2013). Isso significa que, apesar da carga, o tendão permanece relativamente inerte durante a vida adulta e que apenas danos mecânicos podem causar alterações. Portanto, sugere-se que as células do tendão adulto estão predominantemente dormentes e apenas serão ativadas em situações de emergência.

Quando o tendão adulto é preparado para que as células sejam isoladas e cresçam em sistemas de cultura 3D nas quais, por causa dos padrões de fixação, serão submetidas à tensão, pode-se observar que são formados tendões novos e artificiais. Esses tendões artificiais são ricos em células, produzem novas fibrilas, exibem uma estrutura de fibrila alinhada e têm o mesmo tipo qualitativo de propriedades mecânicas que as células naturais. Eles expressam proteínas importantes para a estrutura do tendão, como colágenos fibrilares, assim como proteínas que são fenotípicas para tendões, como a tenomodulina. É interessante que, quando a tensão é liberada a partir desses construtos tendinosos, todos eles perdem sua expressão de colágeno, tenomodulina e receptores de integrinas mecanossensíveis. Essas mudanças não parecem ser compensadas pelo excesso de fatores de crescimento adicionados (como TGF-beta). Elas indicam que a carga mecânica é crucial para a estimulação de proteínas importantes para a formação da estrutura da matriz.

EFEITO CRÔNICO DE CARGA MECÂNICA EM CÉLULAS E TECIDOS DA MATRIZ

Ainda não se compreende inteiramente até que ponto o tendão adulto pode se adaptar ao treinamento físico. Em estudos transversais, demonstrou-se que os atletas que praticam corrida de resistência têm estruturas de tendão do calcâneo mais espessas do que indivíduos não treinados de peso compatível. Além disso, ao comparar atletas de diferentes tipos de esportes, verificou-se que corredores, que repetidamente têm carga na panturrilha, e jogadores de voleibol, que usam atividade de saltos explosivos, exibem tendões do calcâneo mais grossos do que remadores de caiaque, que têm uma carga menor nos membros inferiores, mas têm um status atlético semelhante (Magnusson et al., 2010). Em corredores de elite mais velhos, a área da seção transversal do tendão patelar é maior do que em homens não treinados de mesma idade. O volume de fibrila também é maior. Isso indica que as diferenças entre tendões treinados e não treinados não podem ser explicadas pelo acúmulo de água. Portanto, esses dados podem indicar que a seleção é a causa dessas diferenças. A teoria da adaptação relacionada ao treinamento é também apoiada pela pesquisa de esportes com diferentes cargas nos membros inferiores, como esgrima e badminton. Nesses exemplos, nos quais a força do músculo quadríceps é maior em um membro inferior, observou-se uma área transversal maior do tendão da patela (Couppe et al., 2008). Não se sabe até que ponto essas adaptações de tendão ocorreram muito cedo na vida ou ao longo da vida.

No músculo esquelético, o treinamento regular não está associado a nenhum aumento acentuado no conteúdo de colágeno, mas a carga extrema realmente aumenta a síntese de colágeno. Isso pode indicar que a degradação do colágeno aumenta e que, portanto, o conteúdo total de colágeno não aumenta como resultado do treinamento. No entanto, isso não indica em que medida o tecido conjuntivo intramuscular obterá propriedades mecânicas alteradas com o treinamento não relacionado ao conteúdo de colágeno, mas relacionado à organização fibrilar ou à síntese de outras moléculas ligadas às propriedades mecânicas do tecido, por exemplo, as ligações cruzadas (ver Fig. 5.1).

O LIMIAR ENTRE RESPOSTAS FISIOLÓGICAS E PATOLÓGICAS À CARGA

Até que ponto uma carga é considerada adequada para o tecido conjuntivo e a partir de que ponto é excessiva é uma questão importante, mas ainda não resolvida. Sabemos que a restituição apropriada entre os períodos de treinamento contribuirá para permitir a estimulação completa da síntese de proteínas e da degradação de proteínas, a fim de evitar uma perda gradual de tecido conjuntivo ao longo do tempo. Não está completamente claro se essa incompatibilidade é a principal "estrada" que leva à sobrecarga do tecido matriz. A presença de células apoptóticas e a liberação de proteínas de choque térmico e substâncias inflamatórias em decorrência da grande carga de tecidos podem indicar que as células em um tecido de matriz sobrecarregado estão mudando sua tarefa da produção de proteínas de matriz, e manutenção e renovação adequada de tecido, em direção a um papel no qual a luta pela sobrevivência é o objetivo principal. Também pode ser que, no caso da sobrecarga do tecido, as células sobrecarregadas estejam protegidas contra uma carga adicional e isso resultará, portanto, em mais mudanças locais degenerativas em decorrência da falta de carga mecânica (Arnoczky et al., 2007). É interessante que essas modificações histológicas e microestruturais na sobrecarga inicial de um tendão, por exemplo, não imitam o quadro da ruptura experimental de um tendão. Elas devem, portanto, representar algumas outras mudanças por trás do uso excessivo de tecido conjuntivo. Sabe-se que em alguns tecidos, como os tendões, o uso excessivo do tecido está associado à ocorrência de neovascularização e ao crescimento das estruturas nervosas que resultam em sintomas dolorosos do tecido sobrecarregado (Magnusson et al., 2010).

RESUMO CLÍNICO

A carga mecânica do tecido conjuntivo é importante para a manutenção e adaptação da matriz em relação à sua composição, estrutura e propriedades mecânicas passivas. Entretanto, a questão que permanece é o que as células do tecido conjuntivo perceberão: uma tensão ou outros tipos de estresse? Contudo, não há dúvida de que o tecido conjuntivo responderá à carga mecânica, mas que a resposta é muito variada e depende da magnitude da carga, do

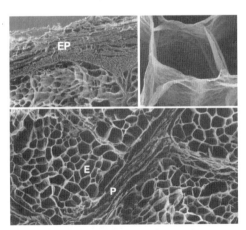

Figura 5.1 Micrografias eletrônicas de varredura de tecidos conjuntivos intramusculares (músculo semitendíneo bovino após a remoção da proteína do músculo esquelético). Parte superior esquerda: epimísio (EP); superior direita: endomísio em torno de uma fibra muscular individual; imagem inferior: perimísio (P) mais endomísio (E). Modificado de Nishimura et al. (1994) com permissão.

tipo de tecido da matriz e das características do indivíduo. O trabalho clínico sugere que a sobrecarga de tecido relativa à prática esportiva, por exemplo, representa um desafio para a compreensão de quais sinais e marcadores fornecerão o "sinal de alerta" para a sobrecarga. Dito isso, também é certo que em muitas situações clínicas o tecido conjuntivo é submetido a uma carga mecânica muito baixa. A partir dos dados disponíveis hoje, fica claro que a carga mecânica fornece um dos estímulos mais fortes, senão o mais forte, para uma adaptação do tecido da matriz que se torna mais forte e, em uma situação de recuperação de lesão, recupera-se mais rapidamente e melhor do que se não houvesse carga presente.

Referências bibliográficas

Arnoczky, S.P., Lavagnino, M. & Egerbacher, M. (2007) The mechanobiological aetiopathogenesis of tendinopathy: is it the over-stimulation or the under-stimulation of tendon cells? *Int J Exp Pathol.* 88: 217–226.

Couppe, C., Kongsgaard, M., Aagaard, P., Hansen, P., Bojsen-Moller, J., Kjaer, M. & Magnusson, S.P. (2008) Habitual loading results in tendon hypertrophy and increased stiffness of the human patellar tendon. *J Appl Physiol.* 105: 805–810.

Heinemeier, K.M., Olesen, J.L., Haddad, F., Langberg, H., Kjaer, M., Baldwin, K.M. & Schjerling, P. (2007) Expression of collagen and related growth factors in rat tendon and skeletal muscle in response to specific contraction types. *J Physiol.* 582: 1303–1316.

Heinemeier, K.M., Schjerling, P., Heinemeier, J., Magnusson, S.P. & Kjaer, M. (2013) Lack of tissue renewal in human adult Achilles tendon is revealed by nuclear bomb 14C. *FASEB J.*

Kjaer, M. (2004) Role of extracellular matrix in adaptation of tendon and skeletal muscle to mechanical loading. *Physiol Rev.* 84: 649–698.

Magnusson, S.P., Langberg, H. & Kjaer, M. (2010) The pathogenesis of tendinopathy: balancing the response to loading. *Nat Rev Rheumatol.* 6: 262–268.

Miller, BF., Olesen, J.L., Hansen, M., Dossing, S., Crameri, R.M., Welling, R.J., Langberg, H., Flyvbjerg, A., Kjaer, M., Babraj, J.A., Smith, K. & Rennie, M.J. (2005) Coordinated collagen and muscle protein synthesis in human patella tendon and quadriceps muscle after exercise. *J Physiol.* 567: 1021–1033.

Nishimura, T., Hattori, A. & Takahashi, K. (1994) Ultrastructure of the intramuscular connective tissue in bovine skeletal muscle. A demonstration using the cell-maceration/scanning electron microscope method. *Acta Anat.* 151:250–257.

6
Trilhos anatômicos no movimento

Thomas Myers

Dada a nova compreensão do que Schleip denominou de "rede neuromiofascial" (Schleip, 2003) (Cap.1), vamos agora voltar nossa atenção para as cadeias funcionais da miofáscia, conhecidas como "meridianos miofasciais", ou "trilhos anatômicos", para explorar algumas implicações desse ponto de vista para o treinamento do movimento (Myers 2001, 2009, 2013).

LIMITAÇÕES "MUSCULARES"

Nos últimos quatrocentos anos, nosso principal guia no entendimento do movimento tem sido o conceito de "músculo" (Vesalius, 1548). O movimento é entendido como uma interação entre as forças no universo circundante – gravidade, inércia, fricção, momento etc. – e a força gerada por cerca de 600 músculos nomeados trabalhando em contração concêntrica, excêntrica ou estática por meio de articulações limitadas pelo formato dos ossos e pela restrição ligamentosa (Hamilton, 2011). As ações musculares têm sido definidas, principalmente, em termos de sua origem e inserção em ligamentos ósseos (Muscolino, 2002).

Pensando de um modo mais sistêmico, à luz de pesquisas recentes (Vleeming, 2007) (Barker, 2004), o conceito de "músculo" trabalhando apenas para unir suas terminações parece ser uma metáfora mais limitada: útil para chegar até aqui, mas agora tão desatualizada que precisa de muitos asteriscos e advertências. Agora está claro, por exemplo, que os músculos também se ligam a outros músculos ao longo das suas laterais (Huijing, 2007). As implicações de longo alcance para a transmissão de força e o mecanismo muscular estão sendo exploradas (Maas, 2009). A elasticidade de grandes estruturas conjuntivas, como os tendões, altera nosso pensamento sobre a transmissão de força e o movimento eficiente (Kawakami, 2002). Os músculos também se ligam e afetam os ligamentos próximos (Van der Wal, 2009). O epimísio também se liga aos nervos e feixes neurovasculares que servem esse tecido muscular (Shacklock, 2005).

Assim, a teoria-padrão da origem-inserção da ação muscular não dá conta, pelo menos, dos quatro aspectos seguintes que agora sabemos que precisam ser levados em consideração de maneira mais ativa:

1. A força de transmissão via fáscia intermuscular para os músculos próximos.
2. A capacidade da tensão muscular de reforçar os ligamentos próximos.
3. A atração de feixes neurovasculares vizinhos.
4. (O assunto deste capítulo) A transmissão de força de segmento a segmento via continuidades fasciais abrangendo as articulações (Franklyn-Miller, 2009) (Tietze, 1921).

NEUROLOGIA FASCIAL

Do ponto de vista neurológico, o sistema nervoso parece ser cerca de seis vezes mais sensorialmente interessado no que acontece na matriz fascial do que na detecção de alterações no próprio músculo (Van der Wal, 2009). Em outras palavras, existem múltiplos receptores de alongamento que, dependendo de sua disposição, podem detectar alongamento, vibração, pressão, cisalhamento ou transmitir dor, para cada fuso muscular que detecta mudanças de comprimento.

Além disso, nenhuma representação de músculos individuais foi encontrada dentro do córtex sensorial ou motor cerebral. O sistema nervoso funciona como um sistema cibernético ou autorregulador, gerenciando unidades neuromotoras individuais que administram de 10-100 células musculares dentro de um músculo (Williams, 1995). O cérebro organiza o movimento de maneira a coordenar essas unidades individuais, não – como fazem nossos livros de anatomia – em termos de músculos nomeados individualmente. Isso significa que a topologia da contração e do movimento do plano fascial dentro dos músculos (perimísio) e entre eles (septos intermusculares) durante qualquer movimento é muito mais complexa do que assumimos anteriormente (Fukunaga, 2010).

BIOTENSEGRIDADE

Outra limitação em nosso pensamento atual é sugerida pelo modelo de "biotensegridade", que tem sido aplicado a todo o corpo (Fuller, 1975) (Levin, 2003) (Myers, 2009) (Scarr, 2008) e à estrutura celular e mecanotransdução pericelular (Ingber, 1998) (Horowitz, 1999). Esse modelo de engenharia nos permite ir além do pensamento newtoniano usual em termos de forças e vetores de músculos nas articulações. Isso nos permite ver como os nossos 70 trilhões de células se unem em um organismo como um "adesoma" (Zaidel-Bar et al., 2007), (Zamir e Geiger 2001) e como a "rede neuromiofascial" acomoda o movimento como um todo autoa-

justável. Os trilhos anatômicos mapeiam um conjunto real de tecidos conjuntivos na miofáscia parietal que essencialmente formam a rede de tensão externa que atrai o esqueleto para ajudar a mantê-lo ereto e na relação adequada: ou não, na situação de disfunção.

> Em resumo, do ponto de vista fascial, neurológico ou biomecânico, o conceito universal de "um músculo distinto" acaba sendo um artefato do nosso método comum de dissecação, e não é uma realidade biomecânica nem neurológica. Essa ideia ainda não foi absorvida pelos profissionais que trabalham com o público tanto em reabilitação como em treinamento.

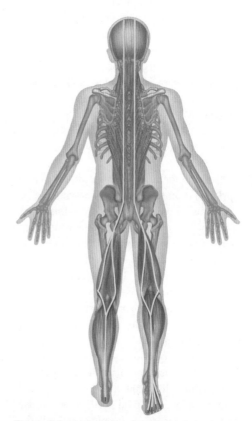

Figura 6.1 Linha superficial do dorso.
A linha superficial do dorso, que atravessa a face posterior do corpo dos dedos ao nariz, opera de modo funcional para elevar nossos olhos a posições que satisfazem nossa curiosidade, e eleva nosso corpo para cima, mantendo-o estável em sua postura.

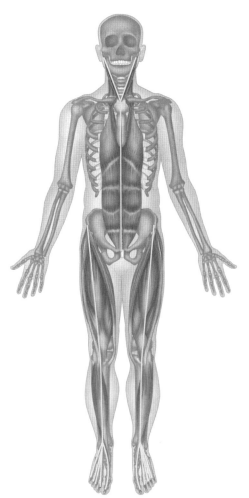

Figura 6.2 Linha frontal superficial.
A linha frontal superficial, que atravessa a superfície anterior do corpo, protege a cavidade ventral e é, portanto, associada à resposta de susto, e cria flexão do tronco com extensão do membro inferior.

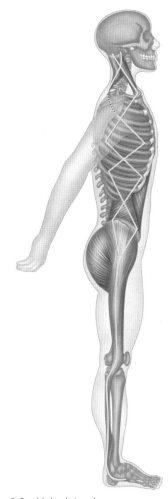

Figura 6.3 Linha lateral.
A linha lateral vai do arco externo até a orelha, atua criando curvas laterais ou evitando flexões laterais no lado oposto. Assim, a linha lateral funciona para manter a estabilidade durante a locomoção.

Uma vez que rejeitamos a ideia antiga, o significado de todas essas novas descobertas realizadas juntas pode ser resumida em uma palavra: resiliência. Todos os fatores já mencionados contribuem para a resiliência do tecido humano e para a rápida distribuição global e local da tensão e da resposta diferenciada do organismo como um todo. A "teoria do músculo isolado" que predominou no nosso pensamento limitou a nossa percepção dessa "maleabilidade" em todo o corpo que é essencial para a resiliência.

TRILHOS ANATÔMICOS

O mapa de meridianos miofasciais dos trilhos anatômicos é um pequeno aspecto dessa visão maior e refere-se a conexões longitudinais consistentes dentro de uma rede fascial singular. Ele sugere transmissão da força miofascial, pelo

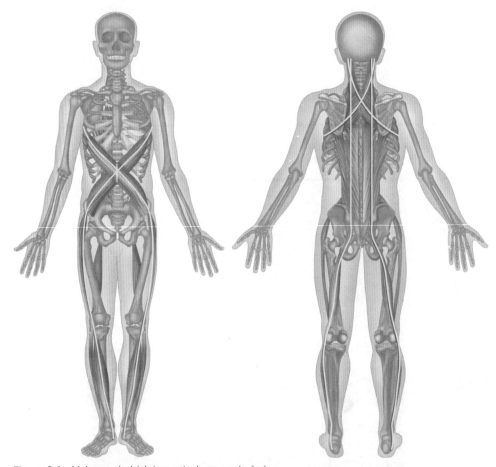

Figura 6.4 Linha espiral (vistas anterior e posterior).
A linha espiral se enrola ao redor do corpo através das três linhas cardeais anteriores, criando e modulando movimentos rotacionais e oblíquos na marcha e no esporte.

menos na estabilização do movimento e na compensação postural de uma unidade miofascial para outra ao longo dessas linhas. Para construir o mapa de trilhos anatômicos, procuramos uma direção de fibra consistente e o nível plano fascial. Nessa perspectiva, foram descritos 12 meridianos miofasciais com pelo menos três músculos.

O autor não reivindica a natureza exclusiva dos trilhos anatômicos. Em primeiro lugar, aqueles com desvio significativo da estrutura usual, tais como em uma escoliose significativa ou alteração de trauma, podem criar suas próprias "linhas de transmissão" fasciais. Em segundo lugar, é fato que a transmissão de força ao longo dos trilhos anatômicos é fortemente sugerida por algumas literaturas (Franklin-Miller et al., 2009) (Vleeming e Stoeckart, 2007), mas ainda tem que ser comprovada por pesquisas científicas. O autor está confiante de que algo dessa natureza será o caso, mas, enquanto isso, *caveat, lector* (cuidado, leitor).

MOVIMENTO PROPORCIONAL

Na modelagem de estabilidade/mobilidade (rigidez/controle) do movimento humano, os trilhos anatômicos contribuem para ambos. A

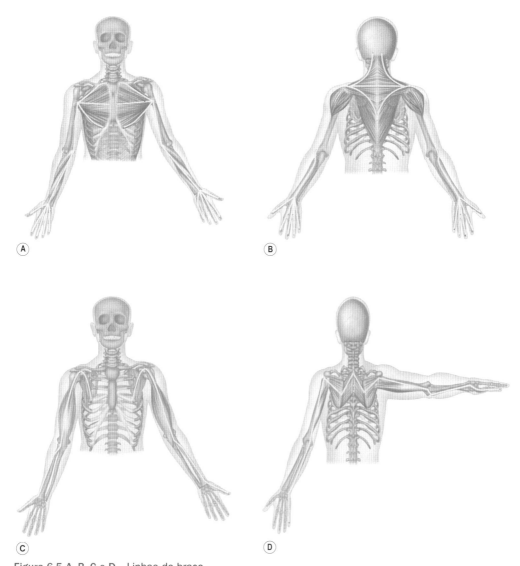

Figura 6.5 A, B, C e D Linhas do braço.
As quatro linhas do braço estabilizam e movem os braços e os ombros através de sua extensa amplitude de movimentos.

chave para a diferença pode ser resumida como "movimento proporcional".

Todas as estruturas biológicas têm um pouco de "maleabilidade". Mesmo os ossos vivos demonstram resiliência, embora esta diminua à medida que o corpo envelhece, e todos os tecidos mais moles, da cartilagem ao ligamento, tendão, fáscia, nervo e todos os outros tecidos nomeados, flexionam, esticam ou deformam um pouco ou muito antes de rasgar ou quebrar.

Em movimento, os tecidos são comumente levados além do comprimento de repouso em um processo de alongamento do tecido. O alongamento é traduzido em ambas as células, de todos os tecidos ao longo da linha, fibras e mucosas (GAG) intersticiais (Ingber, 2006) (Langevin et al., 2006).

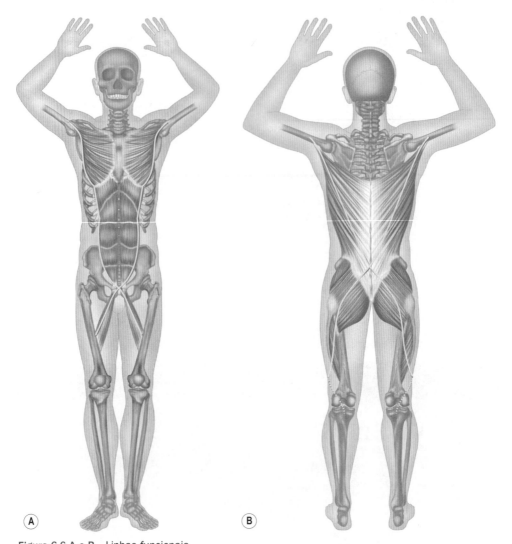

Figura 6.6 A e B   Linhas funcionais.
As três linhas funcionais estabilizam os ombros aos membros inferiores contralaterais e ipsilaterais, ampliando a alavanca dos braços dos membros através do tronco.

Dado que o ponto de apoio entre os ossos, em qualquer momento, constitui o ponto de apoio para esse alongamento do tecido, e dado que as forças exógenas sobre os tecidos estão dentro da capacidade do tecido de permanecer intacto, podemos logicamente concluir que o maior movimento estará perto da pele, o mais distante desse ponto axial. O aro da roda se move mais do que o centro. Portanto, as terminações sensoriais na pele serão mais sensíveis ao movimento iniciado.

Em segundo lugar, se aceitarmos a noção de que o corpo irá distribuir tal tensão tanto lateral como longitudinalmente, então deve haver uma leve "maleabilidade" ou resiliência nos tecidos ao redor das articulações.

Esses tecidos são chamados de "ligações musculares" na teoria clássica ou, mais genericamen-

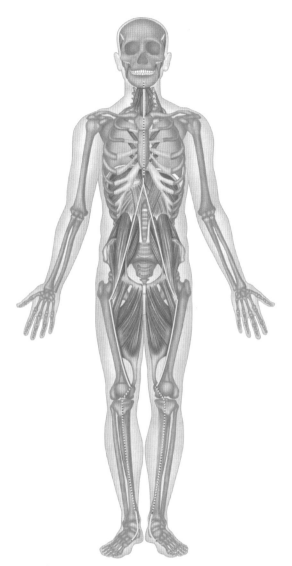

Figura 6.7 Linha frontal profunda.
A linha frontal profunda, que vai do arco interno até a parte de baixo do crânio e inclui tudo o que poderia ser denominado *core* do corpo, suporta a estabilidade e a extensão axial e apendicular em todos os nossos movimentos.

te, "tecidos periarticulares". Na metáfora dos trilhos anatômicos nós os chamamos de "estações" para indicar que, embora os tecidos conjuntivos nessas áreas estejam presos à cápsula articular subjacente ou à perióstea, há uma continuidade fundamental das fibras do tecido conjuntivo na direção e no plano no próximo segmento e, muitas vezes, em um músculo diferente.

RESILIÊNCIA

Por exemplo, a linha espiral apresenta uma continuidade do tibial anterior do compartimento crural anterior com a parte clavicular do trato iliotibial, que por sua vez se conecta ao tensor da fáscia lata e, portanto, à espinha ilíaca anterossuperior.

Figura 6.8 Análise de uma postura de yoga.

Trikonasana

Embora pareça difícil na página impressa, vamos colocar o mapa dos trilhos anatômicos em prática, olhando para uma postura comum, mas complexa, de yoga, a Trikonasana, ou postura do triângulo, em relação às linhas de trilhos anatômicos. Uma boa análise requer observarmos a postura executada para a direita e para a esquerda, para ver as diferenças da direita para a esquerda. Com base nessa foto, podemos ver uma boa forma nos membros inferiores, com a linha lateral do lado esquerdo sendo alongada do tornozelo ao quadril e a linha frontal profunda do lado direito do membro inferior direito até o assoalho pélvico daquele lado.

No tronco vemos mais compensação, não na linha lateral superior, mas na linha espiral superior. Da sua espinha ilíaca anterossuperior (EIAS) direita, o oblíquo externo do abdome interno e contralateral e o serrátil anterior à esquerda da caixa torácica são suficientemente curtos para puxar a caixa torácica esquerda para a frente, de modo que o esterno fique voltado para baixo, em direção ao solo. A torção extra é necessária como compensação no pescoço e na resistência do ombro esquerdo que vem para a frente.

Em contrapartida, a espinha ilíaca anterossuperior (EIAS) esquerda passa por baixo de sua caixa torácica direita para a escápula direita e para o lado esquerdo da cabeça, que poderia ser considerada muito fraca e precisando de algum fortalecimento para trazer as costelas direitas para a frente e permitir que a torção no tronco se endireite. Podemos apostar que, se fosse um desequilíbrio na linha espiral, a postura ficaria significativamente diferente do outro lado.

Talvez nossa premissa esteja errada, e a incapacidade de girar o tronco não se deva a um desequilíbrio na linha espiral, mas aos músculos de rotação mais próximos da coluna vertebral, talvez o complexo psoas na frente ou o complexo multífido nas costas. Testaríamos isso com avaliações palpatórias ou de movimento para isolar se a restrição estava no padrão neuromotor ou na fáscia conectada à linha espiral, linha superficial do dorso ou linha frontal profunda. Qualquer um ou todos juntos podem ser a "causa" dessa aparente limitação no movimento. É claro que é possível que a compensação seja decorrente de uma anomalia estrutural na coluna vertebral, que poderíamos detectar por "sensação final" na avaliação do movimento.

CAPÍTULO 6 · TRILHOS ANATÔMICOS NO MOVIMENTO 55

Figura 6.9 A-F Fotos dos trilhos anatômicos na yoga (reproduzidas com permissão da Lotus Publishing).

(continua)

Figura 6.9 A-F Fotos dos trilhos anatômicos na yoga (reproduzidas com permissão da Lotus Publishing). *(continuação)*

Colocando nossas mãos logo abaixo da linha do sutiã em ambos os lados e estimulando a caixa torácica em direção a uma rotação esquerda, saberemos quais tecidos estão restringindo o movimento, para que sugestões de movimentos específicos e apropriados ou terapia manual possam ser aplicadas a fim de criar tônus uniforme ao longo da linha.

Nas fotos, podemos ver um professor, um aluno experiente e um principiante fazendo a mesma postura. Podemos ver facilmente como as linhas se tornam mais retas e mais tonificadas com o desenvolvimento da prática. Essa palintonicidade é uma característica marcante da postura alongada e equilibrada, do movimento funcional estabilizado, e propicia mais acesso à resiliência ao longo e na profundidade das linhas.

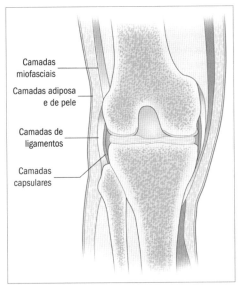

Figura 6.10   Resiliência do tecido.

A linha lateral sugere uma conexão do músculo fibular longo através da cabeça da fíbula na extremidade superior do compartimento lateral à parte central do trato iliotibial e para cima via aponeurose do glúteo médio a uma inserção ampla na crista ilíaca. No fundo dessa linha estaria o ligamento colateral lateral (LCL), conectando a cabeça da fíbula ao côndilo lateral do fêmur logo acima da cápsula articular. Mais profundo ao ligamento colateral lateral (LCL) estaria a própria cápsula articular, que inclui os ligamentos cruzados.

Embora essas estruturas fasciais sejam identificadas separadamente, a parte externa do joelho é uma continuidade fascial da pele ao osso, de modo que todas essas estruturas estão conectadas. Não há descontinuidade no tecido (Guimberteau, 2004). Então surge a pergunta: no movimento funcional cotidiano, ou em um movimento mais árduo de alta performance, ocasionado pelo esporte, pela dança ou por uma lesão iminente, o tecido pode ser "maleável" o suficiente para permitir que a força seja distribuída mais amplamente, ou toda a força será focada em uma estrutura específica, que então fica mais propensa a falhar?

Obviamente, muita "maleabilidade" nessas estruturas contribuiria para a instabilidade da articulação, e aqueles com "frouxidão ligamentar" podem sofrer subluxação articular ou desalinhamento com bastante facilidade (Milhorat et al., 2007). Não tão óbvio, muita rigidez significa maior localização de tensão, que pode contribuir para estruturas locais – o ligamento colateral lateral (LCL), o ligamento colateral medial (LCM) ou o ligamento cruzado anterior (LCA), por exemplo – serem tensionadas até o ponto de ruptura.

O ideal está em algum lugar no meio: maleabilidade suficiente para permitir a distribuição da tensão, mas não o suficiente para permitir muito jogo de articulação. Os fatores envolvidos em qual seria esse ponto ideal dependem da predisposição genética para o desenvolvimento fascial individual, bem como de suas demandas de treinamento e desempenho.

Se pudéssemos observar magicamente, em um corpo vivo e saudável, uma fatia de camada cruzada da pele até a parte externa da cápsula do joelho durante um longo alcance lateral, como a parte superior de um saque de tênis, veríamos cada camada sucessiva se movendo sobre a camada abaixo da superfície até a camada de osso a osso quase imóvel. Essa resiliência, ou a falta dela, pode ser sentida ao colocar as mãos dentro e fora de um joelho quando tal movimento é realizado. Ao fazer isso com um número de indivíduos diferentes, é fácil dizer em qual região a resiliência é muito "dura", tão pouco maleável que pode, sob condições extremas, levar a uma lesão por dilaceramento", ou muito "sensível", excessivamente maleável e capaz de, sob condições extremas, levar ao deslocamento das articulações.

Nos casos "duros demais", é necessário alongamento preciso especificado ou trabalho manual para aumentar a resiliência por meio dessas "estações" dos trilhos anatômicos que ligam os músculos através das articulações. Casos que mostram tecidos "maleáveis demais" exigiriam aumento do tônus muscular nas "faixas" miofasciais que dão suporte às "estações", nesse caso as extensões dos abdutores e dos músculos fibulares. Isso serve simplesmente como um exemplo de um processo que acontece em todo o corpo. Poderíamos imaginar uma visão vertical do glúteo máximo até a parte mais profunda do ligamento sacrotuberal em uma curvatura para a frente ou a universal postura da yoga asana do "cachorro olhando para baixo". Nós esperaríamos:

- Que o glúteo facilmente dê lugar a um alongamento elástico.
- Que a parte superficial do ligamento sacrotuberal ligue e distribua a tensão dos posteriores da coxa para a "miofascialidade" posterior da área toracolombar.
- Que a parte profunda mantenha a relação necessária entre o sacro e o ísquio, permitindo apenas um pouco de maleabilidade na articulação sacroilíaca para os poucos graus de movimento exigidos.

O excesso de tensão muscular crônica ou a aderência fascial em qualquer ponto dessa cadeia ligada poderia distorcer a distribuição dessas forças, criando as condições para lesão, compensação postural, conhecida pelos treinadores como "má forma", ou uso excessivo de tecidos, levando à dor.

Outro exemplo: em uma flexão lateral você pode ver ou palpar o movimento progressivo dos abdominais laterais oblíquos desde a borda lateral do iliocostal do lombo e da rafe lateral dos abdominais através do quadrado do lombo até os intertransversos aos ligamentos intertransversários próximos à coluna vertebral? A falta de resiliência em qualquer uma dessas estruturas criará aberrações funcionais. O praticante experiente aplicará terapia manual ou de movimento nas estruturas precisas que necessitam de mais resiliência ou mais tônus.

UM POUCO DE MALEABILIDADE

Pequenos movimentos nos tecidos profundos permitem que os grandes movimentos se aproximem da superfície. O movimento das membranas durais comumente palpadas na osteopatia craniana (Sutherland, 1990) ou a mobilidade dos órgãos avaliados na manipulação visceral (Barrall et al., 1988) são outros exemplos comuns de pequenos movimentos internos que têm efeito significativo sobre os grandes movimentos externos se estiverem faltando ou forem anormais.

Na miofascia parietal, esse é o domínio dos trilhos anatômicos, e a maioria dos treinadores, fisioterapeutas e terapeutas manuais vê isso nos pequenos ajustes nas articulações sacroilíacas, que têm efeitos tão amplos no movimento maior do corpo como um todo. Com muito pouco movimento sacroilíaco, há um grande padrão compensatório no modo de andar e na tendência de "exportar" os problemas para a parte lombar da coluna vertebral. Com frouxidão e muito movimento sacroilíaco, o corpo exterior se esforça para compensar o movimento interno excessivo, usando a "miofascialidade" externa como cintas.

Em todo o corpo, desde a coluna vertebral até os membros e em todas as linhas dos trilhos anatômicos, procuramos a "perfeita" sensação de "na medida". Isso varia entre os indivíduos, dependendo do tônus fascial natural. Também requer treinamento prático na palpação precisa das "estações" dos trilhos anatômicos no movimento relativo das estruturas internas para estabelecer o cenário para o movimento apropriado das estruturas externas.

Voltando ao exemplo do nosso joelho, os jogadores de futebol exigem geração de estabilidade dentro e fora do membro inferior "postural" quando o plantar é preparado para um chute com o pé oposto. À medida que o pé aterrissa e o jogador busca estabilidade, as diferenças no gramado ou no ângulo do jogador exigem ajustes quase instantâneos no pé, tornozelo, joelho e quadril.

Como um teste para essa capacidade de ajuste e resiliência através do joelho, peça ao jogador que fique à sua frente enquanto você se ajoelha e envolve todo o joelho dele com as

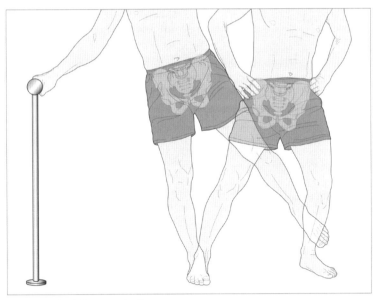

Figura 6.11 Mãos nos joelhos.

suas mãos, cobrindo os tecidos da linha lateral do lado de fora e dos tecidos da linha frontal profunda (da pata de ganso até o ligamento colateral medial) no interior. Peça ao seu paciente, usando o outro pé ou um apoio para o equilíbrio e mantendo o pé plantado no chão, lentamente converter sua pelve lateralmente da esquerda para a direita. Isso irá naturalmente criar abdução e adução no quadril, e inversão e eversão na articulação subtalar no tornozelo.

Supostamente, o joelho está simplesmente mantendo sua extensão entre esses dois movimentos laterais nas articulações acima e abaixo. Mas o que você sente dentro e fora do joelho enquanto o paciente faz esse movimento? Em um corpo resiliente, você sentirá uma ligeira maleabilidade nos tecidos sob sua mão. Em um corpo saudável, a pele se moverá mais, os tecidos subjacentes dos trilhos anatômicos (miofáscia parietal) manifestarão alguma maleabilidade, e no nível dos ligamentos uma sensação muito leve poderá ser sentida. Com um pouco de prática, você será capaz de dizer em qual lugar há muita maleabilidade nos tecidos e em qual lugar há muito pouca, e com um pouco mais de prática você será capaz de identificar qual camada, dentro do membro inferior, não está coordenando com o resto, e aplicar a esses tecidos a forma de tratamento que estiver à sua disposição.

RESUMO CLÍNICO

As novas pesquisas sobre as propriedades dos tecidos fasciais, a natureza cibernética da plasticidade neural e o modelo de biotensegridade da relação real de engenharia entre os tecidos moles e ósseos sugerem que a modelagem holística dos resultados do treinamento é necessária para complementar o modelo de estrutura individual usado nos últimos séculos. O mapa de meridianos miofasciais dos trilhos anatômicos fornece um modelo para medir a resiliência e a participação total do corpo em movimento que leva à saúde em longo prazo. Aprender a medir a resiliência e reconhecer em qual lugar a "maleabilidade" do tecido não está ocorrendo permitirá que o treinador faça ajustes, muitas vezes a certa distância do local de estresse ou dor, que promoverão o máximo desempenho com o mínimo de lesão.

Referências bibliográficas

Barker, P.J., Briggs, C.A. & Bogeski, G. (2004) Tensile transmission across the lumbar fascia in unembalmed cadavers: effects of tension to various muscular attachments *Spine* 29(2): 129–138.

Barrall, J.P. & Mercier, P. (1988) *Visceral Manipulation*. Seattle: Eastland Press.

Earls, J. & Myers, T. (2010) *Fascial Release for Structural Balance*. Chichester, Lotus Publishing.

Franklyn-Miller, A., et al. (2009) *The Strain Patterns of the Deep fascia of the Lower Limb*, In: Fascial Research II: Basic Science and Implications for Conventional and Complementary Health Care Munich: Elsevier GmbH.

Fukunaga, T., Kawakami, Y., Kubo, K. & Kanehisa, H. (2002) Muscle and tendon interaction during human movements. *Exerc Sport Sci Rev* 30(3): 106–110.

Fuller, B. (1975) *Synergetics*. Macmillian, New York, Ch 7. Guimberteau, J.C. (2004) *Strolling under the skin*, Paris: Elsevier.

Hamilton, N., Weimar, W. & Luttgens, K. (2011) *Kinesiology: Scientific Basis of Human Motion*, 12th ed. NY: McGraw-Hill.

Horwitz, A. (1997) Integrins and health. *Scientific American*; May: 68–75.

Huijing, P. (2007) Epimuscular myofascial force transmission between antagonistic and synergistic muscles can explain movement limitation in spastic paresis *J Biomech.* 17(6): 708–724.

Ingber, D. (1998) The architecture of life. *Scientific American* January: 48–57.

Ingber, D. (2006) Mechanical control of tissue morphogenesis during embryological development. *International Journal of Developmental Biology* 50: 255–266.

Kawakami, Y., Muraoka, T., Ito, S., Kanehisa, H. & Fukunaga, T. (2002) In vivo muscle fibre behaviour during countermovement exercise in humans reveals a significant role for tendon elasticity. *J Physiol* 540(2): 635–646.

Langevin, H.M., Bouffard, N.A. & Badger, G.J. (2006) Subcutaneous tissue fibroblast cytoskeletal remodeling induced by acupuncture: evidence for a mechanotransduction-based mechanism. *J of Cell Bio* 207(3): 767–744.

Levin, S. (2003) The Tensegrity-truss as a model for spine mechanics. *J. of Mechanics in Medicine and Biology* 2(3): 374–388.

Maas, H. & Huijing, P. (2009) Synergoistic and antagonistic interaction in the rat forelimb: acute after-effects of coactivation. *J. Applied Physiology* 107: 1453–1462.

Milhorat, T.H., Bolognese, P.A., Nishikawa, M., McDonnell, N.B. & Francomano, C.A. (2007) "Syndrome of occipitoatlantoaxial hypermobility, cranial settling, and chiari malformation type I in patients with hereditary disorders of connective tissue". *Journal of Neurosurgery Spine* 7(6): 601–609.

Muscolino, J. (2002) *The muscular system manual*. Redding CT: JEM Pub.

Myers, T. (2001, 2009, 2013) *Anatomy Trains*. Edinburgh: Churchill Livingstone.

Scarr, G. (2008) A model of the cranial vault as a tensegrity structure, and its significance to normal and abnormal cranial development, *International Journal of Osteopathic Medicine* 11: 80–89.

Schleip, R. (2003) Fascial plasticity – a new neurobiological explanation. *J Bodyw Mov Ther.* 7(1): 11–19, 7(2): 104–116

Shacklock, M. (2005) *Clinical Neurodynamics*. Burlington MA: Butterworth-Heinemann.

Sutherland, W.G. (1990) *Teachings in the Science of Osteopathy*. Portland OR: Rudra Press.

Tietze, A. (1921) Concerning the Architectural Structure of the Connective Tissues of the Human Sole. Bruns' Beitrage zur Klinischen Chirurgie 123: 493–506.

Van der Wal, J. (2009) *The architecture of connective tissue in the musculoskeletal system* in Huijing et al. eds: Fascia Research II, Basic Science and Implications Munich: Elsevier GmbH.

Vesalius, A. (1548) De fabrici corporis humani pub in 1973. NY: Dover Publications.

Vleeming, A. & Stoeckart, R. (2007) The role of the pelvic girdle in coupling the spine and the legs: a clinical-anatomical perspective on pelvic anatomy, Ch 8 in *Movement, stability and lumbo-pelvic pain*, Eds: Vleeming, A., Mooney, V., Stoeckart, R., Edinburgh: Elsevier.

Williams, P., ed (1995) *Gray's Anatomy 38th ed: The Anatomical Basis of Medicine and Surgery,* Edinburgh, Churchill Livingstone. 753.

Zaidel-Bar, R., Itzkovitz, S., Ma'ayan, A., Iyengar, R. & Geiger, B. (2007) Functional atlas of the integrin adhesome. *Nat Cell Biol.* 2007 August; 9(8): 858–867.

Zamir, E. & Geiger, B. (2001) Molecular complexity and dynamics of cell-matrix adhesions. *J. Cell Sci.* 114, 3583–3590.

7

Movimentos intencionais como resultado da atividade coordenada da cadeia miofascial, representada pelos modelos de Kurt Tittel e Léopold Busquet

Philipp Richter

A dança, a patinação artística, o golfe, o tênis e até o boxe têm uma coisa em comum: se executados ou realizados por pessoas competentes, os movimentos envolvidos parecem simples, fluidos e elegantes.

A aparente simplicidade e elegância são resultados de movimentos coordenados e equilibrados em virtude de anos de treinamento intensivo e intencional. Além do talento, do trabalho árduo e da resistência, é necessário um sistema musculoesquelético adequado e em perfeito funcionamento. A elegância e a precisão dos movimentos resultam do ajuste fino dos movimentos da cadeia muscular. Os músculos podem ser vistos como um órgão das fáscias axiais e das extremidades. Os músculos são interligados por fáscias, formando cadeias miofasciais. Este capítulo examina as cadeias ou *slings* musculares. Com a utilização dos modelos de cadeias musculares de Léopold Busquet e do dr. Kurt Tittel, mostra-se, em algumas atividades, quais cadeias miofasciais poderiam estar por trás dos padrões de movimento. Antes de mais nada, o sistema miofascial será explicado de maneira breve.

O SISTEMA MIOFASCIAL

O sistema miofascial é formado por aproximadamente 430 músculos esqueléticos envolvidos por fáscias. É o maior órgão do corpo, com mais de 40% do peso total do corpo em uma pessoa média de 70 kg.

As fáscias conectam os músculos entre si e com o esqueleto. Elas também envolvem os órgãos, os vasos e o sistema nervoso.

Anatomicamente, as fáscias podem ser divididas em quatro grupos (Willard et al., 2011):

1. Fáscia panicular: fáscia superficial, sob a pele, que cobre todo o corpo, exceto os orifícios do corpo.
2. Fáscia axial e apendicular: essa camada fascial representa as fáscias do sistema musculoesquelético, que constroem as cadeias miofasciais.
3. Fáscia visceral: a fáscia visceral é a que envolve os órgãos. Elas estão fixadas na base do crânio, ao redor do tubérculo faríngeo e por toda coluna vertebral até o sacro. No tórax, essa fixação consiste no mediastino torácico, e no abdome, na fáscia mediastinal abdominal. Essas estruturas fornecem nervos e vasos para os órgãos.
4. Fáscia meníngea: consiste em três meninges: dura-máter, aracnoide e pia-máter. As três meninges representam um *continuum* e estão ligadas através da dura-máter com o periósteo.

As quatro camadas fasciais representam uma unidade e estão todas ligadas com a coluna vertebral, exceto a fáscia superficialis. Cerca de 80% de todas as fibras aferentes de um nervo periférico vêm do tecido miofascial (Schleip, 2003). Essa é uma ilustração clara da importância do sistema miofascial para o organismo. A continuidade das fáscias, assim como seu rico suprimento nervoso, significa que o sistema miofascial é um órgão sensível e altamente eficiente. Não apenas é importante para a mobilidade e a estabilidade, mas também para a respiração, a circulação venolinfática e a mobilização dos órgãos (Finet e Williame, 2013). Se houver distúrbios funcionais ou estruturais, a continuidade fascial pode ter um efeito negativo no sistema musculoesquelético. As contrações, aderências ou retrações musculares têm impacto sobre todo o sistema miofascial. As cicatrizes de uma operação ou lesão causam tensões na rede miofascial.

A musculatura pode ser dividida em músculos apendiculares e músculos do tronco. Aqui, deve-se considerar que há também uma transmissão de força apropriada que permite uma atividade em cadeia.

Os músculos do tronco podem ser divididos em dois grupos (Bergmark, 1989):

1. O sistema profundo e estabilizador ou os músculos locais. Esses incluem o diafragma, o assoalho pélvico, o transverso do abdome e o oblíquo interno, bem como os multífidos. No nível torácico, encontram-se os músculos intercostais.
2. O sistema superficial ou os músculos globais. Esses incluem músculos que não têm inserção muscular direta na coluna vertebral, ou que ligam os membros à coluna vertebral.

As cadeias miofasciais (Busquet, 1992) ou as cadeias musculares (Tittel, 2003) são formadas principalmente pelos músculos superficiais.

Para permitir que as cadeias miofasciais funcionem da melhor maneira possível e per-

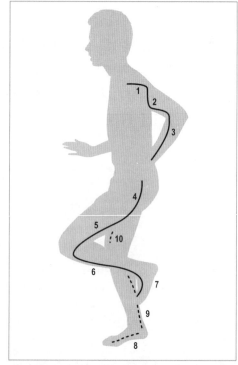

Figura 7.1 Cadeias musculares dos membros durante a corrida ou caminhada.
Observe a alternância de flexão e extensão em cada articulação.
Membro superior:
1. Extensão do ombro
2. Flexão do cotovelo
3. Extensão da mão
Membro inferior:
4. Flexão do quadril
5. Flexão do joelho
6. Dorsiflexão do pé
7. Flexão do dedo do pé
8. Flexão plantar do dedo do pé
9. Extensão do tornozelo
10. Extensão do joelho
4-5-6-7: Cadeia de flexão do membro inferior durante a fase de balanço da marcha
8-9-10: Cadeia de extensão do membro inferior durante a fase de apoio da marcha

mitam o movimento, o tronco deve ser estabilizado. Essa tarefa é feita pelo sistema de estabilização profunda. Testes mostraram que, para permitir movimentos dos membros, os músculos profundos se contraem frações de segundo antes da musculatura do membro (Cresswell et al., 1992) (Hodges et al., 1997). A conclusão é

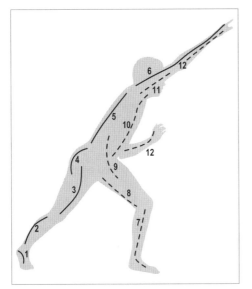

Figura 7.2 Cadeias de flexão e extensão.
Cadeia de extensão (linha contínua):
1. Flexores plantares do pé
2. Músculo tríceps sural
3. Músculo quadríceps femoral
4. Músculo glúteo máximo
5. Músculos eretores da espinha
6. Extensores de ombro, cotovelo e mão

Cadeia de flexão (linha pontilhada):
7. Flexores dorsais do pé
8. Posteriores da coxa
9. Músculo iliopsoas
10. Músculo reto do abdome
11. Músculos peitoral maior e menor
12. Flexores da mão e dos dedos

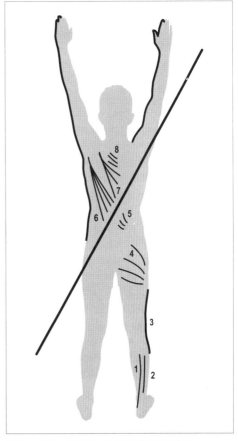

Figura 7.3 Cadeia diagonal posterior esquerda.
1. Músculo tibial posterior
2. Músculo tríceps sural
3. Trato iliotibial
4. Músculo glúteo máximo
5. Fibras iliotransversais do músculo quadrado do lombo direito
6. Músculo latíssimo do dorso esquerdo
7. Músculo trapézio à esquerda, parte ascendente
8. Músculos romboides esquerdos

que os músculos profundos estabilizam o tronco para dar estabilidade aos músculos apendiculares.

Se considerarmos a direção da fibra da musculatura e as fibras de colágeno no tecido conjuntivo, podemos reconhecer linhas de fibras claras que podem ser vistas como adaptações do tecido às deformações. Linhas de fibras diagonais e longitudinais são também vistas como ventrais e dorsais, que podem ser atribuídas a padrões de movimento. De fato, tanto Busquet como Tittel descrevem correntes oblíquas ou diagonais e correntes retas. As cadeias retas servem aos movimentos simétricos como curvar-se ou pular.

Ao contrário, caminhar e correr são atividades em que um padrão diagonal é óbvio. Há também muitas outras atividades pelas quais padrões diferentes dos membros superior e inferior podem ser reconhecidos, por exemplo, levantar um objeto do chão. Aqui, pode-se reconhecer um padrão de extensão dos membros inferiores e região lombar e um padrão de flexão dos membros superiores (Fig. 7.6).

Um padrão similar pode ser observado no remo. Enquanto os membros superiores fazem movimentos de flexão, os membros inferiores fazem movimentos de extensão e vice-versa. É diferente quando um jogador de futebol chuta uma bola. Aqui, temos uma contração dos dorsiflexores do pé, dos extensores do joelho e dos flexores do quadril (Fig. 7.6).

O mesmo acontece com um tenista quando ele acerta a bola com um *forehand* ou um *backhand*. Essa mudança de flexão e extensão nas articulações da mão, cotovelo e ombro não pode ser detectada (ver Fig. 7.2).

As figuras a seguir mostram as cadeias musculares de três atividades selecionadas:

- Arremessar.
- Chutar uma bola.
- Levantar um peso do chão.

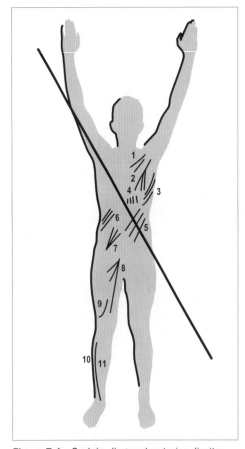

Figura 7.4 Cadeia diagonal anterior direita.
1. Músculo peitoral menor esquerdo
2. Músculo peitoral maior esquerdo
3. Músculo serrátil anterior esquerdo
4. Músculos intercostais externos esquerdos
5. Músculo oblíquo externo do abdome esquerdo
6. Músculo oblíquo interno do abdome direito
7. Músculo iliopsoas direito
8. Músculos adutores direitos
9. Músculo vasto medial direito
10. Músculo fibular direito
11. Músculo tibial anterior direito

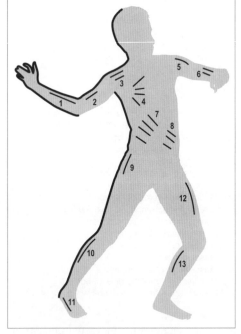

Figura 7.5 Posição inicial para arremesso com a mão direita.
Nota: o peso é distribuído em ambas as pernas, tronco flexionado e girado para a direita, braço esquerdo esticado para a frente para equilíbrio. Essa posição permite a pretensão na cadeia muscular diagonal anterior esquerda.
1. Flexores da mão direita
2. Flexores do cotovelo direito
3. Músculo deltoide direito, parte anterior
4. Músculo peitoral maior direito
5. Músculo deltoide esquerdo
6. Flexores do cotovelo esquerdo
7. Músculo oblíquo externo do abdome direito
8. Músculo oblíquo interno do abdome esquerdo
9. Músculo glúteo máximo direito
10. Músculo tríceps sural direito
11. Flexores plantares direitos
12. Músculo quadríceps femoral esquerdo
13. Músculo tríceps sural esquerdo

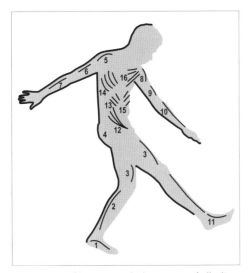

Figura 7.6 Chutar uma bola com o pé direito.
Nota: há flexão do quadril e flexão do pé (cadeia de flexão) e extensão do joelho (cadeia de extensão). O peso está sobre o pé esquerdo (cadeia de flexão) e rotação oposta do cíngulo do membro superior e da pelve (cadeia diagonal anterior esquerda).
1. Flexores plantares esquerdos
2. Músculo tríceps sural esquerdo
3. Músculo quadríceps femoral direito e esquerdo
4. Músculo glúteo máximo esquerdo
5. Músculo deltoide esquerdo, parte posterior
6. Extensores esquerdos do cotovelo
7. Extensores esquerdos da mão
8. Músculo deltoide direito, parte anterior
9. Extensores direitos do antebraço
10. Extensores da mão direita
11. Dorsiflexores direitos do pé
12. Músculo iliopsoas direito
13. Músculo oblíquo externo do abdome direito
14. Músculo peitoral maior direito
15. Músculo serrátil anterior esquerdo
16. Músculo peitoral maior esquerdo

O movimento é feito com um braço reto. Esses exemplos diferentes enfatizam claramente que o organismo usa estratégias diferentes para funcionar de maneira ideal. Padrões estereotípicos existem, mas eles podem ser alterados, se necessário, para lidar com as demandas de uma atividade em particular.

O sistema nervoso desempenha um papel crucial na melhoria das atividades. Percebe-se isso pela observação não apenas de atletas competitivos, mas também de grandes músicos. A frequência de seus padrões de treinamento e movimento facilita os arcos reflexos que finalmente levam a uma execução mais perfeita da ação. Isso funciona em virtude da plasticidade do sistema nervoso. Os receptores sensoriais do organismo humano desempenham uma função importante nesse processo. Eles entregam as informações necessárias ao sistema nervoso central, que são necessárias para alcançar a ação solicitada. Próximo dos órgãos de percepção, há receptores do sistema musculoesquelético que distribuem de maneira constante os dados ao sistema nervoso central. Eles indicam que a qualidade dos movimentos depende de três fatores:

1. A função ideal dos órgãos de percepção e dos receptores.
2. A capacidade do sistema nervoso central em transformar as informações entregues em componentes motores.
3. A condição do sistema musculoesquelético e das cadeias miofasciais ou cadeias musculares que devem realizar a atividade.

As deficiências proprioceptivas, assim como distúrbios funcionais ou estruturais do tecido miofascial, têm um impacto negativo nas funções motoras. É essencial lembrar que os movimentos são sempre resultado de cadeias miofasciais. Cada disfunção de um único membro dessas cadeias tem um efeito negativo no padrão geral de movimento.

Quando falamos de cadeias musculares, precisamos conhecer a origem, ou o ponto de partida, do movimento. O músculo precisa de um apoio estável para fazer um movimento. É o contato do pé com o chão durante uma caminhada ou corrida e o aperto das mãos durante a escalada que conta como ponto inicial ou fixo? O que permite que ginastas ou acrobatas façam proezas incríveis no ar?

Muitos fatores indicam que o tronco é o ponto de partida para o movimento. Isso poderia explicar por que um movimento dos membros parece ser precedido por uma contração dos estabilizadores do tronco (Hodges et al., 1999). Um tronco estável permite que os músculos do mem-

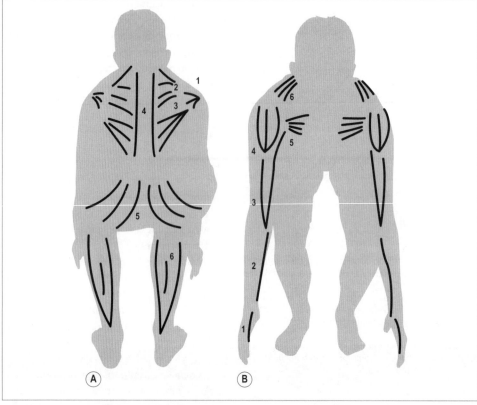

Figura 7.7 Posição inicial do levantamento, vista posterior e vista anterior.
Nota: há uma ativação da cadeia de extensão das costas e membros inferiores e da cadeia de flexão dos membros superiores, bem como a participação da cadeia trapézio-peitoral (cadeia muscular de Kurt Tittel em movimento estático).
A: Vista posterior:
1. Músculos supraespinal e infraespinal
2. Músculo trapézio, parte superior
3. Músculo latíssimo do dorso
4. Músculos eretores da espinha
5. Músculo glúteo máximo
6. Músculo tríceps sural
B: Vista anterior:
1. Flexores dos dedos
2. Flexores da mão
3. Músculos bíceps braquial e coracobraquial
4. Músculo deltoide
5. Músculo peitoral maior e menor
6. Músculo trapézio, parte superior

bro inferior movam o corpo para a frente e, simultaneamente, permite que os músculos de ambos os braços balancem. Estudos parecem mostrar que disfunções nos estabilizadores locais do tronco têm um impacto negativo nos músculos superficiais (Keifer et al., 1997).

Durante atividades dinâmicas, as cadeias miofasciais têm várias tarefas:

1. Para garantir a estabilidade do sistema musculoesquelético, do tronco e das articulações dos membros.

Levantar pesos muito pesados requer maior estabilidade. Os músculos globais são contraídos para ajudar os músculos locais com sua tarefa de estabilização. A instabilidade lombar ou pélvica demonstra isso de maneira clara. Os músculos superficiais (músculo longuíssimo e músculo iliocostal) são recrutados para garantir a estabilidade.

2. Para realizar o movimento: isto é, coordenar precisão, velocidade e força.

   Quando um tenista executa um saque forte ou um lançador de dardos tem que lançar o dardo a uma grande distância, tanto a força que os músculos participativos geram como a velocidade com que o serviço ou o arremesso são executados são importantes.

   Para fazer isso, primeiro, os músculos são levados a uma posição perfeitamente estendida a fim de pré-tensionar as fibras musculares. Isso permite que os movimentos sejam executados com vigor. A aceleração melhora consideravelmente a intensidade do arremesso. Em geral, isso é encontrado em todos os movimentos dinâmicos: antes que o grupo muscular se torne ativo, ele é levado a uma posição ligeiramente esticada para "esculpir" o movimento (Cap. 10).

3. Para manter a função respiratória, bem como a continência da bexiga e do intestino.

   O ritmo da respiração está intimamente ligado ao movimento. Isso é evidenciado em vários estudos (Hodges et al., 2001,1997, 2001). Além disso, parece lógico que, para todas as atividades, também deve ser assegurada a eficiência dos esfíncteres.

   Alguns estudos sugerem que um aumento da tensão intra-abdominal resulta em um aumento do tônus dos esfíncteres do assoalho pélvico, assim como do músculo glúteo máximo.

4. Manutenção do equilíbrio.

   Se considerarmos a posição inicial de alguém arremessando uma bola com o braço direito, ele fica sob o pé direito e seu tronco é inclinado para a direita e girado. Ele levanta o braço direito e o mantém estendido antes do lançamento. Para deixar o centro de gravidade sobre o pé direito, ele estende o braço esquerdo para a frente e flexiona o quadril esquerdo. O tronco inteiro também é virado para a direita, de modo que o equilíbrio do tronco seja deslocado para a perna do giro.

Para a eficiência da ação de lançar uma bola longe, de forma precisa e com força, é importante que as funções "secundárias" não consumam muita energia. O corpo deve ser levado a uma posição em que os músculos que executam a ação estejam em estado ideal. Tudo isso é possibilitado pelo sistema nervoso central. As cadeias musculares são ativadas no momento do movimento para manter o equilíbrio, estabilizar o tronco e as articulações e para realizar o movimento em si (Fig. 7.5).

Também vale considerar o seguinte: considerando a pletora de possibilidades de movimento dos quatro membros e que o tronco é o ponto de partida dos movimentos dos membros, não seria útil considerar as cadeias musculares de cada membro que poderiam ser combinadas umas com as outras, se necessário?

Na seção seguinte, as cadeias miofasciais de Léopold Busquet e as cadeias musculares de Kurt Tittel estão representadas em uma tabela (Tab. 7.1). Para mais detalhes dos músculos que criam cada cadeia, vale a pena consultar os trabalhos originais dos dois autores (ver Referências bibliográficas).

Nos dois casos, os modelos são teóricos e representam um comportamento global em uma situação particular.

AS CADEIAS MUSCULARES DE LÉOPOLD BUSQUET

Léopold Busquet descreve cinco cadeias: uma cadeia estática e quatro dinâmicas. Duas são verticais e duas são cadeias dinâmicas diagonais.

Tabela 7.1 Comparação dos dois modelos de cadeia muscular

L. Busquet 5 cadeias miofasciais	K. Tittel 5 cadeias musculares e 3 cadeias musculares em padrão estático

1. Cadeia posterior estática: aparato ligamentar da coluna vertebral incluindo as meninges; bainha do glúteo e do piriforme; tensor da fáscia lata e fíbula com a membrana interóssea.
2. Cadeia de flexão:
   Membros:
   – Flexores do pé, joelho e quadril
   – Flexores do membro superior
   Tronco:
   – Sistema primário conectando a pelve à cabeça: por exemplo, músculo reto do abdome
   – Sistema secundário conectando a pelve aos membros
   – Membros inferiores: por exemplo, músculo psoas maior
   – Escápula: por exemplo, músculo peitoral menor
   – Membro superior: por exemplo, músculo peitoral maior
3. Cadeia de extensores:
   Membros:
   – Extensores do pé, joelho e quadril
   – Extensores do membro superior
   Tronco:
   – Sistema primário: músculos eretores da espinha
   – Sistema secundário conecta o tronco ao quadril
   – Membro inferior: por exemplo, músculo glúteo máximo
   – Escápula: por exemplo, músculo trapézio
   – Membros superiores: por exemplo, músculo latíssimo do dorso
4. Cadeia posterior diagonal (esquerda ou direita): Músculos conectando a escápula e o braço de um lado com a pelve e o quadril do outro; por exemplo: músculo latíssimo do dorso direito – músculo glúteo máximo esquerdo
5. Cadeia anterior diagonal (direita ou esquerda): o mesmo arranjo no lado anterior do corpo; por exemplo, músculo peitoral maior direito – músculo oblíquo interno esquerdo
Ênfase especial
L. Busquet
   – Enfatiza as disfunções viscerais e cranianas como possíveis causas para cadeias musculares dominantes
   – Afirma que os desequilíbrios das cadeias musculares podem causar problemas na coluna, como escoliose ou cifolordose, e distúrbios articulares como a doença de Osgood-Schlatter
	1. Cadeias de extensão:
	   Membros:
	   – Membros inferiores: extensores do pé, joelho e quadril
	   – Membros superiores: extensores do braço, cotovelo e punho
	   – Tronco: músculos eretores do tronco
	2. Cadeias de flexão:
	   Membros:
	   – Membros inferiores: flexores do pé, joelho e quadril
	   – Membros superiores: flexores do braço, cotovelo e punho
	   – Tronco: músculos abdominais e intercostais
	3. Cadeia muscular em inclinação lateral e rotação:
	   a) Anteriormente conectando com a escápula à perna oposta: músculos romboides – músculo serrátil anterior – músculo oblíquo externo do abdome – músculos adutores do outro lado – músculo bíceps femoral (cabeça curta) – músculos fibulares
	   b) Conectando anteriormente o braço com a perna oposta: músculo peitoral maior – músculo oblíquo interno do abdome – músculo tensor da fáscia lata – músculo tibial anterior
	   c) Conectando posteriormente o braço com a perna oposta: músculo latíssimo do dorso – músculo glúteo máximo – trato iliotibial – músculo tibial anterior
	4. Cadeias musculares em padrão de movimento estático:
	   Objetivo: estabilizar o cíngulo do membro superior
	   – Músculo levantador – músculo trapézio – cadeia do músculo serrátil anterior
	   – Músculo trapézio – cadeia do músculo peitoral
	   – Músculos romboides – músculo serrátil anterior
	K. Tittel
	   – Retrata as cadeias musculares que estão ativas em várias atividades esportivas
	   – Apresenta cadeias musculares especiais destinadas a estabilizar o cíngulo do membro superior

1. Cadeia posterior estática: consiste nas meninges e nos ligamentos dos arcos vertebrais. Na pelve, essa cadeia passa pela fáscia glútea até o trato iliotibial e liga a fíbula à membrana interóssea.
2. Cadeia de flexão: essa cadeia causa um "rolamento" do tronco, além de flexão e uma rotação medial dos membros.
3. Cadeia de extensão: essa cadeia cria extensão da coluna vertebral, bem como extensão e rotação lateral dos membros.
4. Cadeia diagonal anterior (direita): consiste em músculos diagonais ventrais que se aproximam do ombro esquerdo e da pelve direita. Ela cria flexão, rotação medial e adução no membro superior esquerdo e no membro inferior direito.
5. Cadeia diagonal posterior (direita): os músculos dessa cadeia se aproximam do ombro esquerdo e do ilíaco direito do dorso. O braço esquerdo e a perna direita fazem uma extensão com abdução e rotação lateral.

AS CADEIAS MUSCULARES DE KURT TITTEL

Em seu livro *Anatomia descritiva e funcional do corpo humano*, Kurt Tittel descreve um grande número de cadeias musculares, que ele representa de forma memorável com imagens de atividades esportivas diferentes. Essas cadeias podem ser divididas em quatro grupos:

1. Cadeia de extensão.
2. Cadeia de flexão.
3. Cadeia muscular em flexão lateral e rotação do tronco.
4. Cadeia muscular em padrão de movimento estático.

As cadeias de flexão e extensão são bem parecidas com as cadeias de extensão de Léopold Busquet. Isso também se aplica parcialmente às cadeias musculares na flexão lateral e rotação do tronco, que possuem certas semelhanças com as cadeias diagonais de Léopold Busquet. O último dos quatro grupos de cadeias musculares, no entanto, não é mencionado por Busquet.

Cadeia muscular em padrão de movimento estático

São as cadeias musculares do tronco, que ajudam a estabilizar o cíngulo do membro superior:

- Levantador – músculo trapézio: estabilização craniocaudal da escápula.
- Trapézio – músculo peitoral: rotação lateral-medial da escápula.
- Trapézio – músculo serrátil: abdução-adução da escápula.

Essas três cadeias estabilizam o ombro por meio de contrações isométricas, ao manter uma posição do ombro. Para movimentos do ombro nesse nível em particular, elas também podem se tornar ativas de forma concêntrica ou excêntrica. Para executar movimentos do braço, o ombro deve ser estabilizado para dar um ponto fixo aos músculos do braço que executam o movimento do braço. Isso é feito pelas cadeias musculares já mencionadas.

Comparação dos dois modelos de cadeia muscular

1. As duas cadeias craniocaudais para flexão e extensão são idênticas.
2. Assim como as cadeias diagonais do tronco. Nessas cadeias existem pequenas diferenças nas cadeias musculares dos membros inferiores. No entanto, os dois modelos são facilmente compreensíveis e muito complementares.
3. Nenhum deles detalha as cadeias musculares dos membros superiores. A extrema diversidade dos movimentos das mãos e dos dedos, bem como a extensão dos movimentos do complexo do ombro, dificultam a descrição de padrões simples e claros. É por isso que os autores se limitaram aos padrões de flexão e extensão.

4. Ao contrário de Léopold Busquet, Kurt Tittel descreve cadeias musculares especiais para o complexo do ombro. Isso é útil em virtude das diversas possibilidades de movimento do membro de superior e do fato de que as articulações do ombro são principalmente estabilizadas muscularmente.

Considerações críticas

Como mencionado anteriormente, os dois modelos são muito parecidos. Ambos permitem a explicação de padrões de movimento estereotipados.

Vale notar que há raras ocasiões em que a diversidade dos movimentos e as diferentes capacidades são realizadas por uma única cadeia muscular. Por exemplo, levantar um objeto do chão: pegar o objeto requer uma atividade em cadeia de flexão dos membros superiores, enquanto o levantamento em si é realizado por uma cadeia de extensão das costas e dos membros inferiores. Em contraste, saltar com os dois pés ao mesmo tempo é realizado apenas pela cadeia de extensão. Tais movimentos simétricos são bastante raros. Há também momentos em que muitos grupos musculares estão ativos para estabilizar e manter o equilíbrio em atividades dinâmicas. Nesses casos, cadeias diferentes são com frequência usadas simultaneamente para realizar a atividade em si.

Por exemplo:

1. Cadeia de flexão dos membros superiores simultaneamente com a cadeia de extensão da parte inferior durante o remo.
2. Puxar (flexão) com os braços e alongar (extensão) as pernas durante um cabo de guerra.

A ação, o objetivo que o sistema musculoesquelético quer alcançar, está à frente. O sistema nervoso central auxilia as cadeias musculares a fim de atingir esse objetivo de maneira precisa e com economia de energia. Ao considerar movimentos diferentes, frequentemente realizados pelos quatro membros ao mesmo tempo, surge uma questão: deve-se falar em cadeias contínuas, que ligam os membros superior e inferior uns aos outros, ou seria mais sensato falar sobre as cadeias dos membros singulares, que têm sua origem no tronco?

RESUMO CLÍNICO

- Todos os movimentos do corpo são realizados por cadeias miofasciais, que são provavelmente "cadeias do corpo inteiro". Se houver fraqueza muscular, deve-se sempre considerar toda a cadeia miofascial.
- Para serem eficientes, os músculos precisam de uma fixação estável. Isso é feito por outros músculos e pelo esqueleto. A estabilidade do tronco parece ser o pré-requisito para essa tarefa. O tronco, portanto, exerce um papel importante no desempenho muscular.
- Como a maioria das atividades é realizada por mais de uma cadeia miofascial, trabalhando juntas simultaneamente para otimizar o movimento, isso também deve ser levado em conta na reabilitação.
- Quando falamos de cadeias miofasciais, falamos de músculo e fáscia. Esses são dois tecidos diferentes com propriedades diferentes, mas que agem em conjunto. Se houver disfunção miofascial, deve-se tratar os dois tecidos adequadamente.

Referências bibliográficas

Bergmark, A. (1989) Stability of the lumbar spine. A study in mechanical engineering. *Acta Orthopaedica Scandinavica* 230: 20–24.

Busquet, L. (1992) *Les chaînes musculaires, Tome I.* Paris: Editions Frison – Roche.

Busquet, L. (1993) *Les chaînes musculaires, Tome III.* Paris: Editions Frison – Roche.

Busquet, L. (1995) *Les chaînes musculaires, Tome IV.* Paris: Editions Frison – Roche.

Cresswell, A.G., Grundstrom, A. & Thorstensson, A. (1992) Observations on intra-abdominal pressure and patterns of abdominal intra-muscular activity in man. *Acta Physiologica Scandinavica* 144: 409–418.

Finet, G. & Williame, C. (2013) *Viszerale Osteopathie.* Privatverlag der Autoren.

Hodges, P.W. & Richardson, C.A. (1997) Contraction of the abdominal muscles associated with movement of the lower limb. *Phy Ther.* 77: 132–144.

Hodges, P.W., Butler, J.E., Mc Kenzie, D. & Gandevia, S.C. (1997) Contraction of the human diaphragm during postural adjustments. *J Physiol.* 505: 239–548.

Hodges, P.W. & Saunders, S. (2001) *Coordination of the respiratory and locomotor activities of the abdominal muscles during walking in humans.* Christchurch, New Zealand: IUPS Press.

Hodges, P.W., Cresswell, A.G. & Thorstensson, A. (1999) Preparatory trunk motion accompanies rapid upper limb movement. *Exp Brain Res.* 124: 69–79.

Hodges, P.W., Heijnen, I. & Gandevia, S.C. (2001) Reduced postural activity of the diaphragm in humans when respiratory demand is increased. *J Physiol.* 537: 999–1008.

Keiffer, A., Shirazi-Adl, A. & Parnianpour, M. (1997) Stability of the human spine in neutral postures. *Eur Spine J.* 6: 45–53.

Richardson, C., Hodges, P. & Hides, J. (2009) *Segmentale Stabilisation im LWS- und Beckenbereich.* Elsevier Urban & Fischer.

Schleip, R. (2003) Fascial plasticity – a new neurobiological explanation : Part I and II. *J Bodyw Mov Ther.* January.

Tittel, K. (2003) *Beschreibende und funktionelle Anatomie des Menschen.* 14. Ausgabe: Elsevier Urban & Fischer.

Willard, F.H., Fossum, C. & Standley, P.R. (2011) *Foundations of Osteopathic Medicine.* 3. Ed., 74–92. Wolters Kluwer/Lippincott Williams & Wilkinson.

Leituras adicionais

Busquet, L. (1992) *Les chaînes musculaires,* Tome II. Paris: Editions Frison-Roche Busquet L. (2004) *Les chaînes musculaires,* Tome V. Editions Busquet.

Busquet-Vanderheyden, M. (2004) *Les chaînes musculaires,* Tome VI. Editions Busquet.

Chauffour, P. & Guillot, J.M. (1985) *Le lien mécanique ostéopathique.* Paris: Edition Maloine.

Richardson, C., Hodges, P. & Hides, J. (2009) *Segmentale Stabilisation im LWS- und Beckenbereich.* 1. Auflage: Elsevier Urban & Fischer.

Richter, P. & Hebgen, E. (2011) *Triggerpunkt und Muskelfunktionsketten.* 3., Auflage: Karl F. Haug Verlag. Stuttgart.

Schleip, R., Findley, T.W., Chaitow, L. & Huijing, P.A. (2012) *Fascia, the tensional network of the human body.* Churchill Livingstone Elsevier.

Vleeming, A., Mooney, V. & Stoeckart, R. (2007) *Movement, stability & lumbopelvic pain.* 2nd edition: Churchill Livingstone Elsevier.

8
Hiper e hipomobilidade articular: consequências para a função, atividades e participação

Lars Remvig, Birgit Juul-Kristensen e Raoul Engelbert

INTRODUÇÃO

A hipermobilidade, ou hipermobilidade articular, é uma condição na qual uma ou mais articulações podem ser movidas além dos limites normais. A condição pode ser causada por alterações hereditárias, constitucionais, estruturais ou funcionais na articulação e/ou no tecido conjuntivo circundante. A hipermobilidade é conhecida há séculos, e a primeira descrição conhecida data da observação de Hipócrates sobre o assunto nos membros dos citas, uma antiga população da Europa Central.

Atualmente, a hipermobilidade articular faz parte dos critérios de diagnósticos para alguns distúrbios hereditários raros do tecido conjuntivo, tal como a síndrome de Ehlers-Danlos (SED) (Beighton et al., 1998), a síndrome de Marfan (Loeys et al., 2010) e a osteogênese imperfeita (Van Dijk et al., 2010). No entanto, a hipermobilidade articular também faz parte dos critérios diagnósticos da síndrome de hipermobilidade (Grahame et al., 2000), uma condição que pode ser parte da síndrome de Ehlers-Danlos ou uma síndrome dolorosa comum relacionada à mobilidade articular anormal.

Abreviações
SED	Síndrome de Ehlers-Danlos
SED-TH	Síndrome de Ehlers-Danlos, tipo de hipermobilidade
HAG	Hipermobilidade articular generalizada
SHA	Síndrome de hipermobilidade articular

MOBILIDADE ARTICULAR NORMAL/ANORMAL

De acordo com a American Academy of Orthopedic Surgeons, não é possível determinar com precisão a mobilidade articular média normal em todo o corpo (Surgeons, 1965). Consequentemente, a American Academy of Orthopedic Surgeons desenvolveu estimativas baseadas em consenso de graus derivados de meios estatísticos com base nos relatórios de quatro comitês de especialistas.

Em geral, a mobilidade articular é considerada um fenômeno com graus (Wood, 1971), e foi desenvolvido um consenso de que a mobilidade articular individual segue uma distribuição gaussiana (Allander et al., 1974) (Fairbank et al., 1984). Com isso em mente, a mobilidade articular anormal refletiria movimentos que se desviam da média com ±2 desvios padrão. No entanto, para fins práticos, medições de amplitude de movimento em graus não são gerenciáveis quando se testa a hipermobilidade articular generalizada (HAG). Em vez disso, os testes de Beighton, que aplicam um princípio dicotômico, são amplamente utilizados (Beighton et al., 1973), ainda que os testes de Rotès-Quérol (Rotès-Quérol, 1957) sejam mais usados em países de língua espanhola e francesa. Os testes do Beighton foram descritos há cerca de 40 anos (Beighton e Horan, 1970) e ligeiramente revisados alguns anos depois, chegando ao sistema de testes usado hoje em dia (Beighton et al., 1973) (Fig. 8.1). Contudo, desde então, tem havido uma variação considerável nas descrições na literatura sobre como realizar os vários testes, e, talvez mais importante, também uma variação no nível de corte para um teste positivo e na definição de HAG, como demonstrado na Tabela 8.1.

Os testes de Beighton, bem como o critério para HAG, demonstraram ter uma reprodutibilidade interexaminadores mais alta em crianças (Smits-Engelsman et al., 2011), bem como em adultos (Bulbena et al., 1992) (Juul- Kristensen et al., 2007), assim como os testes de Rotès-Quérol (Bulbena et al., 1992). A validade do critério também parece ser alta, pois um tes-

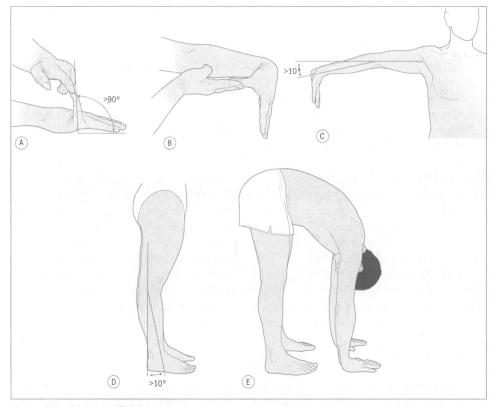

Figura 8.1 Testes de Beighton.
A. Com o paciente sentado, peça que coloque o antebraço e a mão pronados sobre a mesa. Peça para estender o quinto dedo de maneira passiva. Uma extensão maior que 90° indica um teste positivo.
B. Com o paciente sentado, braço flexionado a 90° no ombro, cotovelo estendido a 180° e a mão pronada e relaxada, peça que mova passivamente o primeiro dedo para a face volar do antebraço. Se o antebraço for atingido, o teste é positivo.
C. Com o paciente em pé na sua frente, peça para abduzir 90° no ombro com o cotovelo relaxado e a mão supinada. Apoie o braço com sua mão ipsilateral. Uma extensão maior que 10° indica um teste positivo.
D. Com o paciente em pé em posição vertical, voltado para você, peça-lhe para relaxar e hiperestender o joelho. Uma extensão maior que 10° indica um teste positivo.
E. Em pé, com os pés ligeiramente afastados, peça ao paciente para colocar as mãos no chão, mantendo os joelhos estendidos. Se as palmas das mãos puderem ser facilmente colocadas no chão, o teste é positivo. Os testes A a D são feitos para os dois lados, totalizando nove testes.

Tabela 8.1 Várias definições de hipermobilidade articular generalizada

Método	Testes	Definição	Comentários
(Rotés-Quèrol, 1957)	3 testes	2/3	Adultos
(Carter e Wilkinson, 1964)	Testes C&W	≥3/5	Crianças, 6-11 anos
(Beighton e Horan, 1969) (5 testes)	Testes de Beighton	Nenhum	Adultos
(Rotés-Quèrol et al., 1972)	Teste de RQ	Nenhum	Graus I-IV
(Beighton et al., 1973) (9 testes)	Testes de Beighton	Nenhum	Africanos Twsana
(Bulbena et al., 1992) critérios Hospital del Mar, 1992	Testes de del Mar	4-5/10	Dependente de gênero
(Mikkelsson et al., 1996)	Testes de Beighton	≥6/9	Crianças, 10-12 anos
(Beighton et al., 1998) critérios de Villefranche, 1998	Testes de Beighton	≥5/9	Idade, gênero, etnia
(Grahame et al., 2000) critérios de Brighton, 2000	Testes de Beighton	≥4/9	Atual ou histórico
(Smits-Engelsman et al., 2011)	Testes de Beighton	>5/9	Crianças, 6-12 anos

te de Beighton positivo equivale a uma amplitude de movimento (ADM) normal média +3 DP (Fairbank et al., 1984) e, como o HAG, tem alta correlação com um índice global de articulações (Bulbena et al., 1992).

PREVALÊNCIA

As informações sobre a prevalência da hipermobilidade variam consideravelmente. É provável que isso se deva à variação na técnica e na definição, mencionada anteriormente, e em virtude da idade, gênero e etnia da população apresentada.

Para as crianças, o ponto de corte para definir a HAG, usando a pontuação de Beighton, varia de ≥5 a ≥7 testes positivos de um total de 9, dependendo da faixa etária estudada (Mikkelsson et al., 1996) (Smits-Engelsman et al., 2011). Para adultos, o ponto de corte para definir a HAG varia entre ≥4/9 e ≥5/9 (Beighton et al., 1998) (Grahame et al., 2000).

As informações na literatura sobre a prevalência de adultos com HAG variam consideravelmente, de 6-57% (Remvig et al., 2007), dependendo da população, dos procedimentos diagnósticos e do ponto de corte utilizado.

PATOGÊNESE

O tecido conjuntivo consiste em proteínas de matriz, como proteoglicanos e tenascinas, e uma mistura de vários componentes fibrilares, tais como fibras de colágeno, fibras elásticas, fibrilinas e fibroblastos. Entretanto, existe uma infinidade de tipos diferentes de fibras, particularmente dentro das fibras colágenas, e a forma espacial e a funcionalidade dos tecidos conjuntivos em diferentes partes do corpo dependem da presença e da mistura desses diferentes tipos de fibras (Cap.1).

Pelo menos 19 colágenos diferentes foram identificados, um terço sendo fibrilar (tipos I, II, III, V e X) e dois terços de colágenos não fibrilares (Kuivaniemi et al., 1997). Esses últimos são subdivididos, entre outros, em colágenos de rede (tipos IV, VIII e X), colágenos associados a fibrilas com hélices triplas interrompidas (tipos IX, XII, XVI e XIX), colágenos formadores de filamentos em contas (tipo VI).

Em cada tipo de colágeno, a molécula de um colágeno fibrilar é uma hélice tripla formada por três cadeias polipeptídicas, denominadas cadeias alfa, que estão envolvidas uma na outra (Mao e Bristow, 2001). Isso dá origem aos nomes, por exemplo, COL5A1, COL5A2 e COL5A3, sinalizando o colágeno tipo 5, alfa-hélice 1, 2 ou 3.

Uma extremidade de cada molécula de colágeno contém um terminal NH_2, e a outra extremidade um terminal COOH, e quando as fibrilas são formadas pelas moléculas de colágeno, esses terminais são clivados por peptidases.

Tendo isso em mente, pode-se entender melhor por que defeitos nas fibras de colágeno podem formar tantos fenótipos clínicos diferentes com graus variados de hipermobilidade e outros distúrbios, já que podemos encontrar defeitos em diferentes tipos de colágeno, em diferentes cadeias alfa e diferentes deficiências relacionadas a peptidases etc. Algumas dessas mudanças no tecido conjuntivo podem ser tão graves para o indivíduo que interagem com a funcionalidade e a vida social, por exemplo, causando uma doença, ou as mudanças podem até ser incompatíveis com a vida (Tab. 8.2).

Recentemente, foi demonstrado que defeitos na tenascina-X podem ser outro motivo para a hipermobilidade (Schalkwijk et al., 2001). O papel da TNX não é totalmente conhecido, mas é provável que uma das funções da proteína esteja relacionada à organização da deposição de fibrilas de colágeno.

ANATOMIA PATOLÓGICA E FISIOLOGIA

Miofibroblastos: há alguns anos, foi demonstrado que os fibroblastos na fáscia da panturrilha tinham uma aparência, no microscópio eletrônico, similar às células do músculo cardíaco, indicando propriedades contráteis. Depois, ficou comprovado que eles realmente tinham essa habilidade contrátil. O teor desses miofibroblastos é muito alto na fáscia, tanto em indivíduos altamente treinados como em certas condições clínicas como ombro congelado, contratura de Dupuytren, fibromatose plantar etc. (Schleip, 2006). De acordo com esses achados, era esperado um número menor de miofibroblastos na fáscia de pacientes hipermóveis. Entretanto, um estudo recente em fáscias de pacientes com SED do tipo clássico indicou um *aumento* no número de miofibroblastos em comparação com controles saudáveis, bem como em indivíduos com HAG ou HAG sintomática, isto é, síndrome de hiper-

Tabela 8.2 Localização de diferentes fibras colágenas, defeitos gênicos conhecidos para essas fibras e apresentações/síndromes fenotípicas decorrentes desses defeitos genéticos

Tipo	Notas	Genes	Distúrbios
I	Tecido cicatrizado, tendões, pele, paredes das artérias, endomísio das miofibrilas, fibrocartilagem, partes orgânicas dos ossos e dos dentes	COL1A1 COL1A2	Osteogênese imperfeita Síndrome de Ehlers-Danlos IV e V (artrocalasia, dermatosparaxia) Síndrome atípica de Marfan
II	Cartilagem hialina, perfaz 50% da proteína na cartilagem. Tumor vítreo do olho	COL2A1	Colagenopatia tipos II e XI
III	Encontrada nas paredes das artérias, pele, intestinos e útero. Também é o tipo de fibra rapidamente produzida por fibroblastos em tecido granulado antes do tipo I	COL3A1	Síndrome de Ehlers-Danlos III (vascular)
IV	Lâmina basal; lentes oculares; parte do sistema de filtração em capilares e nos glomérulos do rim	COL4A1 ↓ COL4A6	Síndrome de Alport Síndrome de Goodpasture
V	A maioria dos tecidos intersticiais, associados com o tipo I, associados com a placenta	COL5A1 COL5A2 COL5A3	Síndrome de Ehlers-Danlos I (clássica)

mobilidade articular (comunicação pessoal, Wetterslev et al., 2013).

Tendões: pacientes com SED-TH, quando comparados aos grupos de controle, apresentam menor tensão muscular passiva e menor rigidez do tendão do calcâneo (Rombaut et al., 2012a). Da mesma forma, pacientes com SED do tipo clássico têm uma redução de 60% na rigidez do tendão patelar e um aumento na elasticidade (redução no módulo de Youngs) na força máxima em comparação aos pacientes com SHA benigna e grupo de controle (Nielsen et al., 2012). Por outro lado, não houve diferença na dimensão do tendão com base na ressonância magnética ou no alongamento do tendão (baseado em ultrassonografia) durante contrações isométricas do joelho. Esses resultados dão suporte à percepção geral de que a hipermobilidade se baseia em alterações na extensibilidade dos vários componentes do tecido mole, ou seja, nas propriedades viscoelásticas dos ligamentos, cápsulas articulares, tendões musculares, assim como da fáscia, que se funde nessas estruturas.

RISCO DE LESÃO

Os indivíduos com HAG têm um risco maior de lesões, especialmente no joelho (Stewart & Burden, 2004) (Pacey et al., 2010). Adultos com HAG autorrelatam redução na função do joelho (Juul-Kristensen et al., 2012), e o nível funcional relatado corresponde bem ao nível funcional pré-operatório em indivíduos com lesão do ligamento cruzado anterior (Roos et al., 1998).

Hoje, temos mais conhecimento sobre força musculotendínea, equilíbrio de força, força explosiva, resistência, cocontração, propriocepção, equilíbrio geral e função física geral, como veremos a seguir.

Força e equilíbrio de força

Quando se mede a força do joelho e o equilíbrio da força do joelho (posteriores da coxa/quadríceps) em adultos, indivíduos com HAG, SHA e SED-TH têm menor força *isocinética* e menor equilíbrio de forças *isocinéticas* no joelho (Juul-Kristensen et al., 2012) (Rombaut et al., 2012b), enquanto a força *isométrica* e o equilíbrio de forças *isométricas* no joelho são normais (Jensen et al., 2013) (Mebes et al., 2008).

Crianças de 10 anos com HAG não apresentam menor força isocinética ou isométrica do joelho ou no equilíbrio de forças no joelho (Juul-Kristensen et al., 2012) (Jensen et al., 2013), enquanto crianças com SHA apresentam menor força no joelho (Fatoye et al., 2009), indicando que a dor tem um papel na capacidade de desenvolver força. Também pode haver um efeito de gênero no desempenho da força muscular, uma vez que meninas e mulheres têm menos força isocinética nos extensores do joelho em comparação com grupos de controles saudáveis (Juul-Kristensen et al., 2012).

Força muscular explosiva

Esta foi testada na HAG durante o salto vertical em altura, em que as crianças aumentaram a altura do salto vertical (Juul-Kristensen et al., 2012) (Remvig et al., 2011), e os adultos mostraram a mesma tendência (Juul-Kristensen et al., 2012) (Mebes et al., 2008).

Resistência

A resistência muscular autorrelatada em adultos com HAG é reduzida (Juul-Kristensen et al., 2012), o que também é o caso quando a resistência muscular dinâmica é medida em adultos com SHA ou SED-TH (Sahin et al., 2008b) (Rombaut et al., 2012b). Um estudo encontrou, apenas em crianças, um nível de atividade autorrelatado reduzido e uma necessidade maior de descanso (Schubert-Hjalmarsson et al., 2012).

Cocontração

O padrão de atividade muscular no joelho é alterado tanto em adultos como em crianças com HAG, visto como uma menor atividade dos músculos posteriores da coxa em um nível submáximo (Jensen et al., 2013) e um aumento na atividade muscular do joelho, isto é, mais cocontração tanto no quadríceps como nos músculos posteriores da coxa (Jensen et al., 2013) (Greenwood et al., 2011). Os adultos com HAG também apresentam redução da firmeza (Jensen et al., 2013), indicando certo grau de instabilidade do joelho.

Propriocepção

A propriocepção em adultos com SHA é reduzida nos joelhos, dedos e ombros (Sahin et al., 2008a) (Jeremiah e Alexander, 2010), especialmente se combinada com dor. Da mesma forma, em adultos com SED-TH a propriocepção nos joelhos foi reduzida (Rombaut et al., 2010a).

Equilíbrio geral

O equilíbrio é reduzido em adultos com HAG (Falkerslev et al., 2012) (Mebes et al., 2008) e em SED-TH (Rombaut et al., 2011b), ao passo que vários estudos descobriram que o equilíbrio é maior em crianças de 8-10 anos com HAG (Juul-Kristensen et al., 2009) (Remvig et al., 2011). No entanto, quando a dor e a hipermobilidade estão presentes, como em crianças com SHA ou SED-TH, o equilíbrio é significativamente reduzido (Schubert-Hjalmarsson et al., 2012).

Função física geral

A função física geral é reduzida em adultos com SED-TH (medida pelo teste biométrico de confirmação), além da diminuição autorrelatada de atividade física/condicionamento físico (Rombaut et al., 2010b). A função física geral de crianças de 8-10 anos com HAG mostra um padrão melhor de coordenação fina, isto é, tempo de reação mais rápido (Juul-Kristensen et al., 2009) e mais precisão (Remvig et al., 2011). Para crianças com SHA, o controle motor é reduzido (Schubert-Hjalmarsson et al., 2012), juntamente com um desenvolvimento motor potencialmente reduzido (Bird, 2005) (Adib et al., 2005).

Todos os sinais de função reduzida mencionados podem ser uma possível explicação para o aumento do risco de lesões.

DESENVOLVIMENTO DE SINTOMAS

Vários estudos anteciparam que a HAG é um preditor para o desenvolvimento da osteoartrite ao longo do tempo (Murray, 2006) (Remvig et al., 2007), mas até o momento nenhum estudo longitudinal confirmou essa perspectiva.

Relatos espontâneos sobre a função do joelho em adultos com HAG, com pelo menos um joelho com hipermobilidade, e adultos com osteoartrite no joelho são muito semelhantes. Ambos os grupos mostram aumento da dor no joelho e redução da função e da vida diária ativa em comparação com uma população saudável (Roos et al., 1998) (Juul-Kristensen et al., 2012).

Além disso, ao observar os padrões de marcha, os adultos com HAG apresentam alterações muito semelhantes aos adultos com osteoartrite no joelho e aos adultos com lesão do ligamento cruzado anterior. Eles também caminham com maior flexão do joelho (Simonsen et al., 2012). Adultos com SED-TH andam com um padrão de marcha que é mais pobre e mais inseguro do que um grupo de controle saudável (Rombaut et al., 2011b) (Galli et al., 2011).

Crianças de 10 anos com HAG têm um padrão de marcha normal (Nikolajsen et al., 2011), mas crianças com SHA andam com os joelhos mais rígidos (Fatoye et al., 2011). Não foi confirmado se há um desenvolvimento de sintomas que vá desde a infância até a idade adulta, juntamente com um desenvolvimento de HAG para SHA/SED-TH, mas pode ser postulado.

DESENVOLVIMENTO DA DOR

Estudos transversais mostraram que a dor não é mais frequente em crianças de 8-10 anos com HAG do que naquelas sem HAG (Juul-Kristensen et al., 2009) (Remvig et al., 2011). No entanto, estudos longitudinais mostraram que a combinação de HAG6 (ou seja, HAG com seis positivos de nove testes de Beighton) e dor aos 10 anos é um preditor de recorrência da dor e persistência aos 14 anos tanto no pescoço como nos membros inferiores (El-Metwally et al., 2005), em contraste com a HAG6 aos 10 anos sem dor (El-Metwally et al., 2007) (McCluskey et al., 2012). Recentemente, foi demonstrado que a HAG6 aos 14 anos é um preditor de dor geral aos 18 anos (Tobias et al., 2013).

EFEITOS DO TRATAMENTO

Vários estudos analisaram o efeito do tratamento em indivíduos com SHA. O treinamento proprioceptivo foi bem-sucedido (Sahin et al., 2008a), mas o treinamento específico ou frequente em crianças não teve nenhum efeito extra (Kemp et al., 2010, Mintz-Itkin et al., 2009). Estudos não controlados mostraram que exercícios de estabilização tiveram um efeito positivo em adultos e adolescentes com SHA (Ferrell et al., 2004) (Gyldenkerne et al., 2006), e são recomendados proteção da articulação e aconselhamento de atividades esportivas sem contato físico, contudo, o efeito não foi cientificamente comprovado (Keer e Simmonds, 2011, Pacey et al., 2010). A abordagem da "tentativa e erro" é a mais frequente no tratamento e, com frequência, tem mostrado um efeito limitado em adultos com SED-TH (medicação, cirurgia, fisioterapia) (Rombaut et al., 2011a).

Embora não haja evidência de qualquer tratamento específico, as modalidades ativas de fisioterapia ainda são a primeira escolha, assim como em condições musculoesqueléticas semelhantes, como fibromialgia e fadiga/dor crônicas, por exemplo. Muitas vezes isso incluirá uma variedade de elementos, como força muscular, resistência, propriocepção, coordenação, equilíbrio, treinamento neuromuscular geral com cargas baixas, treinamento cardiovascular e de condicionamento físico, além de educação no controle da dor.

Um estudo recente em crianças com HAG e osteogênese imperfeita mostrou efeitos bem-sucedidos no treinamento progressivo (Van Brussel et al., 2008). Este corresponde às recomendações para adultos do American College of Sports Medicine (Garber et al., 2011) e às recomendações da National Strength and Conditioning Association for Children (Faigenbaum et al., 1999). Em geral, o treinamento com exercícios neuromotores deve ser realizado além do nível normal de atividade diária. Para essas condições do tecido conjuntivo, deve-se ressaltar que a atividade ou nível de treinamento não deve ser muito intenso. O excesso de treinamento (*overtraining*) deve ser evitado, pois pode resultar em uma perda correspondente de confiança no tratamento. A abordagem do tratamento geralmente se beneficiará de uma abordagem mono e multidisciplinar.

HIPOMOBILIDADE

A hipomobilidade pode ser definida como uma diminuição da mobilidade articular em razão de alterações estruturais hereditárias ou adquiridas na articulação e/ou no tecido conjuntivo circundante (Tab. 8.3). A amplitude do movimento articular é determinada pela interação entre as estruturas extra-articulares (sistema neurológico, músculos) e as estruturas intra-articulares (Hogeweg et al., 1994). É provável que a forma herdada de hipomobilidade se deva a uma mudança geneticamente determinada na rigidez dos ligamentos articulares. Como a rede de colágeno determina a maioria das propriedades biomecânicas dos ligamentos, o defeito molecular envolvido na patogênese da hipomobilidade pode residir nessas proteínas.

MOBILIDADE ARTICULAR NORMAL/ANORMAL

Como mencionado anteriormente, estudos populacionais revelaram que a variação interindividual na mobilidade articular se encaixa em uma distribuição gaussiana – mais ou menos

Tabela 8.3 Condições com hipomobilidade

1. Herdada
   a. Local
      - Talipe equinovaro congênito, tálus vertical, malformações ósseas congênitas.
      - Marcha em pontas idiopática.
      - Artrogripose e síndrome de hipomobilidade fetal, amioplasia, ausência congênita de músculos.
   b. Generalizada
      - Hipomobilidade generalizada sintomática.
2. Adquirida
   a. Condições de pele
      - Esclerodermia.
      - Formação de cicatriz.
   b. Condições musculares
      - Doença de Duchenne.
      - Inatividade (repouso pós-operatório/prolongado).
   c. Condições articulares
      - Disfunções articulares/vertebrais.
      - Condições degenerativas.
      - Artrite (AR, ARJ, LES, reativa, infecciosa etc.).
      - Artropatia hemofílica.
   d. Condições esqueléticas
      - Fraturas.
      - Displasia.
   e. Condições neurológicas
      - Hemorragia cerebral/trombose etc.
      - Paresia cerebral.
      - Disfunção do nervo periférico com paresia.
      - Síndrome do homem rígido.
   f. Condições psicológicas/psiquiátricas
      - Transtornos de conversão.

distorcida. A **hiper**mobilidade articular, que está em uma das extremidades dessa distribuição, foi descrita anteriormente. É interessante notar que a **hipo**mobilidade articular, que está no outro extremo da distribuição, com ou sem queixas musculoesqueléticas específicas, só foi descrita na literatura como uma entidade separada em 2004, e nenhum artigo sobre hipomobilidade articular generalizada (sintomática) foi publicado desde 2006.

A hipomobilidade articular local foi definida como uma amplitude menor de movimento nessa articulação específica que a amplitude de movimento média −1 desvio padrão do grupo de controle (Engelbert et al., 2004) (Engelbert et al., 2006). Até agora, nenhum sistema de pontuação para hipomobilidade articular generalizada está disponível e não existe uma definição nacional ou internacional de hipomobilidade articular generalizada.

PREVALÊNCIA

Não há conhecimento da prevalência de hipomobilidade com ou sem queixas musculoesqueléticas, pois infelizmente não há estudos sobre esses aspectos.

A prevalência estimada de hipomobilidade articular local, como observada na marcha em pontas idiopática, varia de 5-12% em crianças saudáveis (Engelbert et al., 2011) (Bernard et al., 2005), e a marcha em pontas idiopática parece ter maior prevalência em meninos do que em meninas (Sobel et al., 1997). De fato, estima-se que a prevalência das condições hereditárias com hipomobilidade seja muito baixa.

PATOGÊNESE E FISIOLOGIA

O *talipe equinovaro congênito* é causado por fatores genéticos, como a síndrome de Edwards, um defeito genético com três cópias do cromossomo 18.

Marcha em pontas idiopática: a diminuição da amplitude do movimento articular é observada com frequência na articulação do tornozelo, levando à marcha na ponta dos pés, sinal físico que pode ser atribuído a uma doença neurológica ou neuromuscular subjacente, como a paralisia cerebral espástica diplégica (Wren et al., 2010) ou a distrofia muscular de Duchenne (Hyde et al., 2000) e problemas ortopédicos, tal como talipe equinovaro congênito (Caselli et al., 1988). No entanto, em algumas crianças, o diagnóstico diferencial não fornece nenhum substrato patogênico ou fisiopatológico para explicar a marcha na ponta dos pés. Esta é descrita como "marcha em pontas idiopática" (Conrad e Bleck, 1980). Muitos autores investigaram a etiologia da marcha em pontas idiopática. A marcha na ponta dos pés pode ser um distúrbio genético hereditário com padrão autossômico dominante de herança com expressão variável (Katz e Mubarak, 1984) e está associada a um aumento na proporção de fibras musculares do tipo I (Eastwood et al., 1997) e com a disfunção do processamento sensorial (Williams et al., 2012).

A *artrogripose* e a *síndrome de hipomobilidade fetal* têm etiologia multifatorial. Entre elas estão causas vasculares e ambientais, mas provavelmente desordens genéticas mais importantes, tanto do tecido conjuntivo como do sistema nervoso (Haliloglu e Topaloglu, 2013).

Hipomobilidade generalizada sintomática: descreveu-se um grupo de crianças com essa condição cuja amplitude de movimento articular de quase todas as articulações era reduzida em comparação com um grupo de referência (Engelbert et al., 2004). A causa primária de tal diminuição sistêmica na amplitude do movimento articular é provavelmente um aumento da rigidez dos ligamentos articulares e das estruturas musculotendíneas. Como a rede de colágeno determina as propriedades biomecânicas dessas estruturas, o defeito molecular envolvido na patogênese da hipomobilidade pode residir nessa rede (Engelbert et al., 2004). A densidade óssea era significativamente menor nessas crianças com hipomobilidade generalizada sintomática do que no grupo de referência. Além disso, os níveis de ligação cruzada de piridinolina urinária eram significativamente menores nas crianças em comparação com os controles, e na pele não afetada de três crianças com hipomobilidade generalizada sintomática que foram operadas estavam presentes quantidades substanciais de ligações cruzadas de piridinolina em comparação com os dados de pele de dez caucasianos saudáveis (3,6 vezes menor). No tecido cicatricial hipertrófico de uma menina de 16 anos com hipomobilidade generalizada substancial foram encontrados 2 vezes mais do que os valores médios relatados para tecido cicatricial hipertrófico ou queloide e 20 vezes mais que para a pele normal. Os dados de ligação cruzada de colágeno das biópsias de pele de hipomobilidade generalizadas substanciais e de tecido cicatricial hipertrófico parecem ser indicativos de uma anormalidade no processamento de colágeno.

SINTOMA: DOR INCLUSIVA – DESENVOLVIMENTO

Autores concordam que marcha em pontas idiopática é um diagnóstico *por exclusão*. No entanto, nem todos concordam sobre quais doenças e distúrbios devem ser excluídos dessa definição. Em geral aceita-se que a marcha em pontas idiopática seja diagnosticada quando as crianças persistem em andar na ponta dos pés e quando não apresentam sinais de distúrbios neurológicos, neuromusculares e ortopédicos. Alguns autores, no entanto, consideram o "músculo equino gastrocnêmio sóleo" e o "tendão do calcâneo curto congênito" como distúrbios ortopédicos primários que causam a marcha na ponta dos pés (Caselli, 2002) (Furrer e Deonna, 1982). Ao contrário, mais recentemente, autores sugeriram que crianças com marcha em pontas idiopática desenvolviam uma contratura do tendão do calcâneo secundária à marcha prolongada, porque contraturas eram encontradas principalmente em crianças mais velhas que caminhavam e não havia evidências de contraturas presentes no nascimento (Brunt et al., 2004) (Clark et al., 2010). Isso ainda não foi confirmado por estudos longitudinais.

As consequências da marcha na ponta dos pés persistente e não tratada não são claras. Alguns autores acreditam que a chance de desenvolver limitações mais graves na amplitude de movimento da articulação do tornozelo, levando a contraturas do equino fixo mais tarde na vida, é maior do que em crianças que não caminham sobre os dedos dos pés (Engelbert et al., 2011) (Hemo et al., 2006). No entanto, nenhum estudo longitudinal apresenta embasamento para isso com evidências. Por outro lado, com base em um estudo de acompanhamento com

80 crianças (48 sem tratamento), concluiu-se que a persistência da marcha na ponta dos pés não resultou em nenhum distúrbio funcional significativo, deformidades nos pés ou dor (Stricker e Angulo, 1998).

A hipomobilidade generalizada substancial foi estudada em 19 crianças, das quais a marcha na ponta dos pés estava presente em 14 (74%), enquanto o desempenho motor era normal em 94% (Engelbert et al., 2006) (Engelbert et al., 2004). A dor induzida pelo exercício nos músculos da panturrilha, joelho e/ou quadril foi relatada em 13 (68%). A tolerância ao exercício foi normal em 14 crianças (78%), enquanto 4 crianças (22%) não puderam completar o teste por causa da dor nos músculos da panturrilha, joelho e/ou quadril.

A dor associada ao exercício induzido tem como causa provável o uso excessivo relativo de estruturas musculotendíneas adjacentes às articulações rígidas. Em crianças com síndromes musculoesqueléticas relacionadas à dor, particularmente em crianças com hipermobilidade articular generalizada (sintomática) ou hipomobilidade, a capacidade máxima de exercício é significativamente menor em comparação a indivíduos com controles pareados por idade e sexo. A explicação mais provável para a redução da tolerância ao exercício foi o descondicionamento (Engelbert et al., 2006).

EFEITO DO TRATAMENTO

O tratamento para a marcha em pontas idiopática varia: os procedimentos conservadores e cirúrgicos são defendidos na literatura. Crianças jovens e as crianças sem limitação na dorsiflexão do tornozelo são frequentemente tratadas por intervenções conservadoras, e casos mais antigos e resistentes com uma limitação na dorsiflexão do tornozelo são tratados com procedimentos cirúrgicos. As intervenções conservadoras incluem observação, exercícios de alongamento dos flexores plantares guiados por um fisioterapeuta ou orientados pelos pais, intervenção de controle motor, *feedback* auditivo, calçados semiortopédicos, órteses dos membros inferiores e gesso em série, bem como o uso de toxina botulínica tipo A. A maioria das intervenções tem por objetivo pelo menos 10° de dorsiflexão (McMulkin et al., 2006), que é indicada para um padrão maduro de caminhada entre os calcanhares. O curso natural da marcha em pontas idiopática ainda não está claro. Foi demonstrado que a marcha na ponta dos pés prolongada não resultou em dor, distúrbios funcionais ou deformidades nos pés (Stricker e Angulo, 1998). Isso é consistente com as descobertas de Hirsch e Wagner (Hirsch e Wagner, 2004) que estudaram 14 crianças com marcha em pontas idiopática anterior (acompanhamento: 7-21 anos) e descobriram que três pacientes ainda apresentavam um pouco da marcha na ponta dos pés quando eram observados de maneira mais discreta. Não havia nenhuma contratura fixa presente. Esses autores concluíram que a marcha em pontas idiopática na infância é uma condição benigna que se resolve espontaneamente na maioria dos casos e causa pouca preocupação à criança enquanto dura. Portanto, o tratamento cirúrgico deve ser reservado para casos com contratura fixa do tendão do calcâneo. Recentemente, uma revisão sistemática foi realizada e constatou que os efeitos de intervenções conservadoras e cirúrgicas para crianças com marcha em pontas idiopática permanecem obscuros. Comparações entre os estudos não podem ser feitas por causa das diferenças nos desenhos, intervenções e definições para a marcha em pontas idiopática (Bakker et al., 2013).

HIPOMOBILIDADE ADQUIRIDA

A forma adquirida de hipomobilidade pode se dever à inatividade, uso excessivo ou trauma, que entre outras coisas incluem idade, contraturas, várias formas de artrite, osteoartrite, disfunção segmentar na coluna vertebral, luxações, distrofia reflexa (síndrome ombro-mão) e paralisia cerebral. Essas condições são descritas em outro lugar.

RESUMO CLÍNICO

Hipermobilidade

- Indivíduos com hipermobilidade articular generalizada têm um risco aumentado de lesões articulares.
- Indivíduos com hipermobilidade articular generalizada apresentam sintomas e função física reduzida semelhante aos pacientes com osteoartrite.
- Ter hipermobilidade articular generalizada quando criança é um preditor de dor generalizada na adolescência.
- As evidências científicas para o tratamento da hipermobilidade articular generalizada sintomática são muito fracas.

Hipomobilidade

- Aos indivíduos com hipomobilidade articular local e generalizada indicam-se diagnósticos diferenciais.
- Na hipomobilidade articular local e generalizada podem-se traçar lesões de uso excessivo muscular, enquanto na hipermobilidade articular generalizada ocorrem problemas ligamentares e articulares.

Hiper e hipomobilidade

- A diminuição da aptidão física na hiper e hipomobilidade articulares pode ser causada pelo descondicionamento, enquanto a diminuição da força muscular pode ser causada por problemas na síntese de colágeno.

Referências bibliográficas

Adib, N., Davies, K., Grahame, R., Woo, P. & Murray, K.J. (2005) Joint hypermobility syndrome in childhood. A not so benign multisystem disorder? *Rheumatology.* (Oxford).

Allander, E., Bjornsson, O.J., Olafsson, O., Sigfusson, N. & Thorsteinsson, J. (1974) Normal range of joint movements in shoulder, hip, wrist and thumb with special reference to side: a comparison between two populations. *Int J Epidemiol.* 3: 253–261.

Bakker, P., Custers, J.W.H., Van Der Schaaf, M., De Wolf, S. & Engelbert, R.H.H. (2013) Effectiveness of conservative and surgical interventions in children with idiopathic toe walking: a systematic review. Submitted.

Barton, L.M. & Bird, H.A. (1996) Improving pain by the stabilization of hyperlax joints. *J Orthop Rheumatol.* 9: 46–51.

Beighton, P., De Paepe, A., Steinmann, B., Tsipouras, P. & Wenstrup, R.J. (1998) Ehlers-Danlos syndromes: revised nosology, Villefranche. (1997) Ehlers-Danlos National Foundation (USA) and Ehlers-Danlos Support Group (UK). *Am J Med Genet.* 77: 31–37.

Beighton, P. & Horan, F.T. (1969) Surgical aspects of the Ehlers-Danlos syndrome. A survey of 100 cass. *Br J Surg.* 56: 255–259.

Beighton, P., Solomon, L. & Soskolne, C.L. (1973) Articular mobility in an African population. *Annals of the Rheumatic Diseases* 32: 413–418.

Beighton, P. H. & Horan, F.T. (1970) Dominant inheritance in familial generalised articular hypermobility. *J Bone Joint Surg Br.* 52: 145–147.

Bernard, M.K., Vogler, L. & Merkenschlager, A. (2005) Prevalence of toe-walking in childhood. *Neuropediatrics.* 36: 116.

Bird, H.A. (2005) Joint hypermobility in children. *Rheumatology* (Oxford).

Blasier, R.B., Carpenter, J.E. & Huston, L.J. (1994) Shoulder proprioception. Effect of joint laxity, joint position, and direction of motion. *Orthopaedic Review* 23: 45–50.

Bridges, A.J., Smith, E. & Reid, J. (1992) Joint hypermobility in adults referred to rheumatology clinics. *Ann Rheum Dis.* 51: 793–796.

Brunt, D., Woo, R., Kim, H.D., Ko, M.S., Senesac, C. & Li, S. (2004) Effect of botulinum toxin type A on gait of children who are idiopathic toe-walkers. *J Surg Orthop Adv.* 13: 49–155.

Bulbena, A., Duro, J.C., Porta, M., Faus, S., Vallescar, R. & Martin-Santos, R. (1992) Clinical assessment of hypermobility of joints: assembling criteria. *J Rheumatol.* 19: 115–122.

Carter, C. & Wilkinson, J. (1964) Persistent joint laxity and congenital dislocation of the hip. *J Bone Joint Surg.* 46B: 40–45.

Caselli, M.A. (2002) Habitual toe walking: Learn to evaluate and treat this idiopathic childhood condition. *Podiatry Manage.* 21: 163.

Caselli, M.A., Rzonca, E.C. & Lue, B.Y. (1988). Habitual toe-walking: evaluation and approach to treatment. *Clin Podiatr Med Surg.* 5: 547–559.

Clark, E., Sweeney, J.K., Yocum, A. & Mccoy, S.W. (2010) Effects of motor control intervention for children with idiopathic toe walking: a 5-case series. *Pediatr Phys Ther.* 22: 417–426.

Conrad, L. & Bleck, E.E. (1980) Augmented auditory feed back in the treatment of equinus gait in children. *Dev Med Child Neurol.* 22: 713–718.

Eastwood, D.M., Dennett, X., Shield, L.K. & Dickens, D.R. (1997) Muscle abnormalities in idiopathic toe-walkers. *J Pediatr Orthoped.* Part B, 6: 215–218.

El-Metwally, A., Salminen, J.J., Auvinen, A., Kautiainen, H. & Mikkelsson, M. (2004) Prognosis of non-specific musculoskeletal pain in preadolescents: a prospective 4-year follow-up study till adolescence. *Pain* 110: 550–559.

El-Metwally, A., Salminen, J.J., Auvinen, A., Kautiainen, H. & Mikkelsson, M. (2005) Lower limb pain in a preadolescent population: prognosis and risk factors for chronicity – a prospective 1- and 4-year follow-up study. *Pediatric* 116: 673–681.

El-Metwally, A., Salminen, J.J., Auvinen, A., Macfarlane, G. & Mikkelsson, M. (2007) Risk factors for development of non-specific musculoskeletal pain in preteens and early adolescents: a prospective 1-year follow-up study. *BMC Musculoskelet Disord.* 8: 46.

Engelbert, R.H.H., Uiterwaal, C.S.P.M., Sakkers, R.J.B., Van Tintelen, J.P., Helders, P.J.M. & Bank, R.A. (2004) Benign generalised hypomobility of the joints; a new clinical entity? - clinical, biochemical and osseal characteristics. *Pediatrics* 113: 714–719.

Engelbert, R.H., Van, B.M., Henneken, T., Helders, P.J. & Takken, T. (2006) Exercise tolerance in children and adolescents with musculoskeletal pain in joint hypermobility and joint hypomobility syndrome. *Pediatrics* 118: e690–e696.

Engelbert, R., Gorter, J.W., Uiterwaal, C., Van De Putte, E. & Helders, P. (2011) Idiopathic toe-walking in children, adolescents and young adults: a matter of local or generalised stiffness? *BMC Musculoskelet Disord.* 12: 61.

Faigenbaum, A.D., Westcott, W.L., Loud, R.L. & Long, C. (1999) The effects of different resistance training protocols on muscular strength and endurance development in children. *Pediatrics* 104: e5.

Fairbank, J.C., Pynsent, P.B. & Phillips, H. (1984) Quantitative measurements of joint mobility in adolescents. *Ann Rheum Dis.* 43: 288–294.

Falkerslev, S., Baagø, C., Alkjær, T., Remvig, L., Kristensen, J.H., Larsen, P.K., Juul-Kristensen, B. & Simonsen, E. (2012) Dynamic balance during gait in children and adults with generalised joint hypermobility. *Clin biomech.* Submitted after revision.

Fatoye, F., Palmer, S., Macmillan, F., Rowe, P. & van der Linden, M. (2009) Proprioception and muscle torque deficits in children with hypermobility syndrome. *Rheumatology* (Oxford). 48: 152–157.

Fatoye, F. A., Palmer, S., van der Linden, M. L., Rowe, P. J. & Macmillan, F. (2011) Gait kinematics and passive knee joint range of motion in children with hypermobility syndrome. *Gait Posture* 33: 447–451.

Ferrell, W.R., Tennant, N., Sturrock, R.D., Ashton, L., Creed, G., Brydson, G. & Rafferty, D. (2004) Amelioration of symptoms by enhancement of proprioception in patients with joint hypermobility syndrome. *Arthritis Rheum.* 50: 3323–3328.

Furrer, F. & Deonna, T. (1982) Persistent toe-walking in children. A comprehensive clinical study of 28 cases. *Helvetica Paediatrica Acta.* 37: 301–316.

Galli, M., Cimolin, V., Rigoldi, C., Castori, M., Celletti, C., Albertini, G. & Camerota, F. (2011) Gait strategy in patients with Ehlers-Danlos syndrome hypermobility type: a kinematic and kinetic evaluation using 3D gait analysis. *Res Dev Disabil.* 32: 1663–1668.

Garber, C.E., Blissmer, B., Deschenes, M.R., Franklin, B.A., Lamonte, M.J., Lee, I.M., Nieman, D.C., Swain, D.P. & American College of Sports Medicine (2011) American College of Sports Medicine position stand. Quantity and quality of exercise for developing and maintaining cardiorespiratory, musculoskeletal, and neuromotor fitness in apparently healthy adults: guidance for prescribing exercise. *Med Sci Sports Exerc.* 43: 1334–1359.

Grahame, R., Bird, H.A. & Child, A. (2000) The revised (Brighton 1998) criteria for the diagnosis of benign joint hypermobility syndrome (BJHS). *J Rheumatol.* 27: 1777–1779.

Greenwood, N.L., Duffell, L.D., Alexander, C.M. & Mcgregor, A.H. (2011) Electromyographic activity of pelvic and lower limb muscles during postural tasks in people with benign joint hypermobility syndrome and non hypermobile people. A pilot study. *Man Ther.* 16: 623–628.

Gyldenkerne, B., Iversen, K., Roegind, H., Fastrup, D., Hall, K. & Remvig, L. (2006) Prevalence of general hypermobility in 12-13-year-old school children and impact of an intervention against injury and pain incidence. *Adv Physiother.* Preview, 1-6.

Haliloglu, G. & Topaloglu, H. (2013) Arthrogryposis and fetal hypomobility syndrome. *Handb Clin Neurol.* 113: 1311-1319.

Hall, M.G., Ferrell, W.R., Sturrock, R.D., Hamblen, D.L. & Baxendale, R.H. (1995) The effect of the hypermobility syndrome on knee joint proprioception. *Br J Rheumatol.* 34: 121-125.

Hemo, Y., Macdessi, S.J., Pierce, R.A., Aiona, M.D. & Sussman, M.D. (2006) Outcome of patients after Achilles tendon lengthening for treatment of idiopathic toe walking. *J Pediatr Orthoped.* 26 (3): 36-40.

Hirsch, G. & Wagner, B. (2004) The natural history of idiopathic toe-walking: a long-term follow-up of fourteen conservatively treated children. *Acta Paediatrica* 93: 196-199.

Hogeweg, J.A., Langereis, M.J., Bernards, A.T.M., Faber, J.A.J. & Helders, P.J.M. (1994) Goniometry – variability in the clinical practice of a conventional goniometer in healthy subjects. *Eur J Phys Med Rehab.* 4: 2-7.

Hyde, S. A., Filytrup, I., Glent, S., Kroksmark, A. K., Salling, B., Steffensen, B. F., Werlauff, U. & Erlandsen, M. (2000) A randomized comparative study of two methods for controlling Tendo Achilles contracture in Duchenne muscular dystrophy. *Neuromuscular Disord.* 10: 257-263.

Jansson, A., Saartok, T., Werner, S. & Renstrom, P. (2004) General joint laxity in 1845 Swedish school children of different ages: age- and gender-specific distributions. *Acta Paediatrica* 93: 1202-1206.

Jensen, B.R., Olesen, A.S., Pedersen, M.T., Kristensen, J.H., Remvig, L., Simonsen, E.B. & Juul-Kristensen, B. (2013) Effect of generalized joint hypermobility on knee function and muscle activation in children and adults. *Muscle Nerve*, accepted, 1-9.

Jeremiah, H.M. & Alexander, C.M. (2010) Do hypermobile subjects without pain have alteration to the feedback mechanism controlling the shoulder? *Musculoskeletal Care*, 157-163.

Jonsson, H. & Valtysdottir, S. T. (1995) Hypermobility features in patients with hand osteoarthritis. *Osteoarthr Cartilage* 3: 1-5.

Jonsson, H., Valtysdottir, S.T., Kjartansson, O. & Brekkan, A. (1996) Hypermobility associated with osteoarthritis of the thumb base: a clinical and radiological subset of hand osteoarthritis. *Ann Rheum Dis.* 55: 540-543.

Juul-Kristensen, B., Hansen, H., Simonsen, E.B., Alkjaer, T., Kristensen, J.H., Jensen, B.R. & Remvig, L. (2012) Knee function in 10-year-old children and adults with Generalised Joint Hypermobility. *Knee* 19: 773-778.

Juul-Kristensen, B., Kristensen, J. H., Frausing, B., Jensen, D. V., Rogind, H. & Remvig, L. (2009) Motor competence and physical activity in 8-year-old school children with generalized joint hypermobility. *Pediatrics*, 124: 1380-1387.

Juul-Kristensen, B., Rogind, H., Jensen, D.V. & Remvig, L. (2007) Inter-examiner reproducibility of tests and criteria for generalized joint hypermobility and benign joint hypermobility syndrome. *Rheumatology* (Oxford). 46: 1835-1841.

Katz, M.M. & Mubarak, S.J. (1984) Hereditary tendo Achillis contractures. *J Pediatr Orthoped.* 4: 711-714.

Keer, R. & Simmonds, J. (2011) Joint protection and physical rehabilitation of the adult with hypermobility syndrome. *Curre Opin Rheumatol.* 23: 131-136.

Kemp, S., Roberts, I., Gamble, C., Wilkinson, S., Davidson, J. E., Baildam, E.M., Cleary, A.G., Mccann, L. J. & Beresford, M.W. (2010) A randomized comparative trial of generalized vs targeted physiotherapy in the management of childhood hypermobility. *Rheumatology* 49: 315-325.

Kerr, A., Macmillan, C., Uttley, W. & Luqmani, R. (2000) Physiotherapy for children with Hypermobility Syndrome. *Physiotherapy* 86: 313-317.

Kraus, V.B., Li, Y.J., Martin, E.R., Jordan, J.M., Renner, J.B., Doherty, M., Wilson, A.G., Moskowitz, R., Hochberg, M., Loeser, R., Hooper, M. & Sundseth, S. (2004) Articular hypermobility is a protective factor for hand osteoarthritis. *Arthritis Rheumatism* 50: 2178-2183.

Kuivaniemi, H., Tromp, G. & Prockop, D.J. (1997) Mutations in fibrillar collagens (types I, II, III, and XI), fibril-associated collagen (type IX), and network-forming collagen (type X) cause a spectrum of diseases of bone, cartilage, and blood vessels. *Human Mutation*. 9: 300-315.

Loeys, B.L., Dietz, H.C., Braverman, A.C., Callewaert, B.L., De Backer, J., Devereux, R.B., Hilhorst-Hofstee, Y., Jondeau, G., Faivre, L., Milewicz, D.M., Pyeritz, R.E., Sponseller, P.D., Wordsworth, P. & De Paepe, A.M. (2010) The revised Ghent nosology for the Marfan syndrome. *J Med Genet.* 47: 476-485.

Mallik, A.K., Ferrell, W.R., Mcdonald, A.G. & Sturrock, R.D. (1994) Impaired proprioceptive acuity at the proximal interphalangeal joint in patients with the hypermobility syndrome. *Br J Rheumatol.* 33: 631-637.

Mao, J.R. & Bristow, J. (2001) The Ehlers-Danlos syndrome: on beyond collagens. *J Clin Invest.* 107: 1063-1069.

Mccluskey, G., O'kane, E., Hann, D., Weekes, J. & Rooney, M. (2012) Hypermobility and musculoskeletal pain in children: a systematic review. *Scand J Rheumatol.* 41: 329-383.

Mcmulkin, M.L., Baird, G.O., Caskey, P.M. & Ferguson, R.L. (2006) Comprehensive outcomes of surgically treated idiopathic toe walkers. *J Pediatri Orthoped.* 26: 606-611.

Mebes, C., Amstutz, A., Luder, G., Ziswiler, H.R., Stettler, M., Villiger, P.M. & Radlinger, L. (2008) Isometric rate of force development, maximum voluntary contraction, and balance in women with and without joint hypermobility. *Arthritis Rheumatism* 59: 665-1669.

Mikkelsson, M., Salminen, J.J. & Kautiainen, H. (1996) Joint hypermobility is not a contributing factor to musculoskeletal pain in pre-adolescents. *J Rheumatol.* 23: 1963-1967.

Mintz-Itkin, R., Lerman-Sagie, T., Zuk, L., Itkin-Webman, T. & Davidovitch, M. (2009) Does physical therapy improve outcome in infants with joint hypermobility and benign hypotonia? *J Child Neurol.* 24: 714-719.

Murray, K.J. (2006) Hypermobility disorders in children and adolescents. *Best Pract Res Clin Rheumatol.* 20: 329-351.

Myer, G.D., Ford, K.R., Paterno, M.V., Nick, T.G. & Hewett, T.E. (2008) The effects of generalized joint laxity on risk of anterior cruciate ligament injury in young female athletes. *Am J Sports Med.* 36: 1073-1080.

Nielsen, R.H., Couppé, C., Olsen, M.R., Jensen, J.K., Svensson, R., Heinemeier, K. M., Magnusson, P., Remvig, L. & Kjaer, M. (2012) Biomechanical properties of the patellar tendon as a possible new diagnostic tool for classic Ehlers-Danlos Syndrome. Lassen day. Copenhagen: unpublished data.

Nikolajsen, H., Larsen, P.K., Simonsen, E.B., Alkjaer, T., Halkjër-Kristensen, J., Jensen, B.R., Remvig, L. & Juul-Kristensen, B. (2011) Altered knee and hip moments in children with generalised joint hypermobility during normal gait. WCPT-congress 2011, Amsterdam.

Pacey, V., Nicholson, L.L., Adams, R.D., Munn, J. & Munns, C.F. (2010) Generalized joint hypermobility and risk of lower limb joint injury during sport: a systematic review with meta-analysis. *Am J Sports Med.* 38: 1487-1497.

Remvig, L., Jensen, D.V. & Ward, R.C. (2007) Epidemiology of general joint hypermobility and basis for the proposed criteria for benign joint hypermobility syndrome: review of the literature. *J Rheumatol.* 34: 804-809.

Remvig, L., Kümmel, C., Kristensen, J.H., Boas, G. & Juul-Kristensen, B. (2011) Prevalence of Generalised Joint Hypermobility, Arthralgia and Motor Competence in 10-year old school children. *Int Musculoskelet Med.* 33: 137-145.

Rombaut, L., De, P.A., Malfait, F., Cools, A. & Calders, P. (2010a) Joint position sense and vibratory perception sense in patients with Ehlers-Danlos syndrome type III (hypermobility type). *Clin. Rheumatol.* 29: 289-295.

Rombaut, L., Malfait, F., Cools, A., De, P.A. & Calders, P. (2010b) Musculoskeletal complaints, physical activity and health-related quality of life among patients with the Ehlers-Danlos syndrome hypermobility type. *Disabil Rehabil.* 32: 1339-1345.

Rombaut, L., Malfait, F., De Wandele, I., Cools, A., Thijs, Y., De Paepe, A. & Calders, P. (2011a) Medication, surgery, and physiotherapy among patients with the hypermobility type of Ehlers-Danlos syndrome. *Arch Phys Med Rehabil.* 92: 1106-1112.

Rombaut, L., Malfait, F., De Wandele, I., Mahieu, N., Thijs, Y., Segers, P., De Paepe, A. & Calders, P. (2012a) Muscle-tendon tissue properties in the hypermobility type of Ehlers-Danlos syndrome. *Arthritis Care Res (Hoboken).* 64: 766-772.

Rombaut, L., Malfait, F., De Wandele, I., Taes, Y., Thijs, Y., De Paepe, A. & Calders, P. (2012b) Muscle mass, muscle strength, functional performance and physical impairment in women with the hypermobility type of Ehlers-Danlos syndrome. *Arthritis Care Res (Hoboken).*

Rombaut, L., Malfait, F., De Wandele, I., Thijs, Y., Palmans, T., De Paepe, A. & Calders, P. (2011b) Balance, gait, falls, and fear of falling in women with the hypermobility type of Ehlers-Danlos syndrome. *Arthritis Care Res (Hoboken).* 63: 1432-1439.

Roos, E.M., Roos, H.P., Ekdahl, C. & Lohmander, L.S. (1998) Knee injury and Osteoarthritis Outcome Score (KOOS) – validation of a Swedish version. *Scand J Med Sci Sports.* 8: 439-448.

Rotés-Quèrol, J. (1957) [Articular laxity considered as factor of changes of the locomotor apparatus]. *Rev Rhum Mal Osteoartic.* 24: 535-539.

Rotes-Querol, J., Duran, J., Subiros, R., Pifferer, J. & Gomez, J. (1972) La laxité articulaire comme facteur d'alterations de l'appareil locomoteur (Nouvelle étude 1971). *Rhumatologie* 24: 179-191.

Sahin, N., Baskent, A., Cakmak, A., Salli, A., Ugurlu, H. & Berker, E. (2008a) Evaluation of knee proprioception and effects of proprioception exercise in patients with benign joint hypermobility syndrome. *Rheumatol Int.* 28: 995-1000.

Sahin, N., Baskent, A., Ugurlu, H. & Berker, E. (2008b) Isokinetic evaluation of knee extensor/flexor muscle strength in patients with hypermobility syndrome. *Rheumatol Int.* 28: 643–648.

Schalkwijk, J., Zweers, M.C., Steijlen, P.M., Dean, W.B., Taylor, G., Van Vlijmen, I.M., Van Haren, B., Miller, W.L. & Bristow, J. (2001) A recessive form of the Ehlers-Danlos syndrome caused by tenascin-X deficiency. *N Engl J Med.* 345: 1167–1175.

Schleip, R. (2006) *Active fascial contractility. Implications for musculoskeletal mechanics.* Dr.biol.hum, University of Ulm.

Schubert-Hjalmarsson, E., Ohman, A., Kyllerman, M. & Beckung, E. (2012) Pain, balance, activity, and participation in children with hypermobility syndrome. *Pediatr Phys Ther.* 24: 339–44.

Scott, D., Bird, H. & Wright, V. (1979) Joint laxity leading to osteoarthrosis. *Rheumatol Rehabil.* 18: 167–169.

Silman, A.J., Haskard, D. & Day, S. (1986) Distribution of joint mobility in a normal population: results of the use of fixed torque measuring devices. *Ann Rheum Dis.* 45: 27–30.

Simmonds, J.V. & Keer, R.J. (2008) Hypermobility and the hypermobility syndrome, part 2: assessment and management of hypermobility syndrome: illustrated via case studies. *Manual Ther.* 13: e1–e11.

Simonsen, E.B., Tegner, H., Alkjaer, T., Larsen, P.K., Kristensen, J.H., Jensen, B. R., Remvig, L. & Juul-Kristensen, B. (2012) Gait analysis of adults with generalised joint hypermobility. *Clin Biomech* (Bristol, Avon), doi, 10.1016/j.clinbiomech.2012.01.008.

Smits-Engelsman, B., Klerks, M. & Kirby, A. (2011) Beighton score: a valid measure for generalized hypermobility in children. *J Pediatr.* 158: 119–123, e1–e4.

Sobel, E., Caselli, M.A. & Velez, Z. (1997) Effect of persistent toe walking on ankle equinus. Analysis of 60 idiopathic toe walkers. *J Am Podiatr Med Assoc.* 87: 17–22.

Stewart, D.R. & Burden, S.B. (2004) Does generalised ligamentous laxity increase seasonal incidence of injuries in male first division club rugby players? *Br J Sports Med.* 38: 457–460.

Stricker, S.J. & Angulo, J.C. (1998) Idiopathic toe walking: a comparison of treatment methods. *J Pediatr Orthoped.* 18: 289–293.

Surgeons, A.A.O.O. (1965) *Joint motion: method of measuring and recording.* Edinburgh: Churchill Livingstone.

Tirosh, E., Jaffe, M., Marmur, R., Taub, Y. & Rosenberg, Z. (1991) Prognosis of motor development and joint hypermobility. *Dis Child.* 66: 931–933.

Tobias, J.H., Deere, K., Palmer, S., Clark, E.M. & Clinch, J. (2013) Hypermobility is a risk factor for musculoskeletal pain in adolescence: Findings from a prospective cohort study. *Arthritis Rheumatism.*

Van Brussel, M., Takken, T., Uiterwaal, C.S., Pruijs, H.J., Van Der Net, J., Helders, P.J. & Engelbert, R.H. (2008) Physical training in children with osteogenesis imperfecta. *J Pediatr.* 152: 111–116.

Van Dijk, F.S., Pals, G., Van Rijn, R.R., Nikkels, P.G. & Cobben, J. M. (2010) Classification of Osteogenesis Imperfecta revisited. *Eur J Med Genet.* 53: 1–5.

Wetterslev, M., Kristensen, J.H., Roennebech, J., Bertelsen, T., Laursen, H., Schleip, R. & Remvig, L. (2013) Myofibroblast content in fascia from patients with Ehlers-Danlos Syndrome, Hypermobile type. – Letter to the Editor. *Rheumatology,* submitted May.

Williams, C.M., Tinley, P., Curtin, M. & Nielsen, S. (2012) Vibration perception thresholds in children with idiopathic toe walking gait. *J Child Neurol.* 27: 1017–1021.

Wood, P. (1971) Is hypermobility a discrete entity? *Proc R Soc Med.* 64: 690–692.

Wren, T. A., Cheatwood, A. P., Rethlefsen, S. A., Hara, R., Perez, F.J. & Kay, R.M. (2010) Achilles tendon length and medial gastrocnemius architecture in children with cerebral palsy and equinus gait. *J Pediatr Orthoped.* 30: 479–484.

Leituras adicionais

Acesse o site: http://www.ncbi.nlm.nih.gov. [Hereditary Disorders of Cognitive Tissue].

Dupuytren's Disease and Related Hyperproliferative Disorders: Principles, Research and Clinical Perspectives. (2012) Editors: Eaton, C., Heinrich Seegenschmiedt, H., Bayat, A., Gabbiani, G., Werker, P. & Wolfgang, W. Berlin, Heidelberg: Springer Verlag.

9

Desempenho do movimento humano: equívocos no alongamento e tendências futuras

Eyal Lederman

INTRODUÇÃO

O alongamento é o comportamento que um indivíduo adota com frequência com o intuito de manter a agilidade, melhorar ou recuperar a amplitude de movimento (ADM) em várias condições musculoesqueléticas. Também é usado de maneira recreativa e no treinamento esportivo para melhorar o desempenho de movimento e para prevenir lesões. No entanto, nos últimos anos o valor do alongamento tem sido corroído pela pesquisa, e muitos dos pressupostos que são os fundamentos para essas práticas têm sido questionados. Este capítulo explorará a plausibilidade de algumas suposições básicas e como elas se posicionam em relação aos achados de pesquisa. Será que o treinamento que envolve alongamento tem algum valor para melhorar a ADM e o desempenho do movimento humano?

PRECISAMOS NOS ALONGAR REGULARMENTE?

Há uma crença persistente de que nosso estilo de vida sedentário não nos expõe o suficiente a movimentos de amplitude final, como os que encontraríamos se vivêssemos em um ambiente mais selvagem. Assume-se que essa falta de exposição resulta em perda progressiva da ADM. Isso, por sua vez, impediria o desempenho funcional normal em atividades diárias ou esportivas, aumentaria a probabilidade de desenvolver condições musculoesqueléticas ou até mesmo seria prejudicial à nossa saúde. Portanto, a premissa mais básica é a de que o alongamento é essencial para manter ou melhorar o desempenho humano.

Como um fenômeno no comportamento humano, apenas um grupo relativamente pequeno de indivíduos se alonga regularmente. Aqueles que o fazem, em geral, deixam de fora certas partes do corpo. Por exemplo, dificilmente alguém alonga o dedo mindinho ou o antebraço até a supinação ou pronação plena. Então, o que acontece com a maioria das pessoas que não se alonga? Elas gradualmente se enrijecem a uma massa sólida disfuncional e inflexível? O que acontece com as partes que nós nunca alongamos? Elas se destacam como rígidas ou com amplitude restrita?

Tais resultados catastróficos do movimento não são evidentes. Parece que desempenhar nossas atividades diárias proporciona desafios suficientes para manter a amplitude de movimentos funcionais. Caso contrário, todos nós sofreríamos de algum destino de enrijecimento progressivo e catastrófico. Isso sugere que o alongamento não é uma necessidade biológica e fisiológica, mas talvez um construto sociocultural. De fato, parece que apenas os humanos adotam o alongamento de forma regular e sistemática.

ADAPTAÇÃO DE ADM, PANDICULAÇÃO E ALONGAMENTO CLÍNICO

Há um comportamento compartilhado por animais e humanos de "alongar-se" e bocejar chamado de pandiculação (Bertolucci, 2011) (Campbell e de Waal, 2011). Esse comportamento é com frequência confundido com uma atividade que conserva a agilidade. Como discutido acima, as atividades diárias normais parecem fornecer as forças de carga necessárias para manter a ADM funcional. É improvável que a pandiculação desempenhe um papel na ADM funcional. Se observarmos a pandiculação dos indivíduos, ela tende a ser um padrão de movimento estereotipado, muitas vezes restrito a áreas corporais específicas. Por exemplo, uma pessoa muitas vezes pandicula com o tronco em extensão, mas raramente em flexão total, flexão lateral ou rotação. Se ela fosse importante para manter a agilidade, esperaríamos que a pandiculação envolvesse todas as estruturas musculoesqueléticas do corpo. Mais uma vez surge a questão sobre o que acontece com essas amplitudes de movimento "não pandiculados": elas se revelam como mais rígidas ou menos ágeis? Isso também levanta outra questão: o comportamento de pandiculação pode fornecer força suficiente para manter a ADM funcional ou aumentá-la?

A discussão sobre a pandiculação nos leva a outro mal-entendido comum sobre alongamento e adaptação da ADM. Para provocar a adaptação da ADM, o indivíduo deve envolver-se em comportamentos específicos que incluem aumentar a intensidade de sua atividade física além do seu nível atual (*sobrecarga*), bem como aumentar a duração do treinamento (Lederman, 2013). Para que a adaptação ocorra, o treinamento deve superar certo *limiar de carga* (Lederman, 2013). Com frequência, esses limites estão bem acima dos níveis experimentados durante as atividades diárias funcionais (Fig. 9.1) (Arampatzis et al., 2010) (Muijka e Padilla, 2001). Se fosse o contrário, a postura em pé normal resultaria em achatamento completo e permanente da fáscia plantar, o peso das vísceras resultaria em uma epidemia de colapso do assoalho pélvico e os trabalhadores de escritório sentados o dia todo acabariam com uma extraordinária agilidade de flexão da coluna vertebral. O limiar de carga significa que, em muitas áreas do corpo, as forças de carga devem ser várias vezes superiores ao peso corporal para provocar a adaptação da ADM. Isso significa que muitas abordagens de alongamento clínico provavelmente não fornecem os níveis de força necessários ou têm duração muito curta para estimular a adaptação da ADM. Não surpreende que uma revisão sistemática recente tenha concluído que o alongamento clínico (incluindo abordagens passivas e ativas) tenha um baixo valor terapêutico na recuperação de perdas da ADM (Katalinic, 2010). Como será discutido em seguida, há também um problema de especificidade e alongamento clínico.

Os princípios da sobrecarga e os limiares de carga sugerem que a pandiculação é uma candidata improvável para a manutenção da agilidade funcional ou direcionamento da adaptação da ADM. Para que a pandiculação conduzisse de modo efetivo a adaptação da ADM, ela teria

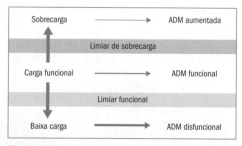

Figura 9.1
A ADM funcional é mantida pelas forças impostas ao corpo durante as atividades diárias. Forças maiores de carga (alongamento), além de certo limiar de carga, são necessárias para aumentar essas amplitudes. Uma ADM disfuncional ou reduzida pode ocorrer quando as forças de carga são muito baixas, abaixo de um limiar funcional (segundo Lederman, 2013).

que ser repetida centenas de vezes por dia. Também exigiria forças de carga muito maiores do que as experimentadas nessa atividade suave.

A mensagem mais importante da discussão, até agora, é a de que o movimento funcional, o repertório natural do movimento do indivíduo, é suficiente para manter a ADM normal (Lederman, 2013) (Fig. 9.1). Para conduzir a adaptação da ADM, temos que reavaliar a prática atual de alongamento. A pesquisa nos informa que precisamos nos mover em direção a abordagens de movimento funcional que integram desafios de ADM em tarefas diárias normais (Lederman, 2013).

ALONGAMENTO E DESEMPENHO DO MOVIMENTO HUMANO

Outra crença comum é a de que o desempenho humano pode ser aumentado por uma sessão intensa de alongamento para aquecimento antes de uma competição, ou, em longo prazo, pelo treinamento de alongamento regular.

Se o alongamento para aquecimento fosse benéfico para melhorar o desempenho, seria de se esperar que a natureza tivesse "considerado" o alongamento como parte do comportamento animal. No entanto, com exceção dos humanos, nenhum outro animal parece realizar atividades de pré-esforço semelhantes ao alongamento para aquecimento. Os leões não se preparam com alongamentos antes de caçarem suas presas e, de maneira recíproca, a presa não paralisa a perseguição por falta de alongamento. O alongamento para aquecimento em humanos parece ser em grande parte cerimonial. Uma pessoa se alonga no parque antes de uma corrida, mas não considera importante se alongar antes de correr para pegar um ônibus. Uma pessoa pode alongar-se antes de levantar pesos na academia, mas é improvável que um pedreiro se alongue, embora possa levantar e carregar peso durante todo o dia. Nós evoluímos para ter um desempenho máximo, instantaneamente e sem a necessidade de se preparar com alongamento. Não parece conferir qualquer vantagem biológica nem fisiológica que seja essencial ao desempenho.

Essa observação é confirmada por pesquisas que analisam o alongamento no esporte. O alongamento como aquecimento antes e depois do exercício não mostrou nenhum benefício no alívio da dor muscular, não oferece proteção nenhuma contra lesões esportivas, e alongamentos vigorosos antes de um evento podem reduzir o desempenho esportivo (Andersen, 2005) (Herbert et al., 2011) (Simic et al., 2012). Foi demonstrado que o desempenho de força pode ser reduzido entre 4,5-28%, independentemente da técnica de alongamento utilizada (Rubini et al., 2007) (Young e Behm, 2002).

No entanto, isso ainda nos deixa com a questão do alongamento em longo prazo. Esse treinamento pode oferecer algumas alterações musculoesqueléticas adaptativas que resultariam em melhor desempenho? Se aceitarmos a suposição de que o treinamento com alongamento melhora o desempenho esportivo, isso sugeriria que os seres humanos decifraram o que a natureza nunca foi capaz de fazer: criar um exercício universal que terá um impacto positivo no desempenho de todas as outras tarefas e atividades. Há alguma evidência para isso em outros aspectos do comportamento animal?

Parece que os animais fazem o que fazem sem ter que usar treinamentos que estão fora do seu repertório de movimentos (Lederman, 2013). Eles desenvolvem seu repertório de movimentos funcionais simplesmente fazendo atividades específicas da espécie e nada mais. As aves aprendem a voar voando e aperfeiçoam o voo voando mais. Esse comportamento é chamado de prática específica da tarefa ou treinamento funcional (Lederman, 2013). Eles não fazem flexões de asa ou alongamento, denominado aqui de treinamento extrafuncional.

Se alongamentos regulares pudessem melhorar uma ampla gama de atividades não relacionadas, isso significaria que um indivíduo muito ágil, como uma bailarina, se destacaria em todas as atividades esportivas. Mas qual é a probabilidade de uma bailarina exibir altos níveis de desempenho em corrida, natação, ciclismo, futebol ou musculação, atividades para as quais o alongamento é frequentemente recomendado? Por que não vemos bailarinas e instrutores de yoga conquistando medalhas nas Olimpíadas? Para responder a essas questões, precisamos olhar para um fenômeno de adaptação chamado especificidade.

ESPECIFICIDADE EM ADAPTAÇÃO

Quando aprendemos uma nova habilidade, a adaptação motora, tecidual e fisiológica é específica para aquela tarefa (especificidade), (DeAnna et al., 2006) (Haga et al., 2008) (Millet et al., 2009). Isso permite que a tarefa seja executada de maneira ideal, com o mínimo de gasto energético, estresse físico e erro. Essa adaptação é bastante única, otimizada para uma atividade específica, mas muitas vezes inadequada para uma atividade diferente (Osgood, 1949) (Henry, 1958) (Holding, 1965) (van Ingen Schenau et al., 1994). Isso significa que os ganhos de treinamento são específicos para cada tarefa. Eles não parecem transitar ou transferir-se para uma atividade diferente. Mesmo atividades que parecem idênticas, como corrida de velocidade e corrida de longa distância, têm sua adaptação biomecânica e fisiológica única e intransferível. O perfil do ângulo de força do joelho é diferente entre essas atividades, e os músculos da perna nos velocistas têm maior comprimento do fascículo e menor ângulo de penação do que nos corredores de longa distância (Abe et al., 2000). Além disso, estudos sobre o controle motor durante o período de um século também demonstraram que tal adaptação específica a uma dada tarefa ocorre no sistema nervoso central, incluindo a medula espinal e os centros cerebrais (Lederman, 2010). Assim, a adaptação específica a um dado esporte é um fenômeno do corpo inteiro, que inclui alterações periféricas musculoesqueléticas e no controle central. É por essa razão que os velocistas não são ótimos maratonistas e vice-versa.

A especificidade e a transferência têm sido estudadas de maneira extensa em esportes com o objetivo de identificar métodos de treinamento que possam melhorar o desempenho esportivo. No geral, a maioria dos estudos mostra uma falta de transferência e, nas ocasiões em que tal transferência é demonstrada, parece ser de efeito marginal e imprevisível. Por exemplo, o desempenho em corrida de velocidade melhorou com saltos horizontais de perna única, mas não com saltos verticais usando ambos os membros, como agachamento com salto (Young, 2006). Os saltos verticais são melhorados pelo treino vertical, mas não pelo treino em saltos laterais (King e Cipriani, 2010). A transferência pode não ocorrer mesmo em sistemas de treinamento que se pareçam bastante com a tarefa. Por exemplo, o treinamento de resistência usando um dispositivo de reboque não melhora o desempenho na corrida. Da mesma forma, exercícios de patinação fora do gelo não melhoram o desempenho no gelo em patinadores de velocidade. O treinamento de resistência em natação resulta em um estilo de natação diferente usando movimentos de tronco de grande amplitude que podem não ser benéficos para a natação livre e irrestrita (Maglischo, 2003). Exercícios de estabilidade do *core* não melhoram o desempenho esportivo (Hibbs et al., 2008) (Parkhouse e Ball, 2010) (Okada et al., 2011). Formas diferentes de exercícios de resistência não conseguem melhorar atividades esportivas específicas, como chutes no futebol (Young e Rath, 2011), corrida de velocidade, netball, hóquei (Farlinger e Fowles, 2008), velocidade de arremesso no polo aquático (Bloomfield et al., 1990) e remo (Bell et al., 1989). Mesmo o treinamento de resistência em uma postura particular pode não transferir ganhos de força para outras posturas (Wilson et al., 1996). O treinamento cruzado com ciclismo não melhora a corrida e pode até mesmo reduzir a economia de corrida (Mutton et al., 1993) (Pizza et al., 1995). O treino em tarefas isoladas, como flexibilidade do quadril ou atividades de fortalecimento do tronco, não melhora a economia de caminhada ou corrida (Godges et al., 1993). Exercícios de resistência do membro superior não melhoram a coordenação do braço (Krzystzof et al., 2000), e assim por diante.

Do ponto de vista da especificidade, é improvável que o alongamento regular melhore o desempenho de uma tarefa diferente. De fato, até o momento, as evidências sugerem que o treinamento de alongamento regular não melhora o desempenho esportivo e que este pode até ser reduzido por sessões intensas de alongamento (Behm, 2004) (Kay e Blazevich, 2012). A adaptação específica ao esporte provavelmente é muito diferente da adaptação musculoesquelética induzida pelo treinamento de alongamento. Portanto, é improvável que atenda às demandas fisiológicas da atividade esportiva em particular. Na melhor das hipóteses, o alongamento pode não ter efeito, mas, na pior das hipóteses, pode introduzir uma "competição na adaptação" se o indivíduo estiver concentrado demais no seu alongamento extrafuncional, em vez do seu treinamento esportivo específico (Lederman, 2010 e 2013). Sob essas circunstâncias, é muito provável que o alongamento tenha um efeito negativo no desempenho.

A pergunta que muitas vezes é feita a essa altura é: e as atividades esportivas que requerem agilidade? Por exemplo, artes marciais, dança e atividades de ginástica. O alongamento é útil de alguma forma? Um chute alto nas artes marciais é um exemplo. A amplitude final do movimento ativo, nessa tarefa em particular, é determinada pelo declínio da força dos agonistas, isto é, dos flexores do quadril, *versus* aumento da tensão passiva nos tecidos antagonistas. Para aumentar essa amplitude, não é incomum que um especialista em arte marcial se concentre na força do flexor do quadril e alongue os tecidos antagonistas passivos (p. ex., posteriores da coxa ou cadeia fascial posterior). Essa forma de treinamento contém várias suposições básicas comumente expressas: a de que o desempenho pode ser melhorado fragmentando-se o movimento em unidades menores; a de que o foco no tecido individual é possível e desejável no treinamento; e a de que o alongamento passivo pode influenciar o desempenho do movimento ativo. Mas alguma dessas suposições está correta?

O OBJETIVO E O TODO *VERSUS* A FRAGMENTAÇÃO DO MOVIMENTO

Quando observamos o movimento humano, uma grande porção desse repertório é direcionada a objetivos externos: alcançar uma xícara, bater em uma bola ou andar pela sala. A intenção de atingir o objetivo desencadeia a execução do movimento associado, incluindo todos os ajustes posturais antecipatórios que o precedem (Elsner e Hommel, 2001) (Rosenbaum et al., 2004). Essa resposta é um evento corporal completo, não é específico de uma articulação ou músculo em particular (Hughlings-Jackson, 1889).

Se observarmos uma pessoa executando uma tarefa, como levantar uma xícara, a ação pode ser dividida em dois componentes: o movimento que tipifica a tarefa (movimento único do membro superior) e o objetivo desse movimento (levantar a xícara). No entanto, essa separação é artificial. Na maioria das atividades, o movimento e seus objetivos são uma resposta unificada, e não elementos separados (Hommel e Prinz, 1997). Vários estudos demonstraram que o treinamento focado no resultado do movimento, e não no corpo e em seu funcionamento, permite que o indivíduo produza picos de força maiores, execute movimentos mais rápidos e aumente a precisão do movimento articular com menos atividade muscular (Wulf e Dufek, 2009) (Wulf et al., 2010). O treinamento externo, focado no objetivo, envolve o indivíduo em padrões de movimento completos, otimiza o aprendizado motor e promove economia de movimento (Totsika e Wulf, 2003) (Wulf et al., 2010) (Lohse et al., 2010).

A organização do movimento em torno de seus objetivos significa que qualquer músculo participará de muitas tarefas diferentes. Em outras palavras, nenhum músculo é projetado para realizar uma tarefa específica. Isso significa que o recrutamento muscular é específico para uma tarefa (Doemges e Rack, 1992) (Weiss e Flanders, 2004) (Carpenter et al., 2008). Assim, o padrão de recrutamento dos músculos dos membros inferiores será muito diferente entre atividades como ficar em pé, caminhar, alongar lateralmente o corpo, dobrar-se para a frente ou levantar ou qualquer outro movimento imaginável (Andersson et al., 1996) (Urquhart et al., 2005). É improvável que treinar um músculo específico ou cadeia muscular melhore o desempenho ou recupere o controle da tarefa. Isso ocorre porque a tarefa determina o padrão de ativação do músculo, e não o contrário. Seria como tentar aprender um saque de tênis praticando a ativação do bíceps, tríceps e, em seguida, o controle do antebraço, e assim por diante. A melhor maneira de aprimorar o desempenho é praticar a tarefa em si, durante a qual toda a sequência de recrutamento é ensaiada de modo simultâneo. A ativação de um único músculo ou cadeia muscular simplesmente não existe na organização motora ou na fisiologia do movimento. Se Aristóteles estivesse vivo, ele apontaria que "a tarefa é diferente da soma de seus músculos e articulações".

As práticas de treinamento que favorecem a fragmentação do movimento têm maior probabilidade de melhorar a atividade fragmentada específica, mas não o movimento completo (Krakauer et al., 2006). Por exemplo, o treino que melhora a força local no tornozelo ou tornozelo e joelho não transfere ganhos para o salto vertical, embora essa tarefa dependa desses componentes neuromusculares. Da mesma forma, exercícios que isolam partes da ação de chutar não são recomendados porque eles não parecem ser bem transferidos para a execução do chute. O treinamento deve ser da ação completa de chutar (Young e Rath, 2011). Da mesma forma, o treinamento em tarefas isoladas, como flexibilidade do quadril ou atividades de fortalecimento do tronco, não melhora a economia de caminhar ou correr (Godges et al., 1993).

Usando o exemplo do chute alto, podemos ver duas possíveis abordagens de treinamento aqui. Uma é fragmentar o movimento de chutar e depois integrá-lo mais tarde. A outra é a abordagem "do todo e do objetivo", específica para uma tarefa: apenas treine executando muitos chutes altos. O problema com a abordagem fragmentada é que ela não conseguirá capturar a complexa coordenação intermuscular dos músculos sinergistas do membro – a contração explosiva dos flexores do quadril com um "relaxamento explosivo" simultâneo dos extensores. O padrão de recrutamento dos flexores do quadril durante o treinamento de força específica é totalmente diferente da tarefa de chute. Portanto, é improvável que transfira qualquer ganho para a ação de chute. No entanto, e de forma mais simples, ao praticar a tarefa em si, a adaptação específica ocorre de modo espontâneo em todo o corpo centralmente, à medida que o controle motor muda, e perifericamente, pela adaptação musculoesquelética. É um método de treinamento bem mais econômico e eficaz. Mas será que um componente de alongamento passivo pode ajudar a melhorar o chute alto?

ALONGAMENTO PASSIVO E DESEMPENHO DO MOVIMENTO

Se observarmos o movimento humano, veremos que ele é principalmente ativo. O movimento passivo é um evento raro nesse repertório. Já está bem estabelecido que ser ativo é essencial para a aprendizagem motora ou para a melhora do desempenho do movimento (Lederman, 2010). Assim, para melhorar o desempenho ou recuperar o controle motor, uma forma ativa de treinamento ou reabilitação da ADM é provavelmente mais eficaz do que o movimento passivo, que inclui muitas formas de abordagens de alongamento.

O domínio do movimento ativo sobre o passivo para o aprendizado e recuperação motora está relacionado a vários fatores. O movimento está organizado como sequências que envolvem o componente sensorial, a integração central e um *output* motor eferente (Schmidt e Lee, 2005). Somente durante o movimento ativo as sequências de recrutamento motor eferente são geradas, o que é essencial para codificar o movimento (com exceção da visualização motora) (Lederman, 2005). Por essa simples razão, o alongamento passivo não pode melhorar o controle ativo, uma vez que apenas envolve o componente sensorial do sistema.

Durante a aprendizagem motora, uma imagem sensorial única é criada de maneira central para esse movimento particular. Nós nos tornamos familiarizados com a "sensação" transmitida pela tarefa. Entretanto, mudar a experiência sensorial dentro da mesma tarefa pode afetar seu desempenho; por exemplo, os participantes foram treinados para atravessar uma trave de equilíbrio com ou sem visão. Verificou-se que os participantes melhoraram seu equilíbrio mais na condição sensorial para a qual treinaram (Robertson e Elliott, 1996) (Proteau et al., 1998). Além disso, as experiências sensoriais podem não se transferir bem entre tarefas. Aprender a discriminação tátil de uma determinada textura pode não melhorar a discriminação tátil de uma textura desconhecida. Tal especificidade sensorial foi demonstrada em leitores cegos de braile (Grant et al., 2000). Eles superaram os indivíduos com visão em tarefas de palpação que usam padrões de pontos semelhantes ao braile (um padrão familiar). Por outro lado, eles não diferem dos indivíduos com visão quando apresentados a uma nova tarefa de discriminação por palpação (uma superfície com cristas de diferentes larguras e orientações). Isso implica que é improvável que a experiência sensorial durante o alongamento passivo ou mesmo ativo transfira ganhos de desempenho para uma tarefa funcional diária ou esportiva diferente.

Outra diferença é que apenas durante o movimento ativo é que a experiência sensorial (aferente) é vinculada a processos motores (eferentes). Esse vínculo sensório-motor tem uma implicação importante para corrigir erros de movimento e, consequentemente, para melhorar a aprendizagem motora e o desempenho das habilidades (Paillard e Brouchon, 1968) (Laszlo e Bairstow, 1971) (McCloskey e Gandevia, 1978).

Portanto, do ponto de vista do controle motor, é improvável que o alongamento passivo melhore a execução de um chute alto. No entanto, ainda há uma questão incômoda sobre alongamento passivo e amplitude extrema de movimento. Em muitas articulações, como no quadril, a amplitude de movimento passivo é maior que a de movimento ativo (Lederman, 2013). Contudo, a limitação da amplitude ativa pode ser superada por uma flexão explosiva, como em um chute alto. Nessa situação, a amplitude extra é conseguida pelo impulso da massa da perna e neutralizada pela tensão passiva nos tecidos antagônicos. (É por isso que a amplitude seria menor se o chute fosse executado de maneira mais lenta.) Assim, para movimentos de amplitudes extremas, o alongamento passivo talvez seja necessário para "eliminar" as limitações antagônicas passivas. Isso pode explicar por que bailarinos e praticantes de artes marciais gastam tanto esforço de treinamento no alongamento passivo. No entanto, não sabemos se isso é necessário, ou seja, praticar um chute alto o suficiente para atingir os requisitos de amplitude para essa tarefa é suficiente, ou é essencial adicionar alongamento passivo? Será que um dançarino seria menos ágil em seu desempenho ativo se eliminasse todo o alongamento passivo de seu programa de treinamento? Essa é uma área do treinamento na qual mais pesquisas são urgentemente necessárias. É também uma área que iremos explorar em nosso centro de pesquisa na University College London (UCL).

RUMO A UMA ABORDAGEM FUNCIONAL

A pesquisa de treinamento em alongamento sugere que o alongamento em todas as suas formas não é uma necessidade fisiológica nem confere quaisquer benefícios óbvios ao desempenho humano. O princípio da especificidade sugere que as tarefas físicas podem ser melhoradas simplesmente pela prática da tarefa em si. Para aumentar a amplitude de movimento, pode ser suficiente praticar ativamente a tarefa na amplitude final, isto é, para aumentar o comprimento da passada na corrida, apenas corra com uma passada mais larga, ou para aumentar a ADM em um arremesso, pratique o arremesso na amplitude final (Lederman, 2013). Esse treinamento específico à tarefa contém todos os componentes essenciais para a melhora do desempenho. Ele é executado ativamente, orientado a um objetivo e praticado como um todo. Essa forma de treinamento encoraja de maneira concomitante a adaptação periférica e central que é específica para a tarefa em particular. O alongamento tradicional, assim como outras formas de treinamento extrafuncional, podem ser supérfluos para as necessidades funcionais da pessoa. A exceção talvez sejam os indivíduos que exigem flexibilidade extraordinária.

Nas duas últimas décadas, houve também uma erosão no valor terapêutico do alongamento na recuperação da ADM em várias condições musculoesqueléticas. Uma recente revisão sistemática Cochrane relatou que, em curto prazo, o alongamento proporciona melhorias de 3º grau, de 1º grau em médio prazo e nenhuma influência em longo prazo (até sete meses), independentemente do tipo de alongamento usado (Katalinic et al., 2010). Talvez devêssemos considerar a aplicação dos princípios funcionais específicos da tarefa para a reabilitação da ADM. Uma pessoa com contraturas do quadril deve ser reabilitada andando com um comprimento de passada amplo, uma pessoa que sofre da fase rígida do ombro congelado, incapaz de alcançar acima da cabeça, deve ser encorajada a simplesmente alcançar acima da cabeça (Fig. 9.2) com frequência ao longo do dia, e assim por diante. A lógica e as evidências para uma abordagem funcional são discutidas em *Therapeutic stretching: towards a functional approach* (Lederman, 2013).

RESUMO CLÍNICO

- As atividades diárias funcionais mantêm e normalizam a ADM funcional. É provável que o alongamento seja supérfluo.
- O treinamento promove a adaptação do corpo inteiro, que é exclusiva a uma determinada atividade (especificidade) e não pode ser transferida para outra tarefa/atividade.
- É provável que o alongamento promova uma adaptação específica que dificilmente proporcionará ganhos para o desempenho esportivo.

Figura 9.2 Uma abordagem funcional no alongamento.

Essa forma de reabilitação incentiva o paciente a realizar tarefas diárias em sua amplitude final de movimento. Neste exemplo, o paciente que tem uma ADM de abdução restrita é encorajado a atingir a abdução completa. Ele é então instruído a realizar uma tarefa funcional, como colocar uma garrafa em uma prateleira, nessa amplitude final. Essa abordagem usa os princípios de treinamento/reabilitação de especificidade, sobrecarga e exposição, além de promover movimentos globais e objetivos.

- O desempenho é aprimorado pelo movimento orientado para o objetivo e o movimento como um todo. As práticas de alongamento, que focalizam internamente em tecidos específicos, podem degradar o desempenho.
- É provável que fragmentar o movimento em unidades anatômicas menores diminua o desempenho do movimento.
- É improvável que o desempenho de tarefas seja melhorado por abordagens de alongamento passivo. Não há atividade eferente motora durante o movimento passivo e há ausência de junção sensório-motora.
- A amplitude de movimento provavelmente será aprimorada pela prática da tarefa na amplitude final. Essa é uma abordagem comportamental funcional para melhorar e recuperar a ADM.

Referências bibliográficas

Abe, T., Kumagai, K. & Brechue, W.F. (2000) Fascicle length of leg muscles is greater in sprinters than distance runners. *Med Sci Sports Exerc.* 32(6): 1125–1129.

Andersen, J.C. (2005) Stretching before and after exercise: effect on muscle soreness and injury risk. *Journal of Athletic Training.* 40(3): 218–220.

Andersson, E.A., Oddsson, L.I., Grundstrom, H. et al. (1996) EMG activities of the quadratus lumborum and erector spinae muscles during flexion-relaxation and other motor tasks. *Clin Biomech* (Bristol, Avon) 11: 392–400.

Arampatzis, A., Peper, A., Bierbaum, S., et al. (2010) Plasticity of human Achilles tendon mechanical and morphological properties in response to cyclic strain. *J Biomech.* 43(6): 3073–3079.

Behm, D.G. (2004) Effect of acute static stretching on force, balance, reaction time, and movement time. *Med. Sci. Sports Exerc.* 36: 1397–1402.

Bell, G.J., Petersen, S.R, Quinney, H.A. & Wenger, H.A. (1989) The effect of velocity-specific strength training on peak torque and anaerobic rowing power. *J Sports Sci.* 7(3): 205–214.

Bertolucci, L.F. (2011) Pandiculation: nature's way of maintaining the functional integrity of the myofascial system? *J Bodyw Mov Ther.* 15(3): 268–280.

Bloomfield, J., Blanksby, B.A., Ackland, T.R. & Allison, G.T. (1990) The influence of strength training on overhead throwing velocity of elite water polo players. *Australian Journal of Since and Medicine in Sport.* 22(3): 63–67.

Campbell, M.W. & de Waal, F.B.M. (2011) Ingroup-outgroup bias in contagious yawning by chimpanzees supports link to empathy. *PLoS ONE.* 6(4): e18283.

Carpenter, M.G., Tokuno, C.D., Thorstensson, A., et al. (2008) Differential control of abdominal muscles during multi-directional support-surface translations in man. *Exp Brain Res.* Apr 29.

DeAnna, L.A., Boychuk, J., Remple, M.S., et al. (2006) Motor training induces experience-specific patterns of plasticity across motor cortex and spinal cord. *J Appl Physiol.* 101: 1776–1782.

Doemges, F. & Rack, P.M.H. (1992) (B) Changes in the stretch reflex of the human first interosseous muscle during different tasks. *J of Physiol.* 447: 563–573.

Elsner, B. & Hommel, B. (2001) Effect anticipation and action control. *J Exp Psychol Hum Percept Perform.* Feb; 27(1): 229–240.

Farlinger, C.M. & Fowles, J.R. (2008) The effect of sequence of skating-specific training on skating performance. *Int J Sports Physiol Perform.* Jun; 3(2): 185–198.

Godges, J.J., MacRae, P.G. & Engelke, K.A. (1993) Effects of exercise on hip range of motion, trunk muscle performance, and gait economy. *Phys Ther.* Jul 73(7): 468–477.

Grant, A.C., Thiagarajah, M.C. & Sathian, K. (2000) Tactile perception in blind Braille readers: a psychophysical study of acuity and hyperacuity using gratings and dot patterns. *Percept Psychophys.* Feb; 62(2): 301–312.

Haga, M., Pedersen, A.V.H. & Sigmundsson, H. (2008) Interrelationship among selected measures of motor skills Child: *Care, Health and Development.* 34(2): 245–248.

Henry, F. (1958) Specificity vs. generality in learning motor skills. In 61st Annual Proceedings of the College of the Physical Education Association. Santa Monica, CA.

Herbert, R.D, et al. (2011) Stretching to prevent or reduce muscle soreness after exercise. *Cochrane Database Syst Rev.* Jul 6(7). CD004577.

Hibbs, A.E., et al. (2008) Optimizing performance by improving core stability and core strength. *Sports Med.* 38(12): 995–1008.

Holding, D.H. (1965) *Principles of training.* Oxford: Pergamon.

Hommel, B. & Prinz, W. (1997) Toward an action-concept model of stimulus–response compatibility. In: Hommel, B, Prinz, W, Eds. *Theoretical issues in stimulus–response compatibility.* Amsterdam: Elsevier.

Hughlings-Jackson, J. (1889) On the comparative study of disease of the nervous system. *Brit Med J.* Aug. 17: 55–62.

Katalinic, O.M., Harvey, L.A., Herbert, R.D., et al. (2010) Stretch for the treatment and prevention of contractures. *Cochrane Database Syst Rev.* Sept 8(9). CD007455.

Kay, A.D. & Blazevich, A.J. (2012) Effect of acute static stretch on maximal muscle performance: a systematic review. *Med Sci Sports Exerc.* Jan, 44(1): 154–164.

King, J.A. & Cipriani, D.J. (2010) Comparing preseason frontal and sagittal plane plyometric programs on within-task-task jump height in high-school basketball players. *J Strength Cond Res.* Aug; 24(8): 2109–2114.

Krakauer, J.W., Mazzoni, P., Ghazizadeh, A., Ravindran, R. & Shadmehr, R. (2006) Generalization of motor learning depends on the history of prior action. *PLoS Biol.* 4 (10). e316. DOI: 10.1371/journal.pbio.0040316.

Krzystzof, N., Waskiewicz, Z., Zajac, A. & Goralczyk, R. (2000) The effects of exhaustive bench press on bimanual coordination. In, C.P. Lee (Ed.) *Proceedings of 2nd International Conference on Weightlifting and Strength Training.* p. 86.

Laszlo, J.I. & Bairstow, P.J. (1971) Accuracy of movement, peripheral feedback and efferent copy. *Journal of Motor Behaviour.* 3: 241–252.

Lederman, E. (2005) *The science and practice of manual therapy.* Elsevier.
Lederman, E. (2010) *Neuromuscular rehabilitation in manual and physical therapies.* Elsevier.
Lederman, E. (2013) *Therapeutic stretching: towards a functional approach.* Elsevier.
Lohse, K.R., Sherwood D.E. & Healy A.F. (2010) How changing the focus of attention affects performance, kinematics, and electromyography in dart throwing. *Hum Mov Sci.* Aug, 29(4): 542–555.
Maglischo, E.W. (2003) *Swimming fastest.* Human Kinetics.
McCloskey, D.I. & Gandevia, S.C. (1978) Role of inputs from skin, joints and muscles and of corollary discharges, in human discriminatory tasks. In: Gordon G (Ed) *Active touch.* Oxford: Pergamon Press, 177–188.
Millet, G.P., Vleck, V.E. & Bentley, D.J. (2009) Physiological differences between cycling and running: lessons from triathletes. *Sports Med.* 39(3): 179–206.
Mujika, M. & Padilla, S. (2001) Muscular characteristics of detraining in humans. *Med Sci Sports Exerc.* 333: 1297-1303.
Mutton, D.L, Loy, S.F, Rogers, D.M, et al. (1993) Effect of run vs combined cycle/run training on VO2max and running performance. *Med Sci Sports Exerc.* Dec; 25(12): 1393-1397.
Okada, T, Huxel, K.C. & Nesser, T.W. (2011) Relationship between core stability, functional movement, and performance. *J Strength Cond Res.* Jan 25(1): 252–261.
Osgood, C.E. (1949) The similarity paradox in human learning: a resolution. *Psychol Rev.* 56: 132–143.
Paillard, J. & Brouchon, M. (1968) Active and passive movements in the calibration of position sense. In: Freedman, S.J. (ed) *The neuropsychology of spatially oriented behavior.* Homewood, IL: Dorsey Press, 37–55.
Parkhouse, K.L. & Ball, N. (2010) Influence of dynamic versus static core exercises on performance in field based fitness tests. *JBMT.* In Press Dec.
Pizza, F.X., Flynn, M.G., Starling, R.D., et al. (1995) Run training vs cross training: influence of increased training on running economy, foot impact shock and run performance. *Int J Sports Med.* Apr; 16(3): 180–184.
Proteau, L., Tremblay, L. & Dejaeger, D. (1998) Practice does not diminish the role of visual information in on-line control of a precision walking task: support for the specificity of practice hypothesis. *J Mot Behav.* Jun; 30(2): 143–150.
Robertson, S. & Elliott, D. (1996) Specificity of learning and dynamic balance. *Res Q Exerc Sport.* Mar; 67(1): 69–75.

Rosenbaum, D.A., Meulenbroek, R.G.J & Vaughan, J. (2004) What is the point of motor planning? Int. *Journal of Sport and Exercise Psychology.* 2: 439–469.
Rubini, E.C., Costa, A.L. & Gomes, P.S. (2007) The effects of stretching on strength performance. *Sports Med.* 37: 213-224.
Schmidt, R.A. & Lee, T.D. (2005.) *Motor control and learning.* Fourth Edition. UK: Human Kinetics.
Simic, L., Sarabon, N. & Markovic, G. (2012) Does pre-exercise static stretching inhibit maximal muscular performance? A meta-analytical review. *Scand J Med Sci Sports.* Feb 8. doi: 10.1111/j.1600– 0838.2012.01444.x.
Totsika, V. & Wulf, G. (2003) The influence of external and internal foci of attention on transfer to novel situations and skills. *Res Q Exerc Sport.* Jun; 74(2): 220–225.
Urquhart, D.M., Hodges, P.W. & Story, I.H. (2005) Postural activity of the abdominal muscles varies between regions of these muscles and between body positions. *Gait Posture.* Dec; 22(4): 295–301.
Van Ingen Schenau, G.J., de Koning, J.J. & de Groot, G. (1994) Optimisation of sprinting performance in running, cycling and speed skating. *Sports Med.* Apr; 17(4): 259–275.
Weiss, E.J. & Flanders, M. (2004) Muscular and postural synergies of the human hand. J *Neurophysiol.* Jul; 92(1): 523–535.
Wilson, G.J., Murphy, A.J. & Walshe, A. (1996) The specificity of strength training: the effect of posture. *Eur J Appl Physiol Occup Physiol.* 73(3–4): 346–352.
Wulf, G. & Dufek, J.S. (2009) Increased jump height with an external focus due to enhanced lower extremity joint kinetics. *J Mot Behav.* Oct; 41(5): 401–409.
Wulf, G., Dufek, J.S., Lozano, L. & Pettigrew, C. (2010) Increased jump height and reduced EMG activity with an external focus. *Hum Mov Sci.* Jun; 29(3): 440–448. Epub 2010 Apr 21.
Young, W.B. (2006) Transfer of strength and power training to sports performance. *Int J Sports Physiol Perform.* 1(2): 74–83.
Young, W.B. & Behm, D.G. (2002) Should static stretching be used during a warm-up for strength and power activities? *Strength Conditioning J.* 24: 33–37.
Young, W.B. & Rath, D.A. (2011) Enhancing foot velocity in football kicking: the role of strength training. *J Strength Cond Res.* Feb; 25(2): 561–566.

10

Tecidos fasciais em movimento: dinâmicas do armazenamento e retração elástica

Robert Schleip

O MECANISMO DE CATAPULTA: RETRAÇÃO ELÁSTICA DE TECIDOS FASCIAIS

Durante a década de 1980, os estudiosos do campo da fisiologia muscular ficaram intrigados com a capacidade dos cangurus de realizar saltos potentes, com alcance de até 13 metros de comprimento. Como esses animais não têm músculos volumosos no membro inferior, a suposição geral era de que a musculatura da perna conteria algumas fibras musculares incomuns, que lhes permitiam realizar contrações explosivas. De fato, alguns pesquisadores estavam convencidos de que encontrariam "fibras de contração repentina super-rápida" nos membros posteriores dos cangurus. No entanto, não importa o quanto os pesquisadores procuravam, não conseguiam encontrar nenhuma fibra muscular incomum. Isso os deixou intrigados: se os músculos criam a força para esses saltos impressionantes, por que esses animais contêm as mesmas fibras musculares de um coala? Por fim, eles procuraram a resposta em um lugar onde ninguém havia olhado antes: nas propriedades dos tendões. Foi aqui que eles encontraram uma capacidade incrível que mais tarde foi chamada de "efeito catapulta". Semelhante a uma mola elástica de aço inoxidável, os longos tendões eram capazes de armazenar e liberar energia cinética com uma eficiência incrível (Kram e Dawson, 1998).

Quando o canguru atinge o solo, seus tendões, assim como as aponeuroses fasciais de suas patas traseiras, são tensionados como elásticos. A liberação subsequente dessa energia armazenada é o que torna esses incríveis saltos possíveis. Logo depois, o mesmo mecanismo também foi descoberto nas gazelas. Esses animais são capazes de dar saltos impressionantes, bem como de correr, embora sua musculatura não seja particularmente forte. No geral, como as gazelas são consideradas bastante delicadas, isso tornou a tensão elástica ainda mais interessante. Capacidades de armazenamento de elasticidade também impressionantes foram confirmadas posteriormente em cavalos.

HOMO SAPIENS: A "GAZELA" ELÁSTICA NA FAMÍLIA DOS PRIMATAS

Somente quando a tecnologia de ultrassonografia de alta resolução alcançou um nível de resolução alto o suficiente para observar simples sarcômeros nos músculos que se descobriu uma orquestração semelhante de carga entre o músculo e a fáscia na locomoção humana. De fato, foi de maneira surpreendente que se verificou que as fáscias humanas têm uma capacidade de armazenamento cinético semelhante à dos cangurus e das gazelas (Sawicki et al., 2009). Essa capacidade não é usada apenas quando corremos ou saltamos, mas também quando caminhamos, pois uma parte significativa da energia do movimento vem da mesma tensão elástica dos tecidos colagenosos descritos. Nem chimpanzés, bonobos, orangotangos ou qualquer outro primata parece ter desenvolvido uma capacidade de armazenamento de elasticidade semelhante dentro dos tecidos fasciais de seus membros inferiores, em comparação com seus parentes de membros inferiores longos, os *Homo sapiens*. Isso se reflete nos fascículos musculares mais curtos e nos tendões distais mais finos dos membros inferiores dos humanos em comparação com primatas não humanos, tornando-os muito mais adequados ao armazenamento elástico e à liberação de energia cinética (Alexander, 1991).

Essa descoberta recente levou a uma revisão ativa de princípios aceitos há muito tempo no campo da ciência do movimento. De acordo com o modelo clássico, previamente inquestionável, da dinâmica muscular, assumia-se que, em um movimento articular muscular, as fibras musculares esqueléticas envolvidas encurtavam. Essa energia passaria então por tendões passivos, resultando no movimento (ver Fig. 10.1). Essa forma clássica de transferência de energia ainda é verdadeira, de acordo com essas medições recentes, tanto para movimentos lentos como para movimentos mais rápidos, com velocidade constante do membro, como no ciclismo. Aqui, as fibras musculares mudam ativamente seu comprimento, enquanto os tendões e as aponeuroses quase não se alongam. Os elementos fasciais cumprem principalmente um papel passivo nessa orquestração do movimento. Isso está em contraste com o movimento oscilatório dotado de uma qualidade de mola elástica, como pular em um pé só, correr ou saltar, no qual o comprimento das fibras musculares praticamente não muda. Enquanto as fibras musculares se contraem de forma quase isométrica, elas endurecem temporariamente sem qualquer alteração significativa de seu comprimento, os elementos fasciais

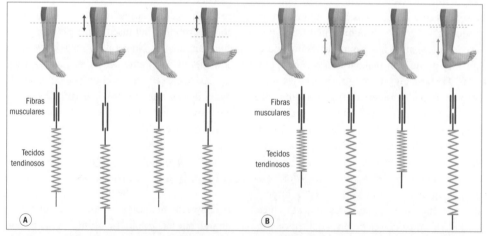

Figura 10.1 Comparação das mudanças de comprimento de elementos musculares e colagenosos no "treinamento muscular" convencional (A) e em um movimento mais orientado para a fáscia com propriedades de retração elástica (B).

Os elementos elásticos tendinosos (ou fasciais) são mostrados como molas, a fibra muscular como linhas retas. Note que durante um movimento convencional **A** os elementos colagenosos elásticos não alteram de modo significativo seu comprimento, enquanto as fibras musculares contráteis mudam seu comprimento de maneira significante. **B** No entanto, durante movimentos oscilatórios ritmados, como correr ou pular em um pé só, as fibras musculares contraem quase isometricamente, enquanto os elementos fasciais colagenosos alongam e encurtam como uma mola elástica de ioiô. (Ilustração adaptada de Kawakami et al. (2002). Reproduzido com permissão de www.fascialnet.com.)

funcionam de forma elástica com um movimento semelhante ao de uma mola elástica ressonante feita de aço inoxidável (Fig. 10.2). É principalmente esse alongamento e encurtamento dos elementos fasciais que "produzem" o movimento real. Pense em uma catapulta: a pessoa que coloca sua energia muscular no tensionamento das tiras elásticas faz o papel das fibras musculares, que armazenam a energia cinética nos tecidos fasciais. Normalmente, a direção do trabalho muscular preparatório entra em uma orientação oposta ao movimento de força explosiva desejado. Para um arqueiro, isso significaria que seus músculos puxam o arco para trás, a fim de aumentar a energia potencial do movimento. Quando a força é liberada, é o colágeno (ou tira elástica) que impulsiona o objeto (ou flecha) na direção desejada, enquanto os elementos musculares saem do caminho e descansam. Imagine um arqueiro que tenta atirar mais rápido, impulsionando a flecha para a frente com seus músculos. Seria algo muito lento. Quando carregado de modo correto, o colágeno pode encurtar a uma velocidade muito mais rápida do que qualquer fibra muscular poderia contrair. No entanto, isso só funciona se o tecido de colágeno tensionado tiver uma alta capacidade de armazenamento de elasticidade. Imagine um arqueiro tentando atirar com um arco feito de concreto e uma corda não elástica.

FREQUÊNCIA DE RESSONÂNCIA: COMPRIMENTO E RIGIDEZ COMO FATORES CRUCIAIS

Para entender a retração fascial, tente fazer um teste com um peso suspenso em um elástico ou mola de aço inoxidável (ver Fig. 10.2). Com os olhos abertos ou fechados, após alguns ciclos a maioria das pessoas descobre de modo intuitivo a melhor frequência de ressonância do sistema. Em geral, isso é alcançado quando se encontra um ritmo no qual uma pequena ação de elevação do dedo de sustentação, iniciando-se apenas uma fração de segundo antes do ponto de virada, aumenta a carga de alongamento da mola elástica. O interessante é que em um sistema completamente elástico, a frequência de ressonância ideal depende de dois fatores principais: (1) o comprimento do elemento oscilante e (2) a rigidez dos tecidos tensionados. Ao tentar dançar ou saltar na areia molhada, a maioria das pessoas perceberá que uma música mais lenta é mais adequada, enquanto um ritmo mais rápido tende a se adequar à dança descalça com a parte dianteira dos pés em uma pista de dança dura com músculos da panturrilha contraídos de modo mais tenso.

Para movimentos rítmicos que envolvem deixar o solo com os dois pés por um tempo, como correr, pular em um pé só, saltar etc., ritmos entre 150-170 batimentos por minuto (bpm) geralmente funcionam melhor. Ao tentar encontrar músicas para sustentar movimentos de balanço e saltos sem esforço que não envolvam

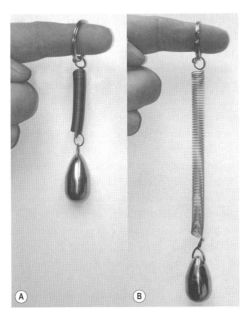

Figura 10.2 A e B Experimentação com propriedades de retração elástica.
Ao encontrar a frequência de ressonância ideal de um sistema de oscilação elástica, um pequeno movimento de um dedo, aplicado de modo repetitivo (possivelmente com menos de 1 mm de amplitude), pode dar a contribuição muscular suficiente para alcançar um grande movimento de balanço harmônico. (Fotos cortesia de fascialnet.com.)

Tabela 10.1 Frequências ressonantes de diferentes atividades humanas de movimento rítmico

Atividade rítmica		BPM
Caminhar		**100-135**
	Marcha pedestre lenta	100-120
	Caminhada rápida	120-135
Dança livre		**120-155**
	Movimentos de balanço/oscilação	120-130
	Saltos (dobrar os joelhos etc.)	130-140
	Pular em um pé só/saltar	140-155
Corrida		**150-170**
	Corrida lenta (6-8 km/h)	150-158
	Corrida de velocidade média (8-10 km/h)	158-163
	Corrida de velocidade alta (10-15 km/h)	163-170

Observe que os movimentos de oscilação, que envolvem a dinâmica de pêndulo movido pela gravidade, geralmente não envolvem as propriedades de alongamento de retração elástica dos tecidos fasciais. Embora ofereçam outros benefícios, não devem, portanto, ser considerados como um treinamento específico de elasticidade fascial.

deixar o chão, a maioria das pessoas acha que um ritmo mais lento, entre 120-140 bpm, é excelente (Tab. 10.1). Mas o que você faz se a música é muito lenta ou muito rápida? Excluindo opções como escolher apenas cada segunda batida, pode funcionar alterar o comprimento da parte oscilante do corpo e/ou adaptar a rigidez dos tecidos fasciais carregados por meio do aumento ou diminuição do tônus ativo de algumas das partes dos músculos ligados.

O PULO DO CANGURU CONTRA O PULO DO SAPO

Em movimentos elasticamente oscilantes, como o pulo dos cangurus, a produção de energia dos músculos envolvidos tem como principal preocupação a estimulação do melhor ritmo. Isso é comparável aos movimentos da batuta de um maestro ou aos bastões de um esquiador de slalom. Portanto, não surpreende que os músculos envolvidos quando um canguru pula gerem a mesma força em todas as velocidades (Kram e Dawson, 1998). Da mesma forma, um estudo analisando a marcha de mulheres das tribos africanas luo e kikuyu, carregando cargas de até 20% de seu peso corporal sobre suas cabeças, descobriu que seu consumo de oxigênio era em grande parte independente do peso, desde que pudessem caminhar a uma velocidade confortável para elas. Quando soldados britânicos bem treinados foram examinados, carregando até 20% de seu peso corporal em suas mochilas, seu consumo de energia aumentava proporcionalmente ao peso transportado. O interessante é que, quando se pediu às mulheres africanas que caminhassem a um ritmo desconfortável, ou mais rápido ou mais lento, elas exibiam o mesmo padrão dependente de peso (e provavelmente mais orientado aos músculos) em seu gasto de energia, assim como os soldados (Alexander, 1986; Zorn e Hodeck, 2011) (Cap. 17).

Em comparação com esses movimentos ritmicamente oscilantes, uma orquestração diferente entre os músculos e as propriedades do tecido elástico está em ação durante os movimentos explosivos individuais. Por exemplo, quando um sapo salta, às vezes até 10 metros, também utiliza as propriedades de retração elástica das fáscias dos membros inferiores. No entanto, aqui a velocidade de contração das fibras musculares é de importância primordial. A orquestração entre a dinâmica muscular contrátil e a dinâmica de retração dos tecidos colagenosos é semelhante a lançar uma longa vara elástica de pesca. Um movimento muscular rápido começa então a exercer uma forte força de tração no membro distal, assim como nos tecidos colagenosos relacionados. Embora, inicialmente, parte dessa força pareça "perdida" na maleabilidade elástica dos tendões e aponeuroses, esses tecidos subsequentemente liberam a energia muscular armazenada por meio de um movimento de aceleração rápida, cuja velocidade supera em muito a velocidade potencial de contração muscular máxima. Note que, em tais movimentos "singulares", uma sensação de ritmo ou frequências ressonantes não está tão crucialmente envolvida como nos movimentos rítmicos oscilatórios. Além disso, a magnitude da contração muscular inicial é de grande importância: quanto mais rápido e fortemente os músculos começarem a se contrair, mais poderosa será a ação de retração elástica resultante dos tecidos fasciais.

É claro que várias combinações complexas podem existir entre esses dois extremos. Por exemplo, foi mostrado que jogar uma bola de beisebol ou um dardo exerce velocidades de aceleração que ultrapassam de maneira significativa as de todos os outros primatas (Rouch et al., 2013). Isso é em parte conseguido por um movimento muscular de "alongar para trás" (ou seja, na direção oposta ao movimento de arremesso intencionado), no qual a energia cinética é armazenada em várias membranas e tendões colagenosos. Essa fase inicial simula algumas das dinâmicas de canguru saltitantes, exploradas anteriormente, nas quais uma sensação de ritmo e frequências ressonantes desempenham papéis importantes. A fase subsequente, que consiste em um movimento de balanço para a frente, utiliza então uma dinâmica de armazenamento e liberação semelhante à encontrada no poderoso salto do sapo.

PLIOMETRIA: DOIS MECANISMOS DIFERENTES

Para atletas competitivos, o treinamento pliométrico é considerado ultrapassado. O campo da pliometria (Cap. 22), também conhecido como treinamento de salto, foi introduzido pela primeira vez na cena esportiva ocidental no início dos anos 1980. Ele envolve rotinas de treinamento que movem o comprimento total de um "complexo de tendões musculares" de um estado de extensão para um estado curto de forma rápida ou "explosiva", como em saltos repetitivos. Isso também é chamado de "ciclo de alongamento e encurtamento". Demonstrou-se que a contração excêntrica das fibras musculares envolvidas durante a fase inicial de alongamento tem um papel essencial: quanto mais rápidas e poderosas forem essas contrações excêntricas preparatórias, mais força será exercida na fase final subsequente de contração. O treinamento de pliometria demonstrou aumentar a altura do salto, bem como muitos outros resultados de desempenho atlético (Fig. 10.3).

A explicação geral para o mecanismo proposto é uma combinação de dois fatores: (1) uma mudança nas propriedades mecânicas, aqui entendidas como um processo de armazenamento de energia elástica por recolhimento dentro da unidade músculo-tendão; e (2) uma otimização das propriedades neurais na forma de um reflexo de estiramento aumentado e a resultante ativação de um número maior de unidades motoras dentro dos feixes de fibras musculares envolvidos (Kubo et al., 2007). Embora não estivesse claro até que ponto cada um desses mecanismos muito diferentes está envolvido no resultado total, a maioria dos autores e atletas considerou a orquestração neuromuscular melhorada e o suposto aumento da potência de contração miogênica como a atividade dominante. Em contraste, a utilização proposta de armazenamento biomecânico passivo e de propriedades de liberação foi considerada como desempenhando um "papel de apoio" secundário, em comparação com o componente de contração muscular ativa.

A tecnologia moderna de ultrassom permitiu que uma equipe de cientistas esportivos franceses investigasse a proporção relativa desses dois mecanismos (Fouré et al., 2011). Medindo mudanças de comprimento nos músculos

Figura 10.3
O treinamento pliométrico, se feito de maneira adequada, pode aumentar a altura do salto e induzir uma remodelação gradual dos tecidos tendinosos rumo a uma maior capacidade de armazenamento cinético. As investigações mais recentes revelaram que a melhora no desempenho acompanha uma ativação muscular "mais demorada" em saltadores treinados, juntamente com o uso aumentado de propriedades de retração elástica passiva (Fouré, 2011). (Foto: ©iStock.com/jason_v.)

tríceps sural e no tendão do calcâneo, eles observaram que o treinamento pliométrico, consistindo em 34 sessões de uma hora ao longo de 14 semanas, resultou em um *aumento* na utilização das propriedades passivas do tecido e em uma *diminuição* da utilização de elementos musculares contráteis ativos. Após esse processo de treino sistemático, o aumento da aceleração e do desempenho de salto foi acompanhado por mais fibras musculares "preguiçosas" durante a fase de encurtamento, mas com uma maior propriedade de "retração elástica passiva" dos elementos carregados como uma mola dentro da unidade músculo-tendão.

Se o mecanismo de armazenamento-liberação está ocorrendo "em algum lugar" dentro do complexo total de tendões musculares, então vale a pena explorar esta questão: isso ocorre principalmente nos elementos colagenosos (tendão, epimísio e tecidos conjuntivos intramusculares), ou também ocorre nas próprias fibras musculares? As fibras musculares são compostas de miofibrilas tubulares menores, cuja unidade funcional básica é denominada sarcômero. Vários sarcômeros dispostos em série constituem uma miofibrila. Os candidatos mais atraentes para o armazenamento de energia elástica dentro dos sarcômeros são as proteínas titinas (Linke, 2000). Estas são as maiores proteínas conhecidas no corpo humano e formam um terceiro sistema de filamentos descoberto mais recentemente dentro de um sarcômero, além dos filamentos espessos (sobretudo a miosina) e finos (sobretudo a actina) já conhecidos. Embora essas proteínas únicas sejam capazes de propriedades de retração elástica impressionantes, sua contribuição para o ciclo de alongamento e encurtamento em movimentos simples de aceleração rápida, como saltos ou arremessos, constituiu-se em uma questão controversa. No entanto, um exame detalhado com miofibras isoladas de sapos revelou que o poder de retração elástica potencial dessas proteínas titinas tende a ser consideravelmente atenuado por outras dinâmicas de contração intramuscular. Elas podem, portanto, ser impedidas de contribuir para as propriedades de retração elástica de maneira significativa. Os pesquisadores concluíram que a retração elástica da titina é capaz de suportar o encurtamento muscular ativo somente sob baixa carga ou durante o encurtamento prolongado dos maiores comprimentos fisiológicos dos sarcômeros (Minajeva, 2002). Em outras palavras, com as altas cargas aplicadas durante a maioria das rotinas de treinamento pliométrico, os elementos da titina intramusculares parecem desempenhar apenas um papel menor na dinâmica de retração passiva do complexo músculo-tendão total. Embora as conclusões sugeridas por esse estudo em animais precisem ser validadas com pesquisas mais detalhadas, incluindo tecidos musculoesqueléticos humanos, esses resultados atuais sugerem que os tecidos colagenosos (i. e., fasciais) estão, provavelmente, fornecendo o principal mecanismo de armazenamento e liberação de energia que é sinônimo do aumento do desempenho atlético obtido com o treinamento físico pliométrico.

Mas e quanto à contribuição potencial dos elementos da titina intramuscular para os movimentos de retração oscilatórios rítmicos, como no salto do canguru e na corrida humana? Aqui, as mudanças de comprimento dos tecidos miofasciais afetados envolvem apenas pequenas alterações de comprimento dentro dos sarcômeros musculares, em contraste com os elementos tendinosos colagenosos (Fig. 10.1). Uma vez que os elementos de titina estão embutidos nos sarcômeros, isso sugere claramente que a maior parte da dinâmica de retração elástica em tais movimentos é alcançada dentro dos elementos colagenosos, e não dentro dos componentes de titina muscular. Em outras palavras: o treinamento das capacidades de armazenamento de elasticidade, seja em movimentos únicos, como arremessos, ou em movimentos oscilatórios, como a corrida, envolve principalmente um aumento de propriedades elásticas colagenosas, em vez de adaptações sarcoméricas intramusculares.

RESUMO CLÍNICO

- Os tecidos fasciais são capazes de armazenar e liberar energia cinética semelhante a uma mola elástica.
- Embora esse "mecanismo de catapulta" tenha sido examinado pela primeira vez de forma detalhada em cangurus australianos, pesquisas subsequentes revelaram que ele também desempenha um papel importante nos movimentos oscilatórios humanos, como correr, pular ou andar.
- Como foi examinado na marcha energeticamente eficiente de algumas mulheres africanas, há diferenças interindividuais significativas no que diz respeito a quanto esse mecanismo de retração elástica é utilizado.
- O treinamento adequado pode aumentar a capacidade de utilizar menos energia muscular e mais elasticidade fascial em movimentos rápidos de aceleração.
- Um fator-chave na orquestração é a cronometragem adequada: a correspondência precisa das ativações musculares com a frequência de ressonância do sistema de oscilação.

Referências bibliográficas

Alexander, R.M. (1986) Human energetics: Making headway in Africa. *Nature.* 319: 623–624.
Alexander, R.M. (1991) Elastic mechanisms in primate locomotion. *Z Morphol Anthropol.* 78(3): 315–320.
Fouré, A., Nordez, A., McNair P.J. & Cornu, C. (2011) Effects of plyometric training on both active and passive parts of the plantarflexors series elastic component stiffness of muscle–tendon complex. *Eur J Appl Physiol.* 111: 539–548.
Kawakami, Y., Muraoka, T., Ito, S., Kanehisa, H. & Fukunaga, T. (2002) In vivo muscle fibre behaviour during countermovement exercise in humans reveals a significant role for tendon elasticity. *J Physiol.* 540: 635–646.
Kubo, K., Morimoto, M., Komuro, T. et al. (2007) Effects of plyometric and weight training on muscle-tendon complex and jump performance. *Med Sci Sports Exerc* 39: 1801–1810.
Kram, R. & Dawson, T.J. (1998) Energetics and bio mechanics of locomotion by red kangaroos (Macropus rufus). *Comparat Biochem Physiol.* B120: 41–49.
Linke, W.A. (2000) Titin elasticity in the context of the sarcomere: force and extensibility measurements on single myofibrils. *Adv Exp Med Biol.* 481: 179–202.
Minajeva, A., Neagoe, C., Kulke, M. & Linke, W.A. (2002) Titin-based contribution to shortening velocity of rabbit skeletal myofibrils. *J Physiol.* 540 (Pt 1): 177–188.
Roach, N.T., Venkadesan, M., Rainbow, M.J. & Lieberman. D.E. (2013) Elastic energy storage in the shoulder

and the evolution of high-speed throwing in Homo. *Nature* 498(7455): 483–486.

Sawicki, G.S., Lewis, C.L. & Ferris, D.P. (2009) It pays to have a spring in your step. *Exercise Sport Sci R.* 37: 130–138.

Zorn, A. & Hodeck, K. (2011) Walk with elastic fascia. In: Erik Dalton: *Dynamic body – Exploring form, expanding function.* Freedom From Pain Institute, Oklahoma. 96–123.

Seção II

Aplicação clínica

11
Treinamento da fáscia

Robert Schleip e Divo Müller

COMO DESENVOLVER UM CORPO FASCIAL JOVEM E RESILIENTE

Os movimentos elegantes de um dançarino, o desempenho impressionante de um artista de circo, o poderoso chute de um astro do futebol não são apenas uma questão de força muscular, boa condição cardiovascular, coordenação neuromuscular (Jenkins, 2005) e boa sorte na genética. De acordo com as descobertas no campo internacional da pesquisa de fáscia, os tecidos conjuntivos musculares, chamados miofáscias, têm mais significado para "um corpo em movimento" do que se considerava décadas atrás. Resultados de pesquisas recentes comprovam que a rede fascial de todo o corpo desempenha um papel significativo na transmissão de força, hidratação (dinâmica de fluidos) e propriocepção (Cap. 4).

Um treinamento específico, com foco na questão de como desenvolver um corpo fascial forte e flexível, pode ser de grande importância para atletas, dançarinos, estudantes de artes marciais e defensores do movimento somático orientado. O corpo fascial ideal é elástico e resiliente, e pode, portanto, ser convocado a responder de forma eficaz a uma variedade de desafios e circunstâncias, proporcionando, assim, um alto grau de prevenção de lesões (Kjaer et al., 2009) (Cap. 5).

Este capítulo concentra-se principalmente em um aspecto específico do treinamento fascial: a capacidade de retração elástica dos tecidos colagenosos. Explora a questão de como estimular os fibroblastos a depositar novas fibras de colágeno em uma arquitetura de rede saudável e jovem. Os fundamentos fisiológicos e biomecânicos que embasam os princípios de treinamento que se seguem estão descritos nos Capítulos 1 e 10.

APLICAÇÃO PRÁTICA DO TREINAMENTO DA FÁSCIA PARA MELHORAR A RETRAÇÃO ELÁSTICA

1. Contramovimento preparatório

Para aumentar a dinâmica da retração elástica e o efeito catapulta, o movimento é iniciado primeiramente com um pré-tensionamento na direção oposta, seguido pelo movimento em si. Uma metáfora adequada seria o arqueiro que puxa o tendão de seu arco na direção oposta antes de disparar a flecha na direção desejada. Não teria sentido ou eficácia comparável aplicar o esforço muscular em empurrar a flecha para a frente (Cap. 10).

Balanço de perna frontal

De pé com os pés afastados na largura dos quadris, mude o peso para uma perna (Fig. 11.1A e B). No começo, para ajudar no equilíbrio, segure-se nas costas de uma cadeira. Para progredir, uma vez que o movimento seja familiar

Figura 11.1 A e B   Balanço da perna.
A A perna é primeiro estendida para trás de tal maneira que um pré-alongamento é criado na frente.
B A tensão armazenada é então liberada, e, de repente, a perna é acelerada para a frente como um pêndulo em balanço.

e fluente, você poderá posteriormente remover o auxílio de equilíbrio:

- Comece com balanços suaves da perna livre, balançando para a frente e para trás, como um pêndulo. Nesse movimento de balanço, a energia cinética é armazenada e liberada ritmicamente; no entanto, o armazenamento de energia cinética ocorre na relação espacial do peso oscilante em direção à gravidade, enquanto os tecidos fasciais não estão, ou ainda não estão, alongados e sobrecarregados.
- Aumente a carga alongando-se previamente de forma deliberada na direção oposta (para trás), e em seguida libere a energia armazenada por meio do balanço frontal. Aqui, a energia cinética também é armazenada e liberada, embora dessa vez o armazenamento envolva um alongamento elástico (extensão) de tecidos colagenosos dentro do corpo.
- Para aumentar ainda mais o "efeito catapulta", inicie o balanço frontal da perna proximalmente, a partir do púbis ou esterno, imediatamente seguido da extremidade distal, através da perna e do pé pré-alongados.
- Para carregar os tecidos de forma ainda mais eficaz e melhorar o refinamento proprioceptivo, use pesos no tornozelo.

Efeitos fasciais: os movimentos de balanço de perna frontal são ideais para aumentar a elasticidade de flexores do quadril curtos e alongar os posteriores da coxa.

2. O princípio ninja

Esse princípio usa a metáfora dos lendários guerreiros japoneses, que supostamente se moviam tão silenciosamente como os gatos, sem deixar vestígios. Ao envolver elementos fasciais em movimentos "saltitantes", como pular, correr ou dançar, a qualidade do movimento deve ser tão suave e silenciosa quanto possível. Uma mudança de direção é precedida por uma desaceleração gradual do movimento antes do ponto de virada e uma aceleração gradual depois. Qualquer movimento brusco, espasmódico ou barulhento seria prejudicial. Os benefícios sentidos podem ser uma percepção de movimento fluido, elegante e eficaz, como um gato em um salto dinâmico ou em perseguição durante a caça.

Treinamento fascial diário: treino na escada

Subir e descer escadas pode se tornar um treinamento de retração fascial instantâneo, quando o princípio ninja é aplicado. Sugere-se uma variação de saltos leves nos passos, com o objetivo de fazer o mínimo de ruído possível. O "parâmetro sem som" fornece um *feedback* útil para acionar a flexibilidade fascial: quanto mais silencioso e suave, melhor. Treinar a fáscia subindo e descendo escadas seria ainda mais benéfico ao usar a planta do pé "descalço" em contato com o chão (Cap. 18).

Treinamento da fáscia: exercício de retração elástica básico – espada voadora

O exercício de treinamento da fáscia chamado "espada voadora" é um dos principais exercícios para treinar a retração elástica, especialmente na fáscia lombodorsal. Iniciantes começam com as etapas 1-3, adotando posteriormente os aspectos mais refinados apresentados nas etapas 4 e 5, uma vez que as etapas anteriores já tenham sido dominadas. O mais importante é a orquestração do movimento, sem esforço ou tensão muscular e realizado de modo perfeito: rápido, fluido e poderoso.

TRÊS ETAPAS BÁSICAS PARA MELHORAR A RETRAÇÃO ELÁSTICA

1. Contramovimento preparatório.
2. Iniciação proximal do movimento da força.
3. Atraso sequencial das partes do corpo mais distais ao seguir esse movimento.

Equipamento: peso, haltere, *kettlebell*, haltere de balanço.

Fique em pé com os pés um pouco mais afastados do que a largura dos quadris, para que o peso possa ser movido facilmente entre os joelhos.

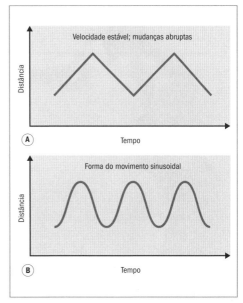

Figura 11.2 A e B Qualidade de movimento na mudança de direção: curvas espasmódicas *versus* curvas elegantes.

Quando um movimento dinâmico do membro superior (p. ex., para a frente e para trás) é realizado com falta de refinamento proprioceptivo, a tendência é usar giros repentinos e provocar padrões de carga abruptos (ver gráfico superior). Em contraste, quando os mesmos movimentos são conduzidos com uma busca interna por elegância, então pode ser observada uma mudança direcional do movimento mais sinusoidal, que se caracteriza por uma desaceleração gradual antes do ponto de virada, seguida por uma aceleração gradual subsequente. Nesse padrão, os tecidos carregados são menos suscetíveis a lesões e os movimentos parecem fluidos e graciosos.

Passo 1: contramovimento preparatório

Segure o peso com as duas mãos e levante os braços acima da cabeça. O pré-tensionamento é conseguido quando você dobra o eixo do corpo ligeiramente para trás e o estende em um alongamento para cima ao mesmo tempo (Fig. 11.3A). Isso aumenta a tensão elástica na parte anterior da "roupa fascial" do corpo.

Traga o peso para baixo, liberando a pré--tensão através do tronco e dos membros superiores. Isso permite que eles projetem-se para a frente e para baixo como uma catapulta, permi-

Figura 11.3 A, B e C Espada voadora.
A O princípio do contramovimento preparatório é uma forma efetiva de carregar os tecidos fasciais, antes de executar o movimento em si na direção desejada. Por exemplo, nesse exercício foi iniciado o movimento com um pré-alongamento na direção oposta, ligeiramente com inclinação para trás.
B Liberação para baixo: a energia armazenada nos tecidos conjuntivos permite a realização do movimento de forma dinâmica e eficiente. Nessa fase, "voa-se" para baixo, praticamente sem esforço muscular, mas contando com a capacidade da fáscia de armazenar e liberar a energia cinética.
C No ponto de virada: puxar o peso e o tronco ligeiramente mais para trás no contramovimento preparatório. Para aumentar o efeito catapulta e a carga da fáscia do dorso, ativar brevemente os músculos flexores na parte frontal do corpo antes de liberar a energia armazenada ao "voar" para a posição inicial.

tindo que o peso "voe" como uma espada entre os joelhos (Fig. 11.3B e 11.3C).

Então inverta esse processo. Aqui, a capacidade de catapulta da fáscia é ativada por um pré-tensionamento ativo da fáscia posterior, direcionando o peso bem para trás. Antes de se mover da posição de flexão para a frente, os músculos flexores na frente do corpo são ativados por um breve momento. Isso puxa o corpo por um momento ainda mais para trás e para baixo e, ao mesmo tempo, a fáscia na parte de trás do corpo é carregada com maior tensão. A energia cinética, que é armazenada no lado posterior da rede fascial, é liberada dinamicamente por meio de um efeito de retração passiva quando a parte superior do dorso voa de volta para a posição vertical original.

Ritmo é isso

Uma sensação de ritmo é necessária para garantir que o indivíduo não esteja contando com o trabalho muscular dos músculos das costas, mas sim com a atividade dinâmica de retração da fáscia, além do contramovimento preparatório. Isso é semelhante ao *timing* necessário ao jogar com um ioiô. Se o ritmo inerente é atingido, ele oscila com facilidade e fluxo, quase sem esforço (Cap. 10).

Passo 2: iniciação proximal para executar o movimento em si

A partir da posição pré-tensionada de flexão para trás, o movimento para a frente é iniciado por uma tração proximal do esterno seguido pelas partes distais do corpo (Fig. 11.4). Nesse exercício, o esterno ou o púbis iniciam a liberação para a frente e para baixo.

Passo 3: o atraso sequencial de partes do corpo mais distais ao seguir esse movimento

A iniciação proximal do segundo passo é imediatamente seguida por um atraso sequencial das partes do corpo mais distais. Nesse exercício, os membros superiores e as mãos que seguram o peso seguem atrás e criam um movimento semelhante a uma "onda". Utilizando a iniciação proximal e o atraso sequencial das partes distais, a pré-tensão do corpo é aumentada ainda mais e a potência dinâmica e a aceleração são ampliadas.

Dois passos avançados para melhorar a retração elástica

Após ter dominado esses passos básicos em um exercício de movimento de retração, adicione estes dois passos mais avançados para refinar a orquestração dos movimentos. Os dois passos seguintes são praticados imediatamente antes dos três passos básicos descritos anteriormente:

Passo 1 avançado: aumento da percepção sensorial – refinamento proprioceptivo

Uma das grandes surpresas nas descobertas recentes sobre a fáscia é que ela contém um rico suprimento de nervos sensoriais, incluindo receptores proprioceptivos, receptores multimodais e terminações nervosas nociceptivas. Isso significa que a fáscia é viva (Cap. 4).

Descobertas recentes indicam que as camadas fasciais superficiais do corpo são, de fato, muito mais densamente povoadas com terminações nervosas sensoriais do que os tecidos conjuntivos situados internamente (Benetazzo et al., 2011) (Tesarz et al., 2011). Em particular, a zona de transição entre a fáscia profunda e o tecido conjuntivo frouxo subdérmico parece ter a maior inervação sensorial (Tesarz et al., 2011). A rede de tecido conjuntivo ao longo do corpo é, por certo, o nosso órgão de propriocepção mais importante (Schleip, 2003).

Por muito tempo, a propriocepção compartilhou uma história semelhante à da fáscia, e na virada para o século XXI foi redescoberta como nosso principal sentido de movimento. Em um treinamento de movimento, existem várias maneiras de treinar e estimular o refinamento sensorial ou proprioceptivo. Formas comuns e eficazes *anteriores* ao movimento em si incluem esfregar, bater, rolar, escovar ou colocar banda-

Figura 11.4 Iniciação proximal e atraso distal.
Para aumentar o efeito catapulta e seu poder em ação, iniciamos o movimento pela tração proximal do esterno, seguida por um atraso distal da parte superior do corpo (nesse exemplo pelos membros superiores e mãos), criando um movimento fluido semelhante ao de um chicote e aumentando, assim, a catapulta e seu poderoso efeito.

gem funcional em partes específicas do corpo para estimular os receptores das camadas fasciais superficiais.

Em uma preparação mais refinada, podem ser usados a atenção plena e os benefícios do foco de atenção consciente (Moseley et al., 2008). Por exemplo, concentrando-se na onda expansiva natural da inalação para expandir-se a partir de dentro para o espaço circundante ou sentindo o menor toque do ar na pele (Cap. 4).

Passo 2 avançado: expansão da tensegridade

A tensegridade (Cap. 1) e o papel essencial que as membranas fasciais desempenham no bem-estar estrutural do corpo são usados nesse princípio. *Antes* de entrarmos em ação, primeiro nos engajamos em uma ampla expansão espacial de 360° por todo o corpo. Isso pode ser conseguido por meio de um pré-tensionamento da fáscia superficial completa que envolve o corpo como um todo. No treinamento da fáscia, descrevemos isso como "tensionar a pele do tigre". Descobertas recentes mostram que esse tipo de pré-tensão "tensegral" é um substituto para uma "pose de poder" conhecida do reino animal. Isso tem efeitos positivos instantâneos, reduzindo os níveis de estresse endócrino (Carney et al., 2010).

No exercício de espada voadora, isso seria "criado" ao concentrar a atenção nos "polos" do corpo, envolvendo um ligeiro movimento bidirecional, da cabeça aos pés. Em termos fasciais, desde a fáscia plantar até a aponeurose epicrânica, bem como um alargamento da frente para trás. O mesmo tipo de atenção é acrescentado enquanto se dobra para trás, para carregar a cadeia fascial da frente. Aqui, a expansão da tensegridade entre as vértebras é aumentada para evitar qualquer deformação e, portanto, as tensões cervicais ou lombares.

Alongamento fascial

No treinamento da fáscia, são usadas tanto as aplicações dinâmicas como as de alongamento lento. Em vez de alongar grupos musculares isolados, o objetivo é encontrar movimentos corporais que envolvam as cadeias miofasciais mais longas possíveis (Cap 6). Nos alongamentos mais lentos, isso não é feito esperando passivamente, como em uma clássica postura Hatha de alongamento na yoga, ou em um alongamento muscular convencional. Como a maior parte da rede fascial humana é composta de lâminas membranosas, em vez de faixas estreitas e longas, variações angulares multidirecionais são exploradas com frequência durante o alongamento. Isso pode incluir variações de movimentos laterais ou diagonais, bem como rotações em espiral. Com esse método, grandes áreas da rede fascial são envolvidas simultaneamente.

A variação do alongamento dinâmico pode ser familiar para muitos leitores, pois fazia parte da educação física na primeira metade do século XX. Durante as últimas décadas, esses saltos alongados no geral foram considerados prejudiciais ao tecido, mas pesquisas mais contemporâneas confirmaram os méritos do método. Embora o alongamento imediatamente antes do desempenho atlético (p. ex., cinco minutos antes de uma corrida competitiva) possa ser prejudicial (Cap. 9), o uso regular e prolongado de tal alongamento dinâmico, quando corretamente realizado, pode influenciar positivamente a arquitetura do tecido conjuntivo, que se torna mais elástico (Decoster et al., 2005). Para o alongamento dinâmico, os músculos e tecidos devem ser aquecidos primeiro, e quaisquer movimentos espasmódicos ou abruptos devem ser evitados. Os princípios de retração elástica anteriormente mencionados podem ser aplicados com frequência, incluindo o refinamento proprioceptivo, usando uma desaceleração sinusoidal e o contramovimento preparatório.

Quando as miofibrilas alongadas estão em uma condição relaxada, uma abordagem de alongamento lento é suficiente para atingir muitos tecidos fasciais intramusculares. No entanto, não atinge os tecidos tendinosos, uma vez que eles estão dispostos em série com a miofibra relaxada e macia (ver Fig. 11.5C). A fim de estimular esses tecidos tendinosos e aponeuróticos,

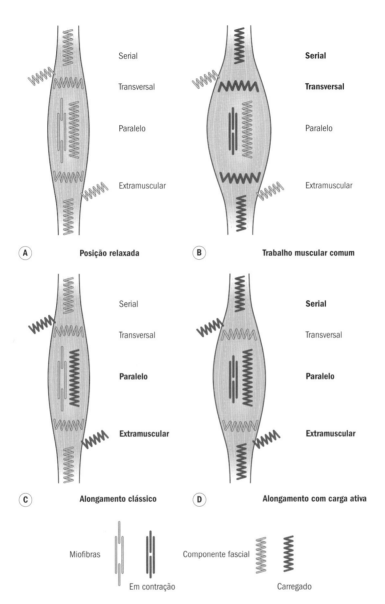

Figura 11.5 Carregamento de componentes fasciais diferentes.

A Músculo em posição de relaxamento: o tecido muscular está no comprimento normal e as miofibras estão relaxadas. Nenhum dos elementos fasciais está sendo alongado.

B Trabalho muscular habitual: as miofibras estão ativamente contraídas enquanto o músculo está na amplitude de comprimento normal. Estão sobrecarregados os tecidos fasciais que são dispostos em série com as miofibras, ou são transversais a elas.

C Alongamento clássico: o músculo é alongado e suas miofibras contráteis são relaxadas. Os tecidos fasciais estão sendo mantidos alongados e orientados paralelamente às miofibras, assim como as conexões extramusculares. Contudo, os tecidos fasciais orientados em série com as miofibras não estão suficientemente carregados, uma vez que a maior parte do alongamento nessa cadeia de força, disposta em série, é absorvida pelas miofibras relaxadas.

D Alongamento com carga ativa: o músculo é ativado em posições de longo alcance. A maioria dos componentes fasciais está sendo alongada e estimulada nesse padrão de carga. Note que existem várias misturas e combinações entre os quatro diferentes componentes fasciais. Portanto, essa abstração simplificada serve apenas como orientação básica.

recomenda-se a movimentação dinâmica com movimentos mais elásticos, semelhantes aos movimentos elegantes e fluidos de extensão dos ginastas rítmicos. Os mesmos tecidos também podem ser alvos de ativação muscular (p. ex., contra a resistência) em uma posição alongada, semelhante à de um gato que às vezes gosta de puxar suas garras dianteiras na direção do tronco quando se alonga (Fig. 11.5D). Finalmente, os chamados "minibalanceios" também podem ser empregados como explorações suaves e divertidas na posição alongada.

Diretrizes de treinamento da fáscia

Uma das principais intenções de um treinamento orientado para o tecido conjuntivo é influenciar a remodelação da matriz por meio de atividades de treinamento específicas que podem, após 6-24 meses, resultar em uma "trama corporal" mais resiliente, "semelhante a uma seda". Isso cria uma rede fibrosa forte e elástica que é ao mesmo tempo flexível, permitindo uma mobilidade suave das articulações deslizantes em várias amplitudes angulares. Estão listadas a seguir algumas diretrizes de treinamento da fáscia para auxiliar na busca por melhores resultados.

Carga baixa

A inclusão do rebote fascial e longas cadeias miofasciais desencadeia com frequência uma sensação estimulante e lúdica de diversão e aventura. No entanto, se não for controlado, também pode causar lesões mais frequentes do que o treinamento muscular padrão que apresenta repetições monótonas. Comece com cargas e repetições bem menores do que o habitual. Aumente a carga somente se um senso de elegância puder ser mantido, particularmente durante a fase de recuperação elástica.

Baixa frequência

O exame da renovação do colágeno em um tendão após o exercício mostrou que a síntese de colágeno é, de fato, aumentada após o exercício. Contudo, ao mesmo tempo, os fibroblastos também quebram colágeno. Além disso, de 24-48 horas após o exercício, a degradação do colágeno é maior do que a síntese de colágeno. A partir de 48 horas essa situação é invertida. Portanto, sugere-se que essa adequada estimulação tecidual ocorra apenas uma a duas vezes por semana (Magnusson et al., 2010) (Cap. 1).

Efeito de longa duração

Em contraste com o treinamento de força muscular, no qual grandes ganhos ocorrem rapidamente em apenas algumas semanas, a renovação da fáscia é muito mais lenta (Cap 1). Portanto, as melhoras durante as primeiras semanas podem ser pequenas e menos óbvias do lado de fora. Geralmente, leva de 3-9 meses para ver os efeitos do remodelamento do tecido do lado de fora, bem como "senti-los" na palpação. No treinamento muscular, um patamar é alcançado de forma relativamente rápida, sendo difícil obter ganhos adicionais. No entanto, as melhorias fasciais têm um efeito cumulativo e não serão perdidas de maneira tão rápida (p. ex., quando o treinamento é interrompido por razões de saúde ou de trabalho) e são, portanto, de uma qualidade mais sustentável (Kjaer et al., 2009) (Cap. 5). Espera-se definitivamente que a aplicação regular durante dois ou três anos produza melhorias duradouras nos tecidos, sob a forma de uma força e elasticidade melhoradas da rede fascial global.

RESUMO CLÍNICO

O treinamento da fáscia não busca competir com o treinamento neuromuscular ou cardiovascular, que podem ter efeitos de saúde muito importantes e não viáveis somente com treinamento fascial. Pelo contrário, o treinamento fascial é sugerido como uma adição esporádica ou mais regular ao treinamento de movimento abrangente. Ele promete levar à remodelação da rede fascial do corpo inteiro, de tal maneira que ela possa trabalhar com maior eficácia e refinamento em termos de sua capacidade de armazenamento cinético, e também como um órgão sensorial para propriocepção.

Mais pesquisas são necessárias para validar se, de fato, a remodelação da rede fascial do corpo cumpre sua promessa básica de maior proteção contra lesões por esforços repetitivos em medicina esportiva.

Referências bibliográficas

Benetazzo, L., Bizzego, A., De Caro, R., Frigo, G., Guidolin, D. & Stecco, C. (2011). 3D reconstruction of the crural and thoracolumbarfasciae. *Surg Radio Anat.* 33: 855–862.

Carney, D.R., Cuddy, A.J. & Yap, A. (2010). Power posing: brief nonverbal displays affect neuroendocrine levels and risk tolerance. *J Psychol Sci.* Oct; 21(10): 1363–1368.

Decoster, L.C., Cleland, J., Altieri, C. & Russell, P. (2005). The effects of hamstring stretching on range of motion: a systematic literature review. *J Orthopedi Sports Phy Ther.* 35: 377–387.

Jenkins, S. (2005). Sports Science Handbook. In: *The Essential Guide to Kinesiology, Sport & Exercise Science, vol. 1.* Multi-science Publishing Co. Ltd., Essex, UK.

Kjaer, M., Langberg, H., Heinemeier, K., Bayer, M.L., Hansen, M., Holm, L., Doessing, S., Kongsgaard, M., Krogsgaard, M.R. & Magnusson, S.P. (2009). From mechanical loading to collagen synthesis, structural changes and function in human tendon. *Scand J Med Sci Sports* 19: 500–510.

Magnusson, S.P., Langberg, H. & Kjaer, M. (2010). The pathogenesis of tendinopathy: balancing the response to loading. *Nat Rev Rheumatol.* 6: 262–268.

Moseley, G.L., Zalucki, N.M. & Wiech, K. (2008). Tactile discrimination, but not tactile stimulation alone, reduces chronic limb pain. *Pain* 137: 600–608.

Schleip, R. (2003). Fascial plasticity- a new neurobiological explanation. Part 1. *J Bodyw Mov Ther.* 7: 11–19.

Tesarz, J., Hoheisel, U., Wiedenhofer, B. & Mense, S. (2011). Sensory innervation of the thoracolumbar fascia in rats and humans. *Neuroscience* 194: 302–308.

Bibliografia

Bertolucci, L.F. (2011). Pandiculation: nature's way of maintaining the functional integrity of the myofascial system? *J Bodyw Move Ther.* 5: 268–280.

Pollack, G.H. (2001). *Cells, gels and the engines of life. A new, unifying approach to cell function.* Ebner and Sons Publishers, Seattle, Washington.

Schleip R. & Müller D.G. (2013). Training principles for fascial connective tissues: scientific foundation and suggested practical applications. *J Bodyw Mov Ther.* Jan; 17(1): 103–115.

12
Forma fascial na yoga

Joanne Avison

O foco da yoga não é o alongamento (Cap. 9). O foco da yoga é promover o equilíbrio nas relações de comprimento e tensão no corpo. Isso preserva uma das características mais valiosas da matriz fascial: sua elasticidade. O alongamento é apenas um aspecto da promoção da elasticidade. Essencialmente, nós fomos projetados para armazenar a energia potencial de retração (Cap.10). Na prática, nem sempre o alongamento é o caminho para isso.

Certos tipos de corpo, ou histórias de corpo, podem significar que alongar-se para se "encompridar" é a última coisa que algumas pessoas precisam. O tipo de alongamento que simplesmente puxa os tecidos (Richards, 2012) pode ser potencialmente prejudicial em vez de curativo. A yoga e a fáscia são ambas projetadas de uma bela maneira para honrar a capacidade de qualquer pessoa de gerenciar as forças de movimento, não necessariamente *movimentos forçados*.

A verdadeira elasticidade é um dos vários princípios fundamentais da matriz fascial aprimorada de modo profundo pela prática da yoga. É uma relação recíproca, porque a compreensão crescente da rede fascial tensional dá sentido à yoga em todo o seu potencial de saúde e vitalidade. A otimização da integridade tensional dos tecidos e de toda a arquitetura pode ser reduzida pelo excesso de alongamento, assim como o alongamento adequado pode revigorá-la e fortalecê-la.

A EXPERIÊNCIA UNIFICADORA

A yoga não se desenvolveu sob as leis da teoria reducionista cartesiana que dominou a anatomia, a fisiologia, a biomecânica e a psicologia ocidentais durante séculos. Como arte e ciência, ela só se baseou na experiência unificadora da mente, corpo e ser. Sua sabedoria antiga não tinha histórico de tratar esses aspectos de "ser humano" e "fazer humano" de maneira separada.

Reduzir o "fazer humano" às funções e ações dos músculos, ossos, nervos e teorias lineares de alavancas biomecânicas não coaduna com nossa experiência totalmente animada e instintiva no tapete de yoga. As propriedades da fáscia, como uma rede global de tecido tensional sensitivo, dão perfeito sentido a essa experiência.

As posturas (asanas), em toda a sua rica variedade de formas e posições, alcance e dinâmica, são um meio de explorar o equilíbrio e restaurar a energia a esses tecidos, se permanecermos despertos para a sua integridade tensional. Aí reside a *contenção* de energia, a elasticidade natural da complacência e a nossa vitalidade. Mesmo na Postura do Morto (*Shivasana*), o corpo descansa sob tensão. Nós não nos transformamos em uma poça de amebas no tapete quando não estamos nos movendo, nem tomamos a forma das posturas. A yoga, a fáscia e a elasticidade dão um sentido muito prático e palpável um ao outro.

> "Uma característica reconhecida do tecido conjuntivo é sua adaptabilidade impressionante. Quando regularmente submetido a uma tensão fisiológica crescente, ele altera suas propriedades arquitetônicas para atender à demanda crescente."
>
> *Robert Schleip* (2011)

Temos um poder considerável sobre a natureza da demanda que colocamos nos tecidos. Se não colocarmos nenhuma tensão sobre eles, é a demanda por inércia que efetivamente causa sua própria "falta" de padrões de tensão. Isso pode levar a uma exigência de tensionar a rede de tensão, em vez de alongar uma rede relativamente não tensionada. Isso não quer dizer que certos tipos de alongamento não sejam valiosos para todos os corpos. Considere o alongamento instintivo ou a pandiculação (ver alongamento instintivo). Eles são capazes de acordar tecidos sedentários e aliviar os tecidos contraídos. No entanto, isso é diferente do tipo de alongamento pelo qual a yoga costuma ser conhecida.

Algumas práticas de yoga são dedicadas a longas sequências, que se adequam ao desenvolvimento do "*momentum* elástico". No entanto, há uma advertência sob o tema "fasciológico" da integridade tensional. Se uma série dinâmica é repetida em intervalos muito regulares e frequentes, tudo em uma única direção de tensão, por exemplo, a flexão insistente, é provável que tenha um efeito cumulativo que pode custar sua elasticidade em longo prazo, encorajando potencialmente um padrão de tensão particular. No entanto, se for regularmente contrabalançado com uma série que é, por exemplo, de extensão insistente, então esse padrão pode ser equilibrado e mais benéfico. A matriz fascial é um sistema de transmissão de força refinado (Langevin, 2006) e responderá de acordo com as forças colocadas nela.

Figura 12.1 Integridade tensional em movimento e quietude, momento a momento e movimento a movimento. (Modelo: Samira Schmidli, reproduzido com permissão do fotógrafo David Woolley.)

É possível garantir um equilíbrio de forças igualmente refinado para otimizar a capacidade elástica e de retração do corpo (Cap.10), sem sobrecarregá-lo em uma direção específica. Uma vez que entendemos as polaridades envolvidas e a definição de elasticidade, podemos acumular os benefícios de maior resiliência, complacência e efeito carga-mola por todos os nossos sistemas. Isso nos dá equilíbrio momento a momento e movimento a movimento a uma velocidade instintiva e natural.

TRÊS PONTOS-CHAVE

Existem três pontos-chave que contribuem para a compreensão da elasticidade e do alongamento da forma fascial na prática de yoga.

1. **Terminologia:** o que é exatamente elasticidade?
2. **Integridade tensional:** como isso funciona em todo o corpo?

3. **Capacidade de armazenamento de energia:** como é otimizado na prática?

Uma vez que esses pontos estão esclarecidos, podemos começar a ver a base da elasticidade como um atributo valioso de toda a matriz do tecido. Então as vantagens podem ser adequadamente derivadas de todas as variações dos estilos de Hatha Yoga (Ashtanga, Restauradora, Vinyasa Flow, Kria, Iyengar etc).

1. Terminologia

Elasticidade é a capacidade de um material de mudar de forma (deformar-se) sob força externa e de resistir internamente, retornando, assim, à sua forma anterior (reformar-se). É medida como a diferença entre a *rigidez* (resistência à *deformação*) e o retorno elástico (*reformação*).

Um mal-entendido comum na sala de aula parece ser:

A. algo tem de ser feito de elástico para mostrar elasticidade, e
B. quando soltamos um elástico ou um tecido elástico, como quando fica em repouso, nós também estamos modelando nosso corpo em repouso. As duas ideias não são precisas.

A **rigidez** é a *resistência* à deformação, mas as molas rígidas (pense nas peças de um carro) podem ter mais *elasticidade* do que molas mais fracas (pense em um brinquedo de mola helicoidal) porque armazenam mais energia e se recuperam com mais eficiência. Rolamentos rígidos de aço pulam melhor que bolas de borracha (Levin, 2013). Um material não precisa ser feito de elástico para mostrar elasticidade ou ter capacidade de armazenar energia elástica.

Nós descansamos pré-tensionados, ou pré-endurecidos, pelo projeto arquitetônico de nossos ossos e tecidos moles. Nossa "elasticidade" não se refere apenas ao quanto podemos nos alongar. Refere-se à habilidade ou capacidade de restaurar uma mudança de forma. Esse é um equilíbrio adequado entre rigidez (i. e., resistência à deformação) e elasticidade (i. e., a capacidade de recuperar ou restaurar a forma original). Estamos posicionados entre esses extremos *quando estamos relaxados*. Quando assumimos uma postura de yoga, na medida em que podemos executar a forma da postura (deformação), ela é contrabalançada pela capacidade de liberá-la sem imposição. Se forçarmos um alongamento, a capacidade dos tecidos de se restaurarem (recuperação) pode ficar comprometida. A questão é manter um equilíbrio entre esses dois estados, em vez de um foco na flexibilidade máxima por si só (Cap. 9). Contraposições apropriadas e respeito pelo limite elástico convidam a um equilíbrio geral para toda a prática.

Quando você estica um elástico ou tecido, você está medindo sua *rigidez* ou *capacidade de deformação*. Quando você solta a tira elástica, a extensão em que ela restaura imediatamente sua forma original é a medida de sua *elasticidade* ou *capacidade de recuperação*. De fato, nossos tecidos permanecem pré-endurecidos ou pré-tensionados, posicionados para o movimento. Se formos além do limite elástico, o estado é diferente: o da plasticidade.

Plasticidade: além da elasticidade fica um ponto no qual recuperar não é mais possível. O dito "alongamento" é irreversível. O material não retorna mais quando você o solta e mantém a forma da deformação. O intervalo entre esse ponto, o limite elástico, e o ponto de ruptura ou de rasgo é denominado *plasticidade*: quando a nova forma permanece ali. As mudanças subsequentes são distinguidas em termos de maleabilidade e flexibilidade ou fragilidade. Todas elas são propriedades de tipos diferentes de materiais.

Viscoelasticidade é uma característica do corpo vivo: um meio sólido e fluido. "A viscoelasticidade é uma propriedade de todas as estruturas de tensegridade. É uma deformação não linear dependente do tempo. Algo é chamado de "viscoelástico" porque, quando estressado, primeiro se comporta como se fosse um líquido, então se comporta como um sólido elástico, mas não pelo fato de que é feito desses dois estados. Quando o estresse é removido, ele retorna e há uma 'amaragem' (pouso suave)" (Levin, 2013).

A rigidez em líquidos é medida pela espessura ou *viscosidade*. A velocidade e a facilidade com as quais se pode agitar a água são maiores do que para o mel porque a água tem viscosidade ou rigidez mais baixas em comparação com o mel. Ao mesmo tempo, o mel pode ser considerado mais difícil de se deformar do que a água. São valores ou propriedades diferentes que, quando combinados dentro dos tecidos, proporcionam uma variedade de possibilidades de tensão. Molas de automóveis têm "amortecedores" para diminuir a taxa de retorno elástico. Os fluidos em nossos tecidos atuam como amortecedores e dão a eles propriedades viscoelásticas que regulam a taxa de resistência e recuperação (Richards, 2012).

Toda a nossa matriz estrutural liga as proteínas, géis, emulsões e componentes complexos de nossos tecidos e fluidos, a fim de integrar esses elementos fluidos e sólidos de modo apropriado *para nós*. Em todos os níveis de detalhe, há um equilíbrio entre rigidez e elasticidade em resposta à forma como as carregamos ou usamos. Em seu conjunto, essa matriz detalhada e delicada forma um meio *viscoelástico* para os tecidos, que desenvolvem a matriz de colágeno de acordo com sua carga e o tempo/frequência daquela história acumulada. Os padrões de tensão habituais ou deliberados afetam profundamente a morfologia e a mobilidade dos tecidos. O alongamento forçado pode comprometer a capacidade inata dos tecidos de se recompor se não for contrabalançado, ou suficientemente enrijecido para otimizar a elasticidade. Essa capacidade é expressa no *mat* como um equilíbrio entre força, comprimento e flexibilidade.

2. Integridade tensional

Uma das principais características do nosso equilíbrio estrutural em movimento é baseada nos princípios arquitetônicos da biotensegridade (Levin, 2012).

Essa é a base da nossa arquitetura. Ao contrário da tira de elástico em repouso sobre a mesa, *sem tensão*, permanecemos tensionados o tempo todo, para envolver e ocupar o espaço. Pelas leis básicas da biotensegridade, todo movimento afeta o todo e é transmitido através dele.

> "Estruturas de tensegridade são onidirecionais, independentes da gravidade, eficientes na distribuição de carga e energia, hierárquicas e autogeradoras. Eles também são universais por natureza, desde que você saiba o que procurar."
> *Stephen Levin (Levin, 2009)*

Como estruturas de biotensegridade, temos a capacidade de contrair e aproximar nossa estrutura e tecidos como um todo, além de poder alongá-los e preenchê-los ou expandi-los, onidirecionalmente, como a bexiga ou os pulmões, por exemplo. O tecido fascial, ossos, miofáscia, órgãos, articulações, vasos e cavidades de nossa arquitetura são mantidos juntos e separados simultaneamente. Eles são globalmente contidos por meio dos princípios de tensão/compressão da arquitetura de biotensegridade (Levin, 1990) (Martin, 2012) (Ingber, 1998) (Flemons, 2006).

Essa é a base da "estrutura biológica primordial" (Levin, 1990). Tal modelagem é organizada em prol da capacidade de armazenamento de energia por meio do equilíbrio entre rigidez e elasticidade em toda a arquitetura e em todas as escalas. Trata-se de um princípio fundamental da forma humana, na verdade viva, e que nós naturalmente exploramos em cada postura de yoga (asana). Essencialmente, buscamos preservar e promover a integridade elástica.

3. Capacidade de armazenamento de energia

Trabalhamos constantemente sob três fases de amplitude elástica, e não de apenas uma. Po-

Figura 12.2
A integridade tensional de todo o corpo pode ser vista sendo usada para o equilíbrio. Da ponta do nariz até a ponta da cauda, esse filhote se estendeu como parte de um ato de equilíbrio corporal para beber água da fonte, estendendo a integridade tensional até a ponta da língua. (Reproduzido com autorização de Shane McDermott, www.wildearthillumina-tions.com.)

demos alongar e soltar e podemos contrair e soltar. A respiração é o primeiro lugar para reconhecer essa lei em movimento. Nós respiramos no ritmo inspirar/expirar. No entanto, podemos então expirar *mais* para esvaziar ou contrair e *liberar inspirando*. É um processo de três fases, e um que a yoga tem a intenção de manter em equilíbrio adequado. As sequências dinâmicas, a prática restaurativa mais lenta e a imobilidade na meditação são projetadas para explorar essa amplitude e acumular um recurso de capacidade de armazenamento de energia ativamente contida por todo o corpo. Isso é reforçado por muitas das práticas de respiração de yoga.

Para todo o corpo, a ênfase excessiva na liberação, enrijecimento ou alongamento não resultará necessariamente em elasticidade ideal em movimento, seja qual for a atividade (Cap. 9). O foco na yoga é a *transição refinada e a continuidade* entre o alongamento, a liberação e a contração por meio da amplitude intermediária da tensão de repouso.

Embora essa possa parecer uma declaração óbvia mostrada na forma diagramática, nem sempre é entendida quando aplicada na prática. Mesmo em aulas de yoga, os exercícios respiratórios são frequentemente realizados sem a percepção de seu valor para preservar e promover a complacência e a capacidade de armazenamento de energia nos tecidos. Eles têm implicações globais no acúmulo e refinamento da elasticidade.

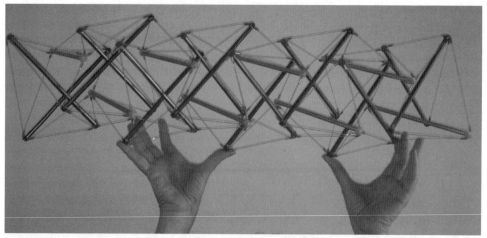

Figura 12.3
Um mastro de tensegridade, originalmente apresentado por Kenneth Snelson como um sistema chamado "compressão flutuante". O termo "tensegridade" foi criado por Buckminster Fuller como "integridade tensional" e desenvolvido desde então pelo dr. Stephen Levin em biotensegridade. É uma arquitetura elástica, equilibrada entre rigidez e elasticidade. Ele pula e resiste à deformação, mantendo sua forma tridimensional. (Modelo de Bruce Hamilton.)

Figura 12.4
Um modelo clássico da coluna vertebral pode sugerir que é uma coluna empilhada. Essa postura não seria possível se fosse esse o caso. Tampouco é a força muscular do pé de Katie que a está mantendo em pé. Sua capacidade de manter e modificar essa postura baseia-se na integridade tensional de seu equilíbrio como um todo. (Reproduzido com permissão de Katie Courts, www.yoga-nut.co.uk.)

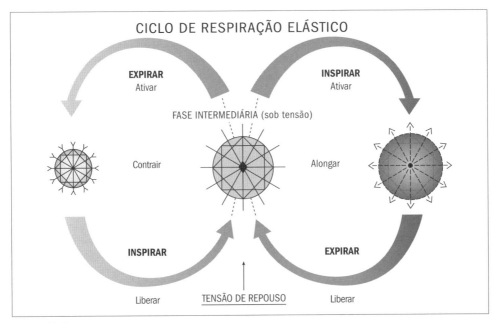

Figura 12.5
A tensão de repouso é a fase intermediária, entre as respirações. A inalação é o alongamento para expandir, e expirar restaura a tensão de repouso. O "expirar mais" é a capacidade de comprimir e conter a respiração, que restaura a tensão de repouso por meio da inspiração (Avison, 2014). (Reproduzido com permissão de Art of Contemporary Yoga Ltd.)

Se treinarmos o corpo em um só aspecto, ou seja, apenas contraindo (enrijecendo), apenas alongando ou apenas amolecendo (liberando), ou em uma só direção (i. e., apenas flexão), podemos comprometer a integridade elástica. Se fizermos contraposturas e contra-agirmos a fim de manter esse equilíbrio tensional, nós frequentemente carregaremos os tecidos de maneira a obter integridade e amplitude tensionais ideais em todos os graus de potenciais. O alongamento se torna uma característica do equilíbrio e controle adequado, e não um fim em si mesmo.

ALONGAMENTO INSTINTIVO

Essa é uma forma de alongamento que parece não comprometer os tecidos e regula os perigos do alongamento excessivo de um modo natural. Os animais podem nos dar algumas pistas.

Considere o guepardo, por exemplo. Os gatos podem descansar e relaxar, alongar-se em um tempo adequado e mover-se a grande velocidade e saltar sobre a presa. Em repouso, eles se tornam lânguidos e serenos. Quando já descansaram, bocejam com frequência, esticam todo o corpo para acordar seus tecidos depois de liberá-los por um período de tempo. Esse tipo particular de alongamento é chamado de pandiculação (Bertolucci, 2010). É o que chamamos de "contração alongada" na yoga. Na natureza, é uma característica do movimento com um propósito de reativar os tecidos depois de repousá-los e reorganizar, ou preparar, as ligações internas e fluidos para a mobilidade (Cap. 9).

Quando um guepardo se antecipa à presa (desempenho de pico), a última coisa que faz é se alongar. Ele se prepara "contraindo" ou enrijecendo seus tecidos, e vigia. Ele está pronto para utilizar o potencial para saltar ou correr conforme necessário, maximizando sua capacidade de catapulta ao tensionar a matriz global do tecido. Até mesmo seu pelo fica em pé, talvez por uma supersensibilidade para a tarefa. Os guepardos,

Figura 12.6 Bocejo com alongamento ou pandiculação.
Um guepardo selvagem na postura do cachorro de cima para baixo, a sua própria versão de Adho-Urdhva Muhka Svanasana. (Observe a linda curva lateral do guepardo ao fundo). (Reproduzido com autorização de Shane McDermott, www.wildearthilluminations.com).

assim como muitos outros mamíferos, concentram-se e aproximam seus tecidos internos uns dos outros para torná-los aptos para o propósito de um modo global. Há um tempo e um lugar, uma dose e um grau para o alongamento.

Pesquisas na Columbia Britânica sobre como os ursos que hibernam sobrevivem a um inverno de sono sem osteoporose ou condições degenerativas aos seus músculos após meses de inércia revelaram um hábito instintivo interessante. Levantam-se por volta do meio-dia todos os dias e fazem 20-40 minutos de movimento. Fazem alongamentos parecidos com os da yoga em todas as direções, bocejando, contorcendo-se e andando ao redor, reanimando os tecidos, antes de se acomodar, dormir e hibernar pelas próximas 24 horas.

O alongamento faz parte da nossa natureza, principalmente quando acompanhado de bocejos. Isso realmente reflete o senso de tensão e de compressão, ou biotensegridade, "sentido" no sistema. Facilita o alongamento e a contração de modo simultâneo e autorregula o senso corporal naturalmente.

Com que frequência nós nos lembramos de nos alongar e bocejar depois do descanso, dadas as horas que passamos em aviões, trens e automóveis, para não mencionar em nossas mesas? Será que as contrabalançamos com alongamentos e bocejos? Nenhum gato, cão ou urso esqueceria de fazer isso depois de um período de inércia. Trata-se de algo instintivo para muitos animais. Nós, por outro lado, forçamos o alongamento para alcançar as formas mais extraordinárias, como se esse fosse o propósito da yoga.

As formas em si podem ser valiosas porque o corpo responde à variabilidade e à amplitude, mas precisamos de paciência e propósito em como exploramos a sua forma completa ao longo do tempo. Construir no corpo um repertório de "informações" e "equilíbrio" cumulativos é uma vantagem clara para melhorar a vitalidade e pode ter um valor terapêutico particular (Broad, 2012). Isso está ligado à questão de que a inércia, segundo pesquisas recentes, desempenha um papel fundamental em muitas doenças degenerativas (Henson, 2013). No entanto, isso é idealmente usado de forma muito instintiva, a fim de *explorar* essas formas para um determinado indivíduo e manter seu valor no aumento da elasticidade. Se alguém é superflexível, ou supermacio, pode aprimorar sua elasticidade por meio do tensionamento ou enrijecimento de sua rede, e não de seu alongamento.

UM EXEMPLO PRÁTICO: A POSTURA DO CACHORRO

Em vez de forçar o alongamento, gasta-se o tempo tensionando (enrijecendo) o corpo, contendo-o e trazendo-o para dentro (i. e., "contraindo") para "encontrar o chão" ou base de apoio. Isso permite que os calcanhares explorem seu relacionamento tensional por toda a parte de trás do corpo e propicia o movimento *em direção* ao solo. Isso, por sua vez, facilita a abertura natural do joelho, sem empurrá-lo para trás ou hiperestender a articulação (Fig. 12.7).

Essa aproximação dirigida garante que a dobra no quadril não puxe a pelve para uma inclinação posterior, o que, por sua vez, comprometeria a parte lombar da coluna vertebral (lordose), puxando os ombros ou pescoço e deixando Alexander esforçando-se para alongar-se a fim de "alcançar" a postura (Fig. 12.8).

O equilíbrio dos *componentes tensionais* abrange todo o corpo em todos os seus potenciais de dobramento (juntas), reunindo-se na integridade contínua da matriz tensional. Isso facilita de maneira natural a capacidade de Alexander de contrair/conter por toda a arquitetura e depois "preencher" a postura em 360°, por meio de um alongamento carregado de modo ativo (ou contração alongada), em vez de tensioná-lo puxando qualquer parte da linha superficial do dorso (Myers, 2009) (Cap. 6). Então, ele pode explorar a postura de forma inteligente em seu próprio limite elástico.

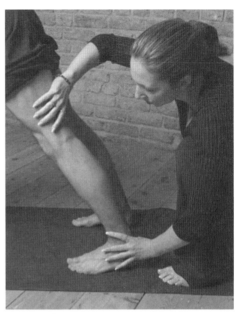

Figura 12.7
Ex-bailarino de relevância, Alexander é mais do que capaz de "alongar" seu corpo na postura do cachorro, com calcanhares no chão. No entanto, para otimizar a elasticidade, cada articulação é vista pelo seu papel no equilíbrio tensional do todo. Isso inclui a relação das costas para a frente e a continuidade em toda a organização longitudinal, das pontas dos dedos aos pés e do cóccix ao topo. (Modelo: Alexander Filmer-Lorch. Reproduzido com permissão da Charlie Carter Photography).

Figura 12.8
O ajuste sutil dá o *feedback* para tensionar a postura em equilíbrio adequado em cada uma das articulações, respirando para o comprimento potencial à medida que se desdobra, sem forçar o alongamento. (Modelo: Alexander Filmer-Lorch. Reproduzido com permissão da Charlie Carter Photography).

A chave para esta ou qualquer outra postura está na tranquilidade e no fluxo da respiração e na capacidade sutil de transmitir o movimento da respiração por toda a postura e por todo o corpo, de modo rítmico. Isso se dá por meio do ciclo de expansão, liberação, contração e liberação mencionado anteriormente. Quando não se compromete esse ciclo, não há necessidade de compressão, frouxidão ou tensão extrínsecos: apenas uma contenção adequada do todo para mover ou manter uma postura.

Um estilo de yoga mais focado em manter a postura por 1-2 minutos também pode ser perfeitamente facilitado. Ao expandir e respirar o corpo rumo à imobilidade, podemos nos alongar mais instintivamente, explorando os princípios fundamentais da yoga, ser "estável e doce" (*sthiram* e *sukham*). Isso nos leva à experiência interior, além da técnica, na qual a yoga realmente vive e é capaz de florescer para cada indivíduo único.

Para uma prática mais dinâmica, esse ciclo estimula a contenção e a tensão-mola ou potencial cinético: a capacidade de energia armazenada para a próxima postura em uma sequência fluente (Cap. 10). Assim, ele prepara os tecidos para uma transição sem esforço e contida entre os asanas nas velocidades variáveis. Nutrimos nosso histórico de carga acumulando equilíbrio, posicionamento e adaptabilidade, da velocidade à imobilidade e além.

RESUMO CLÍNICO

A prática de yoga é uma exploração do equilíbrio e da integração em muitos níveis. Ao explorar a respiração nas posturas, sequências e diferentes estilos de prática, o princípio do alongamento, liberação, contração, liberação em movimento é complementado de maneira natural. Nossa forma está no potencial neutro que chamamos de liberação, embora seja orquestrada pela biotensegridade e esteja sempre posicionada em integridade tensional para um movimento potencial. Como um sistema de transmissão de força com propriedades elásticas inatas, dependente de como usamos o corpo e respeitamos essa característica unificadora, a matriz fascial e a yoga expressam-se e aprimoram-se em toda a sua variedade e possibilidade.

Referências bibliográficas

Avison, J. (2015) *YOGA: Fascia, Form & Functional Movement*. Handspring Publishing, Edinburgh.
Bertolucci, L.F. (2011) Pandiculation: nature's way of maintaining the functional integrity of the myofascial system? *J Bodyw Mov Ther*. 15(3):268–80.
Broad, W.J. (2012) *The Science of Yoga*. Simon & Schuster, New York.
Flemons, T. (2006) *The Geometry of Anatomy*. www.intensiondesigns.com [Acesso em outubro de 2014]
Henson, J.J., Yates, T., Biddle, S.J.H., Edwardson, C.L., Khunti, K. Wilmot, E. G. Gray, L. J., Gorely, T., Nimmo, M.A. & Davies, M.J. (2013) Associations of objectively measured sedentary behaviour and physical activity with markers of cardiometabolic health. *Diabetolgia* 56(5): 1012–1020.
Ingber, D.E. (2006) The Architecture of Life. *Scientific American*, January 1998. http://time.arts.ucla.edu/Talks/Barcelona/Arch_Life.htm [Acesso em outubro de 2014].
Langevin, H.M. (2006) Connective tissue: a body-wide signaling network? *Med Hypotheses* 66(6): 1074–1077.
Levin, S.M. (2012) Comments on Fascia Talkshow, Episode 7, Biotensegrity (Avison) www.bodyworkcpd.co.uk (19.09.12 webinar).
Levin, S. (2013) Comments on Biotensegrity and Elasticity (email).
Levin, S.M. (1995) The importance of soft tissues for structural support of the body. *Spine*. 9:357–363.
Levin, S.M. (1990) The primordial structure. In: Banathy BH, Banathy BB (Eds) *Proceedings of the 34th annual meeting of The International Society for the Systems Sciences*. Portland, vol. II, pp. 716–720.
Levin, S. (2006) Tensegrity, the New Biomechanics. In: Hutson, M. & Ellis, R. (Eds), *Textbook of Musculoskeletal Medicine*. Oxford University Press, Oxford. Updated http://www.biotensegrity.com/tensegrity_new_biomechanics.php.
Martin, D.C. & Levin, S.M. (2012) Biotensegrity: The mechanics of fascia. In: Schleip, R., Findlay T.W., Chai-

tow, L. & Huijing, P.A. (Eds) *Fascia: The Tensional Network of the Human Body*. Elsevier, Edinburgh, Chapter 3.5.

Myers, T.W. (2009) The Superficial Back Line. *Anatomy Trains*. Elsevier, Edinburgh, Chapter 3.

Richards, D. (2012) University of Toronto, Assistant Professor Medical Director, David L. MacIntosh Sport Medicine Clinic: Doug Richards on Stretching: The Truth: Nov 2, 2012.

Schleip, R. (2003) Fascial plasticity – a new neurobiological explanation; Part 1. *J Bodyw Mov Ther*. 7(1), 11–19.

Schleip, R. (2011) Principles of Fascia Fitness. www.terrarosa.com.au, Issue 7.

Leituras adicionais

Ursos na Grouse Mountain
Grouse Mountain em Vancouver, http://www.grouse-mountain.com/wildlife-refuge.
Carter, C., photography
Courts, K. www.yoga-nut.co.uk
Filmer-Lorch, A. (2012) *Inside Meditation*. Troubador Publishing, Leicester, UK.

Guimberteau, J.C. see Handspring Publishing, www.handspringpublishing.com and http://www.guimberteau-jc-md.com/en/

Hamilton, B. see www.tensegrity.com for tensegrity models.

Ingber, D.E. (1993) Cellular tensegrity; defining new rules of biological design that govern the cytoskeleton. *J Cell Sci*. 104 (3)m 613–627.

Jager, H. & Klinger, W. (2012) Fascia is alive. In: Schleip, R., Findlay T.W., Chaitow, L. & Huijing, P.A. (Eds) *Fascia: The Tensional Network of the Human Body*. Elsevier, Edinburgh, Chapter 4.2.

Levin, S. see www.biotensegrity.com for a variety of articles and papers and instructional video material

McDermott, S. see *Wildlife Conservation Photography* www.wildearthilluminations.com

Images of animal behaviour and movement in their natural habitat.

Schmidli, S. see www.samirayoga.co.uk

Snelson, K. see http://kennethsnelson.net/articles/TheArtOfTensegrityArticle.pdf

Woolley, D. see www.davidwoolleyphotography.com and www.limitlesspictures.com

13
Treinamento de Pilates orientado para a fáscia

Elizabeth Larkam

O sistema de movimento criado por Joseph Hubertus Pilates (1880-1967) ajudou os enfermos após a eclosão da Primeira Guerra Mundial em 1914, quando ele ensinou em um acampamento para inimigos estrangeiros em Lancaster, na Inglaterra. Joseph Pilates aproveitou molas de camas e montou seus primeiros equipamentos de reabilitação para os internados (Pilates Method Alliance, 2013). Agora os programas de Pilates, embasados pelos princípios de treinamento orientado para a fáscia (Müller e Schleip, 2011) (Cap. 11), melhoram o equilíbrio em pé, sentado e o controle proximal da marcha para pacientes politraumatizados que retornam do Iraque e do Afeganistão com amputações (Moore, 2009), trauma, estresse traumático, lesão encefálica e disfunção vestibular (Larkam, 2013). Os soldados da Dinamarca, Israel e Estados Unidos são uma demonstração de seus programas de Pilates orientados para a fáscia,

Figura 13.1 Joseph H. Pilates instruindo uma paciente no movimento *Hanging pull up* em sua mesa de trapézio no Joe's Gymnasium, no estúdio da Oitava avenida, em Nova York, em outubro de 1961. O Reformer universal é visível em segundo plano. (© I. C. Rapoport.)

informados pela organização dos meridianos miofasciais (Myers, 2013) (Cap. 6) (Pilates Method Alliance DVD, 2013).

OS PRINCÍPIOS DO TREINAMENTO ORIENTADO PARA A FÁSCIA SE CORRELACIONAM COM OS PRINCÍPIOS DO MOVIMENTO DO PILATES

Os princípios do treinamento orientado para a fáscia (Müller e Schleip, 2011) (Cap. 11) se correlacionam com os oito princípios de movimento do método Pilates. A Tabela 13.1 combina os princípios do treinamento orientado para a fáscia com uma lista expandida de princípios de movimento do Pilates (St. John, 2013).

Os exercícios selecionados para o *mat* e o Reformer fornecem exemplos dos princípios relacionados. (Nota: cada exercício no *mat* e no Reformer é ilustrado e descrito em detalhes nos *Pilates instructor training manuals* [Manuais de treinamento de instrutores de Pilates], listados nas Referências bibliográficas.) Este capítulo

Tabela 13.1
Os princípios de treino orientados para a fáscia e os princípios do método Pilates são semelhantes. Exercícios selecionados no *mat* e no Reformer do Pilates colocam cada princípio em prática.

Princípios do treino orientado para a fáscia	Princípios do método Pilates	Exercício de Pilates no *mat*	Exercício no Reformer
1. Contramovimento preparatório	Ritmo	*Single straight leg stretch* (alongamento de uma perna)	Saltos no *jumpboard* (plataforma de salto)
2. Sequência de movimento fluido O princípio ninja	Fluxo	*Roll up* (rolamento para cima)	*Standing side splits* (abertura lateral)
3a. Alongamento dinâmico	Ritmo	*The saw* (serrote)	*Knee stretch knees off/ jackrabbit* (alongamento dos joelhos sem encostar nos joelhos/ coelhinho)
3b. Variação do tempo Dinâmica de alongamento rápido e lento	Ritmo	Rápido – *Single leg kick* (chute com uma perna) Lento – *Roll over* (rolamento para trás)	Rápido – *Stomach massage* (massagem do estômago, coluna redonda) Lento – *Side stretch/ mermaid* (alongamento lateral/sereia)
3c. Movimento do corpo todo envolvendo simultaneamente grandes áreas da rede fascial	Movimento do corpo inteiro	*Side bend twist* (torção)	*Long stretch* (alongamento longo)
3d. Movimentos multidirecionais com suave alteração angular	Desenvolvimento muscular equilibrado	*Corkscrew* (saca-rolha)	*Feet in straps* (pés nas alças)
3e. Iniciação proximal	Centralização	*Teaser* (desafio)	*Short box advanced abdominals* (abdominais avançados com caixa curta)
4a. Refinamento proprioceptivo	Concentração Controle	*Leg pull up* (elevação da perna – decúbito dorsal)	*Control back* (controle de costas – decúbito dorsal)
4b. Acuidade cinestésica	Precisão	*Double leg circles* (círculos com as duas pernas)	*Front splits* (abertura para a frente – mãos para cima)

(continua)

Tabela 13.1
Os princípios de treino orientados para a fáscia e os princípios do método Pilates são semelhantes. Exercícios selecionados no *mat* e no Reformer do Pilates colocam cada princípio em prática. *(continuação)*

Princípios do treino orientado para a fáscia	Princípio do método Pilates	Exercício de Pilates no *mat*	Exercício no Reformer
5a. Hidratação do tecido	Relaxamento	*Seated spine stretch forward* (alongamento da coluna para a frente sentado)	*Short spine massage* (massagem curta da coluna)
5b. Renovação do tecido	Respiração	*Seated spine twist* (torção da coluna sentado)	Cleópatra
6. Sustentabilidade para a remodelação do colágeno	Não há princípio equivalente no Pilates	Prática no *mat* por vinte minutos duas vezes por semana entre seis meses e dois anos	Prática no Reformer por vinte minutos duas vezes por semana entre seis meses e dois anos

examina a eficácia e as limitações do método Pilates original no cumprimento dos princípios de treinamento orientado para a fáscia. Também sugere como o método Pilates original, com suas sequências de movimentos e equipamentos únicos, criou uma fundação a partir da qual as expressões contemporâneas do Pilates podem ser adaptadas para o treinamento orientado para a fáscia. O capítulo disponibiliza um exemplo de como o clássico exercício no *mat* chamado *leg pull front* fornece uma base para o exercício contemporâneo *jumping in quadruped*, feito no Reformer, que cumpre os princípios de treinamento orientado para a fáscia. Os princípios do movimento Pilates são explicados no *The Pilates Method Alliance Pilates Certification Exam Study Guide* (Guia de estudo para o exame de certificação Pilates Alliance) (PMA, 2013), que afirma: "O corpo está organizado para se movimentar *centralizando*. O *desenvolvimento muscular equilibrado* permite um movimento eficiente e uma mecânica articular adequada. A *concentração* mental constante é necessária para desenvolver o corpo por completo. A *precisão*, que significa movimento exato, definido, específico e intencional, é necessária para a forma correta. Apenas algumas repetições de cada exercício é o adequado, para que cada repetição possa ser realizada com o maior *controle*, utilizando apenas os músculos e o esforço necessários para cada movimento. A *respiração* promove o movimento natural e o *ritmo* estimula os músculos a uma maior atividade. O desempenho dos exercícios de Pilates distingue-se por usar sempre o *corpo inteiro*".

A HISTÓRIA DO MÉTODO PILATES

O método Pilates tem sido usado continuamente nos Estados Unidos desde 1926, quando Joseph Pilates e sua esposa Clara imigraram para a cidade de Nova York, vindos da Alemanha. Em 2010, havia 8.653.000 participantes do método Pilates nos Estados Unidos (Sporting Goods Manufacturers Association, 2010) e incontáveis milhões de pessoas envolvidas na prática do método Pilates no mundo todo. Por mais de quarenta anos, J. H. Pilates criou e documentou um sistema abrangente de movimentos que refletia seu próprio treinamento físico e a cultura física daqueles tempos. Em sua juventude, ele praticou várias prescrições físicas para superar doenças da infância como raquitismo, asma e febre reumática. O sistema de movimento que Joseph Pilates criou foi influenciado por sua prática de fisiculturismo, ginástica, esqui, mergulho, artes marciais e boxe. Joseph Pilates não possuía credenciais médicas ou clínicas (PMA, 2013). Ele foi autodidata por meio da experiência de movimento, observação e leitura. Suas ideias sobre o alinhamento da coluna vertebral (Pilates, 1934) eram totalmente diferentes da visão geralmente aceita de que a organização ideal da coluna vertebral requer uma lordose cervical e lombar e uma cifose torácica. De fato, Joseph Pilates projetou todo o seu sistema de movimento para endireitar as curvas da coluna, refletindo sua crença de que "a coluna vertebral normal deveria ser reta para funcionar corretamente de acordo com as leis da natureza em geral e a lei da gravidade, em particular. O correto posicionamento da coluna vertebral é o único preventivo natural contra a obesidade abdominal, falta de ar, asma, pressão arterial alta e baixa e várias formas de doença cardíaca. Podemos afirmar que nenhuma das doenças aqui enumeradas pode ser curada até que as curvaturas da coluna tenham sido corrigidas" (Pilates, 1934).

OS EXERCÍCIOS NO *MAT* FORNECEM A BASE DO MÉTODO PILATES

Trinta e quatro exercícios no *mat* formam a base do sistema de movimento que Joseph Pilates chamou de "contrologia". Joseph Pilates assevera sua filosofia em *Return to life*, seu livro publicado em 1945: "Realize fielmente seus exercícios de contrologia somente quatro vezes por semana durante apenas três meses [...] você descobrirá que o desenvolvimento de seu corpo está se aproximando do ideal, acompanhado por vigor mental renovado e aprimoramento espiritual" (Pilates, 1945). O estudo cuidadoso dos exercícios no *mat* indica que, embora alguns exercícios específicos no *mat* de Pilates possam satisfazer o treinamento orientado para a fáscia na diretriz 3d em movimentos multidirecionais com pequenas mudanças no ângulo (Tab. 13.1), a maioria dos outros exercícios não é capaz disso por causa da sua orientação de plano único. Dos exercícios no *mat* retratados em *Return to life through contrology*, quinze são organizados em flexão no plano sagital. Apenas oito exercícios enfatizam a extensão no plano sagital. A rotação da coluna vertebral é representada por apenas um exercício. A flexão lateral da coluna é representada por dois exercícios. Três exercícios combinam flexão e rotação. Joseph Pilates pretendia que os cinco exercícios restantes fossem realizados em uma inclinação pélvica posterior e flexão lombar para achatar a lordose lombar. No entanto, eles podem ser praticados com a pelve neutra e a parte lombar da coluna neutra. O mecanismo de catapulta de retração elástica dos tecidos fasciais "pode ser alcançado por ativação muscular (p. ex., contra resistência) em uma posição alongada, exigindo apenas pequenas ou médias quantidades de força muscular" (Müller e Schleip, 2011) (Cap. 10). Considerando que 29 dos exercícios no *mat* são em cadeia cinética aberta para o membro inferior, esses exercícios no *mat* não são ideais para o desenvolvimento da retração elástica envolvendo o peso total do corpo. Apenas quatro exercícios são em cadeia cinética fechada para os membros superior e inferior. Joseph Pilates realizou muitos dos exercícios no *mat* com saltos elásticos bastante vigorosos na amplitude final do movimento disponível (Pilates, 1932-1945), de modo que até mesmo seus exercícios em cadeia cinética aberta podem ser usados para desenvolver retração elástica (Cap. 11).

JOSEPH PILATES FOI UM PROLÍFICO INVENTOR DE APARELHOS DE EXERCÍCIO

Ao longo de suas quatro décadas de trabalho no Joe's Gymnasium, Joseph Pilates continuou a desenvolver seu sistema de movimento, inventando mais de catorze aparelhos de exercício que fornecem apoio, resistência e complexidade à organização exigida pelos exercícios no *mat*. As estruturas dos equipamentos possuem uma série de lugares aos quais molas ou cabos podem ser conectados, criando ambientes de movimento que suportam uma variedade de vetores, tornando possível satisfazer todos os princípios de treinamento orientados para a fáscia listados na Tabela 13.1. Joseph Pilates criou um reper-

Tabela 13.2

Use este guia de treinamento de fáscia no *mat* de Pilates para planejar suas aulas e prática individual para um treinamento fascial completo. Cada exercício cultiva pelo menos um dos princípios orientados para a fáscia e ativa um meridiano miofascial primário e vários secundários.

Os meridianos miofasciais

Princípios de treino orientados para a fáscia	Linha frontal profunda	Linha frontal superficial	Linha lateral	Linha espiral	Linha dorsal superficial	Linha dos membros superiores	Linhas funcionais
Contramovimento preparatório	*Scissors* (tesoura)	*Single leg kick* (chute com uma perna)	*Side kick* (chute lateral)	*Spine twist* (rotação da coluna)	*Swan dive* (mergulho do cisne)	*Boomerang*	*Criss cross* (oblíquos)
Sequência de movimento fluido	*Jackknife* (canivete)	*Neck pull* (puxada pelo pescoço)	*Side bend twist* (torção lateral)	*Corkscrew* (saca-rolha)	*Double leg kick* (chute com as duas pernas)	*Push-ups* (flexão de braços)	*Hip circles* (torção do quadril)
Alongamento dinâmico	*Shoulder bridge* (ponte sobre os ombros)	*Bicycle* (bicicleta)	*Kneeling side kicks* (chute lateral ajoelhado)	*Leg circles* (círculo com uma perna com rotação do tronco)	*Scissors* (tesoura)	*Swimming* (natação)	*The saw* (serrote)
Variação do tempo	*Rolling like a ball* (Rolando como uma bola)	*Seal* (foca)	*Corkscrew* (saca-rolha)	*Hip circles* (torção do quadril)	*Swimming* (nadando)	*Swan dive* (mergulho do cisne)	*Swimming* (nadando)
Movimentos de corpo inteiro	*Double leg stretch* (alongamento das duas pernas)	*Roll up* (rolamento para cima)	*Mermaid side bends* (sereia com flexão lateral)	*Side bend twist* (torção)	*Roll over* (rolamento para trás)	*Push ups* (Flexão de braços)	*Swan dive* (mergulho do cisne)
Movimentos multidirecionais	*Hip circles* (torção do quadril)	*Kneeling side leg circles with knee bent* (círculos laterais ajoelhado com o joelho dobrado)	*Kneeling side leg circles* (círculos laterais ajoelhado)	*Single* (único)	*Roll over* (rolamento para trás)	*Push ups* (flexão de braços)	*Corkscrew* (saca-rolha)
Iniciação proximal	*The hundred* (cem)	*Single leg stretch* (alongamento de uma perna)	*Side kicks* (chutes laterais)	*Criss cross* (oblíquos)	*Shoulder bridge* (ponte sobre os ombros)	*Leg pull up* (elevação da perna)	*Criss cross* (oblíquos)
Refinamento proprioceptivo Acuidade cinestésica	*Open leg rocker* (rolamento com as pernas afastadas)	*Rolling like a ball* (rolamento como uma bola)	*Kneeling side leg circles* (círculos laterais ajoelhado)	*Corkscrew* (saca-rolha)	*Leg pull up* (elevação da perna)	*Boomerang*	*Leg pull down* (elevação da perna de frente)
Hidratação do tecido Renovação do tecido	*Spine stretch forward* (alongamento da coluna para a frente)	*Double leg kick* (chute com as duas pernas)	*Mermaid side bends* (sereia com flexão lateral)	*The saw* (serrote)	*Single leg kick* (chute com uma perna)	*Mermaid side bends* (sereia com flexão lateral)	*The saw* (serrote)
Sustentabilidade para a remodelação de colágeno	Pratique um programa no *mat* por vinte minutos duas vezes por semana, por um período entre seis meses e dois anos. Varie sua seleção de exercícios a cada semana para maximizar os benefícios do treinamento orientado para a fáscia.						

136 SEÇÃO II · APLICAÇÃO CLÍNICA

Tabela 13.3

Use este guia de treinamento para a fáscia com o Reformer do Pilates para planejar suas aulas e prática individual nesse aparelho para um treinamento fascial completo. Cada exercício cultiva pelo menos um dos princípios orientados para a fáscia e ativa um meridiano miofascial primário e vários secundários.

Princípios de treino orientados para a fáscia	Linha frontal profunda	Linha frontal superficial	Linha lateral	Os meridianos miofasciais – Linha espiral	Linha dorsal superficial	Linha dos membros superiores	Linhas funcionais
Contramovimento preparatório	*Jumping on footplate* (saltos na plataforma de saltos)	*Quadruped jumping* (saltos na posição de quatro apoios)	Salto de braço sentado com as mãos na barra para os pés	*Twist* (torção)	*Long box double leg kick* (chute com as duas pernas na caixa longa)	*Quadruped arm jumps* (saltos com as mãos na barra na posição de quatro apoios)	*Snake* (cobra)
Sequência de movimento fluido	*Jackknife* (canivete)	*Long spine massage* (massagem na coluna)	*Mermaid short box* (sereia na caixa curta)	*Side stretch mermaid* (sereia com alongamento lateral com rotação)	*Long box swan* (cisne na caixa longa)	*Breast stroke* (nado peito)	*Semicircle* (semicírculo)
Alongamento dinâmico	*Down stretch* (alongamento para baixo)	*Thigh stretch* (alongamento da coxa)	*Side splits* (aberturas laterais)	*Short spine massage* (massagem curta na coluna com um pé na tira oposta)	*Tendon stretch* (alongamento do tendão)	*Rowing back I round back* (remada de costas I / costas curvadas)	*Corkscrew* (saca-rolha)
Variação do tempo	*Short box advanced abdominals* (abdominais avançados na caixa curta)	Coordenação	*Sidelying single leg jumps* (saltos com um pé sobre o *jumpboard* na posição deitada de lado)	*Seated arm jumps* (saltos de braço sentado com rotação do tronco, com a lateral do corpo na direção da barra para o pé)	*Long box grass-hopper* (gafanhoto na caixa longa)	*Rowing back II – flat back* (remada costas II / costas retas)	*Single leg jackrabbit* (coelhinho em uma perna)
Movimentos do corpo inteiro	*Long box horseback* (cavalgando na caixa longa)	*Back split facing straps* (abertura para trás)	*Star side support* (posição da estrela com suporte lateral)	*Twist* (torção)	*Long box rocking* (balanço na caixa longa)	*Long back strech slide* (alongamento longo)	*Control front* (controle de frente)
Movimentos multidirecionais	*Semicircle* (semicírculo)	*Reverse abdominals oblique variations* (variações de abdominais oblíquos reversos)	Cleópatra	*Short box oblique* (oblíquo na caixa curta)	*Long box breastroke* (nado peito na caixa longa com rotação torácica)	*Kneeling arm circles* (círculos com o braço na posição ajoelhada)	*Kneeling side arms* (braços na lateral na posição ajoelhada)
Iniciação proximal	*Bridge pelvic lift* (elevação do quadril na posição de ponte)	*Long box teaser* (desafio na caixa longa)	*Tendon stretch single leg slide* (alongamento unilateral do tendão)		*Arabesque and single leg elephant* (arabesque e elefante unilateral)	*Long box rocking* (balanço em caixa longa)	
Refinamento proprioceptivo acuidade cinestésica	*Long box teaser* (desafio na caixa longa)	*Front splits hands up* (abertura para a frente com as mãos para cima)	*Star/side support* (estrela com suporte lateral)	*Corkscrew* (saca-rolha)	*Control back* (controle de costas)	*Control front* (controle frontal de frente para a barra móvel)	*Control front* (controle frontal de frente para a barra móvel)
Hidratação e Renovação do tecido						Cleópatra	
Sustentabilidade para a remodelação de colágeno	Pratique o programa no mat por vinte minutos duas vezes por semana, por um período entre seis meses e dois anos. Varie sua seleção de exercícios a cada semana para maximizar os benefícios do treinamento orientado para a fáscia.						

tório único de movimentos para cada uma de suas invenções.

A EVOLUÇÃO CONTEMPORÂNEA DO MÉTODO PILATES ATENDE A UMA DIVERSIDADE DE CLIENTES E PACIENTES

Quase noventa anos se passaram desde que Joseph Pilates começou a trabalhar em um ginásio de treinamento de boxe em Nova York, ensinando uma clientela diversa. A proliferação de usos das técnicas de Pilates resultou em uma expansão de protocolos para uma ampla gama de diagnósticos, condições e metas de desempenho. A pesquisa sobre as propriedades e a função da fáscia, bem como a criação do treinamento orientado para a fáscia (Cap. 11), influencia o interesse em como treinar a fáscia no método Pilates.

O TREINAMENTO FASCIAL INSPIRA O DESENVOLVIMENTO DE TÉCNICAS DE ENSINO DE PILATES

Embora os princípios do movimento do método Pilates possam ser considerados um subconjunto dos princípios do treinamento

Tabela 13.4
Use este guia de treinamento fascial para os seguintes aparelhos de Pilates: cadeira, mesa de trapézio, *step barrel* e *ladder barrel* para planejar as sessões dos clientes do seu estúdio e sua prática pessoal. Cada princípio de treinamento orientado para a fáscia é acionado por pelo menos um exercício de cada equipamento de Pilates.

Treino orientado para fáscia	Cadeira wunda ou combo	Mesa de trapézio/cadillac	Step barrel/spine corrector	Ladder barrel
Contramovimento preparatório	Swan on seat (cisne no banco)	Rolling in and out (rolamento para dentro e para fora)	Grasshopper (gafanhoto)	Lay backs scissors (tesoura de costas)
Sequência de movimento fluido	Cat kneeling (gato ajoelhado)	Roll down (rolamento para baixo)	Side stretch sit ups (alongamento lateral)	Climb a tree (subindo a árvore)
Alongamento dinâmico	Hamstring stretch 1 (alongamento dos posteriores da coxa 1)	Footwork bend and stretch (trabalho de pés, flexionar e alongar)	Bicycle (bicicleta)	Standing stretches (alongamento em pé)
Variação do tempo	Step downs (descendo de frente)	Leg springs magician dolphin (molas de pernas; golfinho mágico)	Rolling in and out (rolamento para dentro e para fora)	Leg lifts grasshopper (elevações de perna do gafanhoto)
Movimentos do corpo inteiro	Pull up hamstring 3 (elevação dos posteriores da coxa 3)	Bridging (ponte)	Overhead stretch/roll over (rolamento por cima da cabeça/rolamento para trás)	Swan dive (mergulho do cisne)
Movimentos multidirecionais	Around the world (volta ao mundo)	Circle saw (serrote circular)	Corkscrew (saca-rolha)	Leg circles and helicopter (círculos com as pernas e helicóptero)
Iniciação proximal	Handstand (parada de mãos)	Teaser sprung from below (desafio, molas de baixo)	Lip abdominal series (séries de abdominais)	Horse back (cavalgando)
Refinamento proprioceptivo Acuidade cinestésica	Scapula mobilization (mobilização da escápula)	Standing arms facing away (braços retos para a frente, palmas das mãos voltadas para cima)	Swimming (nadando)	Short box abdominal (abdominal na caixa curta)

(continua)

Tabela 13.4
Use este guia de treinamento fascial para os seguintes aparelhos de Pilates: cadeira, mesa de trapézio, *step barrel* e *ladder barrel* para planejar as sessões dos clientes do seu estúdio e sua prática pessoal. Cada princípio de treinamento orientado para a fáscia é acionado por pelo menos um exercício de cada equipamento de Pilates. *(continuação)*

Treino orientado para fáscia	Cadeira wunda ou combo	Mesa de trapézio/ cadillac	Step barrel/spine corrector	Ladder barrel
Hidratação e renovação do tecido	*Side body twist* *Side lying oblique* (torção de lado)	*Side bends* (flexão lateral)	*Side sit ups* (abdominais laterais)	*Side sit ups* (abdominais laterais)
Sustentabilidade para a remodelação de colágeno	Pratique o programa no *mat* por vinte minutos duas vezes por semana, por um período entre seis meses e dois anos. Varie sua seleção de exercícios a cada semana para maximizar os benefícios do treinamento orientado para a fáscia.			

orientado para a fáscia (Cap. 11), o modelo de programas de treinamento para a fáscia no ambiente de Pilates contemporâneo requer uma nova consideração de todos os elementos do modelo do programa Pilates. Pesquisas sobre a fáscia sugerem novos critérios para o sequenciamento de exercícios, novas escolhas de tempo e ritmo de movimentos e linguagem diferente para as indicações verbais, bem como esclarecimento da qualidade e direção do toque para pistas táteis.

A prática de treinamento para a fáscia em Pilates foi inspirada pela publicação do livro de Thomas W. Myers *Trilhos anatômicos – meridianos miofasciais para terapeutas manuais e do movimento* (Cap. 6). Os professores de Pilates que buscavam sua educação quanto ao movimento com estudos interdisciplinares aplicaram os onze meridianos miofasciais descritos por Myers ao repertório no *mat* e aparelhos de Pilates e iniciaram a mudança de paradigma da "teoria muscular isolada" para a "anatomia longitudinal" (Myers, 2013). A Figura 13.2 mostra os onze meridianos miofasciais desenhados em exercícios no *mat* e aparelhos de Pilates, ilustrando a eficácia desse sistema de movimento para o treinamento orientado para a fáscia. A Tabela 13.5 serve de chave para a Figura 13.2,

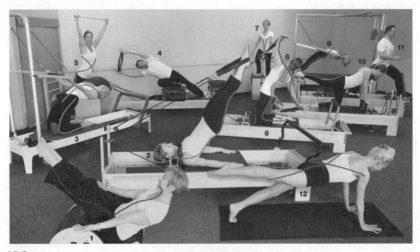

Figura 13.2
Os meridianos miofasciais desenhados em exercícios no *mat* e aparelhos de Pilates ilustram a eficácia desse sistema de movimento para o treinamento orientado para a fáscia. A Tabela 13.5 dá nome a cada meridiano miofascial, cada exercício e o equipamento com base nos desenhos originais de J. H. Pilates. (© 2013, Elizabeth Larkam.)

nomeando cada meridiano miofascial de acordo com o modelo detalhado por Myers em *Trilhos anatômicos*.

Em 2010, Phillip Beach publicou *Muscles and meridians*, em que propõe o modelo de movimento de campo contrátil. "Ver o movimento como campos de contratilidade de todo o organismo que evoluíram ao longo de caminhos funcionais nos oferece novas abordagens para avaliação e tratamento do corpo em movimento. [...] Os padrões de contratilidade do *core*, aliados ao comportamento de campo, sugerem novas maneiras de entender o movimento humano" (Beach, 2010). A teoria do campo contrátil ainda não teve influência significativa no treinamento orientado para a fáscia em Pilates. Isso pode se dever, em parte, à complexidade de suas teorias e ao fato de que *Muscles and meridians* é menos ricamente ilustrado do que *Trilhos anatômicos*. A publicação de 2012 de *Fascia: The tensional network of the human body* (Schleip, Findley, Chaitow e Huijing) (Cap. 1) inspirou professores de Pilates a aprofundar seus estudos interdisciplinares das propriedades e funções da fáscia e aplicar esses achados de pesquisa à educação do movimento no ambiente de Pilates contemporâneo. Os capítulos 1.4, "Deep fascia of the shoulder and arm", e 1.5, "Deep fascia of the lower limbs", de Carla Stecco e Antonio Stecco, podem fornecer precisão do sequenciamento do movimento e direção das pistas táteis. "Enquanto as inserções ósseas dos músculos atuam suas ações mecânicas, suas inserções fasciais poderiam desempenhar um papel na propriocepção, contribuindo para a percepção do movimento" (Schleip et al., 2012). Os princípios do movimento Pilates de precisão, controle, centralização, fluxo e movimento corporal integral estão todos correlacionados com o princípio de treinamento orientado para a fáscia de refinamento proprioceptivo e acuidade cinestésica. O capítulo 2.2, sobre propriocepção, escrito por Jaap van der Wal, pode orientar professores de Pilates que buscam clareza na percepção do movimento. "Para entender as circunstâncias mecânicas e funcionais do papel da fáscia na conexão e na transmissão de tensões e na propriocepção, é, portanto, mais importante conhecer a arquitetura do tecido conjuntivo e muscular do que a ordem anatômica regular ou a topografia" (Schleip et al., 2012).

RENOVAR OS CONCEITOS DE PILATES COM UM NOVO ENTENDIMENTO DA ESTRUTURA E FUNÇÃO DA FÁSCIA

"A fáscia é o elemento que falta na equação movimento/estabilidade. Compreender a plasticidade e a capacidade de resposta da fáscia é um fator importante para mudanças terapêuticas duradouras e substantivas" (Earls e Myers, 2010). Em harmonia com a diretriz de treinamento orientada para a fáscia de encontrar movimentos corporais que envolvam as cadeias miofasciais mais longas possíveis (Müller e Schleip, 2011) e o princípio do movimento do corpo inteiro proposto pelo Pilates, Earls e Myers nos lembram de que, a partir de nossa segunda semana de desenvolvimento, a rede fascial é um todo unificado e permanece uma rede única, que se conecta e se comunica, desde o nascimento até a morte (Earls e Myers, 2010). O treinamento orientado para a fáscia moldado pela pesquisa sobre as propriedades e função da fáscia desafia a prática de treinamento muscular do Pilates e oferece um convite para reformular a unidade interna do controle do *core* com uma compreensão do meridiano miofascial da linha frontal profunda (Myers, 2013) (Cap. 6).

O conceito de estabilidade lombopélvica e o princípio do Pilates de desenvolvimento muscular equilibrado podem ser orientados por uma compreensão da tensegridade, palavra derivada de "tensão" e "integridade". Myers e Earls sugerem que vemos o corpo como uma trama tensional única na qual os suportes ósseos "flutuam" (Earls e Myers, 2010) (Cap. 6). O equilíbrio interno de tensão e compressão permite que o corpo tenha integridade interna para manter sua forma, não importando sua orientação espacial. Qualquer deformação cria tensão que é distribuída uniformemente por todo o corpo.

Tabela 13.5
Cada modelo na Figura 13.2 realiza um exercício de Pilates que ativa vários meridianos miofasciais. O meridiano miofascial primário é identificado aqui, assim como o nome do exercício e o equipamento desenvolvido a partir das invenções de J. H. Pilates.

Meridianos miofasciais desenhados nos exercícios no *mat* e nos aparelhos de Pilates	Exercício de Pilates	Equipamento de Pilates
1. Linha frontal profunda	*Teaser reverse* (desafio reverso)	Clara *step barrel*
2. Linha dorsal superficial	*Long spine massage* (massagem longa da coluna, versão avançada)	Reformer com alças longas
3. Linha frontal superficial	*Thigh stretch* (alongamento da coxa com extensão da coluna e rotação à esquerda)	Reformer com impulso da torre por meio da barra
4. Linha lateral	*Mermaid/dive for a pearl* (sereia em busca da pérola)	*Leg springs magician dolphin* (molas de pernas; golfinho mágico)
5. Linha espiral (seção frontal)	*Swan dive rotations* (rotações com mergulho do cisne)	*Ladder barrel* (barra nas mãos) e *dowel* (cavilha)
6. Linha espiral (seção dorsal)	*Thigh stretch* (alongamento da coxa), versão avançada Extensão da coluna vertebral e rotação à direita	Reformer com alças curtas
7. Linha frontal funcional	*Side lunge with weight shift* (avanço lateral com deslocamento de peso), versão avançada	*Combo chair* e disco rotatório sob o pé direito
8. Linhas do membro superior Esquerda – Linha frontal profunda do membro superior Direita – Linha dorsal superficial do membro superior	*Kneeling arm work* e *thigh stretch* (trabalho de braço na posição ajoelhada e alongamento da coxa), versão avançada Extensão da coluna vertebral e rotação à direita	Reformer com alças curtas
9. Linha frontal profunda	*Bridging* (ponte)	Mesa de trapézio com barra de flexão
10. Linha dorsal superficial	Salto no *footplate* em posição de quatro apoios	Reformer com *footplate* (*footplate/jumpboard* escondidos atrás do modelo n. 6)
11. Linha espiral (seção frontal)	*Standing/side splits* (aberturas laterais em pé, com orientação diagonal)	Reformer com plataforma de *standing* (ficar em pé)
12. Linha dorsal funcional	*Leg pull front* (elevação da perna para a frente)	Mat

Qualquer lesão se torna rapidamente uma distribuição de tensão modelada em todo o corpo e requer uma avaliação do corpo como um todo e tratamento do corpo como um todo. Os professores de Pilates são desafiados a ver o corpo como um todo em termos de tensegridade, a fim de desenvolver modelos de movimento coerentes que abordem a trama neuromiofascial contínua e desenvolvam o controle motor em apoio ao movimento funcional.

O treinamento orientado para a fáscia tem como princípio a iniciação proximal (Cap. 11). Este corresponde ao princípio de centralização do Pilates. Joseph Pilates usou o termo *"powerhouse"* para se referir ao centro de força entre o topo da pelve e o fundo da caixa torácica, responsável pela centralização ou iniciação proximal. A formação de professores contemporâneos em Pilates, influenciada por Diane Lee (2011), explica que a unidade interna de controle do *core* é a chave para um movimento eficiente, gracioso e equilibrado (St. John, 2013). O transverso do abdome, o assoalho pélvico, os multífidios e o diafragma trabalham em conjunto para estabilizar a pelve e a parte lombar da coluna.

Embora a estabilidade lombopélvica esteja relacionada à força do *core* e do abdome, ela inclui todos os músculos que se fixam à pelve e à coluna vertebral por meio da ação das quatro unidades externas de controle do *core*: o sistema de cadeia oblíquo anterior, o sistema de cadeia oblíquo posterior, o sistema longitudinal profundo e o sistema lateral (Cap. 7). Todas as unidades externas de controle do *core* desempenham algum papel em praticamente todos os exercícios de Pilates e no movimento funcional (St. John, 2013).

AUMENTO DO TREINAMENTO DO MÉTODO PILATES ORIENTADO PARA A FÁSCIA COM LIBERAÇÃO FASCIAL PARA EQUILÍBRIO ESTRUTURAL

O treinamento do método Pilates orientado para a fáscia pode ser integrado com terapia manual ou liberação fascial para equilíbrio estrutural (Cap. 19). Quando um profissional adquirir ambos os conjuntos de habilidades, o paciente terá a sorte de receber o treinamento orientado para a fáscia para controle motor e educação de movimento juntamente com liberação da fáscia para o balanceamento estrutural. Se o profissional tiver apenas um conjunto de habilidades, o paciente poderá procurar dois profissionais que possam fornecer sessões complementares. O movimento preciso do corpo inteiro é necessário para treinar a fáscia, mas pode não ser suficiente para facilitar o movimento eficiente. O corpo como um sistema de tensegridade responde ao trauma, contraindo e retraindo em torno de todos os eixos (Earls e Myers, 2012). Quando a liberação fascial para o equilíbrio estrutural abre o corpo em uma dimensão, ele parece responder em todas as dimensões.

PROJETE PISTAS TÁTEIS PARA REFORÇAR O TREINAMENTO DO MÉTODO PILATES ORIENTADO PARA A FÁSCIA

As pistas táteis modeladas por Joseph Pilates nos seus filmes (Pilates, 1932-1945) indicam um toque forte, por vezes forçando o cliente a entrar na posição pretendida. O treinamento orientado para a fáscia estimula o refinamento perceptivo dos movimentos de cisalhamento, deslizamento e tensão nas membranas fasciais superficiais (Müller e Schleip, 2011) (Cap. 1). Trata-se de algo inspirado pela descoberta de que as camadas da fáscia superficial são mais densamente povoadas por terminações nervosas mecanorreceptivas do que o tecido situado mais internamente (Stecco et al., 2014) (Cap. 4). Embora esse refinamento perceptual seja recomendado em termos de movimento, parece razoável aplicar essa descoberta à modelagem de pistas táteis para o treinamento do método Pilates orientado para a fáscia. Ao aplicar vetores precisos na profundidade da camada da fáscia superficial, transmitindo a continuidade miofascial a uma área óssea ou órgão, pode ser dada uma direção clara no espaço. Por exemplo, na Figura 13.2, no exercício número 12, a cifose torácica desejada foi perdida. A correta organização da coluna vertebral pode ser reforçada colocando-se as almofadas dos quatro dedos da mão do professor nos processos espinhosos posteriores das vértebras torácicas entre as escápulas. Instrua o paciente a levantar o esterno na direção das vértebras, levando os processos espinhosos convexos na direção do teto. Essa sugestão ativa os meridianos miofasciais dos membros superiores, integrando-os com todos os meridianos miofasciais que fornecem suporte ao tronco.

Outro exemplo de uma sugestão tátil harmoniosa com o treinamento orientado para a fáscia envolve o exercício número 10 na Figura 13.2 . O apoio da junção toracolombar foi perdido, resultando em compressão na área das vértebras T11, T12 e L1. A superfície da palma dos dedos do instrutor é colocada nas superfícies laterais anteriores das costelas inferiores, guiando as costelas em direção à parte de trás do tórax, pedindo ao paciente para projetar as costelas inferiores em direção ao teto. As sugestões táteis devem ser usadas de maneira criteriosa, para informar ou encorajar, e não para forçar ou sobrecarregar. No treinamento do método Pilates orientado para a fáscia, o cliente é o agente ativo que tem a responsabilidade de moldar o movimento, em vez do papel de receptor passivo das ações do instrutor.

O TREINAMENTO DE PILATES ORIENTADO PARA A FÁSCIA É UM CAMPO RECENTE EM RÁPIDO DESENVOLVIMENTO

A prática intencional do treinamento de Pilates orientado para a fáscia só está em desenvolvimento desde 2001. Os princípios do treinamento orientado para a fáscia podem imbuir todos os elementos da modelagem do programa Pilates, incluindo a utilização de todos os planos de movimento, sequenciamento de movimento, tempo, duração, frequência, seleção de resistência, sugestões verbais, sugestões de toque e escolhas de movimento apropriadas para clientes com hipermobilidade (Cap. 8), aderências fasciais por causa da idade, cirurgias, traumas (Cap. 5) ou traumatismo cranioencefálico.

O trabalho da comunidade internacional de professores de Pilates, que estão desenvolvendo o campo de treinamento de Pilates voltado para a fáscia, ocorre nos estúdios de Pilates em todo o mundo. Nesses laboratórios de movimento, os professores de Pilates se envolvem em investigações interdisciplinares e colaboram com seus clientes para facilitar o movimento funcional e elegante nas atividades da vida diária, no atletismo e no desempenho.

Aplicação prática

Transforme um clássico exercício no *mat* de Pilates, que aborda a função muscular, em uma sequência no Reformer de Pilates que estimula os tecidos fasciais, satisfazendo os princípios do treinamento orientado para a fáscia. A Figura 13.2, exercício 12, demonstra um *leg pull front*. Esse exercício clássico no *mat* requer a integração de todos os meridianos miofasciais (Myers, 2013) (Cap. 6). No entanto, o *leg pull front* não satisfaz os princípios de treinamento orientados para a fáscia (Tab. 13.1) (Cap. 11). Esse exigente exercício no *mat* oferece oportunidades limitadas para contramovimentos preparatórios, sequências de movimento fluido, variação de tempo e movimentos multidirecionais, com pequenas mudanças no ângulo que levam à hidratação e renovação dos tecidos. O *leg pull front* não envolve a retração elástica (Cap. 10). Compare o *leg pull front* com o exercício contemporâneo de Pilates no Reformer mostrado no exercício 10 da Figura 13.2. O salto na plataforma na posição de quatro apoios requer ação integrada de todos os meridianos miofasciais utilizados no *leg pull front*. (A placa de apoio, ou placa de balanceio, está escondida pela pessoa que faz o exercício 6.) Uma mola azul conecta a barra móvel do Reformer à estrutura. Além de cumprir os requisitos do meridiano miofascial do treino orientado para a fáscia, o exercício 10 satisfaz vários princípios orientados para a fáscia. O *demi plié* da bailarina, ou dobra do joelho, prepara para a flexão plantar do tornozelo e a extensão do joelho necessária para cada salto. Esse é o contramovimento preparatório (Cap. 11). Aterrissar de cada salto envolve a desaceleração através de toda a cadeia cinética inferior, juntamente com o tensionamento das longas cadeias fasciais que conectam os pés com o cíngulo do membro inferior, coluna, tórax, cíngulo do membro superior, braços e mãos. Isso cria uma sequência de movimento fluido, ou o princípio ninja. Os saltos podem ser rápidos e pequenos ou lentos e grandes. Trata-se de variação de tempo. Os membros inferiores no salto podem ser orientados em rotação neutra do quadril, rotação lateral ou rotação medial. Isso satisfaz o princípio dos movimentos multidirecionais com pequenas mudanças no ângulo. A propriedade da retração elástica do salto no Reformer em quatro apoios exige adicionalmente o refinamento proprioceptivo e a acuidade cinestésica, resultando em hidratação e renovação do tecido.

Referências bibliográficas

Beach, P. (2010) *Muscles and Meridians.* Churchill Livingstone Elsevier.
Earls, J. & Myers, T. (2010) *Fascial Release for Structural Balance.* Chichester, Lotus Publishing.
Larkam, E. (2013) *Heroes in Motion.* DVD 9 minutes 31 seconds. Disponível em: Pilates Method Alliance <www.pilatesmethodalliance.org/i4a/pages/index.cfm?pageid=3401>
<https://www.youtube.com/watch?v=YdsTMB61dBo>
Lee, D. (2011) *The Pelvic Girdle.* 4th ed. Churchill Livingstone Elsevier.
Lessen, D. (2013) *The PMA Pilates Certification Exam Study Guide.* 3rd ed. Pilates Method Alliance Inc. Miami, Florida.
Moore, J. (2009) MPT,OCS, ATC, CSCS *Physical Therapist.* Lower Extremity Amputation: Early Management Considerations. Naval Medical Center San Diego Military Amputees Advanced Skills Training (MAAST) Workshop July 28–30. Comprehensive Combat and Complex Casualty Care Naval Medical Center, San Diego.
Muller, M.G. & Schleip, R. (2011) Fascial Fitness: Fascia oriented training for bodywork and movement therapies. *IASI Yearbook* 2011: 68–76.
Myers, T.W. (2013) *Anatomy Trains Myofascial Meridians for Manual and Movement Therapists.* 3rd ed. Churchill Livingstone Elsevier.
Myers. T. (2011) *Fascial Fitness: Training in the Neuromyofascial Web.* Disponível em: IDEA <http://www.ideafit.com/fitness-library/fascial-fitness>
Pilates, J.H. (1932–1945) *Joe and Clara Historic Video.* DVD 70 minutes. Disponível em: Mary Bowen < www.pilates-marybowen.com/videos/video.html>
Pilates, J.H. & Miller W.R. (1945) *Return to Life Through Contrology.* Reprinted 2003. Presentation Dynamics Inc.
Pilates, J.H. (1934) *Your Health.* Reprinted 1998. Presentation Dynamics Inc.
Schleip, R., Findley, T.W., Chaitow, L. & Huijing, P.A. (2012) *Fascia: The Tensional Network of the Human Body.* Churchill Livingstone Elsevier.
Sporting Goods Manufacturers Association. (2010) *Single Sport Report – 2010 Pilates.* < sgmaresearch@sgma.com> < www.sgma.com>
St. John, N. (2013) *Pilates Instructor Training Manual Reformer 1.* Balanced Body University.
Stecco, L. & Stecco, C. (2014) *Fascial Manipulation for Internal Dysfunction.* Piccin Nuova Libraria S.p.A.

Leituras adicionais

Blom, M-J. (2012) Pilates and Fascia: The art of 'working in'. *Fascia: The Tensional Network of The Human Body.* 7 (22): 451–456. Churchill Livingstone Elsevier.
Earls, J. (2014) Born to Walk: *Myofascial Efficiency and the Body in Movement.* Lotus Publishing.
Larkam, E. (2012) *#1014: Reformer Workout Level 2 90 minutes.* http://www.pilatesanytime.com/class-view/1014/video/Elizabeth-Larkam-Pilates-Pilates-Class-by-Elizabeth-Larkam
Larkam, E. (2012) *#889: Reformer Workout Level 2/3 75 minutes.* http://www.pilatesanytime.com/class-view889/video/Elizabeth-Larkam-Pilates-Pilates-Class-by-Elizabeth-Larkam
Larkam, E. (2012) *#866: Wunda Chair Workout Level 2/3 60 minutes.* http://www.pilatesanytime.com/class--view/866/video/Elizabeth-Larkam-Pilates-Pilates-Class-by-Elizabeth-Larkam
Larkam, E. (2012) *#863: Mat Workout Level 2 50 minutes.* http://www.pilatesanytime.com/class-view/863/video/Elizabeth-Larkam-Pilates-Pilates-Class-by-Elizabeth--Larkam
Larkam, E. (2012) *#829: Pilates Arc Workout Level 2 60 minutes.* http://www.pilatesanytime.com/class-view829/video/Elizabeth-Larkam-Pilates-Pilates-Class-by-Elizabeth-Larkam
St. John, N. (2013) *Pilates Instructor Training Manual Mat 1.* 2nd ed Balanced Body University.
St. John, N. (2013) *Pilates Instructor Training Manual Mat 2.* 2nd ed Balanced Body University.

St. John, N. (2013) *Pilates Instructor Training Manual Reformer 2*. 2nd ed Balanced Body University.
St. John, N. (2013) *Pilates Instructor Training Manual Reformer 3*. 2nd ed Balanced Body University.
St. John, N. (2013) *Pilates Instructor Training Manual Pilates Chair*. 2nd ed Balanced Body University.
St. John, N. (2013) *Pilates Instructor Training Manual Trapeze Table*. 2nd ed Balanced Body University.
St. John, N. (2013) *Pilates Instructor Training Manual Barrels*. 2nd ed Balanced Body University.
Turvey, M.T. & Fonseca, S.T. (2014) The Medium of Haptic Perception: A Tensegrity Hypothesis. *Journal of Motor Behavior* Vol. 46, No. 3, 2014: 143–187.

14
Treinamento da fáscia na metodologia Gyrotonic®

Stefan Dennenmoser

UMA CURTA HISTÓRIA DO GYROTONIC

O criador do GYROTONIC EXPANSION SYSTEM®,* Juliu Horvath, foi bailarino profissional no Ballet Estatal Romeno antes de se mudar para os Estados Unidos, lugar onde continuou sua carreira no ballet da ópera da cidade de Nova York e no Houston Ballet. Graves problemas nas costas e lesões no tendão do calcâneo o levaram a desenvolver seu conceito de complexos movimentos ondulatórios e elásticos, chamado de Gyrokinesis®, também conhecido como *yoga para bailarinos*. Este era feito inteiramente sem o auxílio de equipamentos. Como isso se mostrou muito difícil para muitas pessoas, Horvath criou uma família de aparelhos de treinamento para incentivar movimentos tridimensionais e circulares. Esse sistema tornou-se bem conhecido sob o nome Gyrotonic (*gyros* = círculo, *tonic* = tonificante). A ideia se espalhou primeiro na comunidade da dança, e logo depois nas do preparo físico, fisioterapia e exercícios físicos, sendo recebida por jovens e também pelos idosos com muito entusiasmo. O foco do treinamento Gyrotonic não é o aumento da força muscular, mas uma melhor coordenação, elasticidade e flexibilidade de todo o corpo como um sistema de movimento. Além disso, efeitos estimulantes sobre o sistema linfático, o sistema cardiovascular, o sistema nervoso autônomo e o sistema energético também foram atribuídos ao treinamento Gyrotonic. "O treinamento Gyrotonic aumenta a capacidade funcional de todo o organismo de maneira harmoniosa" (Horvath, 2002). Embora o tecido conjuntivo não tenha sido mencionado explicitamente aqui, hoje o sistema fascial seria incluído.

A construção incomum do equipamento Gyrotonic pode ser atribuída à abordagem tridimensional e não linear do movimento. O aparelho básico original é conhecido como "unidade de torre". Ele consiste em duas placas rotativas que são movidas principalmente com as mãos, exigindo um movimento circular e tridimensional. O movimento envolvido não está isolado. Em vez disso, é realizado com a inclusão de todo o corpo, com a coluna vertebral funcionando como ponto central estável e flexível para o movimento. Um segundo aspecto da construção do equipamento é a liberação controlada do corpo por meio da suspensão dinâmica dos membros. Essa é a razão pela qual o treinamento com o equipamento Gyrotonic é algumas vezes descrito como "nadar no espaço".

---
* GYROTONIC e GYROTONIC EXPANSION SYSTEM são marcas registradas da Gyrotonic Sales Corp e são usadas com permissão.

Figura 14.1 Liberação do peso corporal com os membros inferiores sustentados pelo aparelho.
(Foto: *master trainer* de Gyrotonic Fabiana Bernardes, Atelier do Movimento.)

PRINCÍPIOS GYROTONIC E A CORRESPONDÊNCIA COM O TREINAMENTO FASCIAL

Há uma clara sinergia entre os princípios de movimento do treinamento Gyrotonic e o treinamento estrutural da fáscia, por exemplo, o treinamento fascial (Cap. 11). É de grande benefício o nível ajustável de esforço, o que significa que novos padrões de movimento ainda podem ser praticados ergonomicamente. Com um alto nível de concentração e esforço coordenado, hábitos de movimentos específicos podem ser otimizados e tornados mais econômicos sem estressar a estrutura de modo excessivo. Em tal treinamento, um padrão respiratório adequado (Cap. 12) acompanha cada movimento, com o objetivo de que o treinamento contribua para a coordenação intermuscular.

Vale ressaltar que quase todas as sessões de treinamento começam com um *despertar dos sentidos*, um tipo de automassagem que inclui esfregar e/ou tocar em todas as áreas do corpo que podem ser alcançadas. De uma perspectiva fascial, isso estimula as camadas superficiais e profundas, com o propósito de preparar o corpo para o treinamento que se seguirá (Cap. 4).

Princípio 1: estabilização mediante contraste – alcançar e se estender

De maneira clássica, era considerado ponto passivo que os movimentos ocorrem por contração, ou seja, uma ação de puxar dos músculos. No treinamento de força, o músculo ativo, ou agonista, é treinado enquanto a musculatura oposta, ou antagonista, deve simplesmente permitir o movimento.

Figura 14.2 Alongamento em múltiplas direções com membros inferiores, tronco e membros superiores em uma variação avançada do exercício arco/curvatura.
(Foto: *master trainer* de Gyrotonic Fabiana Bernardes, Atelier do Movimento.)

Isso leva a um encurtamento habitual que é visto principalmente em atletas de força. (Aqui, vemos problemas envolvendo desequilíbrio muscular, a amplitude de movimento das articulações e as próprias articulações, bem como questões posturais). Em contraste, se, por exemplo, um gato for observado, fica totalmente evidente o princípio do esticar-se, ou seja, um alongamento como se quisesse alcançar algo, que é a base dos "movimentos" Gyrotonic e um componente-chave do treinamento fascial (Cap. 11). Horvath vai além, recomendando o alongamento em direções opostas para estabilizar melhor o corpo. Em vez de definir *um ponto fixo* como segmento estável e um *ponto móvel*, há um movimento de expansão típico da pandiculação em pelo menos duas dimensões (Caps. 9 e 12). Um esparramar-se, alcançar e estender-se a partir do interior, que coincide com o alongamento multivetorial da estrutura fascial.

Além do efeito de liberação das aderências do tecido conjuntivo, o treinamento de movimento também aborda o encurtamento que surge da tensão unilateral, o que leva ao equilíbrio no movimento. Na prática do movimento, o cliente é desafiado a gerar uma conexão livre de folga entre as extremidades emparelhadas conforme os membros superiores se alongam para cima e os membros inferiores se alongam para baixo. O mesmo princípio se aplica em todo o corpo. Por exemplo, sentado em um aparelho, as mãos empurram ou puxam os apoios giratórios no mesmo sentido em que os pés se movem enquanto estão ancorados no chão. A coluna vertebral é movida na direção oposta. O resultado é um movimento conhecido como "arco/curvatura" (*arch/curl*), que é descrito biomecanicamente como uma flexão e extensão contínuas e alternadas do tronco.

Princípio 2: expansão e retração – detectar movimentos internos/naturais

O princípio de expansão e retração está intimamente relacionado ao princípio do alongamento. Essas forças inversamente relacionadas ocorrem tanto simultaneamente como de maneira sucessiva. Se, por um lado, os membros seguem um padrão de alcance e expansão, uma contração do centro do corpo por meio da musculatura do *core* deve ainda estar presente. Isso permite movimentos dos membros decor-

Figuras 14.3 e 14.4 Estabilidade central combinada com movimentos dinâmicos de todo o corpo.
(Foto: *master trainer* de Gyrotonic Fabiana Bernardes, Atelier do Movimento.)

CAPÍTULO 14 · TREINAMENTO DA FÁSCIA NA METODOLOGIA GYROTONIC® 149

Figuras 14.5 e 14.6   O estreitamento da pelve conecta o corpo de forma dinâmica e elástica.
(Foto: *master trainer* de Gyrotonic Fabiana Bernardes, Atelier do Movimento.)

rentes de um centro estável. De uma perspectiva fascial, há um acoplamento das faixas miofasciais (Cap. 6) a um centro de força pré-tensionado no tronco, como ocorre principalmente com o trabalho dos membros superiores e inferiores.

Como alternativa, as forças opostas, que acontecem de modo sucessivo, envolvem uma mudança dinâmica que segue o ritmo do movimento, resultando em uma mudança contínua dos vetores de força. Horvath captou uma ideia que é enfatizada nas disciplinas de movimento fascial: a mudança ondulatória na dinâmica e na direção dos movimentos naturais, um sinal de impulsos de movimento interno e um jogo criativo com variações mínimas (Conrad, 2007). Dentro da sequência de exercícios, essa mudança nos ciclos de movimento prescritos ocorre. Além disso, ela usa a qualidade elástica do tecido conjuntivo (Cap. 10). Em movimentos e sequências mais avançados, com um fator alto de "desenrolamento", os elementos criativos ganham o primeiro plano. A sequência de exercícios, assim como os próprios exercícios, sempre permite uma mudança harmoniosa nas direções opostas do movimento.

Princípio 3: criando espaço nas articulações – alongamentos poderosos

Em Gyrotonic, criar *espaço na articulação* é fundamental. No treinamento fascial, isso é visto em conexão com o pré-tensionamento capsular ao redor da articulação. É a diferença entre um movimento mecânico de articulação, ao levantar o membro superior, e um fluido gesto teatral, que faz mais do que apenas mover os ossos. Na verdade, ele define o espaço através do qual o membro superior se move. A tarefa envolvida nessa dita "escavação" é imaginar que aquela parte específica do corpo não faz parte da articulação, mas sim se move ao redor da articulação, ou seja, como se algo estivesse atrapalhando a flexão direta da articulação. Em essência, trata-se novamente de um estender-se em torno do eixo da articulação sem um encurtamento no interior da articulação. Portanto, durante tal movimento, não deve haver carga compressiva sobre a articulação envolvida. Essa ideia da escavação é executada por meio da ênfase no pré-tensionamento da estrutura miofascial no movimento (Cap. 11).

Van der Wal descreveu uma perda de 20-30% na força muscular linear a fim de garantir a orientação limpa e econômica de uma articulação (van der Wal, 2009). Essa força é perdida na estrutura cápsula-ligamento. Por meio da ênfase consciente desse pré-tensionamento ao redor da articulação, a mecânica da articulação, durante o exercício e também nos movimentos cotidianos, pode ser notoriamente melhorada. Terapeuticamente, esse efeito é aplicável quando se procura aliviar a tensão articular, por exemplo, na osteoartrite precoce. Como resultado, os movimentos Gyrotonic assumem e iniciam uma qualidade de dança, um gesto que acaba se assemelhando ao movimento do corpo inteiro.

Princípio 4: estreitar a pelve – retração elástica

Em relação ao tronco, que sempre participa dos movimentos Gyrotonic, é a ideia de uma transferência de pré-tensionamento que é focada na pelve. A isso se dá o nome de *estreitar a pelve* e visa constantemente fazer uma conexão mental entre as duas articulações do quadril sob tensão. Por meio dessa tensão mantida, a coluna vertebral deve alongar-se um pouco mais, ao mesmo tempo que fica estabilizada, e a conexão com os membros inferiores também deve ser melhorada. Essa é uma ideia consistente com o modelo de tensegridade (Ingber, 1998) (Cap. 6), com um resultado terapeuticamente importante de liberação das articulações da coluna vertebral. O início do movimento também é projetado na região abdominal e pélvica, o que tem um efeito positivo no fluxo do movimento. Essa *retração elástica* (Cap. 10) parece produzir um pré-tensionamento adequado na área central do quadril/pelve para a ativação de um movimento. Por exemplo, o balanço de um golfista que envolve a elasticidade de todo o corpo permite que o golfista execute perfeitamente o movimento de giro.

Essas estruturas de distribuição de tensão, percorrendo os músculos e a fáscia da pelve, juntamente com as três camadas da fáscia lombar e a musculatura relacionada (quadrado do lombo, transversos do abdome), que estão envolvidas em vários movimentos, como flexão e marcha (Vleeming, 2007) (Cap. 17), são responsáveis pela otimização do trabalho realizado pela musculatura nos movimentos cotidianos em pessoas saudáveis.

Princípio 5: estimulação do corpo – *feedback* tátil/organização do corpo

Dentro da estrutura da fáscia existem seis vezes mais sensores nervosos aferentes do que na musculatura (Stecco et al., 2008). Isso significa que o corpo recebe uma parte imensa de seu *feedback* cinético diretamente do sistema fascial (Cap. 4). A riqueza de informações disponíveis requer mais consciência do que se tem acesso, então o corpo as classifica como desimportantes. Por meio das posições corporais desconhecidas, orientando e liberando os centros de movimento envolvidos no treinamento com o equipamento Gyrotonic, esses centros de movimento são confrontados com novas informações que entram na percepção consciente e, dessa forma, contribuem para uma melhor coordenação do movimento. Além disso, a percepção proprioceptiva, assim como o estímulo do treinador, é solicitada a fim de eliminar movimentos que não são econômicos e, em vez disso, estimular movimentos saudáveis. Por essa razão, o trabalho Gyrotonic é sempre realizado sob a orientação de um instrutor, uma vez que a repetição guiada de movimentos "suaves" oferece a possibilidade perfeita de trabalhar na coordenação e flexibilidade de um indivíduo.

Princípio 6: a visão guia o movimento – usando os reflexos do corpo

A postura e o nível de tensão no corpo são sempre ajustados em relação à posição em que a cabeça e os olhos são mantidos (reflexo de endireitamento). Isso surge das etapas mais precoces do nosso desenvolvimento do movimento. Muitas vezes, um excesso claro de tensão pode ser encontrado no pescoço, o que dificulta o movimento coordenado da cabeça e da coluna vertebral. Quando essa coordenação não acontece mais automaticamente, a consciência da pessoa que faz os exercícios deve ser despertada e a posição da cabeça, as vértebras do pescoço e a curvatura da coluna vertebral devem equilibrar-se. Dessa forma, os meridianos miofasciais são mantidos como um *continuum* de todo o corpo que está livre de bloqueios. Sem controle da direção do olhar, o treino da coluna vertebral produziria uma ruptura ou perturbação. Por essa razão, no treinamento Gyrotonic, a direção correta do olhar é frequentemente parte da descrição do movimento.

Princípio 7: intenção como força motriz – melhorar a qualidade/economia dos movimentos

Além da informação externa "objetiva", o cliente tem uma ideia interna de movimento que é decisiva na realização desse movimento. Em disciplinas orientadas para o processo, a consciência dessa intenção ausente é destacada. Corrigindo esse conceito interno, também há melhora no movimento.

Uma ideia na metodologia Gyrotonic é a de iniciar um movimento a partir do centro do corpo, sempre dentro do possível. Uma segunda é a distribuição igual dos movimentos específicos da coluna vertebral ao longo do comprimento da coluna vertebral. Ambas aumentam a consciência interna (Cap. 4) e o pré-tensionamento do corpo, além de, em conjunto, visivelmente melhorar a qualidade do movimento (ver exemplo arco/curvatura).

Figuras 14.7 e 14.8 Exercício de arco/curvatura em suas variações simétrica e assimétrica.
(Foto: *master trainer* de Gyrotonic Fabiana Bernardes, Atelier do Movimento.)

Princípio 8: padrões de respiração correspondentes – criar um movimento de cisalhamento dentro do tecido

Para cada exercício em um aparelho Gyrotonic, há um padrão respiratório correspondente. Assim como o movimento, ele precisa ser treinado e aprendido. Por meio de suas características de expandir e contrair, inspirar e expirar oferece suporte ao movimento que está sendo trabalhado (Cap. 12). Isso inclui um movimento de mobilização por meio do envolvimento do tecido conjuntivo e da fáscia. Em geral, uma extensão é acompanhada por uma inspiração, e um movimento em flexão por uma expiração, de modo que, ao alcançar, primeiramente, as costelas, a parte torácica da coluna vertebral e as estruturas do pulmão são mobilizadas em extensão. Na flexão, com o envolvimento da musculatura abdominal transversa, as estruturas da parte lombar da coluna vertebral e do espaço retroperitoneal são mobilizadas e arredondadas. Nesse sentido, o foco aumentado na respiração estimula o movimento do fluido do tecido conjuntivo extracelular, e a hidratação da matriz extracelular é melhorada (Cap. 1).

Exemplos práticos

Arco/curvatura (exercício básico)

O movimento Gyrotonic mais conhecido, e também frequentemente o primeiro a ser praticado, é o "arco/curvatura". Esse movimento é normalmente feito sentado e inclui o uso de pratos rotativos. Começa com uma extensão da coluna conforme o tronco é empurrado para a frente sobre as mãos, que seguram as garras. O movimento é sustentado por uma leve ativação dos membros inferiores, a fim de estimular o alongamento do tronco. O pré-tensionamento das conexões fasciais e das cápsulas articulares, por meio de uma contração muscular direcionada, da pelve e do tronco deve ser incluído para que o movimento de "alcançar" da coluna vertebral seja mantido com segurança e o paciente não caia em uma postura lordótica descontrolada. Além disso, a chamada *quinta linha*, que é uma linha mediana conceitual através do interior do corpo, não pode encurtar-se, e, em vez disso, mantém o mesmo comprimento. Além disso, o cliente se concentra na respiração e, mais especificamente, na inspiração durante o movimento de extensão. Nessa posição, olhando para a frente e para cima, ambas as mãos guiam as duas garras das placas rotacionais para os pontos finais do movimento de sua rotação. Ao mesmo tempo, a extensão através do tronco e coluna vertebral deve ser mantida. Isso pode ser difícil para os iniciantes. Os reflexos envolvidos e o alongamento oposto faz sentido absoluto com relação aos meridianos miofasciais (Cap. 6). Dessa forma, as mãos e os pés oferecem mais apoio e são incluídos no alongamento. Existem até recomendações para a posição dos dedos das mãos e dos pés. No entanto, as forças devem estar em equilíbrio, de tal forma que os movimentos poderiam teoricamente ser feitos sem equipamentos.

Depois de atingir o ponto de retorno do prato giratório, todas as direções de força e movimento são invertidas: os pés empurram o chão para mover a coluna vertebral em direção à flexão para a frente, as costas arredondam-se e a fase de expiração é iniciada. Como um animal de quatro patas, as mãos e os pés estão novamente ativos para dar apoio e se afastam para longe do corpo. O tronco também se alonga para longe das extremidades. Entretanto, a quinta linha deve permanecer "longa". Novamente, embora o movimento pareça fácil e natural, isso pode ser difícil de alcançar sem uma prática extensiva.

No final do movimento de curvatura, se as costas se desviaram muito para trás entre as mãos e a pessoa que está fazendo o exercício está claramente sentada atrás de seu túber isquiático, há novamente uma mudança na direção da força quando o cliente "ergue" a si mesmo a partir dos pés e começa a sequência desde o início. No decorrer do movimento de arco/curvatura, o estreitamento dos lados da pelve e o pré-tensionamento correspondente devem ser mantidos. O padrão de respiração utilizado suporta a incorporação da "assim chamada" musculatura profunda.

O movimento de arco/curvatura pode ser visto de maneira clara como um movimento relevante para a fáscia em razão do movimento elástico no ponto de retorno (Cap. 11). É o pré-tensionamento do tronco que dá ao cliente a possibilidade de balançar para a frente e para trás, entre a extensão e a flexão. Se essa qualidade de movimento é praticada, a respiração e a conexão com as mãos e os pés fazem sentido. Como centro do movimento, a pelve dá à ondulação do corpo a tranquilidade necessária para resolver imobilidades e tensões existentes.

O movimento arco/curvatura pode ser realizado com rotação em qualquer direção das placas, mas, como descrito, isso só ocorre no plano sagital. Para ir além desse plano e demandar mais da coluna vertebral, há múltiplas variações que combinam os movimentos básicos com uma flexão lateral e uma rotação da coluna vertebral.

Por causa dos movimentos variados e complexos feitos nos dispositivos Gyrotonic, o treinamento sempre acontece sob orientação individual com um instrutor. O objetivo maior é melhorar a qualidade do movimento e eliminar os padrões de movimento armazenados. O aparelho oferece certo nível de orientação e suporte, mas ainda deixa ao cliente bastante liberdade na elaboração dos movimentos.

Limitações e problemas com a metodologia Gyrotonic

A maioria das qualidades fasciais pode ser treinada com a ajuda de exercícios Gyrotonic: elasticidade, interconectividade, flexibilidade, estabilização e alongamento no movimento (Cap. 11). Essa lista não é exaustiva, e assume-se um certo nível de competência no movimento. Isso não quer dizer que aqueles sem experiência não podem treinar em um dispositivo Gyrotonic. No entanto, a conhecida elegância dos movimentos só aparece com flexibilidade e coordenação suficientes. Aqueles desprovidos de habilidades motoras às vezes parecem "perdidos" quando envolvidos em uma disciplina que foi desenvolvida por um bailarino. Alguns padrões de movimento não são considerados de modo completo e são aceitos como "normais". Isso pode incluir rotação lateral nos membros inferiores, "costas retas" ou ombros excessivamente caídos. Embora a maioria dos pacientes se beneficie desses resultados, em termos de aconselhamento, existe ainda no campo terapêutico uma necessidade de explicação e discussão.

Referências bibliográficas

Bertolucci, L.F. (2011) Pandiculation: Nature's way of maintaining the functional integrity of the myofascial system? *J Bodyw Mov Ther.* 15(3): 268–280.

Calais-Germaine, B. (2005) *Anatomy of Breathing.* Seattle: Editions DesIris.

Conrad, E. (2007) *Life on Land.* Berkeley: North Atlantic Books.

Findley, T.W. & Schleip, R. (2007) *Fascia research: basic science and implications for conventional and complementary healthcare.* Munich: Elsevier Urban & Fischer.

Horvath, J. (2002) *GYROTONIC® presents GYROTONIC EXPANSION SYSTEM®*, New York: GYROTONIC® Sales Corporation.

Ingber, D. (1998) The architecture of life. *Scientific American Magazine.* January.

Müller, D.G. & Schleip, R. (2012) Fascial Fitness: Suggestions for a fascia-oriented training approach in sports and movement therapies. *In: Fascia, the tensional network of the human body.* Edinburgh: Churchill Livingstone.

Stecco, C., Porzionato, A., Lancerotto, L. et al. (2008) Histological Study of the deep fascia of the limbs. *J Bodyw Mov Ther.* 12(3): 225–230.

Van der Wal, J. (2009) The architecture of the connective tissue in the musculoskeletal system: An often overlooked functional parameter as to proprioception in the locomotor apparatus. In: Hujing, P.A., et al., (Eds.) *Fascia research II: Basic science and implications for conventional and complementary health care.* Elsevier GmbH, Munich, Germany.

Vleeming, A. (2007) *Movement, Stability and Lumbopelvic Pain.* Edinburgh: Churchill Livingstone.

Leituras adicionais

Benjamin, M. (2009) The fascia of the limbs and back – a review. *Journal of Anatomy*. 214(1): 1–18.

Fukashiro, S., Hay, D.C. & Nagano, A. (2006) Biomechanical behavior of muscle-tendon complex during dynamic human movements. *J Appl Biomech*. 22(2): 131–47.

Fukunaga, T., Kawakami, Y., Kubo, K. et al. (2002) Muscle and tendon interaction during human movements. *Exerc Sport Sci Rev*. 30(3): 106–110.

Maas, H. & Sandercock, T.G. (2010) Force transmission between synergistic skeletal muscles through connective tissue linkages. *J Biomed Biotechnol*. Article ID 575672.

Müller, D.G. & Schleip R. (2011) Fascial Fitness: Fascia oriented training for bodywork and movement therapies. [Online] Sydney: *Terra Rosa e-magazine*. Issue no. 7. Disponível em: http://www.scribd.com/fullscreen/52170144&usg=ALkJrhhvc3ughAKnmhBGk6B1r-0Olcg2Pw [acesso em 1 de abril de 2013]

Muscolino, J.E. (2012) Body mechanics. *Massage Therapy Journal*. [Online] Disponível em: http://www.learnmuscles.com/MTJ_SP12_BodyMechanics%20copy.pdf [acesso em 1 de abril de 2013]

Myers, T.W. (1997) The Anatomy Trains. *J Bodyw Mov Ther*. 1(2): 91–101.

Stecco, C., Porzionato, A., Lancerotto, L. et al. (2008) Histological Study of the deep fascia of the limbs. *J Bodyw Mov Ther*. 12(3): 225–230.

Zorn, A. & Hodeck, K. (2012) Walk With Elastic Fascia – Use Springs in Your Step! In: Dalton, E. *Dynamic Body*. Freedom From Pain Institute.

15
Como treinar a fáscia na dança

Liane Simmel

INTRODUÇÃO

Os dançarinos, especialmente bailarinos, são facilmente identificados na rua, pois parecem se mover de forma diferente das outras pessoas. Não só eles tendem a andar com os membros inferiores virados para fora, como seus corpos também parecem exibir uma "conectividade", que permite leveza, elasticidade e qualidade de movimentos elegantes.

A dança é ensinada e aprendida por meio da experiência corporal do dançarino. O conhecimento corporal de gerações de dançarinos e professores de dança é transmitido nos estúdios, adaptado por cada dançarino individual e testado praticamente em uma ampla variedade de "tipos" corporais diferentes. A dança oferece uma grande fonte de conhecimento corporal e conhecimento do movimento, adquiridos por meio da experiência física. No entanto, esse conhecimento ainda precisa ser comprovado cientificamente.

Desde os anos 1980, há um crescente interesse pela dança a partir de uma perspectiva médica. Em seus primeiros anos, o novo campo da medicina da dança centrou-se principalmente na saúde dos dançarinos, suas condições de trabalho, lesões típicas de dança e prevenção de lesões (Allen e Wyon, 2008) (Hincapié et al., 2008) (Jacobs et al., 2012) (Laws et al., 2005) (Leanderson et al., 2011) (Malkogeorgos et al., 2011) (Simmel, 2005). Assim como o desenvolvimento da medicina esportiva, na qual o foco está se afastando do gerenciamento de lesões esportivas para uma definição mais ampla de uma medicina de exercício (Brukner e Khan, 2011), a medicina da dança está ampliando seus horizontes para as habilidades do corpo do dançarino, as capacidades de aprendizagem motora e os métodos gerais de treinamento em dança (Ewalt, 2010) (Twitchett et al., 2011) (Wyon, 2010). É o conhecimento desenvolvido em pesquisas médicas, na medicina esportiva e na ciência do exercício que permitem uma compreensão científica mais profunda de muitos dos métodos tradicionais de treinamento em dança.

O alto grau de flexibilidade do dançarino (Hamilton et al., 1992), o equilíbrio excepcional (Bläsing et al., 2012) (Crotts et al., 1996) e a notável coordenação de movimentos do corpo inteiro (Bronner, 2012) são combinados a sua elasticidade e elegância. Os dançarinos parecem ser um modelo ideal de um sistema fascial bem treinado. Isso nos leva à pergunta: como o treinamento de dança favorece o treinamento da fáscia? Muitos dançarinos descrevem seu treinamento de dança como um excelente treinamento para a conectividade corporal. Como afirma uma dançarina em transição para sua segunda profissão: "Pesquisando em todas as variedades de esportes, eu não consegui encontrar nenhum outro treinamento atlético que forneça a mesma sensação de um treinamento de corpo inteiro como o treinamento de dança faz. Depois de uma aula de ballet, meu corpo se sente treinado da cabeça aos pés". A pesquisa no campo fascial, que recentemente se expandiu, pode ajudar a encontrar uma explicação científica para essa experiência corporal relatada. Enquanto isso, o olhar para o treinamento de dança a partir de uma perspectiva de treinamento fascial ratifica as recomendações de treinamento atuais e acrescenta outras ideias que podem aumentar a eficácia do treinamento da fáscia (Cap. 11).

TREINAMENTO DE DANÇA

Em contraste com muitos esportes, em que a atenção está voltada para atingir metas externas mensuráveis, a dança coloca sua ênfase geral não apenas na forma externa e no resultado do movimento, mas também na percepção e consciência das sensações dentro do corpo dos dançarinos (Hanrahan, 2007) (Koutedakis e Jamurtas, 2004). É a capacidade de perceber, classificar e reagir a uma perspectiva individual do corpo interior que cria um dançarino sofisticado. A dança parece ser uma combinação especial entre uma forte capacidade de performance atlética e uma alta percepção e consciência corporal.

Quando se fala de dança e treinamento de dança, é preciso ter em mente a enorme variedade de diferentes técnicas de dança. Do ballet clássico, dança moderna e contemporânea à dança de rua e ao *break*, sapateado ou afro; quase qualquer estilo de dança pode ser visto no palco e pode ser parte de uma coreografia de dança. Essa grande diversidade de estilos de dança exige muito do corpo do dançarino. É óbvio que não há um método de treinamento específico que possa fornecer tudo o que os dançarinos precisam para seu preparo físico (Angioi et al., 2009) (Wyon et al., 2004). No entanto, ainda hoje, para muitos bailarinos, a técnica do ballet clássico parece ser a base da sua carreira na dança, bem como da sua rotina diária de treino. Até mesmo as companhias de dança, que trabalham, sobretudo, com a dança contemporânea ou a dança-teatro, costumam oferecer aulas diárias de ballet para seus dançarinos. Enriquecidas com princípios somáticos e elementos da dança contemporânea, essas aulas parecem oferecer métodos de treinamento úteis, a maioria dos quais se desenvolveu praticamente por tentativa e erro, mas ainda não foram investigados cientificamente.

Com a integração da educação do movimento somático na dança, a escuta do corpo e a resposta às sensações percebidas, por meio do questionamento consciente dos hábitos de movimento e da alteração dos padrões de movimento (Eddy, 2009), tornaram-se uma ferramenta importante no ensino e aprendizagem da dança. A dança e a abordagem somática influenciaram-se mutuamente, com a experiência do dançarino dando suporte à investigação somática e a abordagem somática sendo aplicada à técnica de dança (Bartenieff e Lewis, 1980). Ao abordar a perspectiva do corpo interior, a dança estimula tanto a propriocepção como a interocepção do corpo. A maior densidade de receptores proprioceptivos e interoceptivos é encontrada dentro do tecido fascial (Schleip et al., 2012) (Cap. 1), portanto a rede fascial desempenha um papel importante na percepção das sensações internas. Assim, o treinamento da consciência corporal parece estar intensamente associado à rede corporal e fascial.

TREINAMENTO DA FÁSCIA

"A forma segue a função." Essa afirmação, do escultor americano Horatio Greenough, que é relativa aos princípios orgânicos na arquitetura (McCarter, 2010), é citada em muitas metodologias de exercícios físicos para se referir à adaptabilidade impressionante dos tecidos do corpo. Como o corpo é usado e a forma como o tecido individual é colocado sob tensão influenciam sua formação e arquitetura. É esse princípio que forma a base de muitos métodos de treinamento na dança. Os exercícios de dança direcionados permitem que os tecidos do corpo se adaptem à tensão crescente, desenvolvendo-se de forma equivalente.

Pesquisas demonstraram que o tecido fascial é particularmente adaptável à "tensão" regular. Quando colocado sob estresse fisiológico crescente, ele reage aos padrões de carga remodelando a arquitetura de sua rede de fibras de colágeno, o que resulta em uma mudança no comprimento, força, elasticidade e uma capacidade crescente de suportar forças de cisalhamento (Müller e Schleip, 2012) (Cap. 11). Em contraste, os processos de envelhecimento e a falta de movimento levam a um arranjo mais desordenado e multidirecional das fibras de colágeno, diminuindo, portanto, a elasticidade da rede fascial (Järvinen et al., 2002) (Cap. 1). Assim, a arquitetura local das fáscias reflete a história individual das demandas anteriores de tensão e movimento.

Para alcançar efeitos de adaptação nas fibras fasciais humanas, a tensão aplicada precisa exceder o grau normal de atividades da vida diária (Arampatzis, 2009). Isso torna necessário um treinamento fascial específico que estimule os fibroblastos a construir uma arquitetura de fibras elástica e flexível (Cap. 2). Movimentos que colocam carga nos tecidos fasciais ao longo de várias amplitudes de extensão enquanto usam sua flexibilidade elástica parecem ser especialmente eficientes. Como muitos exercícios de dança exigem uma grande amplitude de movimentos e uma variedade de ângulos, a dança oferece um amplo repertório de exercícios para manter e treinar a força, a elasticidade e a capacidade de cisalhamento do tecido fascial.

A dança oferece treinamento e desafio para a rede fascial. Diferentemente da maioria dos esportes, as sequências de dança são, em geral, praticadas para os lados direito e esquerdo, bem como para trás e para a frente. Por meio desses movimentos multidirecionais de corpo inteiro, a dança permite uma grande variedade de movimentos, o que exige uma alta capacidade de cisalhamento do sistema fascial. Além disso, ao colocar um foco especial no alinhamento e posicionamento do corpo, a dança fomenta a modelagem da rede fascial. Como o treinamento dirigido de flexibilidade é parte integrante da maioria das aulas de dança, a dança parece aumentar a mobilidade miofascial geral. Contramovimentos, carga muscular dinâmica e recuperação fascial fazem parte de muitos passos de dança. Isso desafia a capacidade de armazenamento elástico do tecido fascial (Cap. 10). Além disso, ao focar a consciência do corpo interior durante a realização dos exercícios, a dança também pode desencadear novas sensações proprioceptivas.

A dança facilita o treinamento da fáscia por meio de:

- Movimentos multidirecionais do corpo inteiro.
- Alinhamento e posicionamento do corpo.
- Treinamento dirigido de flexibilidade.
- Contramovimentos, carga muscular dinâmica e retorno elástico fascial.
- Novas sensações proprioceptivas.

TREINAMENTO DE DANÇA DIRECIONADO À FÁSCIA

Embora os resultados da pesquisa fascial estejam apenas começando a ser especificamente incluídos, muitos elementos de dança, exercícios de dança e aperfeiçoamentos na dança abordam o tecido conjuntivo fascial em sua aplicação prática e são congruentes com as sugestões feitas pelo treinamento fascial (Müller e Schleip, 2012) (Cap. 11). As informações a seguir darão mais explicações sobre o treinamento fascial implementado pela dança e, além disso, oferecerão algumas ideias complementares relacionadas à dança para o treinamento geral da fáscia.

Liberação fascial

Como a pesquisa mostrou, a falta de movimento promove rapidamente o desenvolvimento de ligações cruzadas adicionais no tecido fascial (Järvinen et al., 2002). Parece uma conclusão natural que a mobilidade de todo o corpo é um pré-requisito importante para a elasticidade e capacidade de deslizamento por cisalhamento da rede fascial. Em nossos hábitos diários de movimento, estamos longe de usar toda a gama de movimentos que nossas articulações permitiriam. Em vez disso, nos atemos a padrões de movimento habituais que limitam cada vez mais nossa amplitude de movimento e reduzem nossa mobilidade. É aqui que os exercícios de mobilização direcionados da dança entram em cena. A seguir, a rede fascial dorsal é usada como exemplo para a aplicação de um exercício específico de liberação fascial.

Exercício: liberação da fáscia dorsal

Esse exercício libera gradualmente as fáscias dorsais, começando pela região cervical até os calcanhares. Em pé, fique com os pés paralelos e afastados na largura do quadril, com as mãos cruzadas na parte de trás da cabeça. Lentamente role para baixo, começando do alto da cabeça. Quando um alongamento inicial puder ser sentido na parte de trás da coluna vertebral, pare a "rolagem" e aumente gentilmente a pressão na cabeça, resistindo por meio da realização de uma contração isométrica dos músculos das costas. Segure a contração por oito segundos, depois libere a tensão e continue lentamente rolando para baixo, parando a qualquer momento quando sentir um novo alongamento. Lentamente, proceda dessa maneira até alcançar a posição de alongamento mais profunda possível (Fig. 15.1).

Exercício: liberação da fáscia plantar

Esse exercício concentra-se na liberação da fáscia plantar dos pés enquanto realiza uma pré-carga às fáscias dorsais. Em pé, entre na posição de yoga do cachorro com o rosto voltado para baixo, com os pés paralelos e afastados na largura do quadril. Sinta a conexão entre as plantas dos pés e as mãos no chão, concentrando-se no alongamento da fáscia dorsal. Mude o

Figura 15.1 Liberação da fáscia dorsal.

peso para as mãos e ande lentamente passo a passo em direção às mãos usando a elasticidade da planta do pé para aprofundar o alongamento na fáscia dorsal (Fig. 15.2).

Variações de alongamento

As fibras do "sistema" fascial são moldadas, sobretudo, pelo esforço tensional, e não pela compressão (Schleip e Müller, 2013) (Cap.11). Esse fato e a diminuição da amplitude de movimento que geralmente acompanha o envelhecimento, reduzindo a capacidade de cisalhamento entre camadas fasciais distintas, levam a uma forte recomendação de alongamento regular para remodelar, treinar e conservar o tecido fascial. Usar variações de diferentes estilos de

Figura 15.2 Liberação da fáscia plantar.

alongamento parece ser mais eficaz do que aderir a apenas um método. Assim, já se recomendou alternar entre alongamentos passivos em ângulos diferentes e alongamentos com saltos dinâmicos (Chaitow, 2003). Pesquisas sugerem que o alongamento dinâmico rápido é ainda mais efetivo para o treinamento da fáscia quando combinado com um contramovimento preparatório (Fukashiro et al., 2006) (Cap. 11).

A dança usa uma ampla variedade de métodos de alongamento e flexibilidade em todo o seu treinamento. Métodos de alongamento passivo são comuns para aumentar a flexibilidade geral. Os movimentos multidirecionais típicos, com leves mudanças no ângulo, ao mesmo tempo que aprofundam o alongamento oferecem um treinamento efetivo para o sistema fascial. O alongamento ativo e dinâmico é naturalmente integrado à maioria dos passos de dança. Cada extensão em grande amplitude das pernas e cada chute alonga o tecido fascial e coloca esforços tensionais nas fibras fasciais. O balanço dinâmico utilizado nas oscilações dos membros inferiores (Cap. 11), seja deitado no chão ou em pé, estimula as fibras teciduais tendíneas e aponeuróticas organizadas em série. O que torna esses alongamentos em dança altamente eficazes são as longas cadeias miofasciais envolvidas quando se foca no alongamento do corpo e na expansão do movimento. O alongamento parece ser mais eficaz quando a cadeia miofascial que está envolvida no movimento do corpo é mais longa (Myers, 1997) (Cap. 6).

Exercício: alongamento dinâmico da parte de trás dos membros inferiores

Para uma estimulação mais abrangente do tecido fascial, esse exercício usa um padrão de carga muscular dinâmico no qual o músculo é brevemente ativado enquanto está em sua posição alongada. Para esse propósito, Müller e Schleip (2012) propõem saltos elásticos suaves nas amplitudes finais dos movimentos disponíveis (Cap 11). De pé, fique com os pés paralelos e afastados na largura do quadril, com as pontas dos pés sobre uma escada. Esteja ciente da conexão entre o calcanhar e a cabeça, deixando a cabeça "flutuar" com suavidade na coluna cervical e abaixando lentamente o calcanhar. No ponto final do movimento alcançado, realize balanceios suaves e elásticos, baixando ainda mais os calcanhares. Termine o exercício com um pequeno envolvimento isométrico dos músculos da panturrilha enquanto ainda estiver na posição de alongamento mais profundo (Fig. 15.3).

Pré-carga – contramovimentos

A elasticidade do tecido fascial é a chave para sua alta capacidade de armazenar energia cinética. A utilização do efeito catapulta dinâmico das fibras fasciais permite um movimento enérgico e elástico, não só quando saltamos e corremos, mas também nas atividades diárias, isto é, quando caminhamos (Sawicki et al., 2009) (Cap. 17). Quanto maior a demanda de velocidade e *momentum*, mais relevante é a elasticidade do sistema fascial. Em um sistema fascial saudável, ativar o tecido fascial com uma pré--carga antes que a ação comece facilita o impulso dinâmico. Isso pode ser feito iniciando um movimento com um leve contramovimento na direção oposta, pré-carregando as fibras fasciais. Durante a execução do movimento em si, a energia armazenada será liberada dinamicamente em uma ação de retração passiva, utilizando assim o efeito de catapulta do tecido fascial (Cap. 10).

Os contramovimentos preparatórios são comuns na dança. Muitos exercícios de dança implementam o impulso de carga de energia como preparação para um passo de dança. Fazer um *demi-plié* profundo (dobrando os joelhos sem levantar os calcanhares do chão) antes de saltar ou em preparação para uma pirueta carrega o tecido fascial e permite uma retração dinâmica passiva do sistema elástico para que o movimento em si tenha início. Os princípios de queda, balanceio e recuperação, usados em muitas técnicas de dança contemporânea (Diehl e Lampert, 2011), parecem um treinamento ideal para a pré-carga e a capacidade de retração do tecido fascial. Respirar antes de se inclinar para trás aumenta a tensão elástica da trama fascial e alonga a coluna vertebral, diminuindo a pressão nos discos e nas articulações intervertebrais.

Exercício: balanço do membro inferior

A ênfase deste exercício está na pré-carga da cadeia fascial posterior. Deite-se de costas, ambos os joelhos dobrados, os pés paralelos e alinhados com os ossos ísquios. O joelho direito cai para o lado esquerdo. O impulso do movimento permite que a perna direita inferior se mova ao longo do chão para a esquerda, girando também a pelve para a esquerda. Toda a cadeia fascial posterior direita do ombro até o pé torna-se pré-carregada, sustentando a perna direita, no final de sua capacidade de carga, para voltar pelo chão até a posição inicial. O lado esquerdo toma o impulso, começando a balançar para a direita, pré-carregando a cadeia fascial posterior esquerda. A alternância repetida entre o balanço direito e o esquerdo pré-carrega as cadeias fasciais e facilita a ação de retração passiva no final da capacidade de pré-carga (Fig. 15.4).

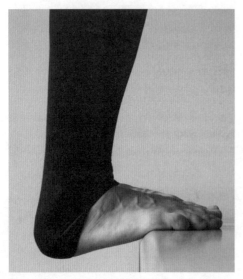

Figura 15.3 Alongamento dinâmico da parte posterior dos membros inferiores.

Figura 15.4 Balanço do membro inferior.

Treinamento cíclico

Ao colocar o tecido fascial sob pressão, o fluido é expelido da zona de estresse, semelhante a uma esponja sendo espremida. Ao liberar a tensão, essa área se encherá de líquido, proveniente do tecido circundante, da rede linfática e do sistema vascular (Schleip et al., 2012). O *timing* adequado da duração das fases individuais de carga e descarga é importante para facilitar a reidratação ideal, pois uma curta pausa dá aos tecidos a chance de absorver o fluido nutritivo, aumentando assim o metabolismo fascial. Um treinamento cíclico que alterna períodos de tensão intensa com pausas direcionadas é, portanto, um item recomendado no treinamento da fáscia.

Em geral, o ritmo desempenha um papel importante na dança, seja música, que é usada como um "marca-passo" externo, seja por meio da concentração no padrão de respiração do indivíduo ou pela conexão com o ritmo interno do próprio movimento. Carregar e descarregar ritmicamente o tecido fascial acontece de maneira natural na dança, alternando entre alongamento e liberação, entre alongamento e contração (Cap. 10). Assim, muitos exercícios de dança implementam uma atividade cíclica ao treinamento fascial e, portanto, dão suporte à saúde fascial.

Percepção fascial

Boa coordenação e percepção da conectividade de todo o corpo são fundamentais para a dança. Permitir que os movimentos continuem com fluidez pelo corpo, concentrando-se em manter o alinhamento e alongar as linhas do corpo, traz atenção concentrada para a rede fascial. A dança, especialmente a dança contemporânea, implementa um grande repertório de exercícios de percepção fascial, que se concentram na rede de comunicação interna do corpo e no alongamento do tecido de conexão.

Exercício: balanço das fáscias dorsais no chão

Concentre-se na fáscia dorsal para facilitar sua mobilidade. Deitado em decúbito dorsal, mantenha ambas as pernas paralelas aos pés em flexão dorsal, apoiando os calcanhares no chão. De forma rítmica, aponte e flexione os pés de modo que o *momentum* continue até a cabeça, flexionando e estendendo-se suavemente na articulação cervical superior. Sinta a conectividade dos dedos dos pés até a cabeça e perceba o impulso dos pés e como ele induz o movimento da cabeça.

Exercício: percepção da conectividade do corpo inteiro

Alongar e mobilizar a cadeia fascial lateral: deitado em decúbito dorsal, estenda os membros inferiores e abra os membros superiores para o lado com as palmas voltadas para o teto. Comece com o impulso do pé direito, puxando lentamente a perna direita para o lado esquerdo, permitindo que a pelve e a coluna se movam. Sinta a resistência mantendo firmemente o braço e o ombro direitos no chão. Para manter o alongamento dinâmico, alterne o impulso de puxar entre a perna direita e o braço direito. Role de volta para a posição inicial, dedique algum tempo para comparar os dois lados do corpo e, em seguida, continue o exercício no lado esquerdo (Fig. 15.5).

TREINAMENTO FASCIAL COMPLEMENTAR POR MEIO DA DANÇA

Além de oferecer uma ampla seleção de exercícios para o treinamento fascial, a dança também oferece ideias complementares úteis para apoiar e aumentar o treinamento fascial geral. Embora essas práticas se inspirem no *feedback* físico e ainda não tenham sido comprovadas cientifica-

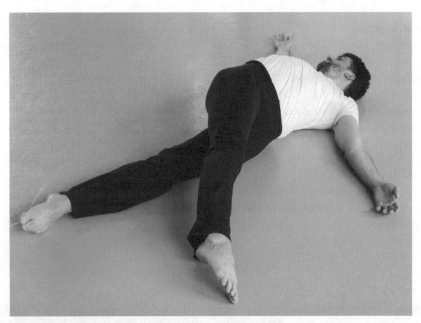

Figura 15.5   Percepção da conectividade do corpo inteiro.

CAPÍTULO 15 · COMO TREINAR A FÁSCIA NA DANÇA 165

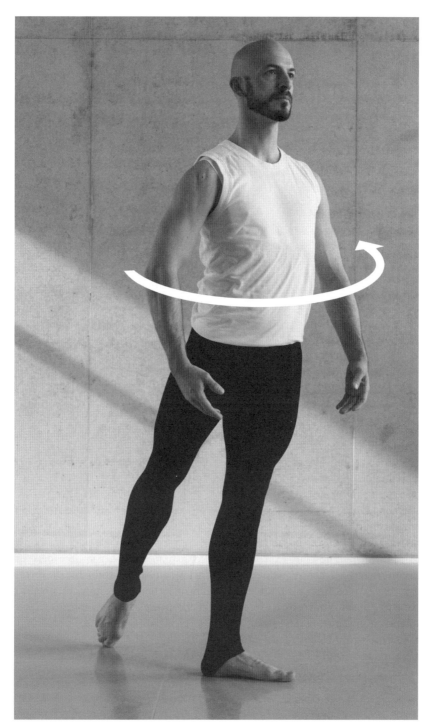

Figura 15.6
A fim de alcançar um equilíbrio econômico, o dançarino executa uma pequena rotação da coluna vertebral para a esquerda ao levantar a perna direita para trás.

mente, elas têm sido aplicadas praticamente há gerações de dançarinos e tem ajudado-os a ganhar a "conectividade de corpo inteiro" pela qual são famosos. Ao executar a maioria dos exercícios igualmente em ambos os lados, a dança proporciona um equilíbrio geral do corpo. Em relação ao treinamento fascial, existem quatro princípios de movimento que são fundamentais para quase todos os treinamentos de dança e que, em aplicação ao treinamento específico da fáscia, podem aumentar sua eficácia.

> Aumente o treinamento fascial usando os princípios do movimento específicos da dança:
> - percepção das oposições;
> - alongamento;
> - contramovimentos; e
> - *momentum* e balanceio.

A percepção das oposições é crucial para a conectividade do corpo. Em preparação para o exercício, o dançarino se concentra nas partes específicas do corpo afetadas pelo movimento que fará a seguir, sua conexão e sua separação. Isso permite a sensação de espaço e alongamento e ainda conexão entre os oponentes. Por exemplo, ao dobrar o tronco para o lado direito, o pé esquerdo mantém firmemente o contato com o chão. Os dois oponentes, cabeça e pé esquerdo, permanecem conectados, permitindo assim o alongamento e a extensão do tecido fascial no lado esquerdo do corpo.

Ao levantar uma perna do chão ou usar os braços para movimentos de dança expressivos, os dançarinos tendem a se concentrar no alongamento de suas extremidades. Com a imagem de ampliar o movimento para o espaço, preenchendo a área circundante, os dançarinos expandem suas fronteiras corporais. Do ponto de vista do treinamento da fáscia, esse alongamento das extremidades permite maior carregamento e pré-alongamento do tecido fascial.

Manter-se equilibrado é crucial na dança. Para alcançar um equilíbrio natural, independentemente do movimento de dança executado, o dançarino faz uso de pequenos contramovimentos que permitem estabilidade e contratensão. Por exemplo, para alcançar o equilíbrio econômico, uma pequena rotação da coluna para a esquerda pode ser usada ao levantar a perna direita para trás (Fig. 15.6). Fascialmente falando, esse pequeno contramovimento permite uma carga do tecido fascial correspondente.

Saltando, rolando no chão ou levantando, todos esses movimentos de dança exigem o tempo perfeito para o impulso, embalo e balanceio: o tempo ideal para liberar a fáscia pré-carregada. Um salto parecido com o de um gato com pouso silencioso requer um alto nível de elasticidade dentro do tecido fascial, usando o corpo como uma mola, pré-carregando suas fibras em preparação para o movimento. Empregar esse impulso e balanceio às atividades da vida diária, por exemplo, usando o rebote elástico durante uma caminhada rápida ou subindo escadas, permite um treinamento fascial aplicado (Cap. 11).

Embora esses princípios do movimento de dança ainda exijam mais pesquisas sobre seu efeito no tecido fascial, aplicá-los ao treinamento fascial pode acrescentar aspectos úteis e aumentar sua eficácia.

A dança usa uma grande variedade de técnicas e princípios de treinamento da fáscia, que atualmente são recomendados e apoiados por um crescente corpo de evidências. Em sua aplicação prática, a dança fornece ideias para futuras pesquisas em treinamento da fáscia. No entanto, com seus padrões de movimento altamente complexos e sua integração com todo o corpo, a dança permanece cientificamente desafiadora. Estudos adicionais sobre a *expertise* corporal de um bailarino podem ajudar a aprofundar a compreensão das estruturas fasciais e sua "treinabilidade".

Referências bibliográficas

Allen, N. & Wyon, M. (2008) Dance Medicine: Artist or Athlete? *Sportex Medicine* 35: 6–9.

Angioi, M., Metsios, G.S., Metsios, G., Koutedakis, Y. & Wyon, M.A. (2009) Fitness in contemporary dance: a systematic review. *Int J Sports Med* 30(7): 475–484.

Arampatzis, A. (2009) Plasticity of human tendon's mechanical properties: effects on sport performance. *ISBS – Conference Proceedings Archive* 1(1).

Bartenieff, I. & Lewis, D. (1980) *Body Movement: Coping with the Environment.* Routledge.

Bläsing, B., Calvo-Merino, B., Cross, E.S., Jola, C., Honisch, J. & Stevens, C.J. (2012) Neurocognitive control in dance perception and performance. *Acta Psychol* 139(2): 300–308.

Bronner, S. (2012) Differences in segmental coordination and postural control in a multi-joint cancer movement: Développé arabesque. *J Dance Med Sci* 16(1): 26–35.

Brukner, P. & Khan, K. (2011) *Brukner & Khan's Clinical Sports Medicine.* Australia: McGraw-Hill Book Company.

Chaitow, L. (Ed). (2003) 'The stretching debate' Commentaries by: J. Beam, DeLany, J. Haynes, W., Lardner, R., Liebenson, C., Martin, S., Rowland, P., Schleip, R., Sharkey, J., & Vaughn, B. Response by: Herbert, R. & Gabriel, M. *J Bodyw Mov Ther.* 7(2): 80–98.

Crotts, D., Thompson, B., Nahom, M., Ryan, S. & Newton, R.A. (1996) Balance abilities of professional dancers on select balance tests. *J Orthop Sports Phys Ther.* 23(1): 12–17.

Diehl, I. & Lampert, F. (Eds). (2011) *Dance Techniques. 2010:* Tanzplan Germany (1. Aufl.). Leipzig: Seemann Henschel.

Eddy, M. (2009) A brief history of somatics practices and dance: historical development of the field of somatic education and its relationship in dance. *Journal of Dance and Somatic Practices* 1(1): 5–27.

Ewalt, K.L. (2010) Athletic Training in Dance Medicine and Science. *J Dance Med Sci.* 14(3): 79–81.

Fukashiro, S., Hay, D. & Nagano, A. (2006) Biomechanical behavior of muscle-tendon compl. *J Appl Biomech* 22(2): 131–47.

Hamilton, W., Hamilton, L., Marshall, P. & Molnar, M. (1992) A profile of the musculoskeletal characteristics of elite professional ballet dancers. *Am J Sports Med* 20(3): 267–273.

Hanrahan, S.J. (2007) Dancers perceptions of psychological skills. *Rev Psicol Deporte* 5(2).

Hincapié, C.A., Morton, E.J. & Cassidy, J.D. (2008) Musculoskeletal Injuries and Pain in Dancers: A Systematic Review. *Arch Phys Med Rehabili.* 89 (9): 1819–1829.

Jacobs, C.L., Hincapié, C.A. & Cassidy, J.D. (2012) Musculoskeletal Injuries and Pain in Dancers. *J Dance Med Sci.* 16 (2): 74–84.

Järvinen, T.A.H., Józsa, L., Kannus, P., Järvinen, T.L.N. & Järvinen, M. (2002) Organization and distribution of intramuscular connective tissue in normal and immobilized skeletal muscles. An immunohistochemical, polarization and scanning electron microscopic study. *J Muscle Res Cell Motil.* 23(3): 245–254.

Koutedakis, Y. & Jamurtas, A. (2004) The Dancer as a Performing Athlete: Physiological Considerations. *Sports Med* 34(10): 651–661.

Laws, H., Apps, J., Bramley, I. & Parker, D. (2005) *Fit to Dance 2: Report of the Second National Inquiry Into Dancers' Health and Injury in the UK.* Regina Saskatchewan, Canada: Newgate Press.

Leanderson, C., Leanderson, J., Wykman, A., Strender, L.-E., Johansson, S.-E. & Sundquist, K. (2011) Musculoskeletal injuries in young ballet dancers. *Knee Surg Sport Tr A.* 19(9): 1531–1535.

Malkogeorgos, A., Mavrovouniotis, F., Zaggelidis, G. & Ciucurel, C. (2011) Common dance related musculoskeletal injuries. *Journal of Physical Education & Sport* 11(3): 259–266.

McCarter, R. (2010) *Frank Lloyd Wright.* (6th edition). London: Reaktion Books.

Müller, D.G. & Schleip, R. (2012) Fascial Fitness. In *Fascia: The Tensional Network of the Human Body. The Science and clinical application in manual and movement therapy* (S. 465–75). Elsevier.

Myers, T.W. (1997) The Anatomy Trains. *J Bodyw Mov Ther.* 1(2): 91–101.

Sawicki, G., Lewis, C. & Ferris, D. (2009) It pays to have a spring in your step. *Exerc Sport Sci Rev.* 37(3): 130–138.

Schleip, R., Duerselen, L., Vleeming, A., Naylor, I.L., Lehmann-Horn, F., Zorn, A., Jaeger, H. & Klingler, W. (2012) Strain hardening of fascia: static stretching of dense fibrous connective tissues can induce a temporary stiffness increase accompanied by enhanced matrix hydration. *J Bodyw Mov Ther.* 16(1): 94–100.

Schleip, R., Findley, T.W., Chaitow, L., (Eds), P.A.H., Myers, A.T., Willard, F.H. et al. (2012) *Fascia: The Tensional Network of the Human Body: The Science and Clinical Applications in Manual and Movement Therapy.* Churchill Livingstone Elsevier.

Schleip, R. & Müller, D.G. (2013) Training principles for fascial connective tissues: Scientific foundation and suggested practical applications. *J Bodyw Mov Ther.* 17(1): 103-115.

Simmel, L. (2005) *Dance Medicine - The dancer's workplace. An introduction for performing artists.* Berlin: Unfallkasse.

Twitchett, E.A., Angioi, M., Koutedakis, Y. & Wyon, M. (2011) Do increases in selected fitness parameters affect the aesthetic aspects of classical ballet performance? *Med Probl Perform Ar.* 2. 6(1): 35-38.

Wyon, M.A. (2010) Preparing to Perform Periodization and Dance. *J Dance Med Sci.* 14(2): 67-72.

Wyon, M., Abt, G., Redding, E., Head, A. & Sharp, N.C.C. (2004) Oxygen uptake during modern dance class, reheasal, and performance. *J Strength Cond Res.* 18(3): 646-649.

Leituras adicionais

Clippinger, K. (2007). *Dance Anatomy and Kinesiology.* Champaign: Human Kinetics.

Franklin, E. (2012) *Dynamic Alignment Through Imagery.* Champaign: Human Kinetics.

Solomon, R., Solomon, J. & Minton, S. (2005) *Preventing Dance Injuries. An interdisciplinary perspective.* Champaign: Human Kinetics.

Todd, M. (2008) *The Thinking Body.* Gouldsboro: Gestalt Journal Press.

Welsh, T. (2009) *Conditioning for Dancers.* Gainesville: University Press of Florida.

16
O segredo da fáscia nas artes marciais

Sol Petersen

Nós vivemos em dois mundos, um de cada lado da nossa pele. A própria sobrevivência do ninja ou do gato selvagem caçador depende de sua atenção e presença nos dois mundos. Chamo de consciência corporal (*body-mindfulness*) essa percepção viva e ativa do corpo. Sua expressão máxima é encontrada no domínio das artes marciais. A consciência corporal é um estado calmo e aberto de percepção do tempo presente das experiências internas e externas do corpo, incluindo estímulos sensoriais como pressão, toque, alongamento, temperatura, dor, formigamento, movimento físico e posição no espaço, impressões visuais, auditivas e olfativas. Um aspecto integral da consciência corporal é a consciência fascial: a capacidade de sentir nossa rede corporal de tecido miofascial na imobilidade e no movimento. Podemos desenvolver essa habilidade e construir o potencial elástico do sistema de tecido conjuntivo (Cap. 1) no treinamento marcial bem coordenado e controlado, como em formas de Tai Ji, caratê e Kung Fu, e então realizar esse poder controlado em movimentos explosivos de alta velocidade.

A busca pela força suprema e consciência na autodefesa e no ataque é antiga. Há dois mil anos, os mestres que treinavam a força do tendão conheciam algo intuitivamente que a ciência só validou recentemente. O treinamento de Shaolin e os mestres de Tai Ji ambos reconheciam a importância vital de condicionar e fortalecer a fáscia e os tecidos conjuntivos para aprimorar e proteger a energia do Qi do corpo (a força vital).

Figura 16.1 O treinamento Shaolin de Kung Fu desenvolve força fascial.
SiFu Pierre Yves Roqueferre.

Como a pesquisa demonstrou que a fáscia é um órgão de estabilidade e a sede de nossa propriocepção, ela finalmente recebeu a atenção que merece. De fato, a maioria das lesões musculoesqueléticas envolve uma sobrecarga inadequada dos tecidos conjuntivos e da fáscia, não dos músculos. Portanto, a fáscia deve ser considerada um fator importante no desempenho e no treino de alto rendimento. Os pioneiros da nova pesquisa da fáscia definem a fáscia de maneira mais ampla do que a tradicional. Eles reconhecem a fáscia como o componente mole do tecido do sistema de tecido conjuntivo que permeia todo o corpo humano como uma rede tensional interconectada, a qual inclui tendões, ligamentos, cápsulas de órgãos e articulações, membranas, lâminas densas e camadas colagenosas (Cap. 1). Na nova abordagem do treinamento da fáscia, há uma ênfase no desenvolvimento da elasticidade, no reconhecimento da natureza responsiva ao estresse e da integridade tensional do tecido fascial, no condicionamento e hidratação da fáscia especificamente para o estresse de carga adequado, bem como na apreciação de suas qualidades proprioceptivas recém-descobertas (Cap. 11).

Este capítulo explora algumas das implicações da pesquisa atual e como o treinamento fascial, obtido por meio do treinamento físico e da consciência corporal, é um dos segredos para o sucesso no domínio das artes marciais.

O CORAÇÃO E O ESPÍRITO CONSCIENTES

Nossa capacidade de treinamento em artes marciais gira em torno de nosso coração, espírito, motivação e compreensão de nosso lugar no universo. Se não fosse esse o caso, por que treinaríamos com a paixão necessária para atingir a mais alta excelência? O Qi expresso na prática das artes marciais segue a intenção mais profunda do nosso coração e mente e, de acordo com Chia, nossos planos fasciais. "A fáscia é extremamente importante no Chi Kung da Camisa de Ferro; como o tecido mais dominante,

Figura 16.2 O Qi segue a intenção do coração e da mente.
Harumi Tribble, dançarina e coreógrafa.

acredita-se que seja o meio através do qual o Qi é distribuído ao longo dos meridianos da acupuntura (Chia, 1988).

Há ocasiões incomuns na vida em que, por exemplo, uma mulher que não costuma ser vista como muito forte consegue acessar a força necessária para levantar um carro e salvar seu filho. Seu choque, medo e desejo permitem que ela transcenda sua capacidade habitual. Seus músculos claramente não eram fortes o suficiente para levantar o carro. Como ela fez isso? Talvez como o canguru, que também não tem músculos fortes o suficiente para pular muito longe, mas pode saltar grandes distâncias com a potência do tendão e da fáscia (Cap. 10), sua mente destemida e sua potência no tendão a levaram além de seus limites físicos habituais.

Lee Parore, naturopata e autor de *Power posture*, treina os melhores atletas da Nova Zelândia. Ex-treinador do pugilista mundial peso pesado David Tua, ele vê a consciência como primária. "A tecnologia é a chave para o treinamento de alto rendimento, mas muitas vezes estamos olhando para a tecnologia errada. A chave não é o treinamento em máquinas ou a massa muscular. É a consciência e depois a autoconsciência. É um fogo dentro de nós" (Parore, 2013).

CONSCIÊNCIA FASCIAL, UM ASPECTO INTEGRANTE DA CONSCIÊNCIA CORPORAL

Robert Schleip considera os tecidos conjuntivos como a rede de conectividade global, um sistema de escuta para todo o corpo: "A ciência agora reconhece essa rede fascial ricamente inervada que permeia todo o corpo como a sede de nossa interocepção e propriocepção, nossa própria materialização" (Schleip, 2013). De fato, a fáscia é mais amplamente inervada que nossos músculos. Então, quando dizemos que nossos músculos estão doloridos, pode ser que estejamos sentindo nossa fáscia, ou nossa fáscia esteja sentindo nossos músculos (Cap. 1).

A acrobata do Cirque du Soleil Marie Laure combina um alto grau de consciência corporal com uma enorme força de *core* e resistência em suas performances com seu parceiro. Poderia-se supor que isso se traduziria em rigidez em seu tecido fascial ou muscular. Pelo contrário: como terapeuta da equipe de fisioterapia durante sua turnê na Nova Zelândia, observei que seu tecido miofascial era surpreendentemente maleável e seu físico não era aumentado. Isso está de acordo com um comentário de Stuart McGill, autor de *Ultimate back fitness and performance*: "A marca registrada de um grande atleta é a capacidade de contrair e relaxar um músculo rapidamente e treinar graus de relaxamento" (McGill, 2004). Essa habilidade é essencial para obter velocidade no chute e no soco.

A percepção fascial permite que o praticante de artes marciais relaxe os músculos e a fáscia, ficando totalmente presente em seus mundos interno e externo. Isso permite que os artistas marciais usem seus corpos para sentir nuances no equilíbrio do corpo do outro e manipular ou desviar a energia gasta pelo outro em vantagem própria.

Huang Sheng Shyan era famoso pela potente liberação do Tai Ji-jin ou força elástica. Seu método de treinamento envolve atenção precisa às mudanças internas dos músculos, tendões e fáscia. Patrick Kelly, professor de Tai Ji e escritor, fala sobre essa consciência em que o relaxamento interno significa que cada músculo do corpo se alonga e se estende ativamente sob pressão, em vez de contrair e encurtar (ou manter-se inalterado) em uma resistência tensa. "Podemos dizer que a base do segredo é exatamente isto: o Tai Ji-jin é motivado pelo yi (intenção da mente) energizado pelo Qi, originado da fonte e transmitido através do corpo em uma onda de alongamento muscular" (Kelly, 2007). O treinamento físico intenso, sem autoconsciência, não produzirá os melhores resultados. Se não desenvolvermos nossa percepção interna e externa, não conseguiremos ter consciência do espaço ao nosso redor (nosso antagonista) ou na espada que seguramos. Muito simplesmente, nossa fáscia é um órgão sensorial vital, e a consciência fascial é uma chave importante no treinamento marcial.

CONSTRUINDO RESILIÊNCIA E BLINDAGEM FASCIAIS

Camisa de Ferro é um método antigo de Kung Fu que compreende profundamente a natureza responsiva ao estresse dos ossos e da fáscia. A lei de Wolff afirma que o osso, em uma pessoa ou animal saudável, se adaptará às cargas às quais ele é submetido. Se a carga aumentar, o osso se remodelará ao longo do tempo para se tornar mais forte. O Camisa de Ferro fortalece músculos, tendões, bainhas fasciais e ossos, submetendo-os de maneira direta e gradual ao aumento do estresse. O detalhe importante aqui é "de maneira gradual". A visualização interna da energia, combinada à respiração e ao condicionamento do corpo, é usada para cultivar a potência do Qi. "O Qi que é gerado é então armazenado nas camadas fasciais, onde funciona como uma almofada para proteger os órgãos" (Chia, 1986).

Esse conceito de Qi entre as camadas de tecido ajuda a explicar uma experiência que tive com um mestre de Tai Ji de Cingapura. É 1981. Estou esperando em uma mesa para perguntar se posso estudar com ele. Ele sai, sorri, estende a mão, beliscando a pele do meu antebraço entre seus dedos polegar e indicador, rolando-a para a frente e para trás em lugares diferentes por cerca de dez segundos. "Sim", ele diz, "posso ver que você pratica Tai Ji há algum tempo. Uma boa prática cria elasticidade entre as camadas de tecido."

Lau Chin-Wah era um aluno sênior do mestre Huang. Estudei com ele em Kuching, no leste da Malásia. Nossa prática centrou-se em refinar a forma, Empurrar as Mãos e Punho Rápido do Pássaro Branco. Às vezes, Chin-Wah simplesmente jogava o braço, como se fosse um enorme trapo molhado ou uma corda, contra uma parede de pedra, aparentemente sem se ferir. Ele disse que o segredo é relaxar totalmente os músculos e a fáscia do braço, além de condicionar e endurecer os ossos para se tornarem semelhantes ao aço, treinando com um parceiro, atingindo antebraços e canelas ossudos uns contra os outros. Isso é extremamente doloroso inicialmente, mas se torna mais fácil e pode transformar a medula e a substância dos ossos e tecidos moles (Chia, 1988). Chin-Wah falou do Qi interno que se reúne para absorver a força de um ataque. Ele disse que quando ele estava centrado, alinhado em sua estrutura e seu corpo e campo de energia eram um, sua fáscia, ossos e tecidos moles tornavam-se como armaduras impenetráveis, permitindo que ele tivesse uma telha pesada quebrada sobre sua cabeça como se não fosse nada. Está claro que nosso sistema fascial é capaz de se adaptar e se fortalecer em resposta ao progressivo aumento de carga.

Figura 16.3 Demonstração de energização do Qi em cadeias miofasciais anteriores longas.
Mestre Li Jun Feng.

PONTOS-CHAVE DO TREINAMENTO FASCIAL PARA O TREINAMENTO DE ARTES MARCIAIS

A capacidade de relaxar: a fonte da velocidade

Nos exercícios de treinamento de boxe, os lutadores precisam se tornar especialistas em liberar toda a tensão muscular. Um sistema que está genuinamente relaxado não precisa superar a tensão para gerar uma resposta imediata. "Você não quer volume de massa muscular para obter verdadeira velocidade e força no boxe, mas fáscias resilientes como as do Homem Aranha" (Parore, 2013). No estilo Tai Ji Empurrar com as Mãos, os participantes devem estar dispostos a ser empurrados para aprender a usar a força elástica da fáscia em vez de confiar na força muscular para combater a força. Mestre Huang estava totalmente relaxado e estável ao mesmo tempo. Empurrá-lo era como se sentir atraído pelo espaço vazio e então sair voando.

Bruce Lee, o famoso mestre de Kung Fu, não era um homem grande. Com apenas 1,70 m e 68 kg, ele frequentemente derrotava adversários que eram maiores e mais pesados. Um dia, ele demonstrou seu soco de uma polegada a um homem cético e robusto que ficou surpreso ao voar 5 m para dentro da piscina. Quando perguntado sobre como havia feito aquilo, Lee disse: "Para gerar uma grande força, você deve primeiro relaxar totalmente e reunir suas forças, e então concentrar sua mente e todas as suas forças em acertar seu alvo" (Hyams, 1982).

Sua resiliência fascial afeta seu campo de potencial físico

Os neurocientistas chamam o espaço ao redor do corpo de espaço peripessoal (Rizzolatti et al., 1997). Recentemente, as técnicas de mapeamento cerebral confirmaram o que o mestre de Tai Ji Mak Ying Po me disse uma vez: "Você deve estender seus sentidos ao redor de seu corpo. Quando você mover a espada por meio do espaço, sinta a extensão dela, a ponta, como se ela fizesse parte do seu corpo" (Mak Ying Po, 1976). Da mesma forma, em *The body has a mind of its own*, os Blakeslees dizem: "O seu eu não termina onde a sua carne termina, mas se imbui e se mistura com o mundo, incluindo outros seres. Assim, quando você monta um cavalo com confiança e habilidade, seus mapas corporais e os mapas corporais do cavalo são misturados no espaço compartilhado" (Blakeslee e Blakeslee, 2007). O acrobático kick-boxer e o mestre de Kung Fu contam ambos com a combinação de um intenso treinamento de movimento e uma refinada consciência corporal. Isso permite que eles respondam sem hesitação à menor mudança em seu campo de potencial físico. Como o mestre Huang disse, "se você está pensando, é tarde demais" (Huang, 1980).

Força na tensegridade: estabilização do sistema miofascial

Aqueles que estudam a matriz fascial compararam o corpo a uma estrutura de tensegridade, uma estrutura de integridade tensional. Ao contrário de uma pilha de tijolos, nossos ossos não se tocam, mas são espaçados por cartilagem ou tecidos moles, e as relações esqueléticas são mantidas pela tensão e extensão do sistema miofascial global: de certa forma, como uma tenda. É interessante que corredores descalços sofram menos de dores nas canelas do que corredores calçando sapatos com proteção (Warburton, 2001). Corredores descalços atingem o chão mais suavemente com mais da parte dianteira do pé do que corredores calçando tênis convencionais. Visto pelo olhar da tensegridade, isso reduz o estresse transmitido aos ossos da canela e às articulações e o distribui por toda a estrutura fascial e esquelética, onde ele é armazenado como energia elástica (Cap. 10). Os exercícios de equilíbrio, como andar sobre a fita, prancha de equilíbrio, bola suíça, escalada etc., desafiam e treinam nossa fáscia e força interna para desenvolver uma adaptabilidade tensorial espontânea.

Observei acrobatas do Cirque du Soleil mantendo sua estabilização central por meio de alongamentos e brincadeiras "semelhantes aos de animais", prática consistente de sua arte e exercícios específicos para fortalecer os músculos flexores, extensores, laterais do tronco e músculos do quadril para uma movimentação em todos os três planos funcionais. Essa estabilização e enrijecimento do *core* é essencial para que os acrobatas hipermóveis evitem lesões. A capacidade de uma estabilização resiliente, tensegral do corpo inteiro é essencial para os artistas marciais.

O soco de menos de uma polegada: contramovimento preparatório no seu modo mais sutil

No boxe e no treinamento do soco Wing Chun, vemos a importância de uma carga elástica e do pré-tensionamento como uma preparação para liberar o impacto explosivo. Na luta real, no entanto, é vital que esse contramovimento preparatório subjacente não seja comunicado ao nosso oponente. Pode ser que, em situações de luta, os artistas marciais usem um segundo estilo, um pré-alongamento e pré-tensionamento da sua teia tensegral fascial, enquanto os músculos impedem a liberação da força de retração até o momento exato para o lançamento perfeito (Cap. 11).

Alan Roberts, professor de Aikido, disse: "No Aikido, Cheng Hsin e Jiu Jitsu, há uma clara intenção de evitar demonstrar a preparação do contramovimento, pois eles antecipam a intenção de um oponente. Grande parte do propósito do treinamento interno é desenvolver a capacidade de atacar com rapidez e força. Essa é uma preocupação ainda maior nas artes da espada, na qual a eficiência, a velocidade, a precisão e o inesperado são altamente valorizados" (Roberts, 2013).

Huang era conhecido em todo o mundo das artes marciais chinesas por sua capacidade de arremessar muitos adversários a metros de distância sem fazer esforço. Não só não estava estendendo as mãos e os braços, mas, paradoxalmente, quase pareciam estar se afastando quando a pessoa voou para trás, como se fosse um choque elétrico. No Tai Ji, a postura profunda, a respiração concentrada e o cultivo do Qi no baixo Dan Tien, à medida que o peso é deslocado, é um contramovimento preparatório e sistemático de carregamento de cargas armazenado para que a força possa ser desferida.

Peter Ralston, autor de *The principles of effortless power*, quando perguntado sobre o soco de uma polegada de Bruce Lee, colocou a mão no peito da pessoa dizendo: "Você não precisa de uma polegada", e o derrubou a 6 m de distância, com um movimento pouco visível.

ALONGAMENTO ATIVO DA FÁSCIA PARA UMA VERDADEIRA ELASTICIDADE

Nosso corpo é projetado para um carregamento ativo. "Estamos programados para nos mover, pela sobrevivência, pelo prazer, pela autoexpressão criativa e pela função ideal. O corpo tem um vocabulário inerente de movimentos coordenados que se desenvolvem de maneira natural e ao mesmo tempo que o encéfalo. Eu me refiro a esses como movimentos e posturas primários. Nas culturas em que as pessoas se agacham, sentam de pernas cruzadas no chão como rotina e andam descalças pelo menos de vez em quando, elas cultivam uma força interna e uma flexibilidade fascial que duram até a velhice. Por outro lado, muitos ocidentais, mesmo em sua adolescência e certamente à medida que envelhecem, têm dificuldade em agachar-se sobre os pés plantados no chão e mesmo de sentar-se direto no chão. Essa perda de posturas primárias, movimentos e funcionamento saudável da fáscia é cada vez mais evidente em nossa sociedade baseada em cadeiras" (Petersen, 2009).

Nosso repertório de movimento está preso ao nosso padrão de respiração. Cada respiração é um impulso físico e energético para o sistema miofascial (Cap. 11). Nas artes marciais, a respiração abdominal e abdominal invertida é parte integrante do treinamento. A busca por uma amplitude de movimento completa e potente das cadeias miofasciais do membro superior, da coluna vertebral e do membro inferior em chutes, socos, bloqueios e movimentos evasivos amplifica o alongamento e a flexibilidade fascial tanto no *core* do corpo, o centro de força de nossa potência interna, como na máquina de todo o nosso mecanismo de respiração.

Muitos acham que alongar é uma parte preciosa do treinamento em artes marciais. A clássica manutenção de grandes alongamentos passivos não é algo que vemos muito no reino animal. Os animais, natural e espontaneamente, rolam, alongam-se ativamente e esfregam seus tecidos moles e articulações contra o solo ou árvores, o que neutraliza o estresse acumulado, nutre e reidrata seu sistema miofascial (Bertolucci, 2011). Se estivermos bem incorporados, nosso alongamento será um acontecimento mais natural, com menos necessidade de um regime especial (Cap. 9).

Muitos treinadores agora sugerem não se alongar imediatamente antes do exercício, mas sim aquecer e mobilizar as articulações e os tecidos. A experiência sugere que o alongamento rápido e dinâmico, que ocorre em muitos chutes e socos, é benéfico para a fáscia quando realizado corretamente: os tecidos moles devem estar aquecidos e os movimentos abruptos devem ser evitados. O salto controlado e rítmico na sua amplitude final também pode ser eficaz (Cap. 10).

"A pesquisa da fáscia está destacando a fusão dos tecidos ativo e passivo. Assim, ao combinar os sistemas fasciais do corpo, o objetivo, a meu ver, é sintonizar os tecidos passivos e ativos e sua interação. Isso permite força, velocidade e potência ideais por meio de um sistema que reduz as concentrações de estresse prejudiciais. Esse é um conceito que vai além de simplesmente alongar-se. O ajuste do tecido melhora o desempenho ao pular, por exemplo. Se os posteriores da coxa estiverem superestendidos, apenas o componente ativo do músculo pode criar força. Mas os grandes saltadores costumam ter posteriores da coxa mais retesados, nos quais podem retardar a retração muscular com a retração elástica da fáscia e do tecido conjuntivo, criando uma força resultante maior. Sendo assim, mais alongamento não é a resposta. Mobilidade suficiente é necessária para a tarefa, mas não mais que isso. O músculo cria força, e o mesmo acontece com a fáscia ajustada. Consequentemente, temos um resultado melhor" (McGill, 2013).

Treine a fáscia por meio de formas ou Kata para a força de combate total do guerreiro

"Para se preparar para artes marciais mistas ou situações reais de luta, é importante perceber que a força funcional só pode ser desenvolvida por meio de exercícios que não apenas trabalhem em grandes grupos musculares, mas que também melhorem a condição e a flexibilidade dos planos fasciais", diz o faixa preta de oitavo grau, grão-mestre Lance Strong. "O treinamento em Kata ou Formas tem um efeito enorme no desenvolvimento da força fascial e na sua capacidade de aplicar essa força em muitas direções diferentes, mantendo o centro e o equilíbrio do seu corpo. Praticamente nenhuma forma de exercício, além de Kata, Tai Ji ou yoga, e alguns exercícios de *cross-training* [treinamento de diversas modalidades], desenvolvem essa habilidade" (Strong, 2013).

CONDICIONANDO O CORPO FASCIAL

Desenvolver a resiliência fascial leva tempo: "Leva de dois a três anos para desenvolver um corpo de Aikido que seja elástico e forte o suficiente para a prática de treinamento. A maioria das lesões ocorre nos tendões e ligamentos e é causada pelo excesso de treinamento precoce ou pela tentativa de praticar técnicas de maneiras mais bruscas do que é apropriado" (Roberts, 2013).

Os monges de Shaolin sabiam que, para resultados positivos e para evitar lesões, só podiam fazer o intenso condicionamento ósseo a cada dois ou três dias. Sabemos agora que o colágeno tem um ciclo lento de renovação, com uma meia-vida de aproximadamente um ano, portanto, após dois meses de treinamento fascial podemos ter pouco a mostrar, mas muito mais após seis ou doze meses (Cap. 1). No treinamento fascial de artes marciais, uma orientação de progresso em longo prazo é encorajada, acompanhada de cargas e, particularmente, de cargas incomuns, em vez de repetição. Com pesos livres ou *kettle-*

bells (Cap. 23), pesos médios são usados para treinar a fáscia e pesos mais pesados para os músculos.

Para alcançar os melhores resultados, o treinamento fascial é limitado a duas ou três vezes por semana. Por outro lado, o exercício diário pode ter grande valor para o nosso cérebro, músculos e sistema cardiovascular. Devem ser evitados treinamentos curtos de treinamento intensivo, pois isso frequentemente propaga síndromes compartimentais e inflamação fascial.

"Se for tolerado pelas articulações, o treinamento deve incluir um componente que exija 100% de *drive* neural para os músculos. Isso geralmente é realizado pelo treinamento em velocidade. A carga estática real não precisa ser tão grande. A boa forma em todos os exercícios promove a preservação das articulações, mas garante o tensionamento ideal ao longo de toda a ligação musculoesquelética" (McGill, 2013). McGill dá o exemplo de um supino plano cansativo e lento *versus* em pé e caindo em uma posição de flexão, na qual as mãos estão em uma caixa baixa, e em seguida imediatamente explodindo de volta para a posição em pé. A altura da caixa é ajustada para que isso seja quase impossível. O *drive* neural é excepcional, assim como o ajuste da fáscia, do tecido passivo e do sistema muscular ativo.

Para maximizar a força tensorial do sistema miofascial, devemos cultivar a consciência estrutural e aprender como o alinhamento físico pode ser a base tanto para o relaxamento máximo como para a expressão máxima da potência. A potência sem esforço é uma consequência de se estabelecer as condições certas por meio de treinamento consciente, e isso inclui treinar o corpo fascial.

FÁSCIA SAUDÁVEL PARA UM CORPO SAUDÁVEL

A teia fascial, em vez de somente os músculos, fornece uma estrutura para armazenamento e liberação de energia cinética (Cap. 10). Ela orienta os mecanismos de tensão e carga da articulação por espiral para os membros inferiores, superiores, cadeias espinhais e todo o sistema. Sem uma boa nutrição e hidratação, a fáscia vai deixá-lo na mão.

"A base para o melhor desempenho tem que ser a saúde, por isso, antes de um treinamento sério com um atleta, eu testo o fígado, o coração, o sangue e acerto a nutrição correta para que o Qi possa se mover pelo corpo" (Parore, 2013). O equilíbrio ácido/alcalino do corpo, as influências hormonais, a linfa e o fluxo sanguíneo têm um forte efeito sobre a fáscia, e isso afeta nosso preparo físico. Reidratamos a fáscia com a inclusão de tempos de repouso adequados para a recuperação tecidual e viscoelástica. Uma vida ativa e uma nutrição leve ajudam mais a fáscia e os músculos do que um estilo de vida sedentário. Em uma dieta rica em carne vermelha com gorduras saturadas e produtos de açúcar refinado, podemos desenvolver hormônios do estresse e inflamação crônica.

Restrições e cicatrizes fasciais podem afetar e inibir uma prática de artes marciais (Cap. 2). Para a manutenção do autocuidado e a cicatrização de lesões, rolos de espuma, bolas de massagem e automassagem podem ser úteis. Alguns terapeutas usam ferramentas de massagem com pedras ou alívio com o uso de ervas poderosas para reduzir as cicatrizes fasciais. Novas intervenções, como a injeção de ozônio medicinal e coquetéis vitamínicos, podem ajudar na recuperação fascial. As aderências também podem ser liberadas com abordagens miofasciais integrativas, como osteopatia, acupuntura, terapia aquática integral e integração estrutural.

CONSCIÊNCIA FASCIAL E AUTO--ORGANIZAÇÃO: TREINAMENTO PARA A VIDA

O caminho do guerreiro supremo, nos ensinamentos tradicionais das artes marciais, não é apenas o caminho do lutador. É um caminho de serviço, amor e proteção para nossa comunidade. Ele exige que acessemos as qualidades mais profundas do guerreiro: foco, energia, perseverança e dedicação a uma causa maior que nós mesmos. Esse coração, esse espírito, são a essência da força interna das artes marciais. É fundamental para alcançar o máximo desempenho, recuperar-se de uma lesão ou desenvolver a resiliência para lidar com os desafios inerentes à vida. Buda disse: "A consciência plena é o único caminho para a liberdade" (Goldstein, 1976). Então, talvez, não devamos nos surpreender que a consciência seja uma fonte de potencial ilimitado nas artes do movimento e que tenha estado na crista da onda dos métodos psicoterapêuticos na última década. A cultura ocidental contemporânea e os meios de comunicação tendem a nos afastar da consciência corporal mais profunda. Uma prática de artes marciais comprometida é um retorno diário a nós mesmos. Verdadeiros mestres nas artes marciais são seres raros que alcançaram a máxima expressão física e a mais profunda consciência corporal, com a consequente consciência fascial e paz de espírito. Isso é algo construído passo a passo durante uma vida inteira de treinamento, pois integram sua arte em todas as dimensões de sua vida e bem-estar. Como o mestre Huang disse: "Coma, durma e pratique Tai Ji" (Huang, 1980).

Esteja certo de que a consciência corporal não precisa ser uma tarefa séria. Expandir seu repertório fascial é tornar-se elasticamente leve de coração. Trata-se de trazer uma nova atitude criativa não apenas à prática de artes marciais, mas também a atividades cotidianas, como ficar de pé em uma perna para escovar os dentes, sempre sentado no chão para assistir televisão, estudando alongamento com um gato e sempre praticando ficar de cócoras com os pés inteiramente no chão. Nunca é tarde demais para começar seu treinamento fascial. Stella é uma aluna de 88 anos da minha turma de Tai Ji. Quando ela começou, aos 80 anos, ela se esforçava para subir as escadas para a sala de prática e realizar movimentos básicos. Aos 88 anos, sua prática tem leveza e fluidez. Seu equilíbrio melhorou de maneira impressionante. Ela carrega seu sucesso em cada passo.

Para concluir, dar atenção ao seu corpo fascial tem uma importância prática e, combinado com a consciência, essas serão as melhores ferramentas para gerenciar seu treinamento. Os frutos de trazer a consciência corporal para dentro da prática de artes marciais e de sua vida são uma nova "vivacidade", uma energia resiliente e entusiasmante e uma atitude generosa de autocuidado. Ferramentas que todos nós precisamos para uma vida longa e saudável.

Referências bibliográficas

Bertolucci, L. (2011) Pandiculation: nature's way of maintaining the functional integrity of the myofascial system? *JBMT*. Jul.
Blakeslee, S. & Blakeslee, M. (2007) *The Body Has a Mind of its Own*. New York: Random House.
Chek, P. (2004) *How to Eat, Move and Be Healthy!* San Diego, CA: A C.H.E.K Institute Publication.
Cheng Man-ch'ing, Robert W. Smith, R. (1967) *T'ai-Chi: The 'Supreme Ultimate' Exercise for Health, Sport and Self-Defense*. Rutland, Vermont: Charles E. Tuttle Co.
Chia, M. (1988) *Bone Marrow Nei Kung*. Thailand: Universal Tao Publications, 32.
Chia, M. (2002) *Tan Tien Chi Kung: Empty Force, Perineum Power and the Second Brain*. Rochester, Vermont: Destiny Books.
Chia, M. (2007) *Iron Shirt Chi Kung I*. Thailand: Universal Tao Publications.
Dalton, E. et al. (2011) *Dynamic Body: Exploring Form, Expanding Function*. Freedom From Pain Institute.
Goldstein, J. (1976) *The Experience of Insight*. Boulder, Colorado, USA: Shambala Press.
Hibbs, A.E. et al. (2008) Optimizing performance by improving core stability and core strength. *Sports Med*. 38, (12.) 995–1008.
Huang Sheng Shyan, (1980) Personal interview.
Hyams, J. (1982) *Zen in the Martial Arts*. New York: Bantam.
Kelly, P. (2007) *Infinite Dao*. New Zealand: Taiji Books.
Kelly, P. (2005) *Spiritual Reality*. New Zealand: Taiji Books.
Master T.T. Liang, (1977) *T'ai Chi Ch'uan For Health and Self-Defense: Philosophy and Practice*. United States, New York: Random House.

Master Gong Chan, Master Li Jun Feng, (1998) *Sheng Zhen Wuji Yuan Gong: A Return to Wholeness.* 2nd ed. Makati, Philippines: International Sheng Zhen Society.

McDougall, C. (2010) *Born To Run: The hidden tribe, the ultra-runners, and the greatest race the world has never seen.* London: Profile Books Ltd.

McGill, S. (2004) *Ultimate Back Fitness and Performance.* Waterloo. Ontario, Canada: Wabuno Publishers.

McGill, S. (2013) Personal interview.

McHose, C. & Frank, K. (2006) *How Life Moves: Explorations In Meaning And Body Awareness.* Berkely, California: North Atlantic Books.

Myers, T. (2009) *Anatomy Trains: Myofascial Meridians for Manual and Movement Therapists.* 2nd ed. Churchill Livingstone Elsevier.

Myers, T. (2011) *Fascial Fitness: Training in the Neuromyofascial Web.* United States: IDEA Health & Fitness Inc.

Ni, Hua Ching, (1983) 8000 Years of Wisdom: Conversations With Taoist Master Ni, Hua Ching. Malibu, California: *The Shrine The Eternal Breath of Tao and Los Angeles* (Book 1), CA: College of Tao & Traditional Chinese Healing.

Parore, L. (2002) *Power Posture: The Foundation of Strength.* Vancouver, British Columbia: Apple Publishing Company Ltd.

Parore, L. (2013) Personal interview.

Petersen, S. (2006) *How Do I Listen? Applying Body-Psychotherapy Skills in Manual and Movement Therapy.* Missoula, Montana: The International Association of Structural Integration (IASI).

Petersen, S. (2009) *Cultivation Body-Mindfulness: The heart of Structural Integration.* Missoula, Montana: The International Association of Structural Integration (IASI).

Ralston, P. (1989) *Cheng Hsin: The Principles of Effortless Power.* Bekerly, California: North Atlantic Books.

Random, M. (1977) *The Martial Arts.* Paris, France: Fernand Nathan Editeur.

Roberts, A. (2013) Personal interview.

Rolf, I.P. (1977) Rolfing: The Integration of Human Structures. New York: Fitzhenry & Whiteside Limited.

Schleip, R. & Müller, D.G. (2012) Training principles for fascial connective tissues: Scientific foundation and suggested practical applications. *J Bodyw Mov Ther.*

Stecco, L. & Stecco, C. (2008) *Fascial Manipulation.* Padua: Piccin Publisher.

Strong, L. Personal interview.

Leituras adicionais

Desikachar, T.K.V. (1995) *The Heart of Yoga: Developing A Personal Practice.* Rochester, Vermont: Inner Traditions International.

Feldenkrais, M. (1981) *The Elusive Obvious.* Capitola, CA: Meta Publications.

Joiner, T.R. (1999) *The Warrior As Healer: A Martial Arts Herbal For Power, Fitness, And Focus.* Rochester, Vermont: Healing Arts Press.

Lao Tsu (translated by Gia-Fu Feng & Jane English, J.), (1972) *Tao Te Ching.* United States, New York: Random House.

Levine, P.A. (1997) *Waking the Tiger: Healing Trauma.* Berkely, California: North Atlantic Books.

Mann, F. (1972) *Acupunture: The Ancient Chinese Art of Healing.* 2nd ed. London: William Heinemann Medical Books Ltd.

Moore, R. & Gillette, D. (1990) *King Warrior Magician Lover.* New York, NY: HarperCollins Publishers.

Rizzolatti, Fadiga, L., Fogassi, L. & Gallese V. (1997). The Space Around Us, Science magazine.

Sieh, R. (1992) *T'ai Chi Ch'uan.* Berkeley, California: North Atlantic Books.

Warburton, M. (2001) Barefoot running. *Sport Science.* Dec; 5(3).

17
Andar elástico

Adjo Zorn

Anos atrás, eu costumava pensar na caminhada como uma tarefa, bem parecida com lavar a louça. Até recentemente, a caminhada era uma das principais atividades físicas necessárias para a sobrevivência. Então, eu pensava que hoje em dia nós poderíamos nos considerar sortudos por este não ser mais o caso. Mas então me deparei com uma curiosa conjunção de fatos aparentemente não relacionados e inquietantes que me levaram a examinar a ciência da caminhada. Esses fatos foram os seguintes:

- A causa da dor nas costas é completamente incerta em oito a cada dez casos (Deyo e Weinstein et al., 2001) (Kendrick et al., 2001).
- Há uma estrutura anatômica grande e forte na região lombar, a elástica fáscia lombodorsal, que é consistentemente ignorada pela indústria milionária de pesquisa de dor nas costas (Tesarz et al., 2011). Até muito recentemente, havia pouca clareza quanto a se essa fáscia poderia ou não causar dor nas costas (Taguchi et al., 2009) (Tesarz et al., 2011).
- Embora essa estrutura atue como o tendão do músculo latíssimo do dorso e, portanto, conecte diretamente os membros superiores e os membros inferiores, ela também tem sido geralmente ignorada pelos pesquisadores da biomecânica que estudam o movimento humano.
- A análise da marcha, o termo para a ciência da caminhada, analisa diferentes padrões de caminhada apenas em certos casos clínicos, como no uso de próteses, certas formas de paralisia ou doença de Parkinson. A análise da marcha tem dedicado pouca atenção aos padrões de caminhada de pessoas saudáveis, que são tão únicos como sua caligrafia.
- É quase um princípio da análise da marcha que a caminhada, em oposição à corrida, é um movimento pendular inelástico e direcionado pelos músculos (Alexander, 1991) (Sawicki et al., 2009).

Comecei a me perguntar se algumas pessoas andam "incorretamente" e desenvolvem dores nas costas, enquanto outras andam "corretamente" e não experimentam nenhuma dor nas costas. Além disso, comecei a me perguntar se aqueles que andam "incorretamente" realmente deixam de usar sua "grande" fáscia, enquanto aqueles que andam "corretamente" usam a fáscia e, portanto, mantêm a elasticidade dela (Jackson, 1998) (Burton et al., 2004).

Com minha experiência em engenharia mecânica, percebi que a fáscia lombodorsal está localizada de forma perfeita. Em virtude de suas propriedades elásticas (Cap. 10) (Maganaris, 2002), ela deve funcionar na verdade como um mecanismo eficaz para caminhar. Por ser uma rolfista, tenho a oportunidade de observar muitas regiões lombares na esteira. Infelizmente, na maioria dos casos, dificilmente consigo detectar qualquer movimento interno na *região lombodorsal*. Isso foi muito diferente em certas partes da África. Em aldeias remotas da Zâmbia e de Gana, as pessoas apresentam bastante movimento na área da *fáscia lombodorsal*. Lá, a luta diária pela sobrevivência requer muita caminhada, tanto para os adultos como para as crianças. Na Europa, por outro lado, a caminhada natural tornou-se praticamente supérflua no trabalho e ficou fora de moda como uma atividade de lazer. Nós dirigimos carros, andamos de metrô, vamos à academia, andamos de bicicleta ou corremos. Mas dificilmente alguém simplesmente sai para caminhar.

É aqui que eu gostaria de fazer uma contribuição para um novo entendimento sobre a caminhada. Não só caminhar, além de correr, é provavelmente o nosso meio mais natural de locomoção, o que mais se aproxima da nossa estrutura corporal, mas também pode ser uma forma dinâmica de meditação, ou seja, caminhar pode facilmente combinar movimento e contemplação. Agora, embora seja verdade que quase todo mundo pode vaguear por aí ou arrastar os pés, acredito que andar "corretamente" é na verdade um grande desafio.

Minha hipótese é que, para andar "corretamente", você precisa andar "elasticamente". Por essa razão, nos últimos anos, procurei entender a caminhada natural de dois ângulos diferentes. Por um lado, usei os princípios matemáticos exatos da mecânica newtoniana para calcular um modelo de andar baseado na computação como uma operação elástica (Zorn e Hodeck, 2011). Por outro lado, ganhei uma experiência empírica ao mostrar aos clientes do Rolfing como andar de maneira elástica. Ambas as abordagens deixaram claro que a caminhada elástica impli-

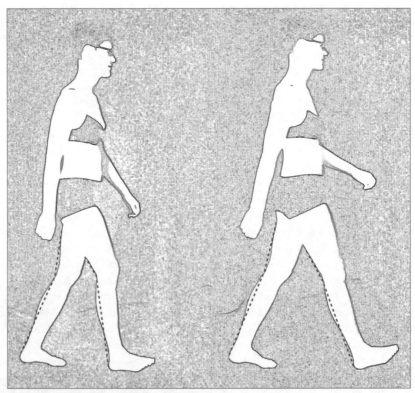

Figura 17.1 Duas maneiras diferentes de usar o joelho no membro inferior de apoio.

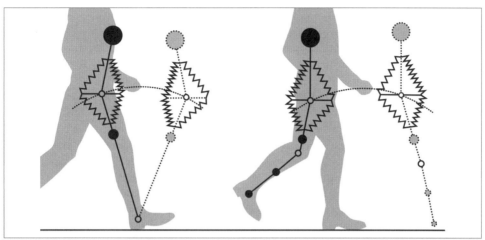

Figura 17. 2
As molas elásticas do quadril puxam o membro inferior de apoio para cima, agem como um freio à medida que ele desce, mantêm o equilíbrio do tronco, aceleram o membro inferior oscilante e freiam seu movimento novamente. (Os círculos simbolizam os centros de massa do corpo.)

ca uma coordenação muito precisa, ou seja, exige que a quantidade certa de força seja aplicada precisamente no momento certo, de modo muito parecido com a força necessária para manter o balanço de uma criança em movimento (Cap. 10).

Em termos das leis da física, o movimento em uma superfície uniforme não requer energia. Se não fosse pelo atrito, um corpo que fosse colocado em movimento em certo momento continuaria rolando ou deslizando indefinidamente. O mesmo vale para uma bola saltitante ou um canguru saltando: ambos realizam tais saltos como se usassem molas elásticas, de modo que, por um breve momento, a energia é armazenada e depois reutilizada. Minha hipótese é que esse mesmo princípio pode ser aplicado a uma pessoa que caminha. No entanto, assim como a pressão do ar em uma bola saltitante tem que ser a correta, as molas fasciais de um canguru saltitante e de uma pessoa caminhando precisam ter a quantidade adequada de tensão (Caps. 1 e 10).

Um músculo é composto principalmente de uma parte contendo o fascículo de contração e outra contendo o tendão. A tensão correta pode ser alcançada com um custo de energia muito baixo se os fascículos musculares se contraem de forma a manter um comprimento *constante*, enquanto o tendão conectado (e outras fáscias) pode mudar seu comprimento, esticar e retrair (Fukunaga et al., 2001). Em outras palavras, o tendão elástico faz todo o trabalho a um custo energético quase nulo, enquanto os fascículos apenas mantêm uma espécie de tensão inicial a um custo energético muito baixo. Por favor, note que esse processo não deve ser confundido com um músculo que age isometricamente como um todo, no qual os fascículos e o tendão *juntos* mantêm um comprimento constante (Cap. 10).

No que segue, darei alguns conselhos para ajudar os leitores a explorar a caminhada elástica. É claro que aprender movimentos a partir de um livro é um esforço questionável. Portanto, peço que você veja isso como uma proposição experimental. (Para uma discussão teórica sobre isso, ver Zorn, 2011.)

1. ANDAR COM AS PERNAS RETAS

Os humanos são os únicos animais cuja perna de apoio pode ser mantida estirada como uma coluna quando caminham (Sockol et al., 2007). A rotação dessa "coluna" ao redor do tornozelo é o que produz o típico movimento para cima e para baixo do tronco na caminhada humana, um movimento que também é único no reino animal. Reconhecidamente, hoje em dia muitas pessoas tendem a andar com os joelhos ligeiramente flexionados, evitando assim qualquer alongamento elástico, um problema que é apenas exacerbado pela tendência atual que favorece a posição em pé com os joelhos dobrados, supostamente "relaxados" (Figs. 17.1 e 17.4).

Se a parte de trás do membro inferior for estirada de maneira apropriada na fase de apoio final, então os músculos psoas, reto femoral e tríceps sural, juntamente com suas fáscias, são alongados e carregados de tensão. Quando o membro inferior de apoio começa a se tornar o membro inferior que balança, esses músculos se retraem e descarregam, acelerando assim a parte inferior da perna para a frente como uma catapulta (Ishikawa et al., 2005) (Schleip, 2013). No último estágio do balanceio, o membro inferior, se alcançar a extensão completa, para em virtude do alongamento do músculo glúteo máximo e suas fáscias, especialmente a fáscia lombodorsal e o trato iliotibial (Fig. 17.2). Incidentalmente, isso explica a direção oblíqua e quase horizontal das fibras do músculo glúteo máximo, algo que faz pouco sentido para um extensor de quadril na postura em pé (Fig. 17.3).

Após a parte calcânea atingir o chão, esse mesmo alongamento puxa o peso do tronco para cima do novo membro inferior de apoio giratório. Depois que a posição de meia postura em pé foi alcançada, a queda do tronco estica novamente as regiões do psoas, do reto femoral e do tríceps sural (Fig. 17.2).

Em termos de física, a energia potencial do peso do corpo em queda é transformada na energia de uma mola esticada: o psoas e o gastrocnêmio retêm gentilmente o peso corporal. A energia elástica é então convertida na energia cinética de um volante acelerado: o psoas e o gastrocnêmio impulsionam a parte inferior da perna para cima e para a frente. Em seguida, a energia cinética é transferida novamente em energia elástica: o glúteo máximo e o trato iliotibial fazem com que a parte inferior da perna interrompa o balanceio. E, por fim, a energia elástica é transformada novamente em energia potencial: o glúteo máximo e o trato iliotibial levam o peso corporal para cima, através do quadril. Tudo isso só funciona se o joelho da perna de apoio e o da perna do balanceio estiverem em linha reta em sua fase final (Zorn e Hodeck 2011).

2. DÊ PASSOS LONGOS

Os alongamentos descritos acima só são possíveis se você der passos longos (Fig. 17.4). Dê passos o mais longos possível e observe como a pelve gira no plano horizontal, esticando as fáscias da parte inferior das costas (Figs. 17.2 e 17.3). Não se esqueça de manter um ritmo acelerado.

3. O CENTRO DO CALCANHAR

Na maioria das vezes, as pessoas descarregam seu peso na borda externa de seus pés. Infelizmente, alguns treinadores e terapeutas até recomendam isso. Na minha opinião, para conseguir caminhar com elasticidade dinâmica, você realmente apenas precisa usar dois pontos do pé (ver CH e BT, Fig. 17.5) e, entre esses dois pontos, o arco elástico antichoque com a fáscia plantar no lado medial do pé (Ward et al., 2003)

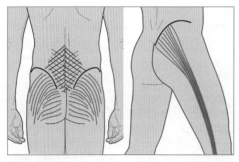

Figura 17.3
A fibra lisa que se estende desde a parte inferior da perna até a região lombar.

Figura 17.4
Caminhar em Gana: passos largos, joelhos retos, parte superior do tronco à frente.

(Roux et al., 2009) (Inman et al., 1981, p. 16). O pé então se enrola exatamente nesses dois pontos CH (membro inferior para a frente) e BT (membro inferior para trás). Para que a parte calcânea toque o chão precisamente *no meio* (no ponto CH), é necessária uma percepção do "centro do calcanhar" (Figs. 17.5 e 17.6). Você precisa sentir esse ponto enquanto caminha (ver também Cap. 15).

Pode ser o caso de a borda externa do pé ser importante apenas para o equilíbrio de uma perna, como as rodas de treinamento que uma criança usa quando aprende a andar de bicicleta.

4. PRESSÃO COM A BOLA DO PÉ

No ponto BT, e somente nesse ponto, há um osso sesamoide que pode funcionar como a bola de um rolamento. Quando o seu membro inferior de apoio se aproximar da sua posição mais recuada, tente empurrar para baixo e para trás, com o *joelho reto*, com a articulação principal do dedão do pé, como se quisesse fazer a terra rolar para longe. O que você realmente fará é se impulsionar para a frente, mas a primeira descrição funciona melhor em termos de imaginar o que você precisa fazer. Dessa forma, você desliza exatamente sobre o osso sesamoide e alon-

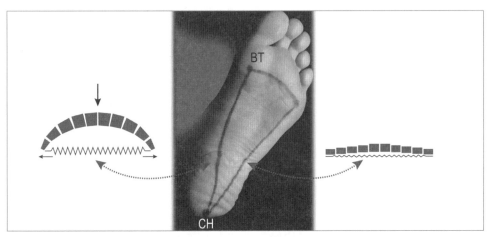

Figura 17.5
A estrutura elástica antichoque está localizada no lado medial do pé.

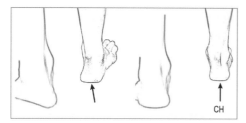

Figura 17.6
O uso efetivo da estrutura elástica da planta do pé requer a colocação correta da parte calcânea.

ga a região do tríceps sural. O interessante é que o alongamento do músculo gastrocnêmio, com o formato de cadeias ao redor dos côndilos, ajuda então a evitar o alongamento excessivo do joelho.

5. LEVE SUA PELVE

Como princípio geral da postura humana, os ossos geralmente não são equilibrados uns sobre os outros em torno de um eixo central. Em vez disso, eles formam unidades em formato de gancho que são suspensas em tensão por meio dos músculos e fáscias (Cap. 1). Se você pegasse no sono em pé, por exemplo, sua cabeça cairia para a frente e então seus joelhos se dobrariam, porque os músculos do pescoço e da panturrilha perderiam a tensão. Uma postura humana alerta requer firmeza constante no corpo. Em termos de evolução, isso pode ser rastreado até o fato de que era provavelmente mais benéfico para os primeiros humanos reagirem rapidamente em caso de um ataque de um predador do que poder ficar em uma postura confortável e na qual conservassem energia. Hoje em dia, as pessoas podem se dar ao luxo de serem preguiçosas e superar esse princípio tensional dinâmico por meio do relaxamento dos seus ligamentos. Por exemplo, algumas pessoas ficam confortáveis com os joelhos travados em vez de ficarem em uma postura de equilíbrio ativo. Mas o que não é tão óbvio é que a pelve precisa também estar ativamente equilibrada com certa tensão (Rolf, 1989), e "a parte passiva da fáscia lombodorsal requer a redução da lordose para se tornar mais firme" (Gracovetsky et al., 1987) (Adams et al., 2007) (Caps. 13 e14). Em vez disso, muitas pessoas deixam a frente da pelve cair, bloquear as vértebras lombares, deformar a coluna vertebral e desativar a fáscia lombar (Adams, 2001) (Smith et al., 2008). É lamentável que existam muitos professores alternativos de movimento ou postura que continuem a promover essa postura dizendo aos alunos: "relaxem a barriga!". Da mesma forma, alguns fisioterapeutas consideram o músculo reto do abdome como "superficial" e, portanto, assumem automaticamente que ele é em geral superativado. Em minha opinião, o músculo reto do abdome é com frequência muito inativo (Porterfield e Derosa, 1998), às vezes ao longo dos músculos oblíquos do abdome, não apenas entre aqueles com uma barriga "relaxada", mas também entre fisiculturistas com abdomes definidos de modo impressionante, mas rígido. De fato, esse músculo grande deve *puxar* o púbis para cima com agilidade e, assim, ajustar o equilíbrio da pelve e ajustar sua posição com relação às forças que mudam rapidamente durante o movimento (Fig. 17.7, Seta A).

Além disso, esse músculo deve formar uma parede abdominal elasticamente tensionada (McGill, 2001) que funciona como parceira do diafragma na respiração. Isso não deve ser confundido com encolher a barriga. "A importância [do reto do abdome] na postura ereta é reconhecida universalmente [...] A verdadeira força não está no enrijecimento; está na resiliência, adaptabilidade, estabilidade. É caracterizada pela elasticidade" (Rolf, 1989). Nos dias de hoje, alguns leitores provavelmente sentem que o papel do músculo reto do abdome está supervalorizado e que me esqueci de mencionar de maneira adequada o músculo transverso do abdome. Por favor, tenha em mente que o foco principal aqui não está na estabilidade, mas na elasticidade. Se o seu estilo habitual de andar inclui passos curtos, uma pelve caída e um dorso oco, então os seus flexores do quadril provavelmente não desenvolveram a amplitude de movimento necessária para carregar sua pelve

CAPÍTULO 17 · ANDAR ELÁSTICO 185

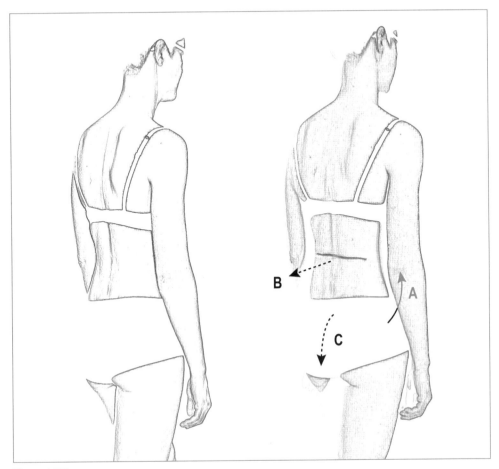

Figura 17.7
O equilíbrio da pelve e a estabilização da parte inferior da coluna para pessoas que, de outra forma, deixam a pelve cair para a frente.
Seta A: leve a pelve ao púbis.
Seta B: "Linha da cintura para trás" (Ida Rolf). Certifique-se de que a coluna vertebral não se deforme.
Seta C: deixe o sacro cair. Alongue a fáscia lombodorsal.

como descrito anteriormente. Recondicionar os flexores do quadril com o alongamento por meio de uma caminhada elástica provavelmente exigirá esforço, determinação e paciência, mas, no final, compensará.

6. UM APARTE: RESPIRAÇÃO ELÁSTICA

Essa não é realmente uma parte da caminhada, mas é essencial em termos de se ter uma parede abdominal elasticamente tensionada. A respiração diafragmática tem um grande impacto no sistema nervoso autônomo e nas condições relacionadas ao estresse. A respiração elástica não é possível quando a barriga se projeta para a frente flacidamente, em consequência da falta de tônus do reto do abdome, como já descrito, ou quando a barriga é encolhida para dentro, por meio de um encurtamento do músculo transverso do abdome superior. Igualmente inútil para a respiração elástica é ter um abdome tanquinho se ele for bonito, mas rígido. Na respiração elástica, você sente o alongamento da parede abdominal tensionada toda vez que inspira. No movimento de inspirar e expirar da respiração, o músculo reto do abdome e o diafragma se comportam como parceiros de dança fortes e rítmicos, embalando os órgãos internos em seu movimento (Cap. 12).

7. O ÁPICE: DEIXAR O SACRO CAIR

Essa é possivelmente a parte mais difícil de toda a minha proposta. Se os longos músculos e fáscias na parte frontal não conseguirem estabilizar a coluna vertebral, alguns músculos curtos na parte dorsal se envolvem como uma espécie de segurança emergencial (Bergmark, 1989) (Reeves et al., 2007). Isso cria uma situação paradoxal. Esses músculos tornam-se hiperativos e, mais cedo ou mais tarde, sobrecarregados em uma região que já é muito curta: a região lombar hiperlordótica.

As pessoas nessa situação podem facilmente relaxar os músculos lombares ao se curvarem para amarrar seus cadarços, mas podem não ser capazes de relaxar esses músculos ao realizar uma atividade física. Essa situação não é incomum entre atletas profissionais e dançarinos com dor lombar. O que as pessoas nessa situação precisam é da capacidade de relaxar o músculo dorsal, ou seja, deixar o osso sacro cair enquanto executam um movimento físico vigoroso (Fig. 17.7, seta C). A capacidade de realizar movimentos sutis e finos também é absolutamente necessária para conseguir equilibrar a pelve e caminhar usando as fáscias elásticas do dorso. É claro que é impossível ensinar isso "intelectualmente", mas, de acordo com o meu conhecimento, as técnicas de Tai Ji Quan se aproximam de tal treinamento (ver também Cap. 15).

Se as fáscias elásticas na parte inferior das costas forem capazes de se alongar e se retrair durante a caminhada, um movimento semelhante ao de uma onda se propaga através da coluna vertebral e das vértebras lombares. Assim, todas as estruturas fasciais na parte inferior da coluna vertebral alongam-se adequadamente e têm pouca razão para desenvolver dor.

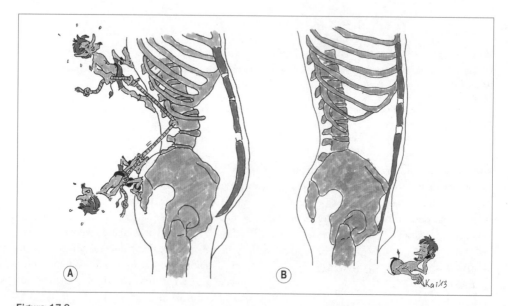

Figura 17.8
Se os músculos da parte frontal permitem que a coluna se deforme, alguns dos músculos das costas têm que trabalhar muito.

8. MOVA SEU TRONCO

Embora a análise tradicional da marcha considere a parte superior do corpo como um simples "passageiro passivo" (Perry, 1992), acho que as fáscias elásticas da região lombar estão lá para serem usadas na caminhada. Para que isso aconteça, as fáscias precisam ter um nível de tensão saudável, em vez de ficarem amarrotadas. Para uma caminhada elástica dinâmica, a parte inferior das costas precisa ser alongada de uma maneira específica. Isso significa que a parte superior do corpo deve ter uma leve inclinação para a frente. Essa inclinação para a frente provavelmente parecerá bem estranha no começo, como se você pudesse cair para a frente e, muitas vezes, faz com que as pessoas olhem para baixo. Em vez disso, olhe para o horizonte (Fig. 17.9).

9. OS MEMBROS SUPERIORES TAMBÉM SÃO IMPORTANTES

Enquanto você está andando, deixe seus braços balançarem para trás muito mais longe e com mais vigor do que o habitual. Se os membros superiores balançarem o suficiente e os membros inferiores fizerem as longas passadas, descritas anteriormente, então a pelve e a parte superior do corpo mostrarão movimentos de torção e esticarão suas fáscias com alegria. Além disso, a parte calcânea do pé da frente será então capaz de tocar o chão tão suavemente como a pata de um gato (Cap. 16) (Fig. 17.10).

10. CAMINHE COM MAIS FREQUÊNCIA

Deixe o seu carro ou bicicleta onde estão estacionados e ande com mais frequência. Caminhe

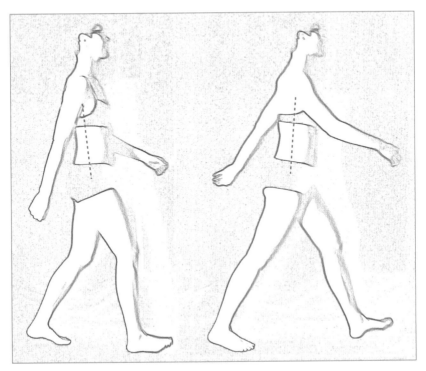

Figura 17.9
Para andar de forma energética, o tronco precisa se inclinar levemente para a frente.

Figura 17.10
Caminhar em Gana: usando os membros superiores.

até uma estação mais distante na rua. Pegue uma rota mais longa para caminhar quando sair do trabalho. Estacione seu carro do outro lado do parque e caminhe para casa. Tenha bons agasalhos para tempo úmido e frio. Caminhe de forma mais rápida para que sua taxa de circulação aumente ligeiramente e proporcione a você um pouco mais de oxigênio. Acostume seus filhos a andar também! Se as pessoas se queixarem para você de dores nas costas, pergunte a elas: com qual frequência você caminha? *Como* você caminha? Não se surpreenda se você se pegar sorrindo sem motivo enquanto caminha de forma elástica. Afinal, você pode descobrir a alegria de caminhar, como eu acabei descobrindo.

Agradecimento

Tenho uma grande dívida de gratidão com Kai Hodeck, PhD, colega físico e praticante de Rolfing. A acuidade crítica de seu *feedback* generoso ajudou a desmantelar minha hipótese favorita e, em geral, melhorar este capítulo.

Referências bibliográficas

Adams, M.A. & Dolan, P. (2007) How to use the spine, pelvis, and legs effectively in lifting. In Vleeming, A., Mooney, V. & Stoeckart, R. (eds.) *Movement, Stability and Lumbopelvic Pain*, vol. 2: 167-183, Edinburgh: Churchill Livingstone.

Adams, M.A. & Dolan, P. (2001) Spinal Dysfunction And Pain: Recent Advances In Basic Science, in Vleeming, A. (ed.) (2001) 4th Interdisciplinary World Congress on Low Back & Pelvic Pain: *Moving from Structure to Function*, Montreal, Canada, November 8-10.

Alexander, R.M. (1991) Energy-saving mechanisms in walking and running. *J. Exp. Biol.* 160: 55-69.

Bergmark, A. (1989) Stability of the lumbar spine. A study in mechanical engineering. *Acta Orthop Scand.* Suppl 230: 1-54.

Burton, K., Balague, F., Cardon, G., Eriksen, H.R., Henrotin, Y., Lahad, A., Leclerc, A., Mueller, G. & van der Beek, A.J. (2004) *European Guidelines for Prevention in Low Back Pain*. European Commission, COST Action B13, from www.backpaineurope.org.

Deyo, R.A. & Weinstein, J.N. (2001) Low back pain. *N Engl J Med.* 344(5): 363-370.

Fukunaga, T., Kubo, K., Kawakami, Y., Fukashiro, S., Kanehisa, H. & Maganaris, C.N. (2001) In vivo behaviour of human muscle tendon during walking. *Proc Biol Sci.* 268(1464): 229-233.

Gracovetsky, S., Zeman, V. & Carbone, A.R. (1987) Relationship between lordosis and the position of the centre of reaction of the spinal disc. *J Biomed Eng.* 9(3): 237-248.

Inman, V.T., Ralston, H.J. & Todd, F. (1981) *Human Walking*. Baltimore: Williams and Wilkins.

Ishikawa, M., Komi, P.V., Grey, M.J., Lepola, V. & Bruggemann, G.P. (2005) Muscle-tendon interaction and elastic energy usage in human walking. *J Appl Physiol.* 99(2): 603-608.

Jackson, R. (1998) 'Postural Dynamics: Functional Causes of Low Back Pain', in B.P. D'Orazio (ed.) *Low Back Pain Handbook*, 159-194. Butterworth-Heinemann.

Kendrick, D., Fielding, K., Bentley, E., Miller, P., Kerslake, R. & Pringle, M. (2001) The role of radiography in primary care patients with low back pain of at least 6 weeks duration: a randomised (unblinded) controlled trial. *Health Technol Assess.* 5(30): 1-69.

Langevin, H.M. & Sherman, K.J. (2006) Pathophysiological model for chronic low back pain integrating connective tissue and nervous system mechanisms. *Med Hypoth.* 68: 74-80.

Maganaris, C.N. & Paul, J.P. (2002) Tensile properties of the in vivo human gastrocnemius tendon. *J Biomech.* 35(12): 1639-1646.

McGill, S.M. (2001) Achieving Spine Stability: Blending Engineering and Clinical Approaches. in A. Vleeming (ed.) 4th Interdisciplinary World Congress on Low Back & Pelvic Pain: Moving from Structure to Function, Montreal, Canada. November 8-10: 203.

Perry, J. (1992) Gait Analysis: Normal and Pathological Function, SLACK Inc, Thorofare, NJ.

Porterfield, J. & Derosa, C. (1998) *Mechanical Low Backpain – Perspectives in Functional Anatomy*. Philadelphia: Saunders.

Reeves, P. N., Narendra, K.S. & Cholewicki, J. (2007) Spine stability: The six blind men and the elephant. *Clin. Biomech.* (Bristol, Avon) 22: 266-274.

Rolf, I.P. (1989) Rolfing: *Reestablishing the natural alignment and structural integration of the human body for vitality and well-being*. 1st edition. Rochester, Vt: Healing Arts Press.

Roux, M., Baly, L. & Gorce, P. (2009) Could the study of ground reaction forces be an indicator of the footwear stability during locomotion?. *Science Sports.* 24: 27-30.

Sawicki, G.S., Lewis, C.L. & Ferris, D.P. (2009) It pays to have a spring in your step. *Exerc Sport Sci Rev.* July; 37(3): 130.

Schleip, R. & Müller, D.G. (2013) Training principles for fascial connective tissues: Scientific foundation and suggested practical applications. *J Bodyw Mov Ther.* 17(1): 103-115.

Smith, A., O'Sullivan, P. & Straker, L. (2008) Classification of sagittal thoraco-lumbo-pelvic alignment of the adolescent spine in standing and its relationship to low back pain. *Spine.* 33(19): 2101-2107, from doi:10.1097/BRS.0b013e31817ec3b0.

Sockol, M.D., Raichlen, D.A. & Pontzer, H. (2007) *Chimpanzee locomotor energetics and the origin of human bipedalism*. PNAS 104(30): 12265-12269.

Taguchi, T., Tesarz, J. & Mense, S. (2009) The Thoracolumbar Fascia as a Source of Low Back Pain. In P.A. Huijing, et al. (eds.) *Fascia Research II: Basic Science and Implications for Conventional and Complementary Health Care*. 251. Munich: Urban & Fischer.

Tesarz, J., Hoheisel, U., Wiedenhofer, B. & Mense, S. (2011) Sensory innervation of the thoracolumbar fascia in rats and humans. *Neuroscience.* 194: 302-308.

Ward, E.D., Smith, K.M., Cocheba, J.R., Patterson, P.E., Phillips, R.D., Ward, E.D., Smith, K.M., Cocheba, J.R., Patterson, P.E. & Phillips, R.D. (2003) In vivo forces in the plantar fascia during the stance phase of gait: sequential release of the plantar fascia. William J. Stickel Gold

Award. *Journal of the American Podiatric Medical Association*. 93(6): 429–442.

Zorn, A., Schmitt, F.J., Hodeck, F.H., Schleip, R. & Klingler, W. (2007) The spring-like function of the lumbar fascia in human walking. In T.W. Findley and R. Schleip (eds.) *Fascia Research: Basic Science and Implications for Conventional and Complementary Health Care.* 188–189.

Zorn, A., Schleip, R. & Klingler, W. (2010) Walking with elastic fascia: Saving energy by maintaing balance. In A. Vleeming (ed.) *7th Interdiciplinary World Congress on Low Back & Pelvic Pain*, Los Angeles, Nov 9th– 12th. 340–341.

Zorn, A. & Hodeck, F. (2011) Walk With Elastic Fascia: Use the Springs in your Step! in E. Dalton (ed.) *Dynamic Body: Exploring Form, Expanding Function,* 1st edition. 96–123, Freedom From Pain Institute, Oklahoma City, OK.

18
Métodos de treinamento funcional para a fáscia do corredor

Wilbour Kelsick

Correr é um grande negócio. A prática aumentou exponencialmente nas últimas três décadas, tanto no nível amador como no profissional. Em média, os corredores percorrem aproximadamente 110-130 km por semana, mas às vezes podem ser prejudicados por uma variedade de lesões. Primeiro, devo mencionar que a corrida é um movimento elástico no mecanismo de marcha do corpo. Uma melhora na eficiência ou na economia de energia de movimento pode ser alcançada quando é atingido o balanceio elástico próximo do ideal na marcha de corrida (Cap. 10). A beleza do treinamento fascial funcional é que ele não só pode prevenir lesões, mas também pode aumentar a eficiência na corrida. Esse capítulo se concentra em como o treinamento fascial funcional pode abordar os componentes elásticos do mecanismo de corrida e caminhada (Cap. 17).

As lesões de corrida estão relacionadas a uma técnica de corrida ruim, salto elástico mínimo ou fraco, fraqueza muscular (p. ex., abdutores do quadril), desequilíbrios musculares na estrutura de corrida (p. ex., músculos do tronco pélvico), falhas biomecânicas (pronação excessiva dos pés, joelho valgo), microtrauma por uso excessivo e rede fascial elástica treinada de maneira inadequada. Todos esses itens podem influenciar uns aos outros, criando uma colagem de causas epidemiológicas para lesões de corrida. Estudos mostram que a maioria das lesões de corrida pode ser resumida como microtraumas em tecidos colagenosos (Elliott, 1990) (Stanish, 1984).

Está bem documentado que mais de 70% dos corredores recreativos sofrerão uma lesão durante o período de um ano (Caspersen et al., 1984) (Rochcongar et al., 1995) (Ferber et al., 2009). Por exemplo, mais de 80% das lesões de corrida estão abaixo do joelho, sugerindo que algum mecanismo comum pode ser o culpado. (Ferber et al., 2009). As evidências não respaldam nenhuma região segmentar específica, mas mais um envolvimento global de estruturas de corrida musculoesqueléticas. A pronação excessiva como um fator causativo em lesões de uso excessivo está bem documentada (Clarke et al., 1983) (Messier et al., 1991). Também acredita-se que a fraqueza e o desequilíbrio do mecanismo do quadril e da pelve, ou baixa estabilização, constituam um dos principais elos para diminuir as lesões no corpo. Por exemplo, síndrome da compressão do trato iliotibial (STIT) e síndrome femoropatelar (SFP) (Fredericson et al., 2000) (Horton e Hall, 1989) (Livingston, 1998) (Mizuno et al., 2001) (Witvrouw et al., 2000). Os estudos mencionados indicam que as causas da maioria das lesões de corrida estão relacionadas, ou possuem alguma ligação, à ineficiência da integridade estrutural do mecanismo de corrida (o sistema musculoesquelético). Portanto, é obvio que a prevenção, a pré-habilitação e a reabilitação de tais lesões devem dirigir-se a essas causas de maneira prática. Isso leva à abordagem funcional proposta para treinar a fáscia do corredor de uma prospectiva global.

No entanto, nesse ponto, as seguintes questões devem ser abordadas:

- O que queremos dizer com treinamento funcional?
- Qual é o propósito do treinamento de força para corredores?
- O que queremos dizer com treinamento fascial?
- Qual treinamento fascial funcional é específico para corredores?

O QUE QUEREMOS DIZER COM TREINAMENTO FUNCIONAL?

A definição usada nesse contexto para treinamento funcional é um treinamento específico para o movimento do corpo que você está tentando executar.

Mais detalhadamente: treinamento funcional é o conceito de usar exercícios funcionais (i. e., exercícios esportivos específicos) que reproduzem mais de perto o padrão de movimento de um esporte (p. ex., a corrida) e podem ser modulados para melhorar a soma das partes, todos os padrões de movimento biomecânico ou perfil fisiológico do esporte. Por exemplo, na corrida, a execução do padrão biomecânico seria a distância ou frequência da passada e o perfil fisiológico seria a potência aeróbia para um corredor de longa distância. No treinamento funcional, o exercício deve ser global (i. e., usar todo o corpo o máximo possível) e não de regiões isoladas do corpo.

O treinamento funcional pode ser qualquer atividade específica do esporte que mova um atleta lesionado ou não condicionado ou um indivíduo com disfunção física rumo a um retorno seguro ao esporte ou atividades assim que possível.

QUAL É O PROPÓSITO DO TREINAMENTO DE FORÇA PARA CORREDORES?

O desempenho na corrida não depende apenas de uma combinação de capacidades aeróbicas e anaeróbicas, que variam com base na distância do evento, mas também de outros fatores relacionados à potência e à força do corpo, na parte inferior e na superior (Hudgens et al., 1987).

Está documentado que a força e a potência estão fortemente correlacionadas com o desempenho na corrida de curtas distâncias (i. e., corrida de velocidade, corrida de obstáculos) (Meylan e Malatesta, 2008) (Mikkola et al., 2011) (Kale et al., 2009). Por exemplo, a resistência pliométrica (Meylan e Malatesta, 2008) (Mikkola et al., 2011) e o treinamento de força explosiva (Buchheit et al., 2010) (Spurrs et al., 2003) mostraram melhora significativa no treinamento de corrida de velocidade.

Em contraste, a corrida de média e longa distâncias tem poucos estudos que correlacionam que força e potência melhoram o desempenho. Contudo, alguns estudos bem desenhados provaram recentemente que o treinamento de força explosiva pode melhorar de maneira significativa a economia de corrida em corredores de média e longa distâncias. (Ferraut et al., 2010) (Kelly et al., 2009) (Mikkola et al., 2007).

Por isso, a evidência agora é mais clara de que o treinamento de força pode ajudar a melhorar a resistência da parte pélvica do tronco, do quadril e dos membros inferiores de maneira tanto concêntrica como excêntrica, melhorando assim a eficiência e o desempenho da corrida. (Observação do autor, dados não publicados.)

Acredita-se que o mecanismo para esse melhor desempenho em corredores de longa distância esteja relacionado a uma melhora na rigidez muscular (Fletcher et al., 2010) (Dumke et al., 2010) e do tendão (Dumke et al., 2010) e às propriedades elásticas da rede fascial (Tapale et al., 2010) (Huijing e Langevin, 2009)

(Schleip, 2003) (Cap. 10). Portanto, a evidência para adaptar exercícios que treinam a rede de tecido fascial, assim como músculos e tendões, é primordial na diminuição e prevenção de lesões de corrida e melhora da economia de corrida.

O QUE QUEREMOS DIZER COM TREINAMENTO FASCIAL?

No passado, o treinamento para atletas concentrava-se principalmente na capacidade cardiovascular convencional, força e potência muscular e coordenação neuromuscular. A clássica tradição biomecânica de considerar o funcionamento do corpo em segmentos separados, com alavancas ligadas, não é mais viável à luz de novas pesquisas sobre a função fascial em todo o corpo (Desmouliere et al., 2005) (Huijing, 2007) (Kubo et al., 2006) (Schleip, 2003). *Não se pode treinar partes do corpo isoladamente e esperar ter um funcionamento global eficiente.*

Correr, na sua forma verdadeira, é principalmente um evento elástico (Bosch e Klomp, 2001) (Legramandi et al, 2013). O mecanismo da corrida envolve o armazenamento de energia durante a fase de desaceleração ou aterrissagem (durante o contato do pé com o solo) e a liberação de energia durante a fase de impulsão (Legramandi et al., 2013). O uso de uma técnica de retração elástica (Cap. 10) permitirá que o corredor seja mais eficiente, colocando menos estresse em seu sistema musculoesquelético e, finalmente, diminuindo sua taxa de lesão. *O treinamento para corredores deve ser elasticamente funcional e global em sua abordagem, incluindo todo o mecanismo do corpo e não apenas os membros inferiores.*

Há evidências que sustentam que elementos fasciais diferentes são afetados por estilos de carga diferentes e que a fáscia tem um papel importante na manutenção da função muscular (Steven et al., 1981) (Ingber, 2008). O treinamento típico com pesos carrega o músculo em sua amplitude normal de movimento, fortalecendo os tecidos fasciais organizados em série com as fibras musculares ativas. Esse tipo de carga tem um efeito mínimo sobre as fibras intramusculares que estão dispostas de maneira paralela às fibras musculares ativas e também à fáscia extramuscular. (Huijing, 1999) (Latrides et al., 2003) (Fukashiro et al., 2006). Essa evidência reforça que, durante o treinamento funcional da rede fascial do corredor, os exercícios devem ter um padrão de carga dinâmico, variado e com ritmo para ter algum efeito sobre os componentes elásticos e a resiliência da rede fascial do corpo.

Os conceitos de treinamento funcional para o corredor surgem desses *insights*. O programa de treinamento funcional, projetado nesse contexto, abordará o mecanismo de corrida de uma perspectiva global com exercícios voltados para treinar o componente fascial elástico do corredor, assim como os músculos, ligamentos e tendões. O protocolo funcional do exercício fascial para o corredor é realizado com certa quantidade de ritmo e um componente explosivo.

Ao manter a forma ou a integridade estrutural ativada, o corpo é capaz de estabelecer sua própria âncora interna e externa para criar a estabilidade dinâmica necessária, pois um segmento gera tensão e o outro estabiliza (Ingber, 2008). Isso cria o padrão de movimento alternado projetado para a corrida. Essa padronização é classificada como o mecanismo de liga/desliga necessário para o movimento segmentar alternado do corpo em caminhada e corrida (Cap. 17).

QUAL TREINAMENTO FASCIAL FUNCIONAL É ESPECÍFICO PARA CORREDORES?

Foi documentado que o modo, lento ou rápido, pelo qual o tecido conjuntivo é carregado determinará se o tecido exibirá um tipo mais elástico ou mais hipertrófico (i. e., volume) (Kubo et al., 2003) (Kjaer et al., 2009) (Cap. 5).

Na natureza, cangurus e gazelas são exemplos excelentes de armazenamento elástico e liberação de energia durante a execução de seus padrões de movimento (Kram e Dawson, 1998) (Cap. 10). A rede fascial humana parece ter um comportamento elástico semelhante (i. e., armazenamento e liberação de energia cinética) em nossas atividades diárias de caminhar, correr ou saltar (Sawicki et al., 2009) (Chino et al., 2008). Isso justifica a abordagem do treinamento funcional para a rede fascial do corredor usando padrões de exercícios com movimentos do tipo rítmico e explosivo (Fukunaga et al., 2002) (Kawakami et al., 2002).

O CONCEITO DE TREINAMENTO FUNCIONAL DA FÁSCIA

Hoje, o fato de que a fáscia humana se comporta de maneira elástica está documentado (Chino et al., 2008) (Kubo et al., 2006). Ela armazena energia e a devolve de maneira rápida, como se vê em movimentos cíclicos como andar e correr (Cap. 17) (Kubo et al., 2006) (Chino et al., 2008) (Legramandi et al., 2013).

Correr de maneira elástica utiliza menos potência muscular, isto é, há menor exigência de energia metabólica (glicose) e mais da característica fascial elástica do tecido, que, desse modo, armazena e devolve energia durante a propulsão. O treinamento funcional global para a fáscia dos corredores é projetado para treinar a rede fascial elástica de todo o corpo (i. e., músculos, tendões, ligamentos). O modo de exercício inclui movimentos circulares ou pliométricos, contramovimentos preparatórios, padrões de movimentos unilaterais, exercícios que imitam o mecanismo da corrida (p. ex., pulo unipodal, agachamento unipodal etc.). O protocolo de exercícios evita padrões de movimentos lentos, movimentos bruscos, movimentos angulares constantes e repetitivos, movimento com tempo/ritmo mono, movimento predominantemente muscular, padrão de movimento do tipo de isolamento segmentar e minimiza a carga constante, de forma a estimular a carga variável dos tecidos do corredor. Além disso, a pesquisa sugere que o sistema fascial é treinado com mais eficácia quando usa uma variedade de vetores ou ângulos, cargas e ritmo (Huijing, 2007) (Cap. 11).

Não podemos nos aprofundar nesse tópico sem mencionar a importância que a postura e a técnica de corrida desempenham no aprimoramento da eficiência e do desempenho da corrida. Na postura correta de um velocista, por exemplo, ele está a uma altura considerável do solo na fase de voo, com o corpo bem posicionado, se preparando para a fase de aterrissagem (uma posição muito importante do corpo para maximizar a distância horizontal percorrida no ar). Como diz o treinador Mike Murray sobre a postura de corrida de velocidade: "Atitude é atitude". Embora não seja possível discutir o conceito de técnica de corrida no contexto deste capítulo, deve-se notar que essa é uma peça crucial do quebra-cabeça na prevenção de lesões e melhoria do desempenho.

PROTOCOLO DE EXERCÍCIOS PARA TREINAR A FÁSCIA DO CORREDOR

Os programas de condicionamento esportivo precisam ser otimamente individualizados e específicos para cada esporte, porque os limites do desempenho máximo são altamente variáveis, mesmo dentro da mesma disciplina do esporte. Como descrito acima, o objetivo desses exercícios é orientado para treinar e fortalecer os componentes elásticos da fáscia, músculo e tendões do corredor. A energia é armazenada na fase excêntrica do movimento e imediatamente liberada na fase concêntrica. Os exercícios são precedidos por um pré-alongamento excêntrico (contramovimento) (Cap. 11) que carrega o músculo e o prepara para a contração concêntrica subsequente. Esse acoplamento da contração muscular excêntrica-concêntrica é conhecido como ciclo de alongamento e encurtamento, que fisiologicamente envolve as propriedades elásticas dos tecidos (fáscia, músculo) e reflexos proprioceptivos (Tippett e Voight, 1995) (Radcliffe e Farentinos, 1985). O fato de o tecido conjuntivo ter uma alta capacidade de adaptabilidade e resiliência torna-o ideal para esse tipo de treinamento, em que forças de carga, cisalhamento e tensão são altamente variáveis. O tecido conjuntivo tem a capacidade de remodelar continuamente sua rede fibrosa quando uma tensão ou carga funcional específica é aplicada a ele (Langevin et al., 2010) (Chen et al., 1997) (Cap. 5).

Ao elaborar qualquer programa de exercícios de fortalecimento, existem algumas diretrizes básicas de prescrição para esses exercícios que devem ser levadas em consideração e algumas perguntas importantes que precisam ser feitas: por que você está fazendo a atividade? Qual é o objetivo da atividade? É para manutenção do preparo físico ou para competição? Observe que os princípios básicos de treinamento também serão aplicados aqui (i. e., princípios de adaptação – aguda e crônica –, especificidade, sobrecarga e sobrecarga progressiva, estresse-repouso, contração, controle, limite, manutenção, simetria e excesso de treinamento) (Kraemer, 1994) (Fleck e Kraemer, 1997). Nesse contexto, não podemos abordar todos esses princípios, mas eles são encontrados com detalhes nos textos fisiológicos sobre treinamento (Fleck e Kraemer, 1997).

Em primeiro lugar, a prescrição do exercício deve considerar as demandas totais do programa e garantir que o volume de exercício não seja excessivo, o que pode interferir de maneira negativa na adaptação e no desempenho fisiológico que seria ideal. Para garantir uma prescrição eficaz, devemos considerar o seguinte (Kraemer e Koziris, 1992) (Fleck e Kraemer, 1997) (Tippet e Voight, 1995):

- O conceito de periodização do programa de treinamento e metas de treinamento.
- Desenvolver um protocolo de recuperação e descanso de exercícios bem planejado, usando os princípios da periodização.
- Compreender o equilíbrio entre o treinamento de força/potência (intensidade) e o treinamento aeróbico e anaeróbico (volume).

Além disso, os principais componentes do programa de treinamento de força devem ser considerados ao projetar exercícios do tipo funcional para a fáscia (Fleck e Kraemer, 1997) (Kraemer, 1994). Esses componentes são:

1. **Análise de necessidades:** aborda questões sobre rede fascial, grupos musculares ou segmentos corporais a serem treinados, os sistemas energéticos/metabólicos envolvidos (aeróbico, anaeróbico), o tipo de ação muscular (excêntrica ou isométrica).
2. **Variáveis agudas do programa:** trata da escolha, ordem, número de séries, período de descanso entre as séries e quantidade de carga (intensidade).
3. **Manipulação contínua do programa:** aborda os princípios de periodização como um meio de projetar programas de longo prazo.
4. **Preocupações administrativas:** refere-se às necessidades de equipamento da academia (pesos livres, resistência isocinética assistida por máquinas, plataformas de salto etc.).

EXERCÍCIOS DE POSTURA

Esses exercícios são voltados mais para corredores de meia distância e recreativos. Em virtude das restrições de espaço neste capítulo, apenas oito exercícios foram documentados.

Todos os exercícios são realizados em uma postura de "cadeia cinética fechada" para aumentar as forças compressivas da articulação, melhorar a congruência articular e a cocontração/ativação muscular, o que aumentará a estabilidade dos segmentos corporais-alvo (Lefever, 2011). O posicionamento adequado do pé é fundamental. O tornozelo deve estar em posição "travada", obtida por flexão dorsal. Então, uma ação de flexão plantar "ativa" deve ocorrer imediatamente antes do impacto no solo. Essa ação coordenada e no *timing* correto do pé cria a rigidez necessária na cadeia dos membros inferiores para criar a força reativa (Winkler, 2010, não publicado). Essa ação garante um pré-alongamento e envolve os componentes elásticos das estruturas da panturrilha. O envolvimento/ativação dos componentes neuromusculares do tronco, da pelve, do assoalho pélvico e dos membros inferiores também é necessário.

MODO DE EXERCÍCIO

Todos os exercícios são feitos de forma explosiva com ritmo/tempo rápido e repetido para melhorar o efeito elástico dos tecidos da fáscia, do músculo e do tendão.

PREPARAÇÃO PARA O EXERCÍCIO

Essa preparação deve durar cerca de quinze minutos e consiste nas seguintes atividades para melhorar a mobilidade geral do corpo, tornozelo e pé à reatividade do solo:

- 3-5 min de *jogging*.
- Saltos de baixa amplitude tornozelo/pé com dorsiflexão ativa inicial e flexão plantar ao aterrissar no solo.
- Balanço dos membros inferiores a partir dos quadris, na posição em pé.
- Avanço rápido com afundo.
- Corrida lateral em forma de tesoura – cruzamentos dos membros inferiores.
- Saltos duplos de tornozelo com dorsiflexão do pé aterrissando sobre as "bolas" dos pés (os metatarsos mediais).
- Exercícios de mobilidade do quadril – balanços do quadril em extensão e flexão.

EXERCÍCIOS DE TREINAMENTO FUNCIONAL PARA A FÁSCIA DO CORREDOR

(Em colaboração com o treinador Gary Winckler)

Esses exercícios são projetados para focar e explorar os componentes elásticos nos tecidos da rede fascial, muscular e tendínea. A execução do exercício (modo) deve ser explosiva, rítmica e reativa. Atenção à postura corporal global e à técnica de execução é crucial para colher todos os benefícios.

1. Braço estendido acima da cabeça com resistência: reto do abdome e fortalecimento excêntrico da cadeia anterior

Proposta

Construir a força de ancoragem do tronco anterior para os músculos da parede abdominal e lateral (transverso, oblíquo interno e externo)

Figura 18.1 Tração acima da cabeça: resistência excêntrica para abdominais anteriores/tronco.

que transmite forças das estruturas posteriores, sobretudo da fáscia toracolombar (FTL). Reto do abdome, abdominais, pelve e quadris trabalham de maneira excêntrica para melhorar o equilíbrio, a coordenação e a transmissão de força na postura unipodal.

Posição/postura

Fique em pé e conecte a musculatura anterior e posterior do tronco, o assoalho pélvico e as estruturas do quadril. As mãos estão no alto com cotovelos estendidos.

Posição inicial

Fique de costas para o apoio dos tubos elásticos ou cabos de peso de polia, que estão ancorados na altura do antebraço estendido acima da cabeça. Como alternativa você pode usar um assistente individual (como apoio) para segurar os tubos.

Técnica de movimento
- Flexione o quadril com o joelho flexionado (p. ex., como uma postura de corrida) com a coxa na linha mediana e a pelve nivelada.
- Verifique seu alinhamento e comece a marchar ou caminhar contra a resistência acima da cabeça.
- Aumente o ritmo de uma caminhada para uma corrida lenta, mantendo sempre a tensão na alça elástica.

A chave é estar o mais ereto possível e tentar não hiperestender a coluna vertebral/tronco, mas manter uma boa tensão da cinta elástica à medida que você avança. Você também pode usar pesos de polias de cabo para esse exercício.

Dosagem
Série: 3-6
Repetições: 10-20 passos
Descanso: 1-2 minutos

2. Escaladas rápidas

Proposta

Fortalecer o tronco, a pelve, o quadril, o joelho, o tornozelo e o pé. Melhorar a coordenação e o equilíbrio na postura unipodal.

Posição/postura

Fique em pé e conecte a musculatura anterior e posterior do tronco, o assoalho pélvico e as estruturas do quadril.

Figura 18.2 A e B Escaladas rápidas.

Posição inicial

Fique de frente para um degrau ou caixa.

Técnica de movimento
- Sua perna da frente no degrau/caixa (29-34 cm) com a coxa na linha mediana e a pelve nivelada. Perna de trás no chão.
- Verifique seu alinhamento e empurre rapidamente com a perna de trás, levantando-a do chão e empurrando o corpo para cima.
- Desça com a perna que primeiro estava sobre a caixa.
- Repita, alternando as pernas.
- A chave é empurrar com a perna de trás/perna no chão, e não a perna da frente/perna na caixa.

Dosagem

Série: 3-6
Repetições: 10-20
Descanso: 1-2 minutos

3. Saltos com ambas as pernas em baixa amplitude sobre miniobstáculos

Proposta

Desenvolver a força elástica, a velocidade e a potência explosiva da perna abaixo do joelho e da pelve, especialmente os glúteos, posteriores da coxa, quadríceps e complexo gastrocnêmio-tornozelo. Melhora os componentes fasciais elásticos no tronco, pelve, quadril, joelho, tornozelo e pé.

Posição/postura

Fique em pé e conecte a musculatura anterior e posterior do tronco, o assoalho pélvico e as estruturas do quadril. Suba em dois miniobstáculos de 14,5-29 cm de altura a uma distância de um passo um do outro.

Posição inicial

Fique em pé cerca de meio passo na frente dos obstáculos com os ombros ligeiramente para a frente, com a cabeça erguida. Os cotovelos estão a 90° e as mãos nas laterais com os polegares para cima.

Técnica de movimento
- Comece fazendo um contramovimento para baixo e pule o mais alto possível flexionando as pernas para que os pés cheguem sob as nádegas. Levante os joelhos para cima e para a frente a cada salto, para garantir altura máxima.
- Para aterrissar, assegure-se de que o tornozelo esteja dorsiflexionado. Salte para a frente novamente, com o mesmo ciclo de pernas e padrão de pés.

Figura 18.3 A-F   Saltar com ambas as pernas sobre miniobstáculos.

- Execute o movimento o mais rápido possível, sempre seguindo em frente.
- A chave é ganhar altura moderada e distância máxima sem afetar a taxa de repetição.

Dosagem
   Série: 3-6
   Repetições: 10-20
   Descanso: 1-2 minutos

4. Salto de tornozelo com as duas pernas

Proposta

Desenvolver força elástica, velocidade e potência explosiva da perna e do complexo gastrocnêmio-tornozelo. Aumentar os componentes fasciais elásticos da parte inferior do joelho, tornozelo e pé.

Posição/postura

Fique em pé e conecte a musculatura anterior e posterior do tronco, o assoalho pélvico e as estruturas do quadril.

Posição inicial

Fique em pé, com os dois pés no chão e as mãos ao lado do corpo.

Técnica de movimento

Empurre o chão e imediatamente dorsiflexione a articulação do tornozelo. O joelho deve estar em extensão. Na aterrissagem, certifique-se de que seu pé está dorsiflexionado e aterrisse sobre as "bolas" dos pés. Repita a sequência rapidamente, mantendo um joelho estendido. Permaneça basicamente no mesmo lugar.

Dosagem
   Séries: 4
   Repetições: 15-30
   Descanso: 2 minutos

5. Salto unipodal do tornozelo

Proposta

Desenvolver a força elástica, a velocidade e a potência explosiva da perna abaixo do joelho e do complexo gastrocnêmio-tornozelo. Melhorar os componentes fasciais elásticos da parte inferior do joelho, tornozelo e pé.

Posição/postura

Fique em pé e conecte a musculatura anterior e posterior do tronco, o assoalho pélvico e as estruturas do quadril.

Posição inicial

Fique em pé, com os dois pés no chão e as mãos ao lado do corpo.

Técnica de movimento

Empurre o chão em uma perna só, pulando para a frente e imediatamente dorsiflexionando a articulação do tornozelo. Tente aterrissar um passo à frente sobre as "bolas" do pé. O joelho

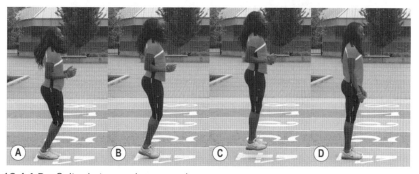

Figura 18.4 A-D Salto de tornozelo com ambas as pernas.

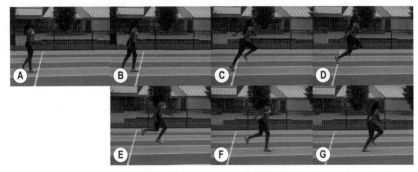

Figura 18.5 A-G Salto unipodal do tornozelo.

deve estar em extensão. Na aterrissagem, certifique-se de que seu pé está dorsiflexionado e aterrisse sobre a perna que deu o impulso, sobre as "bolas" do pé. Repita a sequência rapidamente, mantendo o joelho estendido e alternando as pernas.

Dosagem
   Séries: 4
   Repetições: 15-30
   Descanso: 2 minutos

6. Salto seguido de agachamento com pés afastados

Proposta

Desenvolver a força elástica, a velocidade e a potência explosiva da perna e da pelve, especialmente os flexores do quadril, glúteos, posteriores da coxa, quadríceps e complexo gastrocnêmio-tornozelo. Aumenta a força elástica dos componentes fasciais no tronco, pelve, quadril, joelho, tornozelo e pé. O objetivo é obter a altura máxima.

Posição/postura

Fique em pé e conecte a musculatura anterior e posterior do tronco, o assoalho pélvico e as estruturas do quadril, como nos exercícios anteriores.

Posição inicial

Afaste os pés na largura dos ombros, dobre a perna da frente 45-90° no quadril e 45-90° no joelho.

Técnica de movimento

Usando a técnica do contramovimento, desça a uma posição de meio agachamento e pare esse movimento e exploda para cima e para a

Figura 18.6 A-D Salto seguido de agachamento com pés afastados.

frente o máximo que puder com um movimento tipo tesoura. Aterrisse com os pés/tornozelo em dorsiflexão, de modo que você aterrisse nas "bolas" dos pés em uma posição de agachamento parcial e imediatamente repita a sequência iniciando a fase de empurrar e pular para impulsionar o corpo para a frente. Percorra cerca de 30-40 metros assim.

Dosagem
    Séries: 4
    Repetições: 15-30 (30-40 m)
    Descanso: 2 minutos

7. Avanço rápido com afundo

Proposta

Desenvolver a força elástica, a velocidade e a potência explosiva da parte inferior da perna e da pelve, especialmente os flexores do quadril, glúteos, posteriores da coxa, quadríceps e complexo gastrocnêmio-tornozelo. Melhorar a força elástica dos componentes fasciais no tronco, pelve, quadril, joelho, tornozelo e pé. O objetivo é obter um bom ritmo.

Posição/postura

Fique em pé e conecte a musculatura anterior e posterior do tronco, o assoalho pélvico e as estruturas do quadril, como nos exercícios anteriores.

Posição inicial

Afaste os pés na largura dos ombros, dobre uma perna a 90° no quadril e 90° no joelho, obtendo mais ou menos uma postura de corrida.

Técnica de movimento

Lance-se à frente rapidamente com o membro inferior sem suporte. Assim que o contato for feito com o solo, recupere o membro inferior traseiro e use-o para repetir o afundo. Aterrisse com os pés/tornozelo em dorsiflexão, de modo que você aterrisse nas "bolas" dos pés em uma posição de agachamento parcial e imediatamente repita a sequência iniciando a fase de empurrar o membro inferior para a frente e impulsionar o corpo para a frente. Percorra cerca de 30-40 metros.

Dosagem
    Séries: 4
    Repetições: 15-30 (30-40 m)
    Descanso: 2 minutos

8. Saltos sobre caixa com perna alternada

Proposta

Desenvolver a força elástica, a velocidade e a potência explosiva da parte inferior da perna e da pelve, em especial os flexores do quadril, glúteos, posteriores da coxa, quadríceps e complexo gastrocnêmio-tornozelo. Melhorar os componentes fasciais elásticos no tronco, pelve, quadril, joelho, tornozelo e pé.

Posição/postura

Fique em pé e conecte a musculatura anterior e posterior do tronco, o assoalho pélvico e as estruturas do quadril.

Posição inicial

Fique em pé em uma perna, com uma perna na frente da outra, como se estivesse dando um passo. Ombros levemente para a frente e cabeça erguida. Braços ao lado do corpo.

Técnica de movimento

Comece o exercício empurrando com a perna de trás. Leve o joelho até o peito para alcançar a maior altura e a maior distância possível antes de aterrissar. Estenda o pé levantado para fora rapidamente. Faça um círculo com o braço em movimento contralateral no ar para equilíbrio. Repita a sequência usando a perna alternada no pouso.

Dosagem
    Séries: 2-4
    Repetições: 8-12 (40 m)
    Descanso: 2 minutos

Figura 18.7 A-D Avanço rápido com afundo.

Figura 18.8 A-D Saltos sobre caixa com perna alternada.

Referências bibliográficas

Bosch, F. & Klomp, R. (2001) *Running-Biomechanics and exercise physiology in practice.* Churchill Livingstone.

Buchheit, M., Mendez-Villanueva, A., Delhomel, G., Brughelli, M. & Ahmaidi, S. (2010) Improving repeated sprint ability in young elite soccer players: Repeated shuttle sprints vs. explosive strength training. *J Strength Cond Res.* 24: 266–271.

Caspersen, C.J., Powell, K.F., Koplan, J.P., Shirley, R.W., Cambell, C.C. & Sikes, R.K. (1984) The incidence of injuries and hazards in recreational and fitness runners. *Med Sci Sports Exerc.* 16: 113–114.

Chen, C.S. et al. (1997) Geometric control of cell life and death. *Science.* 276(5317): 1425–1428.

Chino, K. et al. (2008) In vivo fascicle behaviour of synergistic muscles on concentric and eccentric plantar flexion in humans. *J Electromy Kines.* 18(1): 79–88.

Clarke, T.E., Frederick, E.C. & Hamill, C.L. (1983) The effects of shoe design parameters on rearfoot control in running. *Med Sci Sports Exerc.* 15: 376–381.

Desmouliere, A., Chapponier, C. & Gabbiani, G. (2005) Tissue repair, contraction, and the myofibroblast. *Wound Repair Regen.* 13(1): 7–12.

Dumke, C.l., Pfaffenroth, C.M., McBride, J.M. & McCauley, G.O. (2010) Relationship between muscle strength, power and stiffness and running economy in trained male runners. *Int. J Sports Physiol Perform.* 5: 249–261.

Elliott, B.C. (1990) Adolescent overuse sporting injuries: a biomechanical review. *Aust Sports Commission Program.* 23: 1–9.

Ferber, R., Davis, I.S., Noehren, B. & Hamill. J. In press Retrospective biomechanical investigation of iliotibial band syndrome in competitive female runners. *J Orthop Sports Phys Ther.*

Ferber, R., Hreljac, A. & Kendall, K. (2009) Suspected Mechanisms in the Cause of Overuse Running Injuries: A Clinical Review. *Sports & Health* May–June.

Ferrauti, A., Bergerman, M. & Fernandez-Fernandez, J. (2010) Effects of a concurrent strength and endurance training on running performance and running economy in recreational marathon runners. *J Strength Cond Res.* 24: 2770–2778.

Fleck, J., & Kraemer, W.J. (1997) Designing resistance training programs. *Library of Congress Cataloging-in-Publication Data.* 4: 88–106.

Fletcher, J.R., Esau, S.P. & MacIntosh, B.R. (2010) Changes in tendon stiffness and running economy in highly trained distance runners. *Eur J Appl Physiol.* 110: 1037–1046.

Fredericson, M., Cookingham, C.L., Chaudhari, A.M., Dowdell, B.C., Oestreicher, N. & Sahrmann, S.A. (2000) Hip abductor weakness in distance runners with iliotibial band syndrome. *Clin J Sport Med.* 10: 169–175.

Fukashiro, S., Hay, D.C. & Nagano, A. (2006) Biomechanical behaviorof muscle-tendon complex during dynamic human movements. *J Appl Biomech.* 22(2): 131–147.

Fukunaga, T., Kawakami, Y., Kubo, K. & Kanehisa, H. (2002) Muscle and tendon interaction during human movements. *Exerc Sport Sci Rev.* 30(3): 106–110.

Horton, M.G. & Hall, T.L. (1989) Quadriceps femoris muscle angle: normal values and relationships with gender and selected skeletal measures. *Phys Ther.* 69: 897–901.

Hudgens, B., Scharafenberg, J., Travis Triplett, N., & McBride, J.M. (1987) Relationship Between Jumping Ability and Running Performance in Events of Varying Distance. *J Strength Cond Res.* 27(3): 563–567.

Huijing, P. (2007) Epimuscular myofascial force transmission between antagonistic and synergistic muscles can explain movement limitation in spastic paresis. *J Biomech.* 17(6): 708–724.

Huijing, P.A., & Langevin, H. (2009) Communicating about fascia: History, pitfalls and recommendations. In P.A. Huijing et al. (Eds.) *Fascia Research II: Basic Science and Implications for Conventional and Complementary Health Care.* Munich, Germany: Elsevier GmbH.

Huijing, P.A. (1999) Muscle as a collagen fiber reinforced composite: a review of force transmission in muscle and whole limb. *J Biomech.* 32(4): 329–345.

Ingber, D. (2008) Tensegrity and mechanotransduction. *J Bodyw Mov Ther.* 12(3): 198–200.

Kale, M., Alper, A., Coşkun, B. & Caner, A. (2009) Relationship among jumping performance and sprint parameters during maximum speed phase in sprinters. *J Strength Con Res.* 23: 2272–2279.

Kawakami, Y., Muraoka, T., Ito, S., Kanehisa, H. & Fukunaga, T. (2002) In vivo muscle fibre behaviour during countermovement exercise in humans reveals a significant role for tendon elasticity. *J Physiol.* 540(2): 635–646.

Kelly, C.M., Burnett, A.F. & Newton, M.J. (2010) The effects of strength training on three-kilometer performance in recreational women endurance runners. *J Strength Cond Res.* 23: 1633–1636.

Kjaer, M., Langberg, H., Heinemeier, K., Bayer, M.L., Hansen, M., Holm, L., Doessing, S., Konsgaard, M., Krogsgaard, M.R. & Magnusson, S.P. (2009) From mechanical loading to collagen synthesis, structural changes and function in human tendon. *Scand J Med Sci Sports.* 19(4): 500–510.

Kraemer, W.J. (1994) *The physiological basis for strength training in mid-life. In sports and exercise in midlife.* Ed. S.L. Gordon, 413–33. Park Ridge, IL: American Academy of Orthopaedic Surgeons.

Kraemer, W.J. & Koziris, L.P. (1992) Muscle strength training. Techniques and considerations. *Physical Therapy Practice* 2: 54–68.

Kram, R. & Dawson, T.J. (1998) Energetics and biomechanics of locomotion by red Kangaroos (Macropus rufus). *Comp Biochem Physiol B.* 120(1): 41–49.

Kubo, K. et al. (2006) Effects of series elasticity on the human knee extension torque-angle relationship in vivo. *Res Q Exercise Sport.* 77(4): 408–416.

Kubo, K., Kanehisa, H., Miyatani, M., Tachi, M. & Fukunaga, T. (2003). Effect of low-load resistance training on the tendon properties in middle-aged and elderly women. *Acta Physiol Scand.* 178(1): 25–32.

Langevin, H. et al. (2010) Fibroblast cytoskeletal remodeling contributes to connective tissue tension. *Journal of Cellular Physiology.* E-pub ahead of publication. Oct. 13, 2010.

Latrides, J. et al. (2003) Subcutaneous tissue mechanical behavior is linear and viscoelastic under uniaxial tension. *Connective Tissue Research.* 44(5): 208–217.

Lefever, S.L. (2011) *Therapeutic Exercise – Moving Toward Function.* Lippincott William & Wilkins. 14: 313–317.

Legramandi, M.A., Schepens, B. & Cavagna, G.A. (2013) Running humans attain optimal elastic bounce in their teens. *Sci. Rep.* 3. 1310; DOI:10.1038/srep01310.

Livingston, L.A. (1998) The quadriceps angle: a review of literature. *J Orthop Sports Phys Ther.* 28: 105–109.

Mackey, A.L., Heinmeier, K.M., Koskinen, S.O. & Kjaer, M. (2008) Dynamic adaptation of tendon and muscle connective tissue to mechanical loading. *Connect Tissue Res.* 49(3): 165–168.

McBride, J.M., Blow, D., Kirby, T.J., Haines, T.L., Dayne, A.M. & Triplett, NT. (2009) Relationship between maximal squats strength and five, ten and forty yard sprint time. *J Strength Cond Res.* 23: 1633–1636.

Messier, S.P. & Davis, S.E. & Curl, W.W. (1991) Etiologic factors associated with patellofemoral pain in runners. *Med Sci Sports Exerc.* 23: 1008–1015.

Meylan, C. & Malatesta, D. (2008) Effects of in-season plyometric training within soccer practice on explosive actions in young players. *J Strength Cond Res.* 23: 369–403.

Mikkola, J., Rusko, H., Nummela, A., Pollari, T. & Hakkinen, K. (2007) Concurrent endurance and explosive type strength training improves neuromuscular and anaerobic characteristics in young distance runners. *Int J Sports Med.* 28: 602–611.

Mikkola, J., Vesterinen, V., Taipale, R., Capostango, B., Hakkinen, K. & Nummela, A. (2011) Effect of resistance training regimens on treadmill running and neuromuscular performance in recreational endurance runners. *J Sports Sci.* 29: 359–1371.

Mizuno, Y., Kumagai, M. & Mattessich, S.M. (2001) Q-angle influences tibiofemoral and patellofemoral kinematics. *J Orthop Res.* 19: 834–840.

Myers, T. (2009) *Anatomy Trains: Myofascial Meridians for manual movement and Therapist.* New York: Churchill-Livingston.

Radcliffe, J. & Farentinos, R. (1985) Plyometrics: Explosive power training. Library of Congress Cataloguing--in-Publication Data. 5: 30–72.

Rochcongar, P., Pernes, J. & Carre, F. (1995) Occurrence of running injuries: a survey among 1153 runners. *Sci Sports.* 10: 15-19.

Sawicki, G.S., Lewis, C.L. & Ferris, D.P. (2009) It pays to have a spring in your step. *Exerc Sport Sci Rev.* 37(3): 130-138.

Schleip, R. (2003) Fascial plasticity – a new neurobiological explanation. *J Bodyw Mov Ther* 7(1) 11-19, 7(2): 104-116.

Schleip, R. & Klingler, W. (2007) Fascial strain hardening correlates with matrix hydration changes. In: Findley TW, Schleip R (eds.) *Fascia Research – Basic science and implications to conventional and complementary health care.* Munich: Elsevier GmbH. 51.

Smirniotou, A., Katsikas, C., Paradisis, G., Argeitaki, P., Zacharogiannis, E. & Tziortzis, S. (2008) Strength-power parameters as predictors of sprinting performance. *J Sports Me Phys Fitness* 48: 447-454.

Spurrs, R.W., Murphy, A.J. & Watsford, M.L. (2003) The effect of plyometric training on distance running performance. *Eur J Appl Physiol.* 89: 1-7.

Stanish, W.D. (1984) Overuse injuries in Athletes: a prospective. *Med Sci. Sports Exerc.* 16: 1-7.

Steven, R. et al. (1981) Role of Fascia in maintaining muscle tension and pressure. *Appl Physiol: Respirat Environ Exercise Physiol.* 51(2): 317-320.

Tapale, R.S., Mikkola, J., Nummela, A., Vesterinen, V., Capostango, B., Walker, S., Gitonga, D., Kraemer, W.J. & Hakkinen, K. (2010) Strength training in endurance runners. *Int J Sports Med.* 3: 468-476

Tippett, S. & Voight, M.L. (1995) Functional progressions for sports rehabilitation. Library of Congress Cataloging-in-Publication Data. 6: 74-75.

Witvrouw, E., Lysens, R., Bellemans, J., Peers, K. & Vanderstraeten, G. (2000) Open versus closed kinetic chain exercises for patellofemoral pain: a prospective, randomized study. *Am J Sports Med.* 28: 687-694.

Leituras adicionais

Bissas, A.l. & Havenetidis, K. (2008). The use of various strength-power tests as predictors of sprint running performance. *J Sports Med Phys Fitness* 48: 49-54.

Chaudhry, H., Schleip, R., Ji, Z., Bukiet, B., Maney, M. & Findley, T. (2008). Three-dimensional mathematical model for deformation of human fasciae in manual therapy. *J Am Osteopath Assoc.* 108(8): 379-90.

Cichanowski, H.R., Schmitt, J.S., Johnson, R.J & Niemuth, P.E. (2007) Hip strength in collegiate female athletes with patellofemoral pain. *Med Sci Sports Exerc.* 39: 1227-1232.

Duffey, M.J., Martin, D.F., Cannon, D.W., Craven, T. & Messier, S.P. (2000) Etiologic factors associated with anterior knee pain in distance runners. *Med Sci Sports Exerc.* 11: 1825-1832.

Dugan, S.A. & Bhat, K.P. (2005) Biomechanics and analysis in running gait. *Phys Med Rebabil Chin N Am.* 16: 603-623.

Fagan, V. & Delahunt, E. (2008) Patellofemoral pain syndrome: a review on the associated neuromuscular deficits and current treatment options [published online ahead of print July 14, 2008]. *Br J Sports Med PMID*: 18424487.

Ferber, R. & Kendall, K.D. (2007) Biomechanical approach to rehabilitation of lower extremity musculoskeletal injuries in runners. *J Athl Train.* 42: S114.

Hennessy, L. & Kilty, J. (2001) Relationship of the stretch-shortening cycle to sprint performance in trained female athlete. *J Strength Cond Res.* 15: 326-331.

Hunter, J.P., Marshall, R.N. & McNair, P.J. (2005) Relationship between ground reaction force impulse and kinematics of sprint-running acceleration. *J Appl Biomech.* 21: 31-43.

Grinnell, F. (2008) Fibroblast mechanics in three dimensional collagen matrices. *J Bodyw Mov Ther.* 12(3): 191-193.

Grinnell, F. & Petroll, W. (2010) Cell motility and mechanics in three-dimensional collagen matrices. *Annual Review of Cell and Developmental Biology.* 26: 335-361.

Hrysomallis, C. (2012) The effectiveness of resisted movement training on sprinting and jumping performance. *J Strength Cond Res.* 26: 299-306.

Hudgens, B., Scharafenberg. J., Travis Triplett, N. & McBride, J.M. (2013) Relationship Between Jumping Ability and Running Performance in Events of Varying Distance. *J Strength Cond Res.* 27(3): 563-567.

Ingber, D. (1998) The architecture of life. *Scientific American.* January. 48-57.

Kraemer, W.J. (1982) Weight training: What you don't know will hurt you. *Wyoming Journal of Health, Physical Education, Recreation and Dance.* 5: 8-11.

Koplan, J.P., Powell, K.E. & Sikes, R.K. (1982) The risk of exercise: an epidemiological study of the benefits and risks of running. *JAMA.* 248: 3118-3121.

Langevin, H. (2006) Connective tissue: A body-wide signaling network? *Medical Hypotheses.* 66(6): 1074-1077.

Macera, C.A., Pate, R.R. & Powell, K.E. (1989) Predicting lower-extremity injuries among habitual runners. Arch Intern Med. 149: 2565-2568.

Myers, T.W. (1997) The Anatomy Trains. *J Bodyw Mov Ther* 1(2): 91-101.

19
Entender a adaptação mecânica dos tecidos fasciais: aplicação na medicina esportiva

Raúl Martínez Rodríguez e Fernando Galán del Río

INTRODUÇÃO

A atividade física está associada com uma melhoria na qualidade de vida. No entanto, ser fisicamente ativo traz um fator de risco de lesão e reincidência de lesão (McBain et al., 2012). Estima-se que haja aproximadamente 3 milhões de lesões anuais nos Estados Unidos diretamente relacionadas aos esportes organizados. Dessas, aproximadamente 770 mil exigem tratamento físico (Armsey e Hosey, 2004). Nesse contexto, é necessário compreender a influência do sistema fascial tanto na origem das lesões musculares e tendíneas relacionadas à prática esportiva como no tratamento correspondente. Isso se aplica principalmente ao papel do tecido conjuntivo, não apenas atuando como um "órgão de envelopamento", mas também como um tecido mecanossensível capaz de se reestruturar e se redesenhar sob vários estímulos derivados do uso excessivo e repetitivo (Schleip et al., 2012) (Cap. 1). Assim, altas exigências mecânicas esculpem o tecido mole, gerando um mecanismo de supercompensação tanto nas áreas contráteis como nas não contráteis, e apresentam um aumento na síntese de colágeno na fáscia muscular, tendão, cápsulas e ligamentos (Khan e Scott, 2009). Como consequência, o envolvimento do tecido fascial no movimento humano, no que se refere à sua capacidade de absorver e transmitir forças mecânicas por meio de diferentes estruturas musculoesqueléticas, pode ser distorcido e, portanto, estar na origem de disfunções locais e remotas. Do ponto de vista terapêutico, a aplicação hábil de forças manuais no sistema fascial condiciona e reverte processos de superprodução de colágeno, melhorando a funcionalidade tecidual e otimizando os mecanismos de reabilitação das lesões musculoesqueléticas.

Este capítulo também introduz técnicas fasciais como parte dos protocolos de reabilitação e tratamento da artrofibrose, após lesões ósseas e articulares por trauma esportivo.

ADAPTAÇÃO TECIDUAL DA FÁSCIA MUSCULAR E DO TENDÃO POR USO EXCESSIVO

Por meio de um mecanismo complexo, conhecido como mecanotransdução (Caps. 2 e 5), as forças mecânicas distribuídas e transmitidas pela rede tridimensional e contínua de tecido conjuntivo atuam no nível celular e acabam por estimular modificações morfológicas e arquitetônicas no tecido conjuntivo (Ingber, 2008). Dessa forma, o tendão e a fáscia muscular respondem a níveis alterados de atividade física convertendo a carga mecânica em adaptação do tecido, por exemplo, o treinamento de resistência de força com carga alta estimula um aumento na síntese de colágeno tipo 1, que atinge o pico três dias após o exercício e retorna ao nível basal após cinco dias (Langberg et al., 2000).

Aceita-se amplamente que o aumento das cargas no treinamento é necessário para melhorar o desempenho de um atleta. O problema surge quando isso leva a uma diminuição dos intervalos de descanso entre sessões de treinamento e períodos de competição. Na verdade, o aumento de cargas é tolerado apenas por meio de períodos intercalados de descanso e periodização da recuperação-treinamento (Kreher e Schwarz, 2012). Em outras palavras, a normalização do balanço de colágeno da fáscia muscular e do tendão aos níveis basais requer um equilíbrio adequado entre a intensidade do treinamento/competição e a duração do período de recuperação após o exercício. Portanto, quando esse aspecto muito relevante não é considerado adequadamente, o uso repetitivo e excessivo e a falta de repouso causam uma falha no balanço do colágeno, que leva à superprodução de colágeno e a mudanças estruturais indesejáveis (restrição da fáscia) (Cap. 1).

Além disso, vale a pena investigar o comportamento dos tecidos moles quando altas demandas mecânicas são sofridas pelo atleta em uma rede fascial já sob forte tensão. O interessante é que os fibroblastos, células com um alto nível de mecanossensibilidade, além de sua reação a estímulos bioquímicos, respondem de forma diferente a vários graus distintos de estados de pré-tensão dentro da rede corporal fascial. Assim, quanto maior a rigidez fascial, maior a síntese e o acúmulo de colágeno dentro da matriz extracelular (Langevin et al., 2010). Em outras palavras, o mesmo tipo de atividade física gera diferentes respostas adaptativas do tecido fascial de acordo com os níveis anteriores de tensão e rigidez. Em curto prazo, o aumento do treinamento e as cargas de competição aumentariam a resistência do tecido fascial, de modo a garantir a transmissão de força perfeita em cada contração muscular. No entanto, em médio prazo, o processo de reestruturação que se seguiria daria origem a uma rede fascial mais rígida, modificando, assim, de modo decisivo o comportamento viscoelástico dos tecidos moles. Nesse contexto, a diminuição da elasticidade local limita a capacidade do sistema fascial de deformação e absorção de força, o que aumenta o risco de lesão msculoesquelética (Purslow, 2010).

RIGIDEZ DA FÁSCIA EM LESÕES MIOFASCIAIS E TENDINOSAS

Diferentes fatores de risco potenciais têm sido propostos para lesões musculoesqueléticas agudas (tensão muscular). Entre outros, aquecimento insuficiente, desequilíbrios de força, fadiga muscular e, em uma extensão significativa, de acordo com os referenciais teóricos discutidos anteriormente, um aumento da rigidez miofascial ou a existência de lesão muscular prévia associada à cicatriz fibrótica sem deformabilidade significativa do tecido (Petersen e Hölmich, 2005).

Além disso, a cicatrização de lesões musculares é um processo complexo que inclui três fases sobrepostas: (1) degeneração e inflamação, (2) regeneração muscular e (3) fibrose, definida como a substituição de elementos estruturais normais do tecido por um acúmulo excessivo de tecido fibrótico não funcional (Jarvinen et al., 2005). A fase fibrótica depende da contribuição de determinados fatores de crescimento, incluindo o fator de transformação do crescimento beta-1 (TGF-beta 1), um potente estimulador da proliferação de colágeno, que pode estimular a diferenciação miofibroblástica de fibroblastos e a diferenciação de células miogênicas em miofibroblastos no músculo esquelético lesionado, aumentando a fibrose do músculo esquelético após lesão (Tomasek et al., 2002) (Cap. 1). O interessante é que descobertas recentes sugerem que a ativação do TGF-beta 1 é parcialmente controlada pela rigidez dos tecidos e por forças contráteis dos miofibroblastos (Hinz, 2009). Portanto, com base no raciocínio anterior, é importante destacar a influência mecânica ao redor da lesão muscular (matriz em estado de alta tensão) sobre a proliferação excessiva de ligações cruzadas patológicas de colágeno apresentando uma organização multidirecional. Assim, o tecido cicatricial fibrótico diminuiria a capacidade do tecido fascial de se deformar e se adaptar (elasticidade local) quando sujeito a movimentos de alta amplitude e alta velocidade. Esse processo, por sua vez, distorceria a mobilidade entre as interfaces fasciais e, em última instância, levaria a cicatrizes hipertróficas com alto risco de nova lesão muscular.

Da mesma forma, o aumento da rigidez da fáscia influencia diretamente o desenvolvimento de lesões tendíneas, uma vez que o tendão é uma estrutura terminal miofascial especializada. Assim, a força gerada pelo músculo é transferida para os ossos através dos tendões para produzir movimento. Entretanto, essa força, do músculo ao tendão, não é transmitida apenas por cada miofibra, composta de sarcômeros dispostos em série e dotados de uma junção miotendínea (transmissão de força miotendínea), mas também pela continuidade fascial existente entre epimísio, perimísio, endomísio e paratendão, epitendão e endotendão (Cap. 1). Isso fornece uma continuidade funcional importante que também permite a transmissão da força através do tecido conjuntivo de suporte muscular (transmissão da força miofascial) (Huijing 2009). Em detalhe, a fáscia muscular forma hexágonos contínuos ligados por interfaces ou ligações conectivas, que, por sua vez, constituem um sistema trabecular interfacial que fornece ligações competentes mecanicamente e, portanto, favorece a transmissão de força para o tendão através da matriz celular musculoesquelética (Passerieux et al., 2007). Além disso, a existência de septos intermusculares e outras estruturas reforçadas com colágeno fornece conexões rígidas importantes entre músculos agonistas e antagonistas, das quais a transmissão de força é transmitida ao tendão. Ao contrário de um equívoco comum, os tendões são tecidos extensíveis que exibem propriedades elásticas e dependentes do tempo e também participam da função geral do complexo miofáscia-tendão. Em geral, a carga mecânica em níveis fisiológicos é benéfica aos tendões, que respondem de forma direta à atividade física mediante um aumento da atividade metabólica e síntese de colágeno. No entanto, as propriedades mecânicas dos tendões, incluindo seu módulo de Young (medida da rigidez de um material elástico), podem sofrer modificações em resposta a cargas excessivas (Wang et al., 2012). Em outras palavras, o aumento da carga mecânica no tendão canalizado através da rede fascial, já descrita, torna o tendão mais resistente à carga, mas também diminui consideravelmente sua suscetibilidade ao estresse (Kjaer et al., 2006) (Cap. 5). Portanto, como parte do protocolo de tratamento das lesões tendíneas, parece essencial equilibrar e dissipar corretamente as forças transmitidas ao tendão pela fáscia muscular. Isso pode ser conseguido pelo aumento da capacidade elástica da fáscia muscular, favorecendo, assim, a homeostase tensional e proporcionando o equilíbrio adequado entre a absorção e a transmissão de forças para o tendão.

CONTRIBUIÇÃO DA TERAPIA FASCIAL

Neste ponto, é necessário fornecer respostas para as seguintes perguntas: os estados de pré-tensão podem ser modificados pela terapia manual? A fisiologia celular e tecidual poderia ser influenciada pela terapia fascial? Considerando a alta mecanossensibilidade exibida pelos fibroblastos, seria possível explorar essa peculiaridade de acordo com a finalidade específica do tratamento? Indo um passo além, de uma perspectiva global, como esses novos conceitos poderiam ser introduzidos como parte dos modelos clássicos de prevenção, tratamento e reabilitação de lesões musculoesqueléticas?

Idealmente, o tecido fascial deve ser forte o suficiente para transmitir forças e elástico o suficiente para absorver forças e evitar o rompimento sob tensões aplicadas provenientes do ambiente exterior (Purslow, 2002). Nos dias de hoje, com relação ao tratamento de lesões musculares (durante as fases de regeneração muscular e fibrose) e de lesões tendíneas, programas diferentes de reabilitação concentram-se no aumento da resistência e da capacidade do tecido fascial de sustentar cargas de contração muscular, por meio de exercícios terapêuticos (Khan e Scott, 2009). Nessa linha, uma intervenção primária comumente sugerida envolve protocolos indolores com uma abordagem progressiva: exercícios excêntricos que induzem à organização longitudinal das fibras de colágeno e programas de sobrecarga (Petersen e Hölmich, 2005).

No entanto, quando o atleta está passando por um estado de alta pré-tensão fascial local e geral, algo observado com frequência em um contexto esportivo, será necessário incluir, dentro dos protocolos de prevenção e tratamento, técnicas especificamente direcionadas ao aumento da elasticidade e capacidade de deformação de áreas fasciais rígidas. Para esse mesmo fim, programas clássicos de reabilitação incluem práticas de alongamento indolor e outras técnicas especificamente direcionadas à área restrita, como massagem de fricção profunda, técnica de Graston, terapia por ondas de choque e/ou ultrassonografia (Hammer, 2008) (Sussmich-Leitch et al., 2012). No entanto, a partir da experiência clínica dos autores envolvendo atletas amadores e profissionais de elite, essas medidas podem ser insuficientes. Nesse contexto, e de acordo com os conceitos previamente examinados, torna-se aparente que há uma necessidade de aplicar habilmente forças manuais sobre as áreas restritas, a fim de restaurar e melhorar a capacidade do sistema fascial de absorver e dissipar cargas mecânicas repetitivas.

REGENERAÇÃO E FIBROSE

Durante as fases iniciais do processo de cicatrização, na área de miofibras rompidas e necrosadas, há uma proliferação de células inflamatórias e células satélites miogênicas que ativam, dividem, diferenciam e, finalmente, fundem-se (regeneração), em decorrência do acúmulo de pontes de tecido conjuntivo que ligam as extremidades da lesão (fibrose) (Jarvinen et al., 2005). Inicialmente, o tecido cicatricial é caracterizado por um arranjo desorganizado e aleatório das novas fibras de colágeno. A ausência de paralelismo dessas fibras ao seu eixo de transmissão de força original é uma característica comum a cicatrizes às quais faltam estímulos mecânicos. Assim, embora a imobilização de longa duração melhore a penetração da fibra muscular no tecido conjuntivo, sua orientação não é paralela ao eixo principal das fibras musculares não lesionadas. Por outro lado, a mobilização precoce favorece a produção de colágeno e a orientação adequada, embora a formação de cicatrizes densas na área da lesão possa impedir a regeneração muscular. Além disso, a prática de exercícios de movimento precoce, após imobilização por um curto período de tempo, estimula uma melhor penetração da fibra muscular em todo o tecido conjuntivo e melhora a orientação das fibras musculares regeneradas.

Em qualquer caso, é importante que os exercícios sejam indolores, a fim de evitar novas lesões durante a reabilitação (Jarvinen et al., 2007). Com o objetivo de auxiliar o desenvolvimento apropriado desse processo durante as fases iniciais do tratamento, as matrizes devem ser mantidas altamente tensionadas a fim de melhorar a síntese de colágeno e a correta organização linear da área lesionada. Nesse sentido, sugere-se que a contratura reflexa inicial seja mantida como um *habitat* de tensão ideal, de modo a aumentar a atividade biossintética e o movimento dos fibroblastos em direção à região da cicatriz/ligação. Além disso, recomenda-se a prática de exercícios de força isométrica e concêntrica indolores. Em qualquer caso, a superprodução de colágeno, durante a fase de proliferação, pode limitar a penetração dos miotubos por toda a cicatriz do tecido conjuntivo e, em seguida, impedir um forte acoplamento entre as duas extremidades da lesão. Como descrito anteriormente, é isso que acontece durante o tratamento da lesão muscular após a mobilização precoce e também quando os processos de cicatrização são apressados.

Isso normalmente ocorre, dentro de um contexto esportivo profissional, pela introdução de exercícios de força sem procedimentos adequados de gerenciamento de carga durante as fases iniciais da cicatrização, visando obter mais rapidamente uma cicatriz com o mais alto nível de funcionalidade possível. Nesse contexto, o treinamento de força excêntrica pode estimular a ativação e a proliferação de células-tronco satélites que participam da regeneração do músculo esquelético. No entanto, também induz uma proliferação excessiva de colágeno e um denso tecido cicatricial no músculo lesionado. Esse desenvolvimento gradual do tecido cicatricial fibrótico na área lesionada dificulta a regeneração muscular e, por fim, leva a uma recuperação funcional incompleta caracterizada por uma redução da função contrátil e extensibilidade muscular.

De fato, considerando que os processos de remodelação e reconstrução podem se estender por doze meses, é observado com frequência que lesões miofasciais aparentemente curadas estão, na verdade, altamente cicatrizadas, o que aumenta o risco de nova lesão (Baoge et al., 2012). Nesses casos, as ligações cruzadas patológicas de colágeno que se instalam estão associadas a um aumento da tensão local e à redução da capacidade elástica, que são ajustes derivados da adaptação da cicatriz às cargas e movimentos multidirecionais precoces de alta velocidade e alta amplitude. Portanto, em médio e em longo prazos, a confiabilidade desse modelo de cura parece ser um tanto limitada. Além disso, nos últimos anos, tem sido prática comum na medicina esportiva utilizar agentes biológicos, como fatores de crescimento autólogos (plasma rico em plaquetas), que podem acelerar o processo de cura por meio da liberação de altas doses de fatores de crescimento ao tecido lesionado (Creaney e Hamilton, 2008). No entanto, como antes, o excesso de proliferação do tecido conjuntivo, associado à liberação de diferentes fatores de crescimento, pode prejudicar de forma decisiva a obtenção do equilíbrio regeneração-fibrose adequado e a formação de uma cicatriz retrátil, resultando, desse modo, nas mesmas deficiências funcionais já descritas.

Em consequência, os autores sugerem tratamento manual nesse contexto (matriz de alta tensão), que se baseia na necessidade de realizar uma restauração do estado de pré-lesão do tecido lesionado, evitando a proliferação excessiva de colágeno e envolvendo o uso da técnica de modelagem de cicatrizes. Esse procedimento manual, que será descrito mais adiante, favorece a reorganização do comportamento viscoelástico do tecido e permite a liberação da energia elástica acumulada (não dissipada) na área circundante da cicatriz, estimulando a matriz extracelular muscular a retornar de uma alta tensão para um estado de baixa tensão.

TRATAMENTO DE LESÃO NO TENDÃO

É importante não isolar a estrutura tendínea durante o planejamento dos programas de reabilitação. Pelo contrário, além do tratamento localizado aplicado na ligação cruzada de colágeno e nas aderências entre o tendão e os tecidos peritendíneos circundantes, é necessário enfatizar a importância da aplicação do tratamento nas interfaces rígidas. Com efeito, como descrito, cargas mecânicas excessivas aumentam a rigidez nos septos intermusculares fasciais. Isso, por sua vez, intensifica a transmissão de força e a carga de tração repetitiva em direção às regiões terminais. Os tendões são tecidos mecanorresponsivos, na medida em que adaptativamente modificam sua estrutura e função em resposta a condições mecânicas de variação da carga (Cap. 5). É por isso que o uso excessivo e repetitivo causa inicialmente alterações na matriz celular que engrossam e endurecem o tendão (tendinopatia reativa). Esse fato torna-se especialmente evidente em gestos que combinam movimentos de alta amplitude articular e contrações excêntricas, durante os quais uma rede fascial rígida é tensionada continuamente por forças externas (distanciamento das alavancas ósseas) e forças internas (contração muscular). Nesse estágio, um procedimento adequado de gerenciamento de carga, baseado na redução das demandas mecânicas, garantiria tempo suficiente ao tendão para se adaptar de maneira progressiva. Uma vez lesionado, o tendão é submetido a um processo de cicatrização lento e espontâneo (reparação do tendão) que resulta na formação de tecido cicatricial e na perda da organização normal das fibras de colágeno. Nesse contexto, o exercício progressivo, particularmente o exercício excêntrico, aumenta a produção de colágeno e reestrutura a matriz (Cook e Purdam, 2009) (Wang et al., 2012). Além disso, a partir da experiência clínica dos autores, antes da execução dos protocolos de exercícios excêntricos e/ou de alongamento, propõe-se a introdução de diferentes técnicas manuais, conforme descrito a seguir, para normalizar a homeostase tensional da rede fascial e reduzir a rigidez nas interfaces mencionada anteriormente. Assim, o tendão, como tecido dinâmico e mecanorresponsivo, pode responder favoravelmente à carga controlada associada à remodelação da matriz após lesão. Isso desde que, simultaneamente, o sistema fascial tenha sido equipado com a capacidade de dissipar e distribuir o excesso de tensão mecânica através da continuidade da rede fascial.

TÉCNICA DE MODELAGEM DE CICATRIZES

Essa técnica, desenvolvida pelos autores, é utilizada, em geral, para tratar restrições fasciais e, especificamente, na cicatrização de lesões miofasciais crônicas. Para tanto, diferentes estímulos mecânicos são executados manualmente de maneira controlada (mecanotransdução manual dirigida) (Martínez et al., 2013). A princípio, a combinação de diferentes forças pode ser usada por meio da aplicação manual de vetores de compressão, tração e torção que deformam o tecido fascial, o que permite ao terapeuta formar uma primeira impressão do nível de resistência (barreira) sobre a área restrita (Fig. 19.1). Assim, o tecido é mantido em uma determinada linha de tensão durante um período

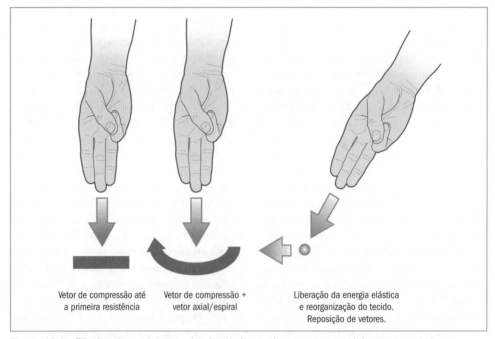

Figura 19.1 Técnica de modelagem de cicatriz baseada em vetores axiais e compressivos.
Fase de contato: compressão inicial vetorial mantida pelo tônus flexor do segundo, terceiro e quarto dedos. Fase de estimulação usando vetor espiroide/circular para gerar uma tensão mantida contra uma sensação de resistência.

sustentado de tempo variável (30-90 segundos), até que uma liberação de tensão seja percebida. Nesse momento, os pontos de contato e os vetores de deformação do tecido são reposicionados, até que uma nova barreira seja sentida. Nesse processo iterativo, essas etapas são repetidas de forma ininterrupta até que uma normalização da tensão e rigidez da área da cicatriz seja detectada em algum ponto (Pilat, 2003). Dessa forma, a busca da homeostase tensional pelos tratamentos manuais do terapeuta, guiada pela liberação (sobressaltos) da energia elástica acumulada nas áreas restritas, causaria uma reorganização 3D das interfaces fasciais em nível macroscópico (por meio de interfaces entre diferentes camadas fasciais). Isso resulta em normalização tensional no nível microscópico (rearmonização tensional entre o citoesqueleto e a matriz extracelular por meio das integrinas receptoras). Essa rearmonização permitiria a normalização da função celular e proporcionaria uma remodelação em médio prazo da matriz extracelular (Martínez e Galán, 2013) (Cap. 1). Outros autores consideram a possibilidade de causar alterações estruturais na fibrose, por meio da diminuição das ligações cruzadas entre fibras de colágeno (Tozzi, 2012). Além disso, alguns benefícios das terapias miofasciais podem dever-se a efeitos neurofisiológicos. Nesse sentido, Schleip (2003) sugere que, nas técnicas fasciais, o processo de indução manual provocaria modulações em diferentes níveis do sistema nervoso, por meio da estimulação de mecanorreceptores presentes na fáscia e responsivos à pressão e deformação manuais. Por exemplo, a estimulação terapêutica de terminações nervosas livres na fáscia pode desencadear uma reação vasomotora que leva a um aumento da hidratação da área tratada (Cap. 4).

Para concluir, a partir de uma abordagem global de reabilitação, técnicas fasciais diretas permitem que a capacidade de reestruturação do colágeno aumente antes da execução dos exercícios de força e alongamento. O objetivo é estimular a organização longitudinal dos eixos de tensão do colágeno e dos fibroblastos, a aplicação de cargas excêntricas em matrizes deformáveis, apresentando um menor número de ligações cruzadas patológicas e melhor hidratação nas interfaces fasciais. Isso faz mais sentido do que realizar terapia de carga em matrizes rígidas com pouca capacidade de deslizamento entre camadas fasciais (Fig. 19.2).

SONOELASTOGRAFIA EM TEMPO REAL EM LESÃO MIOFASCIAL

Para validar técnicas terapêuticas, o que funciona na experiência dos autores é usar a elastografia por ultrassom para avaliar as propriedades mecânicas do tecido em tempo real, como a rigidez e a elasticidade do tecido (Cap. 24). É interessante que a sonoelastografia em tempo real revela a curva de elasticidade, registrando a pré-tensão do tecido miofascial durante o reparo e a fibrose (controle da evolução sonoelastográfica). Essa informação é então usada para conduzir o tratamento adequado de acordo com a variação da resposta das propriedades mecânicas do tecido miofascial após a realização da terapia fascial (Martínez e Galán 2013) (Fig. 19.3).

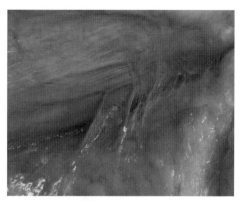

Figura 19.2 Parte lateral da coxa em dissecção de cadáver fresco.

Ligações cruzadas patológicas de colágeno entre a fáscia superficial e a profunda. A figura retrata o aprisionamento e a perfuração de um nervo cutâneo. Destaca-se a importância da hidratação.

(Cortesia de Andrjez Pilat.)

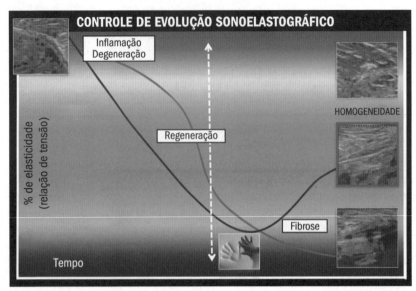

Figura 19.3 Relação esquemática entre o processo de cicatrização fisiológica e a escala de elastografia.

Uma curva de elasticidade que mostra o momento ideal para a implementação da modelagem de cicatrizes, a fim de prevenir a fibrose. A linha mais escura representa a cicatrização com restituição da elasticidade local após a "modelagem" manual da cicatriz, e a linha mais clara mostra a cicatrização com perda de elasticidade e alto risco de recidiva. (De Martínez e Galán et al., 2013, com permissão.)

LESÕES ÓSSEAS E ARTICULARES APÓS TRAUMA ESPORTIVO

Para cada tipo de lesão óssea e articular após trauma esportivo, os programas de reabilitação devem ser específicos para o caso e considerar, desde que nenhum risco colateral seja detectado, a possibilidade de substituir a imobilização completa por mobilização precoce, controlada e progressiva, com o objetivo de aumentar a síntese de matriz e melhorar a orientação da fibra nova de colágeno paralela às linhas de tensão das fibras colágenas normais. No entanto, em decorrência do aumento potencial do risco de eventos adversos e à insuficiência de evidências de base para determinar o ponto de partida exato após a cirurgia em relação à mobilização, alguns médicos adotam uma abordagem conservadora. Por outro lado, a artrofibrose é uma sequela bem conhecida de lesões ósseas e articulares após trauma esportivo, quando o tratamento escolhido envolve imobilização e proteção da área lesionada para tratamento primário ou tratamento pós-operatório (Kannus, 2000).

Historicamente, os programas convencionais de reabilitação baseiam seu tratamento da diminuição da amplitude do movimento articular na aplicação de alongamentos e mobilizações articulares passivas e ativas (mobilização do deslizamento anteroposterior). Entretanto, nesse contexto, o tecido conjuntivo intimamente relacionado à articulação (cápsula, ligamentos, miofascial periarticular) desidrata, perde sua capacidade elástica e apresenta considerável desorganização (entrecruzamento de fibras colágenas e encolhimento da cápsula). Como resultado, a deformação e a capacidade de deslizamento entre as camadas fasciais são limitadas e, como consequência, o deslizamento profundo e a capacidade de movimento entre as superfícies articulares também são reduzidos (deslizamento, rolamento, translação e/ou rotação).

Portanto, parece conveniente introduzir, antes da aplicação de técnicas articulares, a manipulação tecidual fascial dirigida diretamente ao sistema periarticular fascial. Essa terapia compreenderia diferentes alternativas, como a técnica de modelagem de cicatriz, massagem profunda, fricções profundas e técnicas neuromusculares. Essa metodologia, por um lado, pretende estimular a reidratação da substância fundamental (reação tixotrópica), permitindo que as fibras de colágeno se movam livres de atrito umas contra as outras. Por outro, pretende estimular a ruptura de ligações cruzadas patológicas de colágeno. Em seguida, a execução de exercícios ativos de carga progressiva também é sugerida para melhorar a organização e a disposição das fibras de colágeno paralelas aos principais eixos de tensão mecânica.

Além disso, é importante ressaltar que a rigidez dentro do tecido miofascial periarticular pode alterar a regulação do tônus muscular e influenciar negativamente os protocolos destinados ao fortalecimento muscular, à reeducação proprioceptiva e ao treinamento para a restauração de movimentos baseados no esporte. Todos os três são necessários durante o processo de tratamento envolvendo esses tipos de lesões. Isso está intimamente ligado ao papel do tecido fascial como substrato da propriocepção (sistema de sinalização mecanossensitivo) e à função dos mecanorreceptores (Stecco et al., 2007) (Van der Wal, 2009), em especial os fusos musculares, que são estruturas especializadas de tecido conjuntivo inseridas na fáscia muscular (endomísio e perimísio) (Cap. 1). Eles são caracterizados por serem altamente sensíveis até mesmo a pequenas variações de tensão em toda a rede fascial. Portanto, considerando que o principal estímulo para esses receptores é a deformação, pode-se inferir que um aumento na rigidez e desorganização dentro do sistema fascial, após a realização de protocolos de imobilização, pode alterar decisivamente a capacidade de adaptação de tal sistema, de forma a prejudicar a resposta adaptativa antes de diferentes estímulos envolvendo forças de tração, torção ou compressão. Em conclusão, os autores enfatizam a importância da aplicação de técnicas estruturais manuais para modelar o tecido fascial periarticular, a fim de normalizar o mecanismo estimulador dos mecanorreceptores, possibilitando respostas motoras eferentes efetivas durante os protocolos de fortalecimento muscular e proprioceptivo.

RESUMO CLÍNICO

Se o comportamento dos fibroblastos depende dos processos mecânicos circundantes, é relevante tentar entender completamente esses processos, não apenas durante a prevenção e o tratamento miofascial e da lesão do tendão, mas também nas lesões ósseas e articulares após o trauma esportivo. A maioria dos protocolos de reabilitação existentes oferece programas que envolvem exercícios de carga progressiva. No entanto, com base na experiência clínica dos autores com a fáscia, essa abordagem generalizada não consideraria o estado preexistente de colapso e restrição da rede fascial associado a um padrão repetitivo de uso excessivo, comum no campo do esporte. Portanto, os autores gostariam de ressaltar os benefícios de iniciar qualquer processo de reabilitação utilizando terapia manual nas áreas restritas e fibróticas, visando incentivar o rearranjo e o remodelamento da arquitetura fascial.

Referências bibliográficas

Armsey, T.D. & Hosey, R.G. (2004) Medical aspects of sports: epidemiology of injuries, preparticipation physical examination, and drugs in sports. *Clin Sports Med*. 23(2): 255–279.

Baoge, L., Vanden Steen, S., Rimbaut, N., Philips, E. et al., (2012) Treatment of skeletal muscle injury: a review. *ISRN Orthopedics*.

Creaney, L. & Hamilton, B. (2008) Growth factor delivery methods in the management of sports injuries: the state of play. *Br J Sports Med*. 42(5): 314–320.

Cook, J. & Purdam, C. (2009) Is tendon pathology a continuum? A pathology model to explain the clinical presentation of load-induced tendinopathy. *Br J Sports Med*. 43: 409–416.

Fredericson, M., Cookingham, C.L., Chaudhari, A.M., Dowdell, B.C., Oestreicher, N. & Sahrmann, S.A. (2000) Hip abductor weakness in distance runners with iliotibial band syndrome. *Clin J Sport Med*. 10: 169–175.

Hammer, W.I. (2008) The effect of mechanical load on degenerated soft tissue. *J Bodyw Mov Ther*. 12(3): 245–256.

Hinz, B. (2009) Tissue stiffness, latent TGF-beta1 activation, and mechanical signal transduction: implications for the pathogenesis and treatment of fibrosis. *Current Rheumatology Reports* 11(2): 120–126.

Huijing, P.A. (2009) Epimuscular myofascial force transmission: a historical review and implications for new research. *J Biomech*. 42(1): 9–21.

Ingber, D.E. (2008) Tensegrity and mechanotransduction. *J Bodyw Mov Ther*. 12: 198–200.

Jarvinen, T.A., Jarvinen, T.L., Kaariainen, M. & Kalimo, H. (2005) Muscle injuries: biology and treatment. *Am J Sports Med*. 33(5): 745–764.

Jarvinen, T.A., Jarvinen, T.L., Kaariainen, M., Aarimaa, V. et al. (2007) Muscle injuries: optimising recovery. *Best Practice & Research: Clinical Rheumatology* 21(2): 317–331.

Kannus, P. (2000) Immobilization or early mobilization after an acute soft-tissue injury? *Phys Sportsmed*. 28(3): 55–63.

Khan, K.M. & Scott, A. (2009) Mechanotherapy: how physical therapists' prescription of exercise promotes tissue repair. *Br J Sports Med*. 43: 247–252.

Kjaer, M., Magnusson, P., Krogsgaard, M., Boysen Møller, J., Olesen, J., Heinemeier, K., Hansen, M., Haraldsson, B., Koskinen, S., Esmarck, B. & Langberg, H. (2006) Extracellular matrix adaptation of tendon and skeletal muscle to exercise. *J Anat*. 208(4): 445–450.

Kreher, J.B. & Schwartz, J.B. (2012) Overtraining syndrome: a practical guide. *Sports Health*. 4(2): 128–138.

Langberg, H., Skovgaard, D., Asp, S. & Kjaer, M. (2000) Time pattern of exercise-induced changes in type I collagen turnover after prolonged endurance exercise in humans. *Calcif Tissue Int*. 67(1): 41–4.

Langevin, H.M., Storch, K.N., Snapp, R.R., Bouffard, N.A. et al. (2010) Tissue stretch induces nuclear remodelling in connective tissue fibroblasts. *Histochemistry and Cell Biology* 133 (4): 405–415.

Martínez Rodríguez, R. & Galán del Río, F. (2013) Mechanistic basis of manual therapy in myofascial injuries. Sonoelastographic evolution control. *J Bodyw Mov Ther*. 17(2): 221–234.

McBain, K., Shrier. I., Shultz, R., Meeuwisse, W.H. et al. (2012) Prevention of sports injury I: a systematic review of applied biomechanics and physiology outcomes research. *Br J Sports Med*. 46(3): 169–173.

Magnusson, S.P., Langberg, H. & Kjaer, M. (2010) The pathogenesis of tendinopathy: balancing the response to loading. *Nat Rev Rheumatol*. 6: 262–268.

Passerieux, E., Rossignol, R., Letellier, T. & Delage, J.P. (2007) Physical continuity of the perimysium from myofibers to tendons: Involvement in lateral force transmission in skeletal muscle. *J Struct Biol*. 159: 19–28.

Petersen, J. & Hölmich P. (2005) Evidence based prevention of hamstring injuries in sport. *Br J Sports Med*. 39: 319–23.

Pilat, A. (2003) *Inducción Miofascial*. 1st ed. McGraw Hill Interamericana.

Purslow, P. (2002) The structure and functional significance of variations in the connective tissue within muscle. Comparative Biochemistry and Physiology – Part A: *Molecular & Integrative Physiology* 133(4): 947–66.

Purslow, P. (2010) Muscle fascia and force transmission. *J Bodyw & Mov Ther*. 14: 411–417.

Schleip, R., Findley, T., Chaitow, L. & Huijing, P. (eds.) (2012) *Fascia – The Tensional Network of the Human Body*. Churchill Livingstone Elsevier.

Schleip, R. (2003) Fascial plasticity – a new neurobiological explanation. *J Bodyw Mov Ther*. 7(1): 11–19, 7(2): 104–116.

Stecco, C., Gagey, O., Belloni, A., Pozzuoli, A., Porzionato, A., Macchi, V., Aldegheri, R., De Caro, R. & Delmas V. (2007) Anatomy of the deep fascia of the upper limb. Second part: study of innervation. *Morphologie*. 91(292): 38–43.

Sussmilch-Leitch, S.P., Collins, N.J., Bialocerkowski, A.E., Warden, S.J. & Crossley, K.M. (2012) Physical therapies for Achilles tendinopathy: systematic review and meta-analysis. *J Foot Ankle Res*. 5(15): 1146–1162.

Tomasek, J.J., Gabbiani, G., Hinz, B., Chaponnier, C., et al. (2002) Myofibroblasts and mechano-regulation of connective tissue remodelling. *Nature Reviews Molecular Cell Biology*. 3(5): 349–363.

Tozzi, P. (2012) Selected fascial aspects of osteopathic practice. *J Bodyw Mov Ther*. 16(4): 503–519.

Van der Wal, J. (2009) The Architecture of the Connective Tissue in the Musculoskeletal System—An Often Overlooked Functional Parameter as to Proprioception in the Locomotor Apparatus. *Int J Ther Massage Bodywork* 2(4): 9–23.

Wang, J., Guo, Q. & Li, B. (2012) Tendon biomechanics and mechanobiology – a mini review of basic concepts and recent advancements. *J Hand Ther.* 25(2): 133–41.

Leituras adicionais

Kjaer, M. (2004) Role of extracellular matrix in adaptation of tendon and skeletal muscle to mechanical loading. *Physiological Rev.* 84(2): 649–698.

Ophir, J., Céspedes, I., Ponnekanti, H., Yazdi, Y. et al. (1991) Elastography: a quantitative method for imaging the elasticity of biological tissues. *Ultrasound Imaging.* 13(2): 111–134.

20
Como treinar a fáscia no treino de futebol

Klaus Eder e Helmut Hoffmann

INFLUÊNCIAS POSITIVAS E NEGATIVAS NO SISTEMA MIOFASCIAL NO FUTEBOL

A excelência em qualquer esporte, incluindo o futebol, exige um nível de condicionamento físico específico para o esporte em questão, combinado com a habilidade técnica correspondente, para garantir o domínio dos padrões de movimento específicos do esporte, bem como os *insights* táticos necessários para participar de jogos competitivos.

O futebol, em particular, é caracterizado por uma ampla gama de padrões específicos no esporte, ou disciplina. Se esses padrões de movimento forem realizados de maneira acumulativa e em número suficiente, durante um período prolongado de tempo, é razoável esperar que esses estímulos de movimento específicos do futebol provoquem reações que se manifestam como adaptações das estruturas biológicas específicas envolvidas (articulações, ligamentos, estruturas neuromeníngeas e miofasciais), o que permite um "processamento" adequado das tensões e cargas incidentes (Cap. 5). Nos últimos vinte anos, prestando assistência médica a jogadores de futebol em praticamente todos os níveis de desempenho, desde atletas amadores até profissionais que representam seus países internacionalmente, identificamos empiricamente uma ampla gama de mudanças às quais os jogadores de futebol estão propensos. Nesse contexto, por envolver uma dominância específica lateral de uma perna de chute e uma perna de apoio, o futebol também é caracterizado por diferenças assimétricas correspondentes nas adaptações e mudanças, em particular no que diz respeito ao sistema miofascial.

Como regra, essas adaptações maximizam a qualidade dos padrões de movimento específicos do esporte e, portanto, servem para melhorar o desempenho do indivíduo em determinado esporte. Por outro lado, com frequência elas também são a causa de mudanças nos padrões de estresse muscular dentro do esporte e podem, em certas circunstâncias, levar a uma carga ou sobrecarga anormal das estruturas musculoesqueléticas e miofasciais envolvidas. O conhecimento das mudanças específicas do futebol que afetam os sistemas musculoesquelético e miofascial permite aos técnicos e à equipe médica avaliarem quaisquer implicações estruturais e funcionais mais facilmente e estabelecer as bases para que os atletas possam participar de rotinas de preparação e recuperação específicas da estrutura. A informação a seguir se destina a sensibilizar os treinadores e a equipe médica no que diz respeito à existência de adaptações específicas do futebol e a garantir que esses fenômenos recebam a devida atenção.

ALTERAÇÕES E ADAPTAÇÕES ESPECÍFICAS DO FUTEBOL ENVOLVENDO O SISTEMA MUSCULOESQUELÉTICO

As seções a seguir descrevem adaptações típicas do futebol, com foco especial nas alterações miofasciais que são encontradas repetidamente na prática, mesmo na ausência de lesões. Uma incidência correspondente de alta probabilidade de tais mudanças deve ser antecipada no jogador de futebol ativo (o que também pode persistir por anos depois), e é importante ter isso em mente ao se preparar para partidas competitivas e de treinamento. As seguintes categorias de mudança que figuram de modo proeminente no futebol merecem atenção.

Alterações na perna de chute por causa do contato com a bola

Por definição, o jogo de futebol implica um número variável de contatos com a bola.

Nesse processo, as tensões mecânicas associadas ao contato com a bola, se geradas em número e magnitude suficientes, provocam mudanças nas estruturas biológicas. Durante o curso da evolução, a natureza desenvolveu nosso sistema musculoesquelético e em especial nossos membros inferiores como componentes do eixo pélvico-membro inferior, em especial para locomoção, caminhada e corrida (Caps. 13 e 17). Nossos pés, com seus arcos longitudinais e transversais, são engenhosamente desenhados para amortecer o impacto da nossa massa corporal a cada passo e para impulsionar nosso corpo para a frente na fase final do ciclo da marcha. Em contato com a bola, uma força é gerada durante um curto período de tempo que é precisamente oposta à construção arqueada do pé, dando origem a forças e tensões mecânicas correspondentes. Com cada ação de chute individual, as forças de reação mecânica liberadas pela massa da bola são de uma magnitude que permanece dentro da faixa fisiológica e geralmente não excede a tolerância à tensão das estruturas envolvidas. No entanto, se essa ação for repetida um número suficiente de vezes durante um período prolongado, possivelmente muitos anos, os estímulos resultantes agem então como uma forma de microtrauma, levando finalmente a mudanças no sistema musculoesquelético. Tais mudanças foram postuladas e têm sido discutidas desde meados da década de 1980, por exemplo, por Hess (1985) e Lees e Nolan (1998).

Para garantir uma preparação adequada para as súbitas e breves tensões elásticas geradas pelo contato com a bola, o fortalecimento ocorre nos locais de inserção do ligamento talonavicular que é colocado sob tensão elástica pela ação do chute. O aumento do número de fibras de Sharpey, desenvolvidas mais fortemente, ocupa um espaço aumentado e pode, muitas vezes, ser visível em radiografias como um bico do tálus e/ou pico tibial, um fenômeno que resulta em mobilidade reduzida da dorsiflexão na articulação do tornozelo.

Paralelamente e como resultado dessas mudanças diretas na articulação do tornozelo em resposta aos movimentos de chute, os jogadores de futebol também podem desenvolver alterações musculares que são caracterizadas por vários graus de assimetria direita-esquerda (perna de apoio *versus* perna de chute). O movimento de chute do eixo da perna em questão representa um tipo de carga de "cadeia cinética aberta" na qual o pé é movido com velocidade máxima para a frente (ponto móvel) e o quadril permanece relativamente imóvel (ponto fixo). Ao mesmo tempo, todo movimento de chute necessariamente impõe um tipo de carga de "cadeia cinética fechada" no lado que não chuta. Nesse caso, o pé que não chuta fica plantado no chão (ponto fixo), enquanto as estruturas acima dele por todo o eixo pélvico do membro inferior e do tronco estão em movimento (ponto de movimento) e precisam ser estabilizadas de modo adequado contra a gravidade por um complexo conjunto de mecanismos de coordenação. Ações de controle neuromuscular similarmente variadas criam então a base para adaptações musculares de longo prazo a esses padrões de movimentos específicos do futebol. Em longo prazo, pode-se supor que o sistema musculoesquelético ativo, bem como o sistema miofascial, se adaptem progressivamente aos movimentos característicos que eles são requisitados a realizar e às cargas associadas a esses movimentos à medida que desenvolvem uma resposta muscular otimizada.

Relatos descrevem diferenças musculares entre a perna de apoio e a perna de chute (Knebel et al., 1988) (Ekstrand et al., 1983). Chutar a bola é um movimento de múltiplas articulações no qual, obviamente, um movimento de extensão explosiva no joelho é combinado com uma flexão ativa do quadril e extensão (flexão plantar) do pé na articulação do tornozelo. Em geral, esses autores descrevem tanto uma capacidade de aumento da força máxima como um aumento da força de impacto durante a extensão do quadríceps no lado da perna de chute, acompanhada por um aumento da força máxima e força de impacto dos flexores do joelho no lado da perna de apoio (Fig. 20.1).

Nossas observações empíricas sobre o grau de desenvolvimento do músculo quadríceps em jogadores de futebol sugerem aspectos neurofisiológicos adicionais e considerações relacionadas às adaptações funcionais de longo prazo. Embora os jogadores de futebol tenham maior força de quadríceps no lado da perna de chute do que no lado da perna de apoio, o exame das coxas, na maioria dos jogadores, mostra que a circunferência da coxa tende a ser levemente reduzida na área onde o músculo vasto medial está mais desenvolvido. É evidente que a variação na "configuração muscular" do quadríceps é uma resposta adaptativa do sistema musculoesquelético a anos de demandas funcionais estereotipadas localmente variadas (a perna de chute com suas numerosas cargas de cadeia cinética aberta, em contraste com a perna de apoio com suas cargas de cadeia cinética fechada). Não é incomum que haja deficiências de volume claramente identificáveis no território do músculo vasto medial da perna de chute em

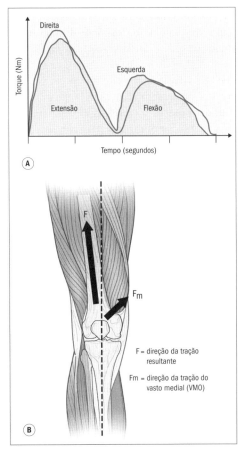

Figura 20.1 A e B
Relação agonista-antagonista nos músculos da articulação do joelho.

alguns jogadores. Nossas próprias medições empíricas em 35 jogadores de futebol revelaram que, apesar do aumento da força máxima do quadríceps da perna de chute (curvas torque-tempo de pico isocinético – Sistema Isomed 2000 – ao redor do ventre do músculo vasto medial 10 cm proximalmente do espaço articular medial do joelho), a circunferência da coxa é 3,2 mm menor em média; e 20 cm proximalmente ao espaço articular medial do joelho, a circunferência da coxa foi novamente 1,8 mm menor em média.

Do ponto de vista neurofisiológico, uma deficiência "crônica" do músculo vasto medial na perna de chute pode ser explicada pela ausência de qualquer necessidade durante a atividade de cadeia cinética aberta de estabilizar a articulação do joelho em termos de rotação tibial em relação ao fêmur em resposta a efeitos gravitacionais. A mudança em longo prazo no padrão de inervação resulta gradualmente em uma adaptação otimizada para chutar a bola. O outro lado da moeda é que esse processo altera as contribuições relativas dos músculos individuais do quadríceps para a força resultante do quadríceps. A deficiência do vasto medial tende a lateralizar a tração do quadríceps na patela, alterando, assim, a cinemática da articulação femoropatelar. Em contraste, as cargas na perna de apoio durante a corrida e a corrida de velocidade tendem a não alterar o padrão fisiológico da cinemática intra-articular. Como resultado, em termos estatísticos, as alterações degenerativas na articulação femoropatelar são detectadas muito mais comumente no lado da perna de chute do que no lado da perna de apoio.

Mudanças na perna de apoio por causa da técnica de chute

As mudanças na perna de chute, descritas anteriormente, sugerem que a perna de apoio contralateral está obviamente exposta a diferentes cargas durante o chute de uma bola de futebol. É interessante que todos os jogadores de futebol, praticamente independentemente do seu nível de desempenho, tendem a colocar sua perna de apoio em uma posição muito precisa ao chutar a bola, com o peito do pé ou com o interior/exterior do pé. Isso resulta em um padrão altamente consistente de cargas mecânicas estereotipadas atuando nas estruturas musculoesqueléticas. Para garantir a aceleração bem-sucedida da bola, seguindo com a perna de chute para transferir efetivamente o *momentum* para a bola, a perna de apoio deve ser firmada corretamente no chão ao lado da bola. As seguintes observações iniciais são importantes a esse respeito (Hoffmann, 1984):

- Na medida do possível, os jogadores de futebol plantam sua perna de apoio ao lado da bola com consistência e precisão notáveis. Testes mostraram que diferenças intraindividuais de contato com a bola são menores que 1 cm de uma bola para outra.
- Os jogadores de futebol plantam a perna de apoio nivelada com a bola (em relação ao plano frontal).
- Quando o pé é plantado no chão, o centro de gravidade do corpo se desloca para fora em direção à perna de apoio, geralmente se movendo para além do joelho esquerdo ou ainda mais lateralmente.
- A distância lateral da perna de apoio em relação à bola pode variar de maneira acentuada de um jogador para o outro. Entretanto, apesar dessas diferenças pronunciadas, as soluções individuais e os padrões de movimento são executados com grande precisão (consistência intraindividual). Contudo, quanto mais longe da bola a perna de apoio é colocada em relação à bola, maior é o deslocamento lateral no centro de gravidade do corpo. As articulações ao longo do eixo pélvico-perna de apoio têm que se estabilizar e compensar essa posição, o que resultará em mudanças adaptativas correspondentes ao longo do tempo. Essas alterações específicas de cada lado são identificadas mais claramente na articulação do tornozelo. Quanto maior a lateralização do eixo pelve-membro inferior, maiores serão as forças laterais e de cisalhamento agindo nas articulações do pé. Mesmo na ausência de lesões e/ou trauma, essas forças têm o potencial de induzir adaptações de longo prazo.

Essas mudanças são então refletidas não apenas nas ações estereotipadas de chute que ocorrem durante treinos e partidas competitivas, mas também na caminhada e corrida comuns (Caps. 13 e17). Elas documentam as adaptações do eixo pelve-membro inferior como um todo. Dependendo da predisposição individual, essas mudanças impactarão de maneira mais específica as estruturas biológicas afetadas do jogador de futebol em particular.

Adaptações da região lombopélvica do quadril

As adaptações musculares descritas, que ocorrem nos lados da perna de apoio e da perna de chute em resposta às demandas do futebol, também trazem consigo mudanças de longo prazo em toda a região lombopélvica do quadril. Nossas próprias análises de marcha (achados cinemáticos, dinâmicos e palpatórios), junto com avaliações de terapia manual, destacaram os seguintes aspectos: a dominância dos potentes quadríceps e flexores do quadril (em especial do músculo iliopsoas) no lado da perna de chute faz com que a pelve incline posteriormente nesse lado (inclinação pélvica posterior com componente de fechamento). Isso, por sua vez, provoca uma inclinação pélvica anterior (ílio relativamente ereto com componente de abertura) no lado da perna de suporte contralateral, na tentativa de estabilizar o centro de gravidade do corpo em longo prazo. Além disso, essas alterações são acompanhadas, com frequência, por uma diminuição da amplitude de movimento na articulação sacroilíaca no lado da perna de chute. Essa amplitude de movimento assimétrica, combinada com a torção dos quadris, produz um aparente alongamento do eixo da perna de apoio e leva à obliquidade pélvica funcional. Além disso, os novos padrões de tensão são transmitidos para as estruturas da parte lombar da coluna vertebral. Como resultado da inclinação pélvica posterior no lado da perna de chute, o exame físico dos jogadores de futebol costuma revelar que a parte lombar da coluna vertebral é rodada posteriormente para a direita em virtude do aumento da tensão nos ligamentos iliolombares.

Implicações para o sistema miofascial

Em resumo, pode-se esperar que os jogadores de futebol mostrem mudanças e adaptações específicas laterais, afetando todas as articulações e ligamentos do membro inferior e, portanto, as estruturas musculoesqueléticas associadas, assim como toda a unidade funcional do eixo pelve-membro inferior, com suas cadeias miofasciais ligadas. Variando em graus

Tabela 20.1 Músculos das cadeias miofasciais de fechamento ilíaco e de abertura ilíaca

Cadeia miofascial ilíaca fechada Torção + flexão (p. ex., cadeia do lado esquerdo)	Cadeia miofascial ilíaca aberta Torção + extensão (p. ex., cadeia do lado esquerdo)
Músculo reto lateral da cabeça, esquerdo Músculos escalenos, esquerdo Músculo esternocleidomastóideo, esquerdo Músculos peitorais maiores e menores, esquerdo Músculos intercostais, esquerdo Músculo oblíquo externo do abdome, esquerdo Músculo oblíquo interno do abdome, direito Diafragma (estrutura de separação transversal) Músculo iliopsoas, direito Músculos obturadores, direito Músculos adutores, direito Músculo vasto medial, direito Musculatura fibular direita Fáscia plantar	Músculo oblíquo da cabeça, esquerdo Músculo longuíssimo da cabeça, esquerdo Músculo trapézio (parte descendente), esquerdo Músculo levantador da escápula, esquerdo Rotadores externos, ombro esquerdo Músculo serrátil posterior superior, esquerdo Músculo serrátil posterior inferior, esquerdo Diafragma (estrutura de separação transversal) Fáscia toracolombar, músculo quadrado do lombo, esquerdo Músculo psoas, direito Musculatura glútea, direita Músculo tensor da fáscia lata, direito Músculo vasto lateral, direito Músculo sartório, direito Musculatura medial crural, direita Fáscia plantar

Fonte: Adaptado de Meert, 2003.

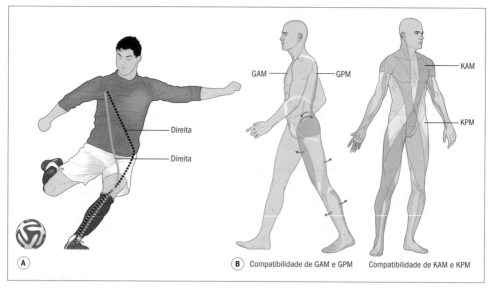

Figura 20.2 A e B
Movimentos estereotípicos específicos de futebol com cadeias miofasciais associadas.

entre diferentes jogadores, e dependendo da predisposição individual e da duração (anos de treinamento) e quantidade (escopo de treinamento) das cargas e padrões de movimentos estereotipados, essas mudanças podem se tornar uma fonte de problemas. Em consequência, será necessário repensar as prioridades, tanto na preparação para partidas de treinamento ou competitivas como durante a fase de recuperação (desaquecimento), a fim de otimizar os processos de regeneração. Além disso, juntamente com as estratégias clássicas e agora convencionais (com foco nas articulações, ligamentos e no sistema musculoesquelético), deve-se considerar também a miofáscia e exercícios relevantes que permitam que tais considerações sejam traduzidas na prática. Nesse contexto, as propriedades do tecido conjuntivo específicas das laterais também se manifestarão como resultado da adaptação aos estresses estereotipados do treinamento ou competição. Com frequência, ambas as propriedades do tecido conjuntivo são reduzidas no lado da perna de chute. Tanto a cadeia miofascial anterior longitudinal como a cadeia miofascial anterior cruzada mostram-se menos tensas e, por causa dessa firmeza reduzida, são paradoxalmente menos elásticas. Portanto, a arquitetura tridimensional das "estruturas de rede" de colágeno é alterada em termos de firmeza e elasticidade (Cap. 10).

A fáscia lateral (externa) da coxa é também mais pronunciada com aumento da firmeza. Uma cadeia miofascial posterior longitudinal dominante e uma cadeia miofascial posterior cruzada são encontradas no lado da perna de apoio (Figs. 20.2 A e B).

CONSTRUIR ESTRUTURAS/REDES FASCIAIS OTIMIZADAS EM MÉDIO E LONGO PRAZOS

Com base nos princípios anatômicos, biomecânicos e fisiológicos delineados anteriormente, os profissionais em geral têm à sua disposição uma série de tipos de exercícios e movimentos que estimularão a construção e a otimização em médio e longo prazos das estruturas de colágeno envolvidas (formação de uma trama de cisalhamento funcionalmente elástica).

Figura 20.3 A-D
Exercício complexo de estabilização específico para o futebol envolvendo rotação contralateral do tronco e reversão das funções da perna de apoio/perna de chute.

Figura 20.4 A-D
Alongamento da cadeia miofascial anterior longitudinal para evitar restrição.

Em termos gerais, nos pontos de retorno dos movimentos, onde os agonistas que operam em sinergia e os antagonistas alongados se encontram, praticamente, há uma exigência da tensão isométrica dos elementos contráteis. Isso permite pequenos movimentos adicionais com a mudança de direção mediante os elementos fasciais (elásticos), bem como um estímulo direcional e de desenvolvimento. Contramovimentos preparatórios desse tipo, próximos aos pontos de retorno dos movimentos, podem ser combinados com uma variedade de componentes rotacionais (organização em 3D da rede fascial) (Cap. 14). Em termos das adaptações e mudanças específicas do futebol, já descritas anteriormente, envolvendo o sistema musculoesquelético, as rotinas de otimização e de construção que são pretendidas para a rede fascial devem ter como foco compensar os movimentos estereotípicos preferidos do jogador de futebol em particular no lado oposto e ser realizadas em uma escala ligeiramente maior em termos quantitativos.

Juntamente com essa forma mais rápida de alongamento dinâmico, deve-se considerar também nesse cenário a utilidade potencial de exercícios de alongamento dinâmico lentos. Enquanto exercícios de alongamento estáticos clássicos na prática esportiva são direcionados principalmente para músculos específicos, de modo a fornecer um estímulo de alongamento/prolongamento das estruturas contráteis miotensoras, um apoio crescente tem sido dado a uma escola de pensamento que defende um alongamento em cadeia de transmissão de tensão estendida além dos músculos individuais (i. e., além das articulações imediatamente afetadas), alcançando as cadeias miofasciais. A transmissão de estados de tensão para além dos músculos individuais e anatomicamente definíveis por intermédio da rede fascial resulta em exercícios de alongamento que beneficiam cadeias musculares complexas. Um foco adicional desses exercícios de alongamento tem como alvo predisposições anatômicas à compressão de estruturas neuronais/neuromeníngeas que, por sua vez, podem ter efeitos devastadores adversos e restritivos na eficiência neuromuscular (Bracht e Liebscher-Bracht, 2010). O perfil de demanda específica do futebol, em particular, nos leva em direção às estreitas estruturas complexas e locais da região lombopélvica do quadril: fenômenos potenciais de compressão/aprisionamento localizados aqui representam a verdadeira lesão causal ou primária para um grande número de problemas em jogadores de futebol (p. ex., a virilha do jogador de futebol). Os exercícios recomendados por nós nesse contexto levam em consideração os aspectos metodológicos do treinamento da fáscia e, portanto, contribuem para o desenvolvimento e funcionalização de uma rede fascial otimizada.

LEVAR EM CONTA O SISTEMA MIOFASCIAL NA PREPARAÇÃO PARA TREINAMENTO E COMPETIÇÃO

Medidas individuais de médio e longo prazos

A fim de atender ao complexo conjunto de demandas físicas encontradas no futebol, é necessário ter uma estratégia terapêutica individual orientada para que se preserve a funcionalidade e a eficiência do sistema musculoesquelético. Olhando para o perfil de demanda específico do futebol, constatamos com frequência que os padrões de movimento estereotipados com componentes rotatórios elevados agindo nos eixos pelve-membro inferior levam a uma carga excessiva e não fisiológica das articulações e ligamentos, miofáscia e estruturas neuromeníngeas. Sua viscoelasticidade é reduzida de tal forma que as articulações envolvidas deixam de ser capazes de retornar à "posição de repouso" após as tensões do movimento. Como resultado, são estabelecidos padrões posturais adaptativos (estratégias de compensação). Esses distúrbios mecânicos são acompanhados pela circulação desordenada dos fluidos intersticiais, um estado no qual a capacidade de deslizamento fisiológico suave entre estruturas miofasciais e neuromeníngeas fica comprometida. As possíveis consequências incluem hipóxia (deficiência nutritiva) e aderências dolorosas nos vários tecidos. De acordo com nossa experiência, as alterações desse tipo estão localizadas nos vários diafragmas do corpo (o diafragma respiratório, o diafragma urogenital do assoalho pélvico, o diafragma do joelho formado pela fáscia poplítea e o diafragma do pé formado pela fáscia plantar). A avaliação regular e o tratamento de longo prazo dessas estruturas, a fim de manter a funcionalidade e a eficiência de todo o sistema musculoesquelético, por exemplo, fazem parte da missão das equipes de terapia médica que trabalham com times profissionais de futebol.

PREPARAÇÃO PARA TREINAMENTO E COMPETIÇÃO

Modalidades passivas: fita elástica (bandagem) e fita kinesio (*kinesiotaping*)

Na preparação para partidas competitivas ou de treinamento, fitas elásticas e fitas kinesio podem ser usadas para estabilizar as articulações. As fitas funcionais substituem e suplementam os fatores ligamentares e ósseos estabilizadores das articulações e produzem efeitos de tração e relaxamento na pele e nos receptores subcutâneos, facilitando seletivamente ou inibindo o

Figura 20.5
Exemplo para ilustrar o alongamento dinâmico: caminhada com obstáculos.

tônus/atividade muscular (melhora neurofisiológica e miotensiva/miofascial da estabilidade articular via fatores de estabilização articular musculares). Ver Eder e Mommsen (2007) e Mommsen, Eder e Brandenburg (2007) para maiores informações sobre essas técnicas.

Modalidades ativas

O propósito de todas as modalidades/atividades preparatórias nesse contexto pode ser resumido sob a seguinte definição: preparação psicológica e física ideal para as demandas físicas e psicológicas específicas do futebol, a fim de alcançar o melhor nível possível de desempenho atualmente.

De acordo com as ideias originalmente elaboradas por Schlumberger (Eder e Hoffmann, 2006), essas modalidades ativas compreendem, em geral, as seguintes áreas-chave:

- Impulsionar atividades metabólicas fisiológicas usando corrida moderada com intensidade variável para elevar a temperatura corporal do *core*, aumentar as atividades metabólicas gerais e otimizar os processos de controle neuromuscular.
- Preparação específica para as estruturas do sistema musculoesquelético para sequências de movimentos específicos de futebol utilizando alongamento dinâmico e levando em conta as estruturas miofasciais (Cap. 14).
- Preparação para padrões de movimentos estereotipados específicos do futebol, com aumento progressivo de complexidade e intensidade. Em particular, os movimentos de dribles específicos do futebol com mudanças direcionais de intensidade variável devem ser integrados nesse processo, assim como fases de aceleração e desaceleração, inicialmente sem a bola e então, conforme a preparação avança, recebendo a bola e correndo com ela também como sequências de movimento específicas da situação (escanteios, variações de chute livre etc.).

Em termos de preparação específica da estrutura do sistema musculoesquelético, em particular, deve ser descartada a prática generalizada de alongamento estático imediatamente antes do início das disputas de treinamento/competitivas (Cap. 9). Do mesmo modo, as formas de exercícios que envolvam contramovimentos preparatórios e rápidos saltos como um tipo de "alongamento dinâmico" para modelar e desenvolver a rede fascial são menos adequadas (se não forem realmente inadequadas) como preparação imediatamente anterior ao estresse das partidas de treinamento/competitivas. Em vez disso, a abordagem adequada envolve o "alongamento dinâmico" que, além de atender aos pré-requisitos do movimento miotensivo (contração muscular) e neuromuscular (proprioceptivo), também prepara as

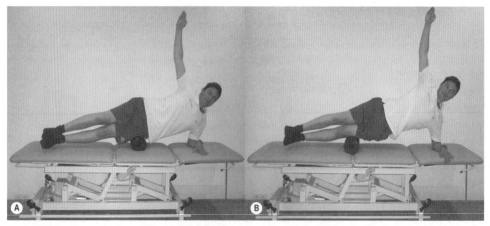

Figura 20.6 A e B
Técnicas de autoliberação miofascial para a fáscia dorsolateral da coxa da perna de chute.

estruturas miofasciais para as tensões e cargas que se seguirão.

Em nossa experiência, formas de exercícios pliométricos (Cap. 22), inicialmente com caráter unidirecional e depois construindo com um caráter multidirecional tridimensional (linear e lateral, bem como rotatório), provaram ser úteis na ativação de receptores capsulares articulares específicos para encerrar a preparação específica da estrutura e poder, então, fazer a transição para os padrões de movimento estereotipados específicos do futebol com e sem a bola (Cap. 10).

LEVAR EM CONTA O SISTEMA MIOFASCIAL DURANTE A RECUPERAÇÃO APÓS ESTRESSE DE PARTIDAS DE TREINAMENTO/ COMPETIÇÃO

Medidas geralmente reconhecidas, após o estresse de treinamento e partidas competitivas para a restauração e recuperação do desempenho físico em tempo hábil, têm os seguintes objetivos:

- Reposição de déficits de energia e de líquidos induzidos por exercício (p. ex., estoques de glicogênio muscular).
- Otimização do estado metabólico fisiológico (suprimento e remoção no contexto dos processos de regeneração bioquímica) ao promover a circulação usando tipos de movimentos aeróbicos (aláticos) moderados e de baixa intensidade, incorporando exercícios que não são específicos do futebol, como ciclismo ou corrida na água (caracterizada pela redução da carga intra-articular nas articulações).
- É possível usar a fisioterapia para monitorar o estado das articulações e dos ligamentos do membro inferior e da coluna vertebral.

Essas atividades devem ser complementadas com referência especial à rede fascial. Para liberar aderências fasciais e resolver os inchaços que se desenvolveram após o estresse das partidas de treinamento/competição, as técnicas de autoliberação miofascial podem ser integradas na estratégia de regeneração, promovendo a hidratação dinâmica da substância fundamental colagenosa (Cap. 15). Os rolos de espuma são adequados para esse propósito. A superfície de contato localmente limitada desses rolos permite um movimento de rolagem gradual e lento por meio da aplicação gravitacional do peso corporal do atleta, estimulando, assim, um movimento contínuo de rolagem ao longo da fáscia afetada. Aqui também, no contexto específico do futebol, é importante direcionar esses esforços preferencialmente para a fáscia mais comumente afetada. De acordo com nossa experiência, essas são as estruturas laterais da perna de chute em consequência de adaptações específicas de futebol.

RESUMO CLÍNICO

Os *insigths* científicos mais recentes trouxeram uma mudança de paradigma em nossa compreensão e apreciação da função e importância da rede fascial. Juntamente com os alvos clássicos de treinamento, como função e desempenho musculoesqueléticos, função e desempenho cardiopulmonar e coordenação e controle neuromuscular, essa mudança radical de perspectiva destaca a necessidade de revisar e reorientar os objetivos do treinamento e sua implementação e realização, adotando modalidades de treinamento adequadas. Em termos de treinamento fascial, isso requer medidas e métodos para desenvolver e otimizar uma rede fascial, bem como estratégias para integrar os aspectos fasciais na preparação direta para e recuperação do estresse de partidas de treinamento/competitivas, assegurando assim que os frutos das pesquisas modernas sobre a fáscia sejam incorporados ao processo de treinamento específico do futebol.

Referências bibliográficas

Bracht, P. & Liebscher-Bracht, R. (2010) *SchmerzFrei Das SchmerzCode-SelbsthilfeProgramm, Vol. 1: unterer Rücken.* Bad Homburg v.d.H.: LNB Verlag.
Brüggemann, H. & Hentsch, H. (1981) *Röntgenologische Veränderungen bei Fußballspielern.* Orthopädische Praxis. 4: 335–338.
Eder, K. & Hoffmann, H. (2006) *Verletzungen im Fußball – vermeiden – behandeln – therapieren.* Munich: Elsevier Verlag.
Eder, K. & Mommsen, H. (2007) *Richtig Tapen – Funktionelle Verbände am Bewegungsapparat optimal anlegen.* Balingen: Spitta Verlag GmbH & Co. KG.
Ekstrand, J., Gillquist, J., Liljedahl, S.O. (1983) Prevention of soccer injuries. Supervision by doctor and physiotherapist. *Am J Sports Med.* 11(3): 116–120.
Hess, H. (1985) Fussball. In: Pförringer, W. *Sport – Trauma und Belastung.* Erlangen: perimed Fachbuch-Verlagsgesellschaft mbH.
Hoffmann, H. (1984) *Biomechanik von Fußballspannstößen.* Frankfurt/Main: unpublished dissertation, University of Frankfurt/M.
Knebel, K.P., Herbeck, B. & Hamsen, G. (1988) *Fußball-Funktionsgymnastik. Dehnen, Kräftigen, Entspannen.* Reinbeck: Rowohlt Verlag.
Lees, A. & Nolan, I., (1998) The biomechanics of soccer: a review. *Journal of Sports Science.* 16(3): 211–234.
Meert, G.F. (2003) *Das Becken aus osteopathischer Sicht.* Munich/Jena: Urban & Fischer Verlag.
Mommsen, H., Eder, K., Brandenburg, U. 2007. *Leukotape K – Schmerztherapie und Lymphtherapie nach japanischer Tradition.* Balingen: Spitta Verlag GmbH & Co. KG.
Mueller-Wohlfahrt, H.-W., Ueblacker, P., Haensel, L. & Garrett, W. E. Jnr. (2013) *Muscle Injuries in Sports.* Stuttgart/New York: Georg Thieme Verlag.
Myers, T.W. (2001) *Anatomy Trains: Myofascial Meridians for Manual and Movement Therapists.* Edinburgh/London: Churchill Livingstone.
Wirhed, R. (1984) *Sport-Anatomie und Bewegungslehre.* Stuttgart-New York: Schattauer Verlag.

21
Treinamento atlético

Stephen Mutch

A REDE FASCIAL CONECTADA

Parafraseando e expandindo a sabedoria de Benjamin Franklin, existem três certezas na vida: morte, impostos e o balanço de colágeno.

Nosso corpo está em constante mudança. Durante um período de 24 horas, o nosso tecido conjuntivo terá mudado, respondido e se adaptado a qualquer experiência anterior ou exigências colocadas sobre ele. A rede universal da fáscia é arquitetonicamente modelada por uma dominância de esforço tensional, ou biotensegridade, e não por uma dominância de compressão (Schleip e Muller, 2012) (Cap. 1). Dentro dessa rede, há regiões de densificação e um *continuum* de tecido conjuntivo que envolve todos os músculos e órgãos do corpo.

Os seres humanos realmente são oportunistas adaptativos, com um "traje fascial" resiliente, demonstrando uma capacidade impressionante de mudar, adequar-se, reagir e responder a tarefas de demandas fisiológicas ou biomecânicas variáveis, em uma tentativa de estabelecer o equilíbrio interno. A amostragem constante dos ambientes interno e externo aponta para uma evolução consistente e cada um de nós se torna um ser individual aperfeiçoado pela interação estímulo-resposta.

Os componentes fasciais internos do músculo garantem que haja uma integridade funcional, com a continuidade da "rede" fascial sustentando os componentes musculares no momento de fadiga, crescimento, trauma ou reparo (Purslow, 2010). Matt Wallden (2010) classifica os três componentes-chave que envolvem o tecido muscular como "um pouco parecidos com os suportes capazes de sustentar uma ponte de tijolos de um marco ósseo a outro, e que estão constantemente sob reparo"; um sistema em constante desenvolvimento pelo qual o músculo pode manter a capacidade funcional, apesar da reparação consistente de tecido danificado e do crescimento contínuo necessário. O suporte extrínseco ao músculo é oferecido por intermédio da transmissão de força suplementar fornecida pelo endomísio, perimísio e epimísio (Cap. 1). De toda a força gerada a partir de um "músculo", 30-40% foram transmitidos via tecido conjuntivo, e não ao longo do tendão (Huijing et al., 2003, 2007, 2011).

SAUDÁVEL E RESILIENTE: NOSSO TRAJE FASCIAL EM CONSTANTE MUDANÇA

Mecanoterapia

Nunca houve tanta ênfase na necessidade de examinar cuidadosamente as práticas de reabilitação e treinamento por aqueles envolvidos nas proezas do desempenho humano, seja nos domínios da dança, esportes ou atividades de movimento, como yoga, Pilates ou artes marciais, para citar apenas três exemplos bem conhecidos. Isso também se refere àquelas pessoas que podem estar realizando atividades básicas de "exercício" ou movimento por razões de saúde em suas casas, ruas ou academias.

Cada uma dessas atividades, social, recreativa ou profissional, incluirá um grau de desempenho, dependendo de muitas variáveis, mas algumas considerações devem ser feitas quanto ao treinamento contínuo do tecido fascial, que poderia render enormes ganhos em eficiência do movimento e conforto, mesmo naqueles capazes de afirmar que existem em um estado relativamente ileso. A boa notícia é que existem algumas bases biomecânicas e neurofisiológicas sólidas para uma mudança de abordagem, que passe a incluir o treinamento fascial para melhorar a resiliência, o bem-estar e a robustez (Cap. 11).

Para garantir que a fáscia atenda melhor às demandas que recebe, de modo a não sofrer com mudanças de comprimento, força e capacidade de cisalhamento, é tarefa dos humildes operários do tecido conjuntivo, os relativamente pouco sofisticados miofibroblastos, ajustar a remodelação da matriz de forma constante. A dinâmica de renovação prevê a substituição de 30% das fibras de colágeno em seis meses e de 75% em dois anos (Schleip e Müller, 2012). Há alguma forma de remodelação da arquitetura dos tecidos acontecendo de forma constante. Em resposta ao treinamento ou atividade específicos, haverá maiores benefícios: por exemplo, a magnitude da tensão aplicada aos tendões humanos precisa exceder o valor da atividade habitual comum para que haja adaptação do tendão (Arampatzis et al., 2010) (Cap. 5).

No entanto, o corpo humano tornou-se adepto a utilizar uma variedade de métodos disponíveis ao sistema miofascial esquelético, a fim de realizar trabalho mecânico no membro inferior. O reino animal oferece exemplos excepcionais dos benefícios da utilização da energia armazenada nos tendões e na fáscia dos membros inferiores e posteriores. Os cangurus e as gazelas conseguem pular mais longe e mais alto em virtude da liberação de energia cinética armazenada nos tendões e na fáscia de seus membros posteriores (Cap. 10). A fáscia humana tem uma capacidade de armazenamento semelhante (Sawicki et al., 2009). Os seres humanos podem usar a energia armazenada para locomoção ao caminhar ou correr (Cap. 17). O movimento é produzido seguindo as ações oscilatórias de alongamento e encurtamento dentro da fáscia elástica, enquanto os músculos dos membros inferiores permanecem essencialmente em um comprimento constante, mesmo quando se contraem (Fukunaga et al., 2002) (Kawakami, 2012).

Caminhar também é um exemplo de como o armazenamento e o retorno de energia elástica são otimizados, nesse caso no tendão do calcâneo. Além disso, há uma troca na produção de força entre o quadril e o tornozelo em razão do contraste na eficiência das articulações (Sawicki et al., 2009). Garantir que haja um "molejo" adequado para o tornozelo é uma vantagem metabólica, uma vez que a falta de armazenamento e retorno miofascial adequados aumentará a demanda sobre a articulação do quadril, bem como a dependência dela. Essa troca de energia metabólica é uma das razões pelas quais certas populações experimentam um desafio significativo de "desempenho" em uma simples caminhada, como facilmente observado em pessoas idosas, amputadas, neurologicamente comprometidas ou lesionadas no esporte.

Esse aspecto do processo de envelhecimento é pertinente para a atividade regenerativa do "traje" fascial, à medida que sua arquitetura se torna mais aleatória, com mais fibras multidirecionais. Isso gera ligações cruzadas adicionais dentro da fáscia, causando uma redução na elasticidade e aumentando as aderências locais que afetam o deslizamento entre os tecidos (Cap. 19). A inevitável perda de "impulso" nos tecidos reflete-se na marcha e na mobilidade geral.

Mecanoterapia é um termo criado para demonstrar como o movimento pode estimular o reparo, facilitar a cicatrização do tecido e influenciar a remodelação via mecanotransdução (Khan e Scott, 2009). Mecanotransdução é um processo fisiológico pelo qual as células percebem e respondem biologicamente à aplicação de estímulos mecânicos (Cap. 2). Em vez de permanecer apenas como uma função estritamente homeostática para a manutenção saudável da estrutura celular na ausência de lesão, a mecanoterapia oferece uma função fisiológica celular à prescrição clínica de exercícios no tratamento de lesões. O papel do exercício terapêutico em qualquer forma é aplicar cargas mecânicas ao tecido de uma maneira que forneça benefícios físicos e celulares. A carga cumulativa deve estar dentro do envoltório da função (Zanou e Gailly, 2013) (Cap. 5). Os tecidos corporais respondem a estímulos mecânicos de diferentes maneiras, seja em estados de saúde ou doença, como será descrito a seguir. As lesões tendíneas e musculares exigem um pouco mais de atenção pela fase inicial da cicatrização e inflamação, mas são ambas receptivas à carga controlada, que leva à proliferação celular, remodelação da matriz, alinhamento do miotubo e uma recuperação mais completa (Khan e Scott, 2009) (Cap. 19).

No caso do tecido muscular, as respostas induzidas pela carga estão bem estabelecidas, com a sobrecarga estimulando, em particular, a regulação positiva do fator de crescimento mecânico (ou MGF), que é uma variante do IGF-I e está associado à proliferação celular e remodelação do colágeno. O processo ocorre como resultado de outros fatores de crescimento e citocinas, e é manipulado na presença de treinamento de sobrecarga controlada, levando à hipertrofia e ao alinhamento dos miotubos em regeneração (Zanou e Gailly, 2013).

Os tendões são capazes de suportar cargas consideráveis, de até oito vezes o peso corporal, durante a locomoção humana (Magnusson, Langberg e Kjaer, 2010) (Cap. 5). Uma característica do tendão é a capacidade de transmitir forças contráteis ao osso para gerar movimento. A carga mecânica do tendão resulta na regulação positiva do IGF-I e no aumento da síntese e remodelação do colágeno (Zanou e Gailly, 2013). Os fibroblastos têm a capacidade de se mover por meio das três matrizes tridimensionais de colágeno, de modo que as forças tracionárias de esforço poderiam ter efeitos na organização de tecidos remotos e locais, dependendo da mobilidade do tecido circundante (Grinnell, 2008). Após a lesão, os tendões em geral respondem bem a cargas controladas, embora isso varie com a localização anatômica e, em casos de cirurgia de tendão, o movimento excessivo precoce pode ser prejudicial ao reparo geral (Killian et al., 2012).

Pesquisas são necessárias para examinar os efeitos potencialmente benéficos da mecanotransdução na resposta tecidual na cartilagem articular e nos osteócitos do osso, ambos reconhecidos como mecanossensores primários (Khan e Scott, 2010).

CICATRIZES: UM PREÇO QUE VALE A PENA PAGAR PELA SOBREVIVÊNCIA EVOLUTIVA?

Embora a reparação tecidual regenerativa total isenta de cicatriz seja uma conclusão idealista para uma lesão e para o processo de cicatrização de feridas em seres humanos, é lamentável que os tecidos de reparação não exibam capacidades estruturais, estéticas e funcionais idênticas aos seus originais. As cicatrizes são o resultado natural e inevitável de um *continuum* normal de reparo tecidual (Bayat et al., 2003).

Não há melhor exemplo da notável adaptabilidade do corpo na saúde e na doença do que o surpreendente órgão que é a pele humana. Essencialmente, a pele é uma interface altamente especializada e mecanorresponsiva, com a capacidade de se adaptar ao alongamento graças a uma rede de cascatas inter-relacionadas que desencadeiam a síntese de colágeno para garantir que o equilíbrio homeostático seja restaurado (Zollner et al., 2012).

Contudo, quando há uma lesão tecidual, a cicatrização de feridas passa a ser desenvolvida a partir dessas cascatas de citocinas sobrepostas e da atividade inflamatória, na tentativa de prevenir a infecção e a possível ruptura da ferida. O inevitável tecido cicatricial resultante tem sido chamado de "o preço a se pagar pela sobrevivência evolutiva após um ferimento", por causa desse ideal e ágil mecanismo biológico de cura (Bayat, 2003).

Vranova et al. (2009) observaram que estudos sobre mudanças no comportamento da pele indicam como alterações funcionais em outros sistemas podem ser causadas: nos sistemas respiratório, linfático e neuromuscular, por exemplo. Eles investigaram as mudanças potenciais no comportamento mecânico da pele como resultado de uma grande cicatriz e formularam a hipótese de que, por meio da aplicação do tratamento, haveria uma melhora no comportamento da pele que poderia ser observado por medidas objetivas.

Isso é de interesse para a população esportiva, na qual o tecido cicatricial é comum e as cicatrizes pós-operatórias não são incomuns, assim como para qualquer pessoa que tenha cicatrizes residuais na pele em virtude de procedimentos cirúrgicos ou acidentes. Embora a pele varie em espessura de 0,5-5 mm, a sua natureza viscoelástica é alterada depois do trauma por causa da natureza em multicamadas, textura e linhas da morfologia de tecido local. Em situações cirúrgicas, enquanto o alongamento da pele adjacente facilita rotineiramente o fechamento da ferida, feixes espessos de colágeno podem ser encontrados com mais espaço entre eles. Tanto o colágeno como a elastina são orientados em padrões significativamente mais paralelos em amostras pós-operatórias do que em tecido não operatório (Verhaegen et al., 2012).

Ao contrário da cartilagem, por exemplo, a pele é regenerada com tecido de qualidade relativamente alta, sendo a atividade dos fibroblastos um componente-chave do processo biomecânico em virtude da remodelação dinâmica citoesquelética (Langevin et al., 2011). Também deve ser considerado o efeito do tecido cicatrizado na suavidade desejável das camadas de deslocamento da pele, em relação ao tecido subcutâneo, para otimizar a amplitude de movimento (Cap. 19). A camada superficial da fáscia desempenha um papel no suporte e desobstrução de estruturas, como veias e vasos linfáticos, e garante a integridade da pele (Stecco e Day, 2010).

Existe um amplo espectro de tipos de cicatrizes da pele, variando de cicatrizes atróficas (cicatrizes deprimidas), hipertróficas (cicatrizes elevadas) e queloides até contraturas cicatriciais. Essas também serão influenciadas pelas condições mecanofisiológicas da pessoa lesionada ou da intervenção cirúrgica, tanto eletiva como de emergência, com traumas (Ogawa, 2011). A cicatriz queloide elevada se desenvolve além das margens da ferida original, "invadindo" a pele previamente normal, e continua se desenvolvendo sem qualquer regressão espontânea. No geral, ela é chamada de queloide apenas depois de estar presente por um ano (Bayat et al., 2003). Essas cicatrizes são encontradas com frequência em locais altamente móveis com alta tensão (Ogawa et al., 2012).

A viscoelasticidade do tecido molda a resposta dinâmica dos mecanorreceptores, e o uso excessivo, o trauma ou a cirurgia podem alterar a capacidade das camadas de colágeno endofascial de deslizarem umas sobre as outras de forma apropriada. Isso por si só afeta a propriocepção, além de alterações na distribuição das linhas de força dentro da fáscia e das estruturas musculoesqueléticas circundantes. O deslizamento é facilitado pelo ácido hialurônico, um glicosaminoglicano não sulfatado aniônico que é essencialmente um lubrificante. Produzido por células especializadas na biossíntese e secreção de ácido hialurônico, essas foram denominadas "fasciacitos" por Stecco et al. no exame da fáscia de cadáveres e ultrassons de voluntários em 2011. As moléculas complexas comportam-se formando uma composição semelhante a um gel dentro da substância fundamental, mas, tornando-se mais solúveis, podem alterar seu estado de gel para fluido quando aquecidas, por exemplo, com certas técnicas de tratamento direto ou com exercício. Uma densidade aumentada de tecido conjuntivo frouxo e a agregação de ácido hialurônico semelhante ao gel, compactado, pode afetar o deslizamento de duas camadas fibrosas adjacentes, alterando o comportamento da fáscia profunda e dos músculos locais. Potencialmente, essa é uma razão para a dor miofascial (Stecco et al., 2011).

A liberação miofascial mostrou reduções na viscoelasticidade, sensibilidade cicatricial e melhorias na amplitude de movimento (Cap. 19). Portanto, a mecanoterapia ou o treinamento fascial (Cap. 11) também poderiam ter efeitos de longo alcance sobre a viscoelasticidade da pele e, por extensão, sobre o sistema motor associado, influenciando os padrões motores globais, pontos-gatilho e estabilidade neuromuscular (Vranova et al., 2009). Os tratamentos manuais são não invasivos e eficazes, mesmo em áreas fasciais remotas à dor, com capacidade de modificar a matriz extracelular e restaurar o deslizamento (Stecco e Day, 2010). Esses efeitos podem ocorrer em áreas de comprometimento fascial, em nível fascial subdérmico ou superficial, bem como na variedade de cicatrizes visíveis na pele.

Ao reduzir a tensão da pele em torno das cicatrizes e feridas, a mecanoterapia não só tem a capacidade de tratar queloides e cicatrizes hipertróficas como também pode preveni-las, se as abordagens clínicas seguirem os estudos de mecanotransdução (Ogawa et al., 2012).

MUDANÇA NOS MÉTODOS DE TRATAMENTO, TREINAMENTO E PENSAMENTO NA RECUPERAÇÃO

Exercício e treinamento da fáscia

Parece indiscutível que o exercício pode ser benéfico na saúde e na doença. Há, inevitavelmente, a necessidade de um pouco de cautela, já que embora a carga controlada possa melhorar a cura na maioria das configurações, um bom equilíbrio deve ser alcançado entre cargas muito baixas (levando a um estado catabólico) e muito altas (levando potencialmente a microdanos) (Killian et al., 2012) (Cap. 5).

As células e os tecidos responderão de formas diferentes de acordo com a maneira pela qual a força é aplicada (Standley e Meltzer, 2008). Parece haver uma relação complexa entre o exercício e a produção de citocinas pró-inflamatórias. Alongamento cíclico repetitivo ou de alta amplitude pode levar ao aumento da produção delas (Eagan et al., 2007). Descobriu-se que o alongamento estático breve ou o estímulo mecânico de baixa amplitude mostram resultados anti-inflamatórios e uma redução nas citocinas IL-3 e IL-6 (Meltzer e Standley, 2007) (Branski et al., 2007). Os estímulos mecânicos repetitivos de alta amplitude no geral aumentam o TGF-beta 1, enquanto o estresse estático atenua o aumento de TGF-beta 1 solúvel e de pró-colágeno tipo 1 após lesão tecidual (Bouffard et al., 2008). O alongamento breve reduz a fibrogênese mediada por TGF-beta 1 (Benjamin, 2009).

Isso sugere que o alongamento e o exercício dinâmicos poderiam ter um *impacto direto* na inflamação do tecido e no risco de fibrose ou cicatrização após uma lesão. Há, portanto, implicações claras para o potencial tratamento e reabilitação da lesão, como resultado dessa alteração celular em resposta ao alongamento do tecido. Um estudo *in vivo* com modelo animal investigou essa resposta para os tecidos conjuntivos periféricos da região lombar (Corey et al., 2012). Eles observaram que "vários mecanismos locais e sistêmicos potencialmente inter-relacionados podem ter contribuído para a redução da inflamação do tecido observado". Como o alongamento estimulado foi realizado no animal inteiro, consciente, os autores consideraram que, além dos mecanismos locais ou periféricos, os efeitos mediados centralmente – envolvendo a estimulação do eixo hipotálamo-hipófise-adrenal e a secreção sistêmica de cortisol – são potencialmente induzidos por alongamento. O estresse, durante o alongamento do tecido, também pode ativar as vias descendentes de inibição da dor, com inibição da inflamação neurogênica por meio da redução da secreção de neuropeptídeos (substância P, CGRP) no tecido.

O estímulo dos fibroblastos fasciais para estabelecer a arquitetura das fibras, com potencial para uma capacidade de armazenamento mais elástica, deve ser encorajado no treinamento fascial (Cap. 10). Isso é afetado por movimentos que sobrecarregam os tecidos fasciais em amplitudes multidimensionais de movimento, com movimentos dinâmicos para facilitar a flexibilidade elástica (Fukashiro et al., 2006). Essas formas de exercício para o treinamento fascial podem suplementar formas tradicionais de exercício ou movimento que ainda produzirão mudanças fasciais, por exemplo, treinamento de carga com peso clássico, ou, no outro extremo do espectro, as posturas lentas e distendidas da yoga (Schleip e Muller, 2012) (Cap. 11).

As intervenções terapêuticas ativas de alongamento, como fisioterapia ou yoga (Cap. 12), podem envolver movimentos corporais lentos e suaves, mas não habituais, e podem capitalizar os efeitos centrais e periféricos (Bouffard et al., 2008), além dos efeitos das mudanças locais na hidratação dos tecidos. Esse é um assunto crítico, pois dois terços da fáscia é água (Schleip et al., 2005) (Cap. 3).

Carregar, esticar ou comprimir inevitavelmente espremerão a água para fora dos tecidos conjuntivos esponjosos. (Aqueles que utilizam os rolos de espuma como forma de autogerenciamento devem tomar nota disso.) Essa água pode ser substituída por fluido fresco do tecido circundante e da rede vascular local. Em estados saudáveis, a água extracelular da fáscia está em um estado de água ligada, e não de partícula de água. É a partícula de água que representa uma alta porcentagem da substância fundamental em ambientes como edema, inflamação e na presença de resíduos acumulados e radicais livres (Schleip e Muller, 2012). Uma reidratação parcial parece ocorrer quando a fáscia é espremida novamente, com um influxo de moléculas de água ligadas melhorando a saúde da substância fundamental de uma só vez.

A alteração no estado da hidratação dos tecidos, associada à sobretensão na tensão de endurecimento, aumenta na fáscia lombodorsal e, somada à contratilidade ativa dos miofibroblastos e fibroblastos, poderia igualmente contribuir de maneira muito significativa para a estabilidade lombopélvica (Barker et al., 2004). Essa combinação de fatores pode ser significativa para explicar por que se considera que algumas formas de alongamento têm um efeito anti-inflamatório direto sobre os tecidos conjuntivos periféricos da região lombar (Corey et al., 2012) e poderia levar a um melhor entendimento da manipulação miofascial de propriedades de tecido viscoelástico.

EXEMPLOS FUNCIONAIS NO ESPORTE

Tem-se sugerido que, para o exercício adequado dos tecidos fasciais para saúde e bem-estar, existem alguns princípios de treinamento que devem ser seguidos com base em considerações biomecânicas e neurológicas (Schleip e Muller, 2012) (Cap. 11). Felizmente, muitas práticas contemporâneas e, de fato, antigas de movimento têm componentes que reconhecidamente já possuem elementos dessas filosofias em seus formatos. Uma lista, que não é de forma alguma exaustiva, incluiria yoga (Cap. 12), pliometria (Cap. 22), ginástica rítmica, dança (Cap. 15), corrida *qi* e artes marciais (Cap. 16) como exemplos nos quais esses princípios de treinamento se aplicam parcialmente. Os princípios não apresentam uma ideologia, mas sim uma estrutura na qual buscar especificamente a renovação ideal da rede fascial. Esses princípios podem ser aplicados no esporte e no movimento como aspectos de aquecimentos dinâmicos antes do treinamento ou atividades esportivas. Além disso, sugere-se a integração de programas de treinamento neuromuscular nos aquecimentos para melhorar o senso de posição da articulação, aumentar a estabilidade da articulação e desenvolver reflexos articulares de proteção (Herman et al., 2012).

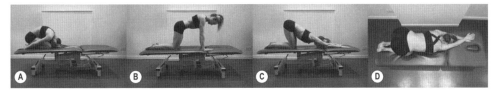

A "prece dupla" para a linha de fundo

Esta tem sido bem-sucedida para os atletas em aquecimento para o esporte, ou depois de ficar em uma posição prolongada por qualquer período. As posições não são mantidas estaticamente, nem existe qualquer "alongamento".

Figura 21.1 A e B

Nessa primeira posição, o atleta coloca a cabeça por baixo, com os braços ao lado. A pelve é baixada até os pés. A linha dorsal é estendida com a cabeça abaixada. Essa é uma breve posição de transição, trazendo os quadris a 90° e ombros, cotovelos e punhos alinhados. (Figs. 21.1 A e B).

Figure 21.1 C e D

Com os quadris permanecendo a 90°, os braços deslizam para a frente, com a testa apoiada na cama/chão. Isso serve para afundar o tórax na cama/chão, gerando extensão torácica e uma mudança no movimento fascial ao longo da linha dorsal, incorporando um ponto final com a posição da cabeça (Fig. 21.1 C).

A partir dessa posição, um movimento de flexão lateral permite o movimento da parte torácica da coluna vertebral e o deslizamento fascial da linha lateral, em particular do tórax na pelve (Fig. 21.1 D). A instrução é alcançar "uma mão por cima" (da outra).

E, por fim, um movimento de rotação para a parte torácica da coluna vertebral a partir dessa posição. A instrução é para alcançar "uma mão por baixo (o outro membro superior e a cabeça se viram para seguir a mão que está agora debaixo do membro superior)".

Essas duas últimas adições à prece dupla básica são úteis para esportes que exigem rotação e extensão torácica, tais como esportes com raquete, tênis de mesa, hóquei, basquete e vôlei.

Exemplos de movimentos multiplanares incluem aqueles que utilizam o sistema de linhas fasciais, como descrito por Tom Myers (2001), com a linha dorsal, assim como as linhas lateral (interna) e espiral exibidas (Cap. 6). Esses têm sido benéficos em aquecimentos para esportes com raquete ou bola, natação e em atletismo. Além disso, em esportes como ciclismo, tiro ou arco e flecha, por exemplo, nos quais há episódios de movimento dinâmico limitado ou posições fixas por longos períodos, esses exercícios de treinamento fascial (Cap. 11) têm sido vantajosos antes ou depois de períodos de treinamento e competição.

O *contramovimento preparatório*, na forma de um ligeiro pré-tensionamento na direção oposta, aumenta por um momento a tensão elástica no traje fascial, com a energia cinética armazenada no lado reverso da rede fascial liberada dinamicamente por meio de um efeito de retração passiva quando o corpo retorna para a posição original em um movimento fluido.

Maciez e suavidade de movimento também são encorajadas à maneira silenciosa dos lendários guerreiros japoneses, os ninjas. Os atletas podem ser encorajados a se mover, andar (Cap. 17) ou até mesmo correr de forma fluida, cada mudança elegante de direção precedida por uma desaceleração gradual de um movimento seguida por uma aceleração gradual e sem qualquer movimento brusco. Um lembrete para se mover com "o mínimo de ruído possível" é necessário e gerará maiores qualidades de molejo fascial.

Movimentos de "alongamento" *fluidos e dinâmicos* também são recomendados. Esses são aplicados a longas cadeias miofasciais em movimentos multidirecionais empregando pequenas mudanças no ângulo para maximizar as áreas da rede fascial que são exercitadas. No final desses alongamentos dinâmicos, podem-se incorporar "minissaltos" e *micromovimentos* suaves e relaxados, explorando os limites externos da rede conjuntiva.

Figura 21.2 A-C   Linha lateral
Este é um exercício de linha lateral do treinamento fascial. São mostradas duas imagens de cada movimento, incluindo uma com um peso leve, conforme descrito no texto, para melhorar o movimento por meio do contramovimento preparatório, na forma de um ligeiro pré-tensionamento na direção oposta, aumentando por um momento a tensão elástica do traje fascial do corpo.

Um bloqueio da pelve e do quadril direito é facilitado com um cruzamento do membro inferior esquerdo. A linha lateral direita está claramente sendo incentivada a deslizar com a instrução "alcance acima da sua cabeça" ou "leve seu membro superior à orelha" (Fig. 21.3 A). Isso é mostrado com clareza a partir da vista lateral (Fig. 21.2 A).

Com o último exercício, a instrução é encorajar a "alcançar à frente" (Fig. 21.2 C) e por trás (Fig. 21.3 C).

Figura 21.3 A-C
No último exercício, a instrução é encorajar a "alcançar à frente" (Fig. 21.2 C) e por trás (Fig. 21.3 C).

É encorajado um refinamento perceptual dos esforços de cisalhamento, deslizamento e tensionamento dentro das membranas fasciais superficiais: *uma forma de refinamento proprioceptivo fascial* que encoraja o corpo e o encéfalo a responder a movimentos menos previsíveis empregando uma variedade de diferentes qualidades e estratégias. A interação do encéfalo e do sistema nervoso central na leitura e no registro da informação sensorial-aferente permite movimentos apropriados, e esse treinamento auxilia no processamento e na integração interativos.

Em última análise, o movimento é uma energia dirigida e direcional conduzida por vetores de força, com correspondente alongamento miofascial ou propagação de forma sustentável, que pode ser empregada tanto em funções diárias como nos esportes (Schleip e Müller, 2012). A integridade elástica represen-

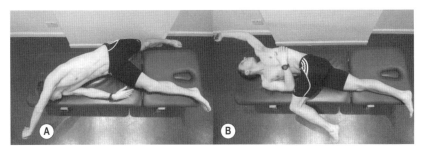

Linha espiral
Figura 21.4 A e B

1. Nessas imagens, o atleta está facilitando uma linha espiral utilizando rotação com flexão e extensão do quadril. Ele começa em decúbito lateral, levantando o quadril superior (esquerdo) o mais alto possível, em seguida, movendo o membro superior oposto para longe da cabeça, a qual deve girar para segui-lo (Fig. 21.4 B).

   Esse movimento é seguido pela parte superior da perna (esquerda) sendo levada para trás (em uma extensão do quadril) com o joelho reto, enquanto o membro inferior esquerdo cruza o corpo, torcendo o tronco (Fig. 21.4 A).

   Esse exercício pode ser realizado no chão, bem como em uma cama ou superfície. Os atletas podem se beneficiar da rotação e extensão torácica em esportes de raquete, vôlei, tênis de mesa, basquete e hóquei no gelo e no campo.

2. Existe um método alternativo para mobilizar a linha espiral, manipulando a superfície com uma bola de Pilates em um ginásio ou ambiente doméstico.

Figura 21.5 A-H

O atleta cruza a parte superior do membro inferior (direito) sobre a parte inferior em uma parede para obter um pouco de estabilidade, depois abre os dois membros superiores para o lado fazendo uma cruz. A cabeça segue o membro superior direito que vai se mover com a torção do tronco. A mão e o membro superior envolvem o tronco além dos 180° e depois terminam com o membro superior direito sob o corpo a 270° da posição inicial (Figs. 21.5 A-H).

ta eficiência e equilíbrio postural dinâmico balanceado (Dellagrotte et al., 2008).

O emprego desses princípios deve garantir o "bem-estar" da rede fascial, facilitando a integração ideal de um traje fascial em constante adaptação: que evoluiu idealmente para atender às suas necessidades de movimento.

Referências bibliográficas

Arampatzis, A., Peper, A., Bierbaum, S. & Albrecht K. (2010) Plasticity of human Achilles tendon mechanical and morphological properties in response to cyclic strain. *J Biomech.* 43: 3073–3079

Barker, P.J., Briggs, C.A. & Bogeski, G. (2004) Tensile transmission across the lumbar fasciae in unembalmed cadavers: effects of tension to various muscular attachments. *Spine.* 29(2): 129–138.

Bayat, A., McGrouther, D.A. & Ferguson, M.W.J. (2003) Skin scarring. *BMJ.* 326: 88–92.

Benjamin, M. (2009). The fascia of the limbs and back – a review. *J. Anat.* 214: 1–18.

Bouffard, N., Cutroneo, K., Badger, G., White, S., Buttolph, T., Ehrlich, H.P., Stevens-Tuttle, D. & Langevin, H.M. (2008). Tissue stretch decreases soluble TGF-beta1 and type-1 procollagen in mouse subcutaneous connective tissue: Evidence from ex vivo and in vivo models. *Journal of Cellular Physiology.* 214: 389–395.

Branski, R.C., Perera, P., Verdolini, K., Rosen, C.A., Hebda, P.A. & Agerwal, S. (2007) Dynamic Biomechanical Strain Inhibits IL-1[beta]-induced Inflammation in Vocal Fold Fibroblasts. *Journal of Voice.* 21: 651–660.

Corey, S.M., Vizzard, M.A., Bouffard, N.A., Badger, G.J. & Langevin, H.M. (2012) Stretching of the Back Improves Gait, Mechanical Sensitivity and Connective Tissue Inflammation in a Rodent Model. *PLoS ONE.* 7(1): 1–8.

DellaGrotte, J., Ridi, R., Landi, M. & Stephens, J. (2008) Postural improvement using core integration to lengthen myofascia. *J Bodyw Mov Ther.* 12: 231–245.

Eagan, T.S., Meltzer, K.R. & Standley, P.R. (2007) Importance of Strain Direction in Regulating Human Fibroblast Proliferation and Cytokine Secretion: A Useful in Vitro Model for Soft Tissue Injury and Manual Medicine Treatments. *Journal of Manipulative and Physiological Therapeutics.* 30: 584–592.

Fredericson, M., White, J.J., MacMahon, J.M. & Andriacchi, T.P. (2002) Quantitative analysis of the relative effectiveness of 3 iliotibial band stretches. *Arch Phys Med Rehabil.* 83: 589–92.

Fukunaga, T., Kawakami, Y., Kubo, K. & Kanehisa, H. (2002) Muscle and Tendon Interaction During Human Movements. *Exercise and Sport Sciences Reviews.* 30(3): 106 –110.

Fukashiro, S., Hay, D.C. & Nagano, A. (2006) Biomechanical behavior of muscle-tendon complex during dynamic human movements. *J. Appl.Biomech.* 22(2): 131–147

Grinnell, F. (2008) Fibroblast mechanics in three dimensional collagen matrices. *J Bodyw Mov Ther.* 12(3): 191–193.

Herman, K., Barton, C., Malliaras, P. & Morrissey, D. (2012) The effectiveness of neuromuscular warm-up strategies, that require no additional equipment, for preventing lower limb injuries during sports participation: a systematic review. *BMC Medicine.* 10(75): 1–12.

Huijing, P.A. (2007) Epimuscular myofascial force transmission between antagonistic and synergistic muscles can explain movement limitation in spastic paresis. *J Electromyogr Kinesiol.* 17(6): 708–724.

Huijing, P.A., Yaman, A., Ozturk, C. & Yucesoy, C.A. (2011) Effects of knee angle on global and local strains within human triceps surae muscle: MRI analysis indicating in vivo myofascial force transmission between synergistic muscles. *Surg Radiol Anat.* 33(10): 869.

Huijing, P.A. & Baan, G.C. (2003) Myofascial force transmission: muscle relative position and length determine agonist and synergist muscle force. *J Appl Physiol.* 94: 1092–1107.

Kawakami, Y. (2012) Morphological and functional characteristics of the muscle-tendon unit. *J Phys Fit Sports Med.* 1(2): 287–296.

Khan, K.M. & Scott, A. (2009) Mechanotherapy: how physical therapists' prescription of exercise promotes tissue repair. *Br J Sports Med.* 43: 247–252.

Killian, M.L., Cavinatto, L., Galatz, L.M. & Thomopoulos, S. (2012) The role of mechanobiology in tendon healing. *J Shoulder Elbow Surg.* 21(2): 228–37.

Langevin, H.M., Bouffard, N.A., Badger, G.J., Iatridis, J.C. & Howe, A.K. (2011) Dynamic fibroblast cytoskeletal response to subcutaneous tissue stretch ex vivo and in vivo. *Am J Physiol Cell Physiol.* 288: C747–C756.

Magnusson, S.P., Langberg, H. & Kjaer, M. (2010) The pathogenesis of tendinopathy: balancing the response to loading. *Nat. Rev. Rheumatol.* 6: 262–268.

Meltzer, K.R. & Standley, P.R. (2007) Modeled Repetitive Motion Strain and Indirect Osteopathic Manipulative Techniques in Regulation of Human Fibroblast Proliferation and Interleukin Secretion. *J Am Osteopath Assoc.* 107: 527–536.

Myers, T. (2001) The Anatomy Trains. Churchill Livingstone.

Ogawa, R. (2011) Mechanobiology of scarring. Wound Repair Regen, 19 Suppl 1: 2–9.

Ogawa, R., Okai, K., Tokumura, F., Mori, K., Ohmori, Y., Huang, C., Hyakusoku, H. & Akaishi, S. (2012) The relationship between skin stretching/contraction and pathologic scarring: the important role of mechanical forces in keloid generation. *Wound Repair Regen.* 20(2): 149–157.

Purslow, P. (2010) Muscle fascia and force transmission. *J Bodyw Mov Ther.* 14: 411–417.

Sawicki, G.S., Lewis, C.L. & Ferris, D.P. (2009) It pays to have a spring in your step. *Exerc Sport Sci Rev.* July; 37(3): 130.

Schleip, R., Klingler, W. & Lehmann-Horn, F. (2005) Active fascial contractility: Fascia may be able to contract in a smooth muscle-like manner and thereby influence musculoskeletal dynamics. *Med Hypotheses* 65: 273–277.

Schleip, R. & Müller, D.G. (2012) Training principles for fascial connective tissues: Scientific foundation and suggested practical applications. *J Bodyw Mov Ther.* 1–13.

Standley, P.R. & Meltzer, K. (2008) In vitro modeling of repetitive motion strain and manual medicine treatments: potential roles for pro- and anti-inflammatory cytokines. *J Bodyw Mov Ther.* 12: 201–203.

Stecco, C. & Day, J.A. (2010) The Fascial Manipulation Technique and Its Biomechanical Model: A Guide to the Human Fascial System. *Int J Ther Massage Bodyw.* 3(1): 38–40.

Stecco, C., Stern, R., Porzionato, A., Maccho, V., Masiero, S., Stecco, A. & De Caro, R. (2011) Hyaluronan within fascia in the etiology of myofascial pain. *Surg Radiol Anat.* 33(10): 891–896.

Verhaegen, P.D., Schoeten, H.J., Tigchelaar-Gutter, W., van Marle, J., van Noorden, C.J., Middelkoop, E. & van Zuijlen, P.P. (2012) Adaptation of the dermal collagen structure of human skin and scar tissue in response to stretch: an experimental study. *Wound Repair Regen.* 20 (5): 658–666

Vranova, H., Zeman, J., Cech, Z. & Otahal, S. (2009) Identification of viscoelastic parameters of skin with a scar in vivo, influence of soft tissue technique on changes of skin parameters. *J Bodyw Mov Ther.* 13: 344–349.

Wallden, M. (2010) Chains, trains and contractile fields. *J Bodyw Move Ther.* 14: 403–410.

Zanou, N. & Gailly, G. (2013) Skeletal muscle hypertrophy and regeneration: interplay between the myogenic regulatory factors (MRFs) and insulin-like growth factors (IGFs) pathways. *Cell Mol Life Sci.* Apr in Press

Zollner, A.M., Tepole, A.B. & Kuhl, E. (2012) On the biomechanics and mechanobiology on growing skin. *J Theor Biol.* 297: 166–175.

Leituras adicionais

Benjamin, M., Kaiser, E. & Milz, S. (2008) Structure-function relationships in tendons: a review. *J. Anat.* 212: 211–228.

Bogduk, N. & MacIntosh, J.E. (1984) The applied anatomy of the thoracolumbar fascia. *Spine* 9: 164–170.

Brown, S.H. & McGill, S.M. (2009) Transmission of muscularly generated force and stiffness between layers of the rat abdominal wall. *Spine* 15; 34(2): 70–5.

Carvalhais, V.O.D., Ocarino, J.D., Araujo, V.L., Souza, T.R., Silva, P.L.P. & Fonseca, S.T. (2013) Myofascial force transmission between the latissimus dorsi and gluteus maximus muscles: An in vivo experiment. *J Biomech.* 46: 1003–1007.

Chaitow, L. (2013) Understanding mechanotransduction and biotensegrity from an adaptation perspective. *J Bodyw Mov Ther.* 17: 141–142.

Chaudhry, H., Schleip, R., Ji, Z., Bukiet, B., Maney, M. & Findley, T. (2008) Three-dimensional mathematical model for deformation of human fasciae in manual therapy. *J Am Osteopath Assoc.* 108(8): 379–390.

Cusi, M.F. (2010) Paradigm for assessment and treatment of SIJ mechanical dysfunction. *J Bodyw Mov Ther.* 14: 152–161.

Hashemirad, F., Talebian, S., Olyaei, G. & Hatef, B. (2010) Compensatory behaviour of the postural control system to flexion-relaxation phenomena. *J Bodyw Mov Ther.* 14(2): 418–423.

Hides, J., Stanton, W., Mendis, M.D. & Sexton, M. (2011) The relationship of transversus abdominis and lumbar multifidus clinical muscle tests in patients with chronic low back pain. *Manual Ther.* 16: 573–577.

Hinz, B., Celetta, G., Tomasek, J.J., Gabbiani, G. & Chaponnier, C. (2001a) Smooth muscle actin expression upregulates fibroblast contractile activity. *Mol Biol Cell.* 12: 2730–2734.

Hinz, B. & Gabbiani, G. (2003) Mechanisms of force generation and transmission by myofibroblasts. *Curr Opin Biotechnol.* 14: 538–546.

Hinz, B. (2007) Biological Perspectives. The Myofibroblast. One Function, Multiple Origins. *Am J Pathol.* 170(6): 1807–1819.

Hinz, B. (2010) The myofibroblast: paradigm for a mechanically active cell. *J Biomech.* 43: 146–155.

Hinz, B., Phan, S.H., Thannickal, V.J., Prunotto, M., Desmoulière, A., Varga, J., De Wever, O., Mareel, M. & Gabbiani, G. (2012) Recent Developments in Myofibroblast Biology: Paradigms for Connective Tissue Remodeling. *Am J Pathol.* 180(4): 1340–1355.

Hodges, P.W. & Mosley, G.L., (2003) Pain and motor control of the lumbopelvic region: effect and possible mechanisms. *J Electromyogr Kinesiol.* 13(4): 361–370.

Hodges, P.W. & Richardson, C.A. (1996) Inefficient muscular stabilization of the lumbar spine associated with low back pain. A motor control evaluation of transversus abdominis. *Spine* 21: 2640–2650.

Hodges, P.W. & Richardson, C.A. (1997) Contraction of the abdominal muscles associated with movement of the lower limb. *Phys Ther.* 77: 132–142.

Hodges, P.W., Richardson, C.A. & Jull, G. (1996) Evaluation of the relationship between laboratory and clinical tests of transversus abdominis function. *Physiother Res Int.* 1: 30–40.

Hodges, P.W., Holm, A.K., Holm, S., Ekstrom, L., Cresswell, A., Hansson, T. & Thorstensson, A. (2003) Intervertebral stiffness of the spine is increased by evoked contraction of transversus abdominis and the diaphragm: in vivo porcine studies. *Spine* 28: 2594–2601.

Hoffman, J. & Gabel, P. (2013) Expanding Panjabi's stability model to express movement: A theoretical model. *Med Hypotheses* Apr: 1–5.

Huijing, P.A. (2007) Epimuscular myofascial force transmission between antagonistic and synergistic muscles can explain movement limitation in spastic paresis. *J Electromyogr Kinesiol.* 17: 708–724.

Ianuzzi, A., Pickar, J.G. & Khalsa, P.S. (2011) Relationships between joint motion and facet joint capsule strain during cat and human lumbar spinal motions. *J Manip Physiol Ther.* 34: 420–431.

Kjaer, M., Langberg, H., Heinemeier, K., Bayer, M.L., Hansen, M., Holm, L., Doessing, S., Konsgaard, M., Krogsgaard, M.R. & Magnusson, S.P. (2009) From mechanical loading to collagen synthesis, structural changes and function in human tendon. *Scand. J. Med. Sci. Sports.* 19(4): 500–510.

Maas, H. & Sandercock, T.G. (2010) Force Transmission between Synergistic Skeletal Muscles through Connective Tissue Linkages. *J Biomed Biotech.* 1–9.

Masi, A.T., Nair, K., Evans, T. & Ghandour, Y. (2010) Clinical, Biomechanical, and Physiological Translational Interpretations of Human Resting Myofascial Tone or Tension. International *J Therap Massage Bodyw.* 3(4): 16–28.

Miyagi, M., Ishikawa, T., Kamoda, H., Orita, S., Kuniyoshi, K., Ochiai, N., Kishida, S., Nakamura, J., Eguchi, Y., Arai, G., Suzuki, M., Aoki, Y., Toyone, T., Takahashi, K., Inoue, G. & Ohtori, S. (2011) Assessment of Gait in a Rat Model of myofascial inflammation using the CatWalk System. *Spine* 36: 1760–1764.

Moseley, G.L., Zalucki, N.M. & Wiech, K. (2008) Tactile discrimination, but not tactile stimulation alone, reduces chronic limb pain. *Pain* 137: 600–608.

Schleip, R., Duerselen L., Vleeming A., Naylor, I.L., Lehmann-Horn, F., Zorn, A., Jaeger H. & Klingler, W. (2012) Strain hardening of fascia: static stretching of dense fibrous connective tissues can induce a temporary stiffness increase accompanied by enhanced matrix hydration. *J Bodyw Mov Ther.* 16: 94.

Schleip, R., Klingler, W. & Lehmann-Horn, F. (2005) Active fascial contractility: Fascia may be able to contract in a smooth muscle-like manner and thereby influence musculoskeletal dynamics. *Med Hypotheses.* 65: 273–277.

Schleip, R. & Klingler, W. (2007) Fascial strain hardening correlates with matrix hydration changes. In: Findley, T.W., Schleip, R. (Eds.), Fascia research – basic science and implications to conventional and complementary health care. Munich: Elsevier GmbH. 51.

Schuenke, M.D., Vleeming, A., Van Hoof, T. & Willard, F.H. (2012) A description of the lumbar interfascial triangle and its relation with the lateral raphe: anatomical constituents of load transfer through the lateral margin of the thoracolumbar fascia. *J Anat.* 221(6): 568–576.

Spector, M. (2002) Musculoskeletal connective tissue cells with muscle: expression of muscle actin in and contraction of fibroblasts, chondrocytes, and osteoblasts. *Wound Repair Regen.* 9(1): 11–8.

Stafford, R.E., Ashton-Miller, J.A., Sapsford, R. & Hodges, P.W. (2012) Activation of the striated urethral sphincter to maintain continence during dynamic tasks in healthy men. *Neurourol Urodyn.* 31(1): 36–3.

Standley, P.R. & Meltzer, K. (2008) In vitro modeling of repetitive motion strain and manual medicine treatments: potential roles for pro- and anti-inflammatory cytokines. *J Bodyw Mov Ther.* 12: 201–203.

Stecco, C., Porzionato, A., Lancerotto, L., Stecco, A., Macchi, V., Day, J.A. & De Caro, R. (2008) Histological study of the deep fasciae of the limbs. *J Bodyw Mov Ther.* 12: 225–230.

Taimela, S., Kankaanpaa, M. & Luoto. S. (1999) The effect of lumbar fatigue on the ability to sense a change in lumbar position. A controlled study. *Spine* 24: 1322–1327.

Tesarz, J., Hoheisel, U., Wiedenhofer, B. & Mense, S. (2011) Sensory innervation of the thoracolumbar fascia in rats and humans. *Neuroscience.* 194: 302–308.

Van der Waal, J. (2009) The Architecture of the Connective Tissue in the Musculoskeletal System—An Often Overlooked Functional Parameter as to Proprioception in the Locomotor Apparatus. *Int J Therap Massage Bodyw.* 2(4): 9–23.

van Wingerden, J.P., Vleeming, A., Buyruk, H.M. & Raissadat, K. (2004) Stabilization of the sacroiliac joint in vivo: verification of muscular contribution to force closure of the pelvis. *Eur Spine J.* 13: 199–205.

Vleeming, A., Schuenke, M.D., Masi, A.T., Carreiro, J.E., Danneels, L. & Willard, F.H. (2012) The sacroiliac joint: an overview of its anatomy, function and potential clinical implications. *J Anat.* 221(6): 537–67.

Vleeming, A., Snijders, C., Stoeckart, R. & Mens, J. (1997) The role of the sacroiliac joins in coupling between spine, pelvis, legs and arms. In: Vleeming et al. (Eds.), *Movement, Stability & Low Back Pain*. Churchill Livingstone. 53–71.

Willard, F.H., Vleeming, A., Schuenke, M.D., Danneels, L. & Schleip, R. (2012) The thoracolumbar fascia: anatomy, function and clinical considerations. *J Anat.* 221(6): 507–536.

Wipff, P-J. & Hinz, B. (2009) Myofibroblasts work best under stress. *J Bodyw Mov Ther.* 13(2): 121–127. RTIC.

Yucesoy, C.A. (2010) Epimuscular myofascial force transmission implies novel principles for muscular mechanics. *Exerc Sport Sci Rev.* 38(3): 128–134.

Yucesoy, C.A., Koopman, B.H.F.J.M., Baan, G.C., Grootenboer, H.J. & Huijing, P.A. (2003a) Extramuscular Myofascial Force Transmission: Experiments and Finite Element Modeling, *Arch Physiol Biochem.* Vol. 111, No. 4: 377–388.

Yucesoy, C.A., Koopman, B.H.F.J.M., Baan, G.C., Grootenboer, H.J. & Huijing, P.A. (2003b) Effects of inter- and extramuscular myofascial force transmission on adjacent synergistic muscles: assessment by experiments and finite-element modeling. *J Biomech.* 36(12): 1797–1811.

22
Treinamento pliométrico: princípios básicos para atletas competitivos e guerreiros ninja modernos

Robert Heiduk

INTRODUÇÃO

O desenvolvimento da força explosiva é um dos principais objetivos do esporte competitivo. Ele pode ser descrito como a capacidade de combinar velocidade de movimento com força. Existem várias abordagens para aumentar a força explosiva. O método pliométrico é um deles. A variação de nomenclaturas diferentes para o exercício pliométrico, que são usadas de forma intercambiável, torna necessário oferecer uma definição mais clara. O objetivo deste capítulo é explicar algumas informações biomecânicas e neurofisiológicas básicas sobre o treinamento pliométrico e, em especial, o papel da fáscia, o tecido conjuntivo. Além disso, este capítulo dá algumas diretrizes para a elaboração de aplicações e programas de treinamento em atletas competitivos e recreativos.

ORIGEM DO TREINAMENTO PLIOMÉTRICO E TERMINOLOGIA

O significado do termo pliométrico é composto por duas palavras gregas: *plio*, que significa "mais, aumento" e *métrica*, que significa "medida". Aumento passível de ser medido pode ser a maneira mais precisa de explicar o termo pliométrico (Chu, 1998). Comumente conhecida como pliometria, essa categoria de exercício é mais conhecida como treinamento de salto. As primeiras referências usando a palavra pliometria são encontradas em 1966 em uma publicação soviética (Zanon, 1989). No início dos anos 1960, o treinador de atletismo soviético Yuri Verkhoshansky fez experimentos com saltos máximos e saltos em um pé só para aumentar a potência em seus atletas de alto nível. Ele descobriu que o salto "profundo", com pouso e decolagem em ambos os pés, seria eficaz para melhorar o desempenho do salto. Ele denominou seu novo treinamento de "método de choque". O nome referia-se à estimulação por choque mecânico usada para forçar o músculo a produzir o máximo de tensão possível (Verkhoshansky e Siff, 2009). O "estranho e novo sistema de saltos e balanceios" de Verkhoshansky rapidamente se tornou muito popular no mundo do esporte. Na Alemanha, foi popularizado por Peter Tschiene, na África do Sul por Mel Siff e na Itália por Carmello Bosco (Verkhoshansky e Siff, 2009). Já se sugeriu que o domínio dos países da Europa Oriental no atletismo, levantamento de peso e ginástica durante a década de 1970 pode ser parcialmente atribuído ao método de choque (Chu, 1998). Nos Estados Unidos, essa técnica é chamada com mais frequência de pliometria. Esse termo foi criado por Fred Wilt, colega de Verkhoshansky e treinador de atletismo, em 1975 (Chu, 1998).

O aumento do uso do termo pliometria no mundo do preparo físico levou ao equívoco de relacionar saltos convencionais ao treinamento pliométrico. Muitos tipos de atividades na vida diária e no esporte incluem padrões pliométricos, como arremessos, saltos, pular em um pé só e balanceios. No entanto, esses padrões não estão no mesmo nível, em termos de intensidade, que o treinamento pliométrico. A característica do verdadeiro treinamento pliométrico é a rápida carga excêntrica que resulta do aumento da tensão muscular, provocada pelo poderoso reflexo de estiramento e pela liberação explosiva de energia elástica armazenada nos tecidos conjuntivos fasciais (Cap. 10). Na ciência do esporte, termos como capacidade reativa (Verkhoshansky e Siff, 2009), força reativa (Schnabel et al., 2011), ou ciclo de alongamento e encurtamento (CAE) (Komi, 2000) se estabeleceram como definições mais precisas. A força reativa é definida como a capacidade de conectar a contração muscular excêntrica e concêntrica no menor tempo (Schnabel et al., 2011). Assim, um dos principais objetivos do treinamento pliométrico é reduzir a quantidade de tempo necessária entre a contração excêntrica e a concêntrica. Como essa definição expressa apenas uma visão orientada para a ação muscular e negligencia o papel dos tecidos conjuntivos fasciais na exibição da capacidade reativa, seria mais abrangente usar a seguinte definição: a força reativa é a qualidade motora que permite a apresentação de alta potência no ciclo de alongamento-encurtamento (CAE). A ciência do esporte categoriza a força reativa ou o CAE como uma qualidade motora diferenciada. No entanto, ela baseia-se fortemente na força máxima, padrões de inervação dos músculos e nas propriedades de retração elástica dos tecidos conjuntivos fasciais (Schmidtbleicher e Gollhofer, 1985) (Cap. 10).

Existem variações nas características do tempo em diferentes tipos de padrões de movimento pliométrico. Güllich e Schmidtbleicher (2000) classificam os movimentos reativos em um CAE curto (< 200 milissegundos) e um longo (> 200 milissegundos). Alguns exemplos de um CAE curto estão na corrida de velocidade com um tempo de contato com o solo de 100-110 milissegundos, o salto em distância com 120 milissegundos e o salto em altura com 170-180 milissegundos (Bührle, 1989). O CAE longo pode ser observado no salto para uma cortada no vôlei, com tempos de contato entre 300-360 milissegundos.

CONCEITOS-CHAVE FISIOLÓGICOS E RESULTADOS DE PESQUISAS

Comparado com a taxa concêntrica pura de desenvolvimento de força, sem uma fase de movimento excêntrico precedente, no CAE uma força maior é alcançada (Komi, 2000). Hoje existem dois modelos de explicação para esse fenômeno: um modelo neurofisiológico e um modelo mecânico. No modelo neurofisiológico, será sugerido que o pré-alongamento rápido dos fusos musculares durante a fase excêntrica leva a um reflexo de estiramento. Como resultado, desenvolve-se uma contração muscular mais potente, por causa da ativação de mais unidades motoras (Komi, 1992). Quanto mais rápida a fase de carga excêntrica, mais forte é a contração muscular concêntrica (Böhm et al., 2006). Um exemplo comum para um reflexo de estiramento é o reflexo patelar.

Rassier e Herzog (2005) consideram que a magnitude do aumento da força pode vir de três fatores diferentes: a magnitude do alongamento, a taxa de alongamento e a duração do alongamento. Bubeck (2002) acrescenta que, sob condições diferentes de carga, os padrões de ativação neuromuscular mudam. Isso indicaria que as adaptações em um CAE são altamente específicas do contexto. Algumas evidências sugerem que o reflexo de estiramento pode não ser ativado em todos os músculos (Nardone et al., 1990). Os músculos monoarticulares, que atravessam apenas uma articulação, podem se beneficiar mais do que músculos biarticulares do reflexo de estiramento (Nicol e Komi, 1998).

O modelo mecânico propõe que a maior eficácia dos movimentos dentro de um CAE é atribuído ao armazenamento de energia elástica nos elementos elásticos dos tecidos fasciais (Cap. 10). A liberação tipo mola durante a fase concêntrica mostrou produzir saídas de força maiores (Komi, 2000). A Figura 22.1 mostra que um fator-chave no CAE é a quantidade de tempo de conexão entre a fase excêntrica e concêntrica, que é descrita como "fase de amortização" (Chu, 1998). Se a fase de amortização durar muito tempo, a energia a ser absorvida é perdida na forma de calor (Radcliffe e Farentinos, 1999).

Schmidtbleicher e Gollhofer (1985) descobriram que em atletas treinados a fase de amortização era de aproximadamente 100 milissegundos, significativamente menor do que em indivíduos não treinados. Outras pesquisas sugerem que o tempo ideal de conexão dura entre 15-25 milissegundos (Bosco et al., 1981). Chu (1998) caracteriza a fase de amortização como ação muscular quase isométrica. O comprimento muscular não muda durante esse período. Então, como poderia ser produzido o movimento potente imediato?

Em contraste com a visão neurofisiológica mais orientada para o músculo, o modelo mecânico sugere um armazenamento de energia cinética nos tecidos fasciais durante o pré-alongamento rápido na fase excêntrica. Algumas pesquisas indicam que a retração elástica dos elementos fasciais parece desempenhar um papel mais vital do que o sugerido anteriormente (Cap. 10). Kawakami et al. (2002) confirmam que durante a fase excêntrica de uma flexão plantar de contramovimento o gastrocnêmio só funciona de maneira quase isométrica, o que significa que quase nenhuma alteração de comprimento das fibras musculares pode ser observada nessa fase (Cap. 1). A maior distribuição de potência foi atribuída às propriedades de retração elástica dos tecidos miofasciais.

Em padrões pliométricos como saltos, Dean e Kuo (2011) observaram que a elasticidade dos elementos fasciais reduz o trabalho necessário das fibras musculares ativas, o que leva a uma diminuição no gasto energético. Na corrida, o treinamento pliométrico pode aumentar a efi-

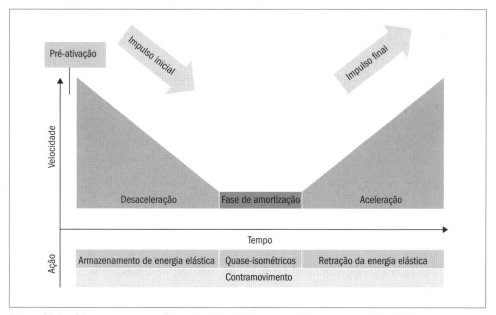

Figura 22.1 Diagrama esquemático do ciclo de alongamento e encurtamento (CAE).

ciência energética e melhorar o desempenho aeróbico (Spurrs et al., 2003).

Ishikawa et al. (2005) investigaram que as diferentes alturas de queda em saltos profundos têm um impacto específico sobre os tecidos fasciais. Parece que cargas excêntricas excessivamente altas limitam a eficácia do mecanismo de catapulta (Cap. 10). Além disso, a interação dos tecidos conjuntivos pode variar em diferentes músculos. Zatsiorsky e Kraemer (2008) apontam que o armazenamento de energia elástica só é possível em tecidos mais flexíveis. Em virtude de sua tensão muscular superior, em atletas de alto nível, a rigidez muscular excede a rigidez dos tecidos fasciais. Isso leva a um aumento da retração elástica nos tecidos fasciais. Como a rigidez muscular é proporcional à sua ativação, isso justificaria que os padrões mais altos de ativação seriam uma condição principal para o armazenamento de energia nos tecidos fasciais. Infelizmente, os resultados da pesquisa são inconsistentes nesse contexto.

Fouré et al. (2012) compararam a influência de um programa de treinamento pliométrico de catorze semanas sobre as propriedades mecânicas do tecido do complexo miofascial e os padrões de ativação muscular. Após o período de treinamento, todos os indivíduos apresentaram melhora nas performances de saltos. Para surpresa de todos, os indivíduos mais experientes mostraram uma diminuição na ativação muscular e uma maior eficiência no armazenamento de energia e retração dos tecidos fasciais. Da mesma forma, uma comparação de um treinamento de força de doze semanas *versus* treinamento pliométrico não encontrou diferenças significativas na ativação eletromiográfica (EMG) do salto (Kubo et al., 2007). Os pesquisadores sugerem que os ganhos no desempenho do salto após o treinamento pliométrico dependem mais de adaptações do complexo miofascial do que de alterações neuromusculares.

Robert e Konow (2013) descobriram que os tendões são capazes de amortecer a dissipação de energia pelo músculo. Esse mecanismo pode levar a um risco reduzido de lesões. Kuminasa et al. (2013) puderam mostrar que, em contraste com os corredores de longa distância japoneses, seus colegas quenianos têm uma arquitetura superior musculotendínea. Essa vantagem mecânica poderia ser uma explicação para a maior eficiência dos corredores quenianos de longa distância.

As propriedades semelhantes às da mola do tecido conjuntivo variam em indivíduos de diferentes gêneros, estado de lesão e formação atlética. Essa seria uma explicação para as diferenças nos efeitos do treinamento pliométrico. Parece que há diferenças específicas de movimento e idade no comportamento dos tecidos fasciais no treinamento pliométrico (Hoffrén et al., 2007) (Arampatzis et al., 2007). O mesmo deve valer para os padrões de ativação muscular.

Em resumo, os resultados da pesquisa no esporte devem ser interpretados com muito cuidado. As distinções entre indivíduos de níveis diferentes de desempenho possuem uma alta variação (Karavirta, 2011). Assim, o sucesso dos programas de treinamento para adaptações individuais ótimas depende fortemente da personalização.

CONSIDERAÇÕES SOBRE O TREINAMENTO PLIOMÉTRICO

A implementação de um treinamento pliométrico adequado requer algumas considerações preliminares. No início, deve-se definir um objetivo específico. Como qualquer outro tipo de exercício, os efeitos do treinamento são altamente específicos ao movimento. Um programa de treinamento pliométrico para golfistas é diferente de um para velocistas, saltadores, ginastas, atletas de força ou para reabilitação. Além disso, o nível de habilidade atual do atleta deve ser considerado. Um iniciante precisa de um estímulo de treinamento diferente de um intermediário ou de um atleta de nível superior. Idade, peso corporal, habilidade e lesões prévias desempenham um papel importante (Holcomb et al., 1998). Para começar o treinamento pliométrico, é primordial o desenvolvimento de uma técnica de exercício adequada sob instrução e supervisão qualificadas. O objetivo é aumentar a eficiência e evitar lesões.

A prevenção de lesões é um fator crítico no treinamento pliométrico. Forças de pico impulsivas elevadas produzem sérios riscos de lesões nas articulações. Os treinadores devem estar cientes de que os exercícios pliométricos podem levar a danos musculares e à quebra do colágeno nos tecidos fasciais, sem diminuir a capacidade musculoesquelética (Tofas et al., 2008). Portanto, os riscos podem resultar do uso inadequado ou excessivo, em vez do treinamento pliométrico em si (Verkhoshanky e Siff, 2009). Ser tecnicamente correto e criar uma progressão sensata parecem ser os fatores mais importantes na prevenção de lesões. Além disso, o técnico deve garantir um aquecimento adequado e o uso de uma superfície de aterrissagem adequada (Borkowski, 1990). Wathen (1994) destaca que a qualidade das superfícies de aterrissagem desempenha um papel importante na realização de exercícios pliométricos. Allerheiligen e Rogers (1996) sugerem pisos que amorteçam o impacto ou tapetes de borracha e alertam contra a prática sobre concreto ou asfalto. A grama firme e natural também pode ser uma superfície de treinamento suficiente. No entanto, superfícies excessivamente macias diminuem a eficácia da pliometria, pois o estímulo mecânico no corpo é reduzido.

Sugere-se que um regime de treinamento pliométrico planejado de modo cuidadoso, ao longo da temporada de treinamento, possa reduzir a incidência de lesões no joelho em atletas envolvidos em esportes com grandes componentes de salto e variação brusca de posição (Hewett et al., 1999). Além do aprimoramento das habilidades de movimento do atleta, o aumento da resistência musculotendínea pode ser outro possível fator para a prevenção de lesões (Spurrs et al., 2003).

Os saltos de profundidade são a forma mais evidente de treinamento pliométrico, mas também exercem as cargas mais altas nas estruturas do corpo (Allerheiligen e Rogers, 1996). Assim, eles só devem ser usados por uma pequena porcentagem de atletas. Pessoas pesando mais de 98 kg não devem realizar saltos de profundidade a partir de plataformas superiores a 45 cm (Chu, 1992).

Os profissionais de força e condicionamento não devem projetar um treinamento pliométrico como um programa autônomo. Todo atleta precisa de uma base de força adequada antes de iniciar exercícios pliométricos. Quando a força não é adequada, o resultado é a perda de estabilidade e o excesso de absorção de forças pelas articulações. Isso leva a um aumento do risco de lesões. Para exercícios de alta intensidade, como saltos profundos, a literatura sugere uma razão de força de 1,5-2,5 vezes o peso corporal no agachamento de 1-RM (uma repetição máxima) (Allerheiligen e Rogers, 1996) (Chu, 1992) (Gambetta, 1992).

Essas recomendações podem não ser apropriadas para atletas do sexo feminino. Não há pesquisas específicas para abordar esse tópico. A experiência na prática esportiva diária sugere que, para atletas do sexo feminino, 1-1,5 vez o peso corporal na barra de agachamento de 1-RM é um valor adequado. Faltam também pesquisas quanto às recomendações para valores de força na pliometria para a parte superior do corpo e para aplicação em atletas recreativos. Para atletas recreativos, os mesmos princípios se aplicam, mas em um nível inferior. Um homem saudável deve ser capaz de agachar com um peso de 0,8-1 vez o peso corporal por oito repetições, realizar dez exercícios na barra e vinte flexões. Uma mulher saudável deve mostrar oito repetições de agachamento com 0,6-0,8 vez seu peso corporal na barra, seis exercícios na barra e doze flexões.

Além disso, uma quantidade suficiente de flexibilidade específica é necessária para realizar o treinamento pliométrico com segurança (Chu, 1992). Davies e Matheson (2001) relatam as seguintes contraindicações para a pliometria: dor, inflamação, entorses ligamentares e capsulares, fadigas musculares e tendíneas, instabilidade articular, limitações do tecido fascial relativas a condições pós-operatórias e falta de base de força.

APLICAÇÃO DO PROGRAMA DE TREINAMENTO PARA ATLETAS COMPETITIVOS

Em primeiro lugar, para atletas competitivos não há uma receita geral que possa ser aplicada de forma consistente a todos os atletas. Portanto, nesse ponto, não faria sentido estabelecer um regime de treinamento porque os requisitos em cada área de treinamento são altamente individuais. No entanto, existem algumas regras básicas válidas para todos os atletas sérios.

Dois tipos diferentes de diretrizes são úteis para criar um programa de treinamento individual. A primeira abordagem utiliza princípios de treinamento que descrevem instruções em um contexto maior, como aspectos educacionais, a fim de garantir as melhores progressões de treinamento. Os quatro princípios de treinamento nessa abordagem são:

1. Mude do simples para complexo.
2. Do leve para pesado.
3. Primeiro a técnica – qualidade acima da quantidade.
4. Evite a fadiga.

Esses princípios sugerem o aumento sistemático de cargas e de complexidade dos movimentos. Além disso, os princípios promovem a importância da qualidade do movimento em vez da quantidade – o treinador deve garantir a execução perfeita do movimento e evitar a fadiga. No CAE, a fadiga é absolutamente contraproducente. Ela causa diminuição do reflexo de estiramento e perda do potencial de energia elástica (Komi, 2000). Isso leva a uma redução da resistência muscular e articular, o que pode causar lesões. Assim, não é aconselhável transformar pliometria em um programa de condicionamento, que geralmente é projetado para desenvolver sistemas de energia. Uma chave para evitar a fadiga é manter uma proporção específica entre séries de trabalho e descanso. Para a reabilitação, Chu e Cordier (2000) sugerem uma proporção de 1:5-1:10. Quando o exercício leva 10 segundos, 50-100 segundos de descanso seriam apropriados. O verdadeiro treino de choque, por exemplo, saltos de profundidade, exige períodos de descanso consideravelmente mais longos. Dependendo da intensidade, são aconselhados de 3-10 minutos de repouso (Bubeck, 2002) (Sialis, 2004).

A segunda abordagem determina a carga específica. No treinamento pliométrico, a intensidade é determinada pela altura do salto ou esforço, o uso de peso adicional, ou o estilo de exercício, como exercícios de perna única ou dupla. O volume e a frequência descrevem mais variáveis quantitativas, como a quantidade de trabalho em uma sessão de treinamento, número total de saltos, número de séries e repetições, relação trabalho/descanso entre exercícios e intervalos em uma sessão de treinamento e o número de sessões por semana. Segundo a literatura, é necessário um tempo de recuperação suficiente de 48-72 horas (Cap. 1). Isso significa uma frequência de treinamento de aproximadamente duas vezes por semana (Chu e Cordier, 2000). O treinador deve ter em mente que o treinamento sozinho não é a chave. A combinação do estímulo de treinamento e uma recuperação suficiente dão os resultados desejáveis.

Uma classificação de exercícios pliométricos (Fig. 22.2) é útil para projetar um programa de treinamento bem equilibrado. Também é útil para o tempo de treinamento em longo prazo, mais conhecido como periodização. Um exemplo de uma sessão de treinamento para atletas competitivos pode ser assim:

1. Trabalho de mobilidade e prevenção de lesões.
2. Ativação do *core*.
3. Pliometria submáxima.
4. Treinamento de habilidade.
5. Pliometria máxima (excepcional).
6. Treinamento de força.
7. Desenvolvimento de sistema de energia.

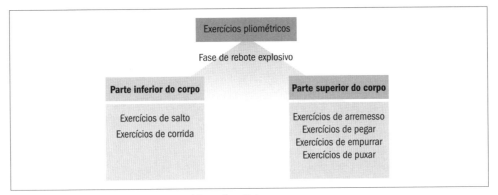

Figura 22.2 Classificação dos exercícios pliométricos.

TREINAMENTO PLIOMÉTRICO PARA O ATLETA RECREATIVO

A abordagem "mais alto, mais rápido e mais forte" não se encaixa necessariamente no treinamento em saúde recreativa. Atletas recreativos que desejam melhorar sua condição física e saúde devem ignorar as competições e se concentrar mais em elegância, prazer e estética. Sob essas condições, a expressão das emoções no movimento torna-se um fator importante. A criatividade desempenha um papel vital. No movimento, a criatividade reivindica a ausência de padronização de movimentos repetitivos e acrescenta grande variedade ao treinamento. O movimento criativo é uma forma de expressão pessoal.

Um exemplo perfeito pode ser encontrado em *playgrounds*. Se observarmos as crianças brincarem, descobriremos que os movimentos de corrida de velocidade, balanceios (Fig. 22.3), aterrissagem (Fig. 22.4), saltos em um pé só, oscilações (Figs. 22.6-22.8) e desacelerações contêm componentes do CAE. Assim, todos esses movimentos devem ser considerados como treinamento pliométrico submáximo. As crianças costumam construir uma história em torno de suas brincadeiras. Esse é um belo exemplo de criatividade como um *continuum* inseparável no movimento natural.

Além disso, "brincar" é ideal para a renovação dos tecidos fasciais. Brincar sempre contém alguns componentes de resistência, flexibilidade, velocidade e resistência (Cap. 11). Em contraste com a "monocultura do preparo físico" ocidental, que depende fortemente de uma visão isolada de sistemas corporais separados, o movimento precisa ser visto de uma forma mais holística. Como mencionado anteriormente, isso depende fortemente da emoção no movimento.

TREINAMENTO TEMÁTICO: O *PARKOUR* NINJA

Uma abordagem abrangente poderia ser alcançada por meio do treinamento temático. Se alguém se sente inspirado por um filme de ninjas, o primeiro passo seria imaginar as principais características de um ninja: roupas pretas, suavidade e silêncio, astúcia e habilidade, superforça e agilidade incrível. Essas habilidades permitem que o ninja supere todos os obstáculos. Em evolução, o *parkour* pode ser considerado um ramo moderno das habilidades do movimento ninja. Se definirmos o *parkour* como a arte do movimento eficiente, todos os princípios ninja ainda se aplicam. Uma composição básica de exercícios "pliométricos ninjas" é apresentada nas Figuras 22.3 a 22.8.

Todos os exemplos mostram que, no treinamento de recreação e saúde, não há necessidade de variáveis de programas rigorosas. Encontre seu próprio caminho para dominar diferentes habilidades específicas de tarefas. Interesse e

250 SEÇÃO II • APLICAÇÃO CLÍNICA

Figura 22.3 Agachamento com salto.
Um exercício básico, que promove a flexibilidade complexa e a preparação do movimento de um ninja. Assuma uma posição de agachamento profundo e pendure-se em um gancho da barra. Enquanto mantém a tensão na parte superior do corpo, você começa a pular nessa posição. Você deve mudar o ângulo do corpo repetidamente para atingir os tecidos fasciais.

Figura 22.4 Salto de precisão.
Um ninja de *parkour* deve ser capaz de pular e aterrissar de maneira silenciosa em qualquer posição que ele queira. Pratique primeiro em objetos maiores com pequenas distâncias de salto. Com o aumento da habilidade, diminua as superfícies de aterrissagem e aumente a distância do salto. Lembre-se sempre de ser silencioso.

CAPÍTULO 22 • TREINAMENTO PLIOMÉTRICO: PRINCÍPIOS BÁSICOS PARA ATLETAS COMPETITIVOS E GUERREIROS NINJA MODERNOS 251

Figura 22.5 Flexão pliométrica.
Este é um grande desafio. O objetivo é cair em uma posição de flexão e reverter o movimento o mais rápido possível. Você deve sempre começar em baixas alturas de queda. Para o iniciante, é suficiente começar em uma parede. Por segurança, sempre pratique em uma posição de passo.

Figura 22.6 Balanço na barra.
O alongamento pliométrico dos tecidos fasciais funciona melhor sob tensão muscular total. No balanço na barra, o impulso proporciona um estímulo adicional para os complexos fasciais. Para o ninja, esse é o estágio básico antes da progressão para os exercícios na barra.

Figura 22.7 Salto na barra.
O salto na barra é muito importante para superar obstáculos. Ele permite que o ninja use o impulso do salto para criar uma carga excêntrica rápida. Esse movimento estilo "macaco" requer coragem para pular em extensão completa para pegar a barra com segurança.

Figura 22.8 Desvio na barra.
Uma boa força no tronco é necessária para dominar essa habilidade. Há um segredo ninja, que é o uso da retração elástica fascial em movimentos de desvio: se você dobra os braços, está usando força muscular pura. Em vez disso, você deve considerar esse exercício como um balanço numa só mão. Esse conselho economizará energia muscular e permitirá que o movimento pareça mais fluido e elegante.

curiosidade são os principais fatores no aprendizado de novas habilidades.

Em conclusão, as considerações gerais para o treinamento pliométrico em atletas recreativos são:

- Pare de contar as repetições.
- Saia do seu padrão.
- Inspire-se.
- Tente algo novo.
- Brinque.
- Fique em silêncio.
- Ouça seu corpo.
- Aspire à fluidez e à suavidade.

Referências bibliográficas

Allerheiligen, B. & Rogers, R. (1996) Plyometrics program design. National Strength and Conditioning Association (Eds.), *Plyometric and Medicine Ball Training.* 3–8. Colorado Springs: National Strength and Conditioning Association.

Arampatzis, A., Karamanidis, K., Morey-Klapsing, G., De Monte, G. & Stafilidis, S. (2007) Mechanical properties of the triceps surae tendon and aponeurosis in relation to intensity of sport activity. *J Biomech.* 40: 1946–1952.

Borkowski, J. (1990) Prevention of Pre-Season Muscle Soreness: Plyometric Exercise. *Abstracted in Athletic Training.* 25(2): 122.

Bosco C., Komi, P.V. & Ito, A. (1981) Pre-stretch potentiation of human skeletal muscle during ballistic movement. *Acta Physiologica Scandinavica.* 111: 135–140.

Bubeck, D. (2002) *Belastungsvariation und funktionelle Anpassungen im Dehnungs-Verkürzungs-Zyklus. PhD Thesis.* Fakultät für Geschichts-, Sozial- und Wirtschaftswissenschaften der Universität Stuttgart.

Böhm, H., Cole, G., Brüggemann, G. & Cole, H. (2006) Contribution of muscle series elasticity to maximum performance in drop jumping. *J Appl Biomech.* 22: 3–13.

Bührle, M. (1989) Maximalkraft-Schnellkraft-Reaktivkraft. In: *Sportwissenschaft.* 3: 311–325.

Chu, D.A. (1992) *Jumping into Plyometrics.* Champaign: Human Kinetics.

Chu, D.A. (1998) *Jumping into Plyometrics* (2nd ed.) Champaign, IL: Human Kinetics.

Chu, D. & Cordier, D. (2000) *Plyometrics in Rehabilitation.* In: Ellenbecker T.S. (Ed). Knee Ligament Rehabilitation. New York: Chuchill Livingstone. 321–344.

Davies, G.J. & Matheson, J.W. (2001) Shoulder plyometrics. *Sports Medicine and Arthroscopy Review* 9: 1–18.

Dean, J.C. & Kuo, A.D. (2011). Energetic costs of producing muscle work and force in a cyclical human bouncing task. *J Appl Physiol* 110(4): 73–880.

Fouré, A., Nordez, A., Guette, M. & Cornu, C. (2012) Effects of plyometric training on passive stiffness of gastrocnemii muscles and Achilles tendon. *Euro J Appl Physiol* 112(8): 2849–2857.

Gambetta, V. (1992) New plyometric training techniques: designing a more effective plyometric training program. *Coaching Volleyball.* April/May, 26–28.

Güllich, A. & Schmidtbleicher, D. (2000) *Struktur der Kraftfähigkeiten und ihrer Trainingsmethoden.* In: Siewers, M. (Ed.), Muskelkrafttraining. Band 1: Ausgewählte Themen – Alter, Dehnung, Ernährung, Methodik. Kiel: Siewers Eigenverlag. 17–71.

Hewett, T.E., Lindenfeld, T.N., Riccobene, J.V. & Noyes, F.R. (1999) The effect of neuromuscular training on the incidence of knee injury in female athletes. American *J Sports Med* 27: 699–705.

Hoffrén, M., Ishikawa, M. & Komi, P.V. (2007) Age-related neuromuscular function during drop jumps. *J Appl Physiol* 103(4): 276–283.

Holcomb, W.R., Kleiner, D.M., & Chu, D.A. (1998) Plyometrics: Considerations for safe and effective training. *Strength Cond J* 20: 36–39.

Ishikawa, M., Niemalä, E. & Komi, P.V. (2005) Interaction between fascicle and tendinous tissues in short-contact stretch-shortening cycle exercise with varying eccentric intensities. *J Appl Physiol.* 99(1): 217–223.

Karavirta, L. (2011) *Cardiorespiratory, neuromuscular and cardiac autonomic adaptations to combined endurance and strength training in ageing men and women.* Dissertation University of Jyväskylä, Finland.

Kawakami, Y., Muraoka, T., Ito, S., Kanehisa, H. & Fukunaga T. (2002) In vivo muscle fibre behaviour during counter-movement exercise in humans reveals a significant role for tendon elasticity. *J Physiol.* 540: 635–646

Komi, P.V. (1992) In *Strength and Power in Sport.* Stretch shortening cycle. Ed. Komi, P. V. Oxford: Blackwell Scientific. 169–179.

Komi P.V. (2000) Stretch-shortening cycle: a powerful model to study normal and fatigued muscle. *J Biomech.* 33: 1197–1206.

Kubo, K., Morimoto, M., Komuro, T., Yata, H., Tsunoda, N., Kanehisa, H. & Fukunaga, T. (2007) Effects of plyometric and weight training on muscle-tendon complex and jump performance. 39(10): 1801–1810.

Kunimasa, Y., Sano, K., Oda, T., Nicol, C., Komi P.V., Locatelli E., Ito, A. & Ishikawa, M. (2013) Specific muscle-tendon architecture in elite Kenyan distance runners. Scan. *J of Med & Sci in Sp.*

Nardone, A., Corra, T. & Schieppati, M. (1990) Different activations of the soleus and gastrocnemii muscles in response to various types of stance perturbation in man. *Exp Brain Res* 80: 323-332.

Nicol, C. & Komi, P.V. (1998) Significance of passively induced stretch reflexes on Achilles tendon force enhancement. *Muscle Nerve* 21: 1546-1548.

Radcliffe, J.C. & Farentinos, B.C. (1999) *High-Powered Plyometrics.* Champaign: Human Kinetics.

Rassier, D. & Herzog, W. (2005) Force enhancement and relaxation rates after stretch of activated muscle fibres. *Proceedings of the Royal Society B: Biological Sciences.* 272: 475-480.

Robert, T.J., Konow. N. (2013). How tendons buffer energy dissipation by muscle. *Exerc Sport Sci. Rev.,* Vol. 41, No. 4, 186-193.

Schmidtbleicher, D. & Gollhofer, A. (1985) Einflussgrößen des reaktiven Bewegungsverhaltens und deren Bedeutung für die Trainingspraxis. In: Bührle, M. (Ed.), Grundlagen des Maximal- und Schnellkrafttrainings. Schorndorf: Hoffmann. 271-281.

Schnabel, G., Harre, D. & Krug, J. (Ed.) (2011) Trainingslehre - Trainingswissenschaft: Leistung-Training-Wettkampf. 2nd Ed. Aachen: Meyer & Meyer.

Sialis, J. (2004) *Innervationscharakteristik und Trainingsadaptibilitaet im Dehnungs-Verkuerzungs-Zyklus.* Stuttgart: University Stuttgart.

Spurrs, R.W., Murphy, A.J. & Watsford, M.L. (2003) The effect of plyometric training on distance running performance. *Euro J Appl Physiol* 89: 1-7.

Tofas, T., Jamurtas, A.Z., Fatouros, I., Nikolaidis, M.G., Koutedakis Y., Sinouris, E.A., Papageorgakopoulou N. & Theocharis, D.A. (2008) Plyometric Exercise Increases Serum Indices of Muscle Damage and Collagen Breakdown. *J Strength Cond Res* 22(2): 490-496.

Turner, A.M., Owings, M. & Schwane, J.A. (2003) Improvement in running economy after 6 weeks of plyometric training. *J Strength Cond Res* 17: 60-67.

Verkhoshansky, Y. & Siff, M.C. (2009) *Supertraining.* Sixth edition expanded version. Rome: Verkhoshansky SSTM.

Wathen, D. (1994) Literature review: explosive plyometric exercises. In: *National Strength and Conditioning Association* (Eds.), *Position Paper and Literature Review*: Explosive Exercises and Training and Explosive Plyometric Exercises. 13-16. Colorado Springs: National Strength and Conditioning Association.

Zanon, S. (1989) Plyometrics: Past and Present. *New Studies in Athletics* 4(1): 7-17.

Zatsiorky, V.M. & Kraemer, W.J. (2008) *Krafttraining - Praxis und Wissenschaft.* Third Edition. Aachen: Meyer & Meyer.

Leituras adicionais

Baechle, T.R. & Earle, R. (2008) *Essentials of Strength Training and Conditioning.* Third Edition. Champaign, IL: Human Kinetics.

Berthoz, A. (2000) *The Brain's Sense of Movement.* Cambridge: Harvard University Press.

Butler, D. & Moseley, L. (2003) *Explain Pain.* Adelaide: Noigroup Publications.

Coyle, D. (2010) *The Talent Code: Greatness Isn't Born. It's Grown.* London: Arrow.

Gambetta, V. (2007) *Athletic Development: The Art and Science of Functional Sports Conditioning.* Champaign: Human Kinetics.

Kurz, T. & Zagorski, M. (2001) *Science of Sports Training: How to Plan and Control Training for Peak Performance.* Second Edition. Vermont: Stadion Publishing.

McCredie, S. (2007) Balance: In Search of the Lost Sense. New York: Little, Brown and Company.

Yessis, M. (2008) *Russian Sports Restoration and Massage.* Michigan: Ultimate Athlete Concepts.

23
Kettlebells e clubbells

Donna Eddy

Este capítulo discute os aspectos da fáscia relativos a balançar um peso, ou seja, um *kettlebell*. Um exercício de *kettlebell* ou movimento, "The Swing" (Scarito, 2008), será amplamente discutido (Figs. 23.1-23.10). Escrever este capítulo tornou-se mais interessante à medida que as ideias e possibilidades se desdobravam, simplesmente porque escrever sobre *kettlebells* sempre será ir contra a corrente de uma escola de treinamento com *kettlebell* ou outra (Jones, 2010) (Scarito, 2008) (Iardella, 2014) (Cotter, 2011).

O capítulo inclui uma breve discussão sobre os *clubbells*, ou clavas em ferro pintado (Figs. 23.11-23.13), pois eles estão evoluindo como os *kettlebells*, na direção do movimento de preparo físico *mainstream*, e em breve serão vistos com tanta frequência como os *kettlebells* em academias, casas e em vídeos de treinamento. Dito isso, os *kettlebells*, tendo sido introduzidos por volta de 2001, são considerados novos para a indústria esportiva e ainda são um pouco desconhecidos pelo usuário doméstico (Armstrong, 2013).

A base da inclusão de *kettlebells* na aplicação prática do treinamento fascial é destacar os padrões de movimento integrativo que o balanço de um *kettlebell* proporciona e seu potencial para afetar a matriz do tecido conjuntivo por meio da tolerância de carga (Chaudhry et al., 2008, citado em Chaitow, 2011) (Cap. 2). A produção de força, durante o tempo prolongado em que o corpo está sob tensão para manter a ação pendular ao balançar o peso, permite que essa conexão seja sentida de forma experimental (Figs. 23.2, 23.5, 23.7, 23.9 e 23.13) (Schultz e Feitis, 1996).

Ter um movimento complexo, não necessariamente complicado, significa que não há isolamento de uma parte do corpo ou músculo, como é o foco do fisiculturismo, que é a base do programa típico de treinamento de ginástica. O impulso é introduzido no movimento, pois a carga do *kettlebell* está "fora" do centro de gravidade da pessoa que segura o peso. Todo o corpo é recrutado para dirigir e controlar esse impulso, por meio da estabilização do corpo e da aceleração e desaceleração do equipamento (Fable, 2010). Balançar um peso significa que o corpo inteiro está envolvido, e há várias opções e ângulos para a trajetória do peso, ao contrário da linha direta usada em exercícios de empurrar/puxar.

Variadas linhas de trajetória aumentam a complexidade do envolvimento do corpo. O benefício disso é descrito com clareza por Schultz e Feitis (1996): "O aumento da demanda por movimento aumenta a maturação do tecido conjuntivo. Conforme usamos uma parte do corpo, ela se torna mais capaz, mais habilidosa. Por sua vez, à medida que nos tornamos mais habilidosos, exploramos uma gama mais ampla de movimentos".

A sequência prática incluída no final deste capítulo (Figs. 23.1-23.13) passa de um balanço estruturado de cadeia fechada para um balanço de cadeia aberta e envolvimento segmentar, que carrega toda a estrutura em uma espiral sistêmica. Isso também é descrito por Myers e Schleip (2011) como um meio de "envolver as cadeias miofasciais mais longas possíveis" (Cap. 6). É esse envolvimento das cadeias miofasciais que faz a diferença experiencial da inércia rotacional ao executar The Swing (Tooling, 2012).

O balanço com uma mão (Figs. 23.6-23.10) usando uma técnica com ênfase na fáscia, adicionando rotação e alguma flexão da coluna vertebral, destaca a "ativação contralateral [que] permite a integração fascial" (Cotter, 2010) (Sonnon, 2009). Adicionando essas modificações rotacionais ao balanço tradicional, a integração de todo o corpo é sentida, em especial na "linha espiral", (Myers, 2001) (Cap. 6) quando você balança o *kettlebell* ou o *clubbell* com uma mão.

A tolerância de carga (Schultz e Feitis, 1996) é experimentada em tempo real ao balançar um peso, pois seu corpo está sendo puxado pela força do peso tracionando as juntas e aplicando forças de carga variadas durante todo o movimento. Dessa forma, todo o corpo se estabiliza contra a tração. A beleza de balançar o *kettlebell* é que você não tem que ter uma variedade de *kettlebells* pesados. Apenas mude a velocidade com que você balança e as forças também mudarão (Maxwell, 2013).

Para aqueles que estão familiarizados com o trabalho de Thomas Myers (Cap. 6), a disponibilidade para mover o corpo em movimentos fluidos em arcos e ângulos vetoriais distintos é o que é valioso e único em balançar um peso. Esses ângulos vetoriais abrem uma infinidade de variações de movimentos e exercícios que não são opções tão facilmente executadas com exercícios de empurrar/puxar/pressionar. Também é importante notar o fato de que não é característico "exercitar o músculo" com o peso. Com os *kettlebells*, você balança o peso e integra o movimento por todo o corpo, produzindo um movimento contínuo fluido e elegante (Maxwell e Newell, 2011).

Nos círculos tradicionais de treinamento, é à carga excêntrica que nos referimos quando discutimos os contramovimentos preparatórios (Myers e Schleip, 2011) (Cap. 11). Estar atento ao carregamento e descarregamento fornecido pelo balanço por meio de arcos significa negar a gravidade em certos pontos do movimento. Como resultado, há uma inclusão única e completa de ações opostas. Isso é sentido e visto em The Swing como flexão total até extensão total da metade inferior do corpo (Figs. 23.1, 23.8, 23.10 e 23.12).

Eu gosto de descrever as ações opostas como tensão e ativação interconectadas. Uma parte do seu corpo está excentricamente carregando, preparando-se para contrair com força o contramovimento preparatório, enquanto outra área está se contraindo com força. Todo o restante é ativado, dando estabilidade para sustentar esse movimento fluido. Aprender isso é um dos desafios específicos do balanço do *kettlebell*. É durante esse período sob tensão que o princípio ninja entra em ação (Myers e Schleip, 2011) (Cap. 11). Não se pode ser suave e silencioso como um ninja quando se está espalmando e batendo, fazendo barulho nas coisas. O movimento suave e uniforme é necessário para o balanço de peso gracioso e, é por meio do movimento gracioso que os efeitos do treinamento fascial são alcançados.

Os treinadores que desejam ensinar o The Swing aos seus clientes devem se lembrar de olhar para a amplitude de movimento do praticante através dos quadris. A flexão dos quadris durante o movimento de descida deve ser iniciada com a pelve girando anteriormente, semelhante à ação do *stiff* de levantamento terra mantendo-se a perna rígida. O comprimento dos músculos posteriores da coxa também é um fator que garante que a coluna vertebral não esteja sendo flexionada para obter essa posição inferior. Para sair da posição inferior ou de costas, o praticante precisa se concentrar em pressionar os calcanhares contra o chão e ativar os glúteos para permitir que os quadris se abram. Uma vez que o corpo tenha um alinhamento vertical reto e o *kettlebell* esteja saindo das coxas, o praticante também precisa ativar os quadris para estabilizar toda a parte inferior do corpo. A estabilidade da ativação global dos membros inferiores e da parte inferior do corpo distribui o esforço por todo o corpo, em vez de carregar a coluna vertebral e terminar a extensão, a posição superior do The Swing, com o esforço da coluna vertebral (Cotter, 2011).

Para explicar em termos práticos e simplificar muitos dos termos relativamente novos introduzidos pelo treinamento fascial, podemos contar os pontos de "Como construir um corpo fascial melhor" a partir das observações do Workshop de Fascial Fitness (Myers e Schleip, 2011) (Cap. 11) em relação a balançar um peso (*kettlebell* ou *club*).

1. **Envolve cadeias miofasciais longas:** toda a linha dorsal/cadeia posterior no The Swing e, ao fazer o exercício com uma mão, a linha espiral é sentida de forma mais significativa (Cap. 6).
2. **Alonga a carga com variações multivetoriais:** sentida no final do intervalo/ponto de transição.
3. **Emprega retração elástica:** vista como graciosas mudanças na direção do *kettlebell* (Cap. 10).
4. **Usa contramovimento preparatório:** o The Swing leva você ao longo da flexão completa dos quadris e da extensão dos ombros, antes de abrir em extensão completa dos quadris e flexão parcial dos ombros. A flexão total pode ser experimentada se você desejar.
5. **Encoraja a propriocepção completa:** o peso está balançando com um impulso pendular, então é preciso estar vigilante e atento enquanto estiver em movimento. Você não pode exercitar o peso sem se concentrar.
6. **Respeita a hidratação da matriz:** em virtude do efeito de tração do centro de massa deslocado com o *kettlebell* e o *club* durante o treino, os fluidos capsulares das articulações permanecem intactos. Além disso, a ênfase é colocada em descansar entre as séries e ter dias de descanso entre as sessões de treinamento.
7. **Promove a perseverança de forma gradativa:** este capítulo é inteiramente baseado no desenvolvimento de um exercício em todas as suas possibilidades e variações. A ênfase é colocada em mover-se de modo lento, explorando as possibilidades de movimento, pois isso é crítico para resultados de exercícios seguros e eficazes.
8. **Respeita as diferenças constitucionais:** a beleza do The Swing é que ele imita um movimento diário fundamental, o agachamento e a ação de sentar e ficar em pé. Esse é um movimento do qual todos podem se beneficiar, quando são feitas modificações apropriadas.
9. **Prossiga com cautela:** é desnecessário mencionar isso se você tiver seguido todos os passos citados anteriormente. É preciso perseverar gradualmente com o The Swing, antes de passar para um movimento mais técnico.
10. **Cultiva o seu jardim fascial:** começar com um movimento fundamental, como o The Swing, é um grande passo para ter um corpo "funcional". Ser funcional aproxima você do nosso estado natural e é um componente vital para a prevenção de lesões e uma reabilitação bem-sucedida, se necessário (Forencich, 2003).

CLUBS

Os *clubs* permitem uma variação ainda maior do movimento do que os *kettlebells*. Você poderia pensar em *kettlebells* como uma progressão dos halteres e barras de levantamento de peso e, portanto, nos *clubs* como uma progressão dos *kettlebells*. Os *kettlebells* entraram em vigor para o preparo físico recentemente, com o treinamento de instrutores que começou nos Estados Unidos em 2001 (Armstrong, 2013). O balanço

(O texto continua na p. 264.)

Nos círculos de *kettlebell* este é o balanço padrão. Ponha o peso entre os membros inferiores e segure a alça quadrada com as duas mãos. Use uma ação de quadril deliberada, em vez de um "agachamento", para conduzir o balanço. A ação do balanço tradicional faz a coluna vertebral e os membros superiores ficarem eretos e alongados por meio do movimento.

Sugestões:

- Comece com o *kettlebell* ligeiramente na frente dos dedos dos pés, pés apoiados e agache-se, segurando a alça do *kettlebell* com as duas mãos.
- Observe o alinhamento das costas retas e os membros superiores retos.
- Acione a musculatura abdominal e agache-se um pouco mais para iniciar o levantamento do *kettlebell*.

Figura 23.1 Balanço com as duas mãos estruturalmente rígidas – posição inicial.

Sugestões:

- À medida que o *kettlebell* avança para a frente a partir dos membros inferiores, conduza a elevação do peso com os pés pressionando-os de maneira firme no chão e contraindo os glúteos para abrir os quadris.
- Os membros superiores permanecem retos e as escápulas abaixadas à medida que o peso sobe até a altura dos ombros.

Figura 23.2 Balanço com as duas mãos estruturalmente rígidas – posição de transição média/superior.

CAPÍTULO 23 · KETTLEBELLS E CLUBBELLS 259

Sugestões:
- O peso voltou da posição de cima para baixo e balança entre os membros inferiores.
- O foco é a flexão nos quadris em vez de uma flexão profunda do joelho.
- O *kettlebell* está alto nessa posição pelas costas, e as mãos estão na altura da virilha.
- Sinta o peso puxando os membros superiores, mantenha-os retos e a coluna vertebral também.
- A partir dessa posição inferior, a sequência recomeça e você pressiona os pés no chão para iniciar a subida.

Figura 23.3 Balanço com as duas mãos estruturalmente rígidas – posição da volta.

Semelhante ao balanço com as duas mãos. Mas, agora, usar apenas uma mão traz o desafio de resistir à tração rotacional da carga unilateral.

Sugestões:
- Comece com o *kettlebell* ligeiramente na frente dos dedos dos pés, pés e membros inferiores apoiados e agache-se segurando a alça do *kettlebell* com apenas uma mão.

Tal como acontece com a versão com as duas mãos:
- Observe o alinhamento das costas retas e o membro superior reto.
- Envolva a musculatura abdominal e agache-se um pouco mais para iniciar o levantamento do *kettlebell*.

Figura 23.4 Balanço de mão única estruturalmente rígida – posição inicial.

Sugestões:
- À medida que o *kettlebell* avança de entre os membros inferiores, conduza a elevação do peso com os pés pressionados firmemente no chão e os glúteos contraídos para abrir os quadris.
- Os membros superiores permanecem retos e as escápulas abaixadas à medida que o peso aumenta até a altura dos ombros.

Figura 23.5 Balanço de mão única estruturalmente rígida – posição de transição média/superior.

Ao contrário do balanço estruturalmente fixo, com essa versão você permite que o peso e a linha de tração (em rotação) ocorram de maneira natural. Sua firmeza ao segurar a alça e a posição da alça o preparam para que essa tração rotacional ocorra.

Sugestões:
- Comece com o *kettlebell* ligeiramente na frente dos dedos dos pés, pés e membros inferiores apoiados e agache-se para segurar a alça do *kettlebell* com apenas uma mão.
- Observe o alinhamento reto das costas e a posição suave do membro superior, com a alça do *kettlebell* em rotação de aproximadamente 45°.
- Acione a musculatura abdominal e agache-se um pouco mais para iniciar o levantamento do *kettlebell*.

Figura 23.6 Balanço de rotação suave de mão única – posição inicial.

Sugestões:
- À medida que o *kettlebell* avança de entre os membros inferiores, conduza a elevação do peso com os pés pressionando-os firmemente no chão e os glúteos contraídos para abrir os quadris.
- O membro superior é ligeiramente dobrado para puxar o *kettlebell* para perto do corpo, em vez de para longe como na versão original. Tal como acontece com a versão estruturalmente fixa, as escápulas são pressionadas para baixo à medida que o peso chega à altura dos ombros.

Figura 23.7   Balanço de rotação suave de mão única – posição de transição média/superior.

Ao contrário do balanço estruturalmente fixo, com essa versão você permite que o peso e a linha de tração (em rotação) ocorram de maneira natural. Sua firmeza ao segurar a alça e a posição da alça o preparam para que essa tração rotacional ocorra.

Sugestões:
- O peso voltou da posição de cima para baixo e balançou entre os membros inferiores.
- O foco é a flexão nos quadris, em vez de uma flexão profunda do joelho.
- O *kettlebell* está alto nessa posição pelas costas, e a mão está na altura da virilha.
- Sinta o peso puxando o membro superior, mantenha o membro superior reto e a coluna vertebral também. O membro superior e a mão permanecem ligeiramente em rotação, então você conduz com o polegar enquanto o *kettlebell* passa de volta entre seus membros inferiores.
- A partir dessa posição inferior, a sequência recomeça e você pressiona os pés contra o chão para iniciar a subida.

Figura 23.8   Balanço de rotação suave de mão única – posição de volta.

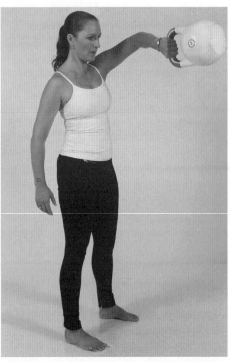

Sugestões:
- A posição inicial para essa versão é a mesma da Figura 23.6. Siga as sugestões de posicionamento da Figura 23.6.
- À medida que o *kettlebell* avança de entre os membros inferiores, conduza a elevação do peso com os pés, pressionando-os de maneira firme no chão e contraindo os glúteos para abrir os quadris.
- O membro superior está dobrado e você puxa o *kettlebell* para perto do corpo, conduz e levanta o cotovelo quando o peso se aproxima. Tal como acontece com a versão fixa, as escápulas são pressionadas para baixo à medida que o peso chega à altura dos ombros.

Figura 23.9   Balanço espiral suave de mão única – posição de transição média/superior.

Sugestões:
- O peso voltou da posição de cima para baixo e balança entre os membros inferiores.
- O foco é a flexão nos quadris, em vez de uma flexão profunda do joelho.
- O *kettlebell* está alto nessa posição pelas costas, e a mão está na altura da virilha.
- Sinta o peso puxando o membro superior, permita que o membro superior permaneça ligeiramente dobrado. O membro superior e a mão permanecem ligeiramente em rotação, então você conduz com o polegar enquanto o *kettlebell* passa de volta entre seus membros inferiores. Permitir que o membro superior permaneça dobrado nessa versão também estimula a coluna vertebral a relaxar, então permita que o peso flexione a coluna vertebral ao alcançar a posição de volta/transição.
- A partir dessa posição inferior, a sequência recomeça e você pressiona os pés contra o chão para iniciar a subida.

Figura 23.10   Balanço espiral suave de mão única – posição de volta.

Este é o *Clubbell Swing* padrão. O *club* passa pelo lado de fora dos membros inferiores com um *club* em cada mão. Use a ação do quadril em vez de uma ação de "agachamento" para conduzir o balanço. Coluna vertebral e membros superiores ficam eretos e alongados por meio do movimento.

Sugestões:

- Os *clubs* estão na posição vertical a 30 cm de distância dos dedos dos pés e ficam na largura dos ombros.
- A pegada se dá com os polegares para baixo, então as mãos estão giradas medialmente. Para iniciar o movimento, levante-se e endireite os membros inferiores, permitindo que o peso dos *clubs* os atraia para trás, passando pelo lado de fora dos membros inferiores.
- Sinta o peso puxando os membros superiores, mantenha-os retos e a coluna vertebral também.
- A partir dessa posição inferior, a fase de balanço da sequência começa e você pressiona os pés contra o chão para iniciar a subida.

Figura 23.11 Balanço de *club* com duas mãos – posição inicial.

Sugestões:

- À medida que os *clubs* se aproximam vindos de trás do corpo, conduza a elevação do peso com os pés pressionados firmemente contra o chão e os glúteos se contraindo para abrir os quadris.
- Os membros superiores permanecem retos e as escápulas pressionadas para baixo à medida que o peso chega até a altura dos ombros. Ao contrário do *kettlebell*, há uma ligeira mudança na posição do punho para acentuar o comprimento da alavanca.
- À medida que os *clubs* chegam ao seu ponto sem peso, pouco antes da transição para baixo, pressione os polegares para baixo para flexionar lateralmente os pulsos, otimizando o comprimento do membro superior e de todo o balanço.
- Permaneça ereto e reto, membros superiores e joelhos, até que os *clubs* alcancem os lados do seu corpo. É apenas quando os *clubs* passam pelos seus joelhos que você flexiona os quadris para entrar na posição de retorno.

Figura 23.12 Balanço de *club* com duas mãos – posição de transição média/superior.

Sugestões:
- O peso voltou da posição de cima para baixo e balança ao lado dos membros inferiores. O corpo e os membros inferiores estão eretos e retos até os *clubs* atingirem os lados do corpo.
- O foco é a flexão nos quadris, em vez de uma flexão profunda do joelho.
- Os *clubs* caem em formação com a cabeça e o tronco seguindo uma linha alongada desde a coroa da cabeça, passando pelo cóccix até a ponta do *club*, nessa posição para trás, quando o peito se aproxima das coxas, os membros superiores estão retos.
- Sinta o peso puxando os membros superiores, mantenha-os retos e a coluna vertebral também.
- A partir dessa posição inferior, a sequência recomeça e você pressiona os pés contra o chão para iniciar a subida.

Figura 23.13 Balanço de *club* com duas mãos – posição para trás.

do *clubbell*, no entanto, ainda é uma forma de exercício relativamente subutilizada. Como resultado, há uma consideração quanto à linha do tempo com a progressão dessas ferramentas na indústria esportiva. A crescente tendência do movimento funcional também precisa ser considerada (Forencich, 2003). Essa mudança em direção a movimentos funcionais pode ser experimentada com os *clubbells*: você pode balançar para fora dos membros inferiores, o que é praticamente impossível com *kettlebells* em virtude de seu formato arredondado, e você pode fazer balanços por cima da cabeça. Isso abre uma gama maior de movimentos, que não estão disponíveis com o *kettlebell* (Maxwell, 2013).

Com os *clubs*, você também pode "circum-navegar" o corpo, abrindo rotações e ângulos não disponíveis com qualquer outra ferramenta de treinamento (Maxwell, 2013). Essa circum-navegação não faz parte do The Swing discutido e apresentado aqui, mas é uma opção de movimento que abre e integra todos os aspectos do corpo que não estão disponíveis com ferramentas e técnicas tradicionais de treinamento.

Tal como acontece com o *kettlebell*, ao trabalhar com o *club* a carga de treinamento e os efeitos são traduzidos por todo o corpo. O objetivo do The Swing é mover-se suavemente (Sonnon, 2006). Para mover-se suavemente, enquanto balança um *club* ou um *kettlebell*, é necessário uma estabilização integrada, obtida usando o efeito de pêndulo proporcionado pelo centro de massa deslocado. Isso permite que a retração dinâmica da fáscia seja tensionada e desafiada durante todo o exercício. Ter movimentos suaves e fluidos requer foco em sincronizar seus movimentos e executá-los com ritmo (Steer, 2009) (Cap. 10).

Com *kettlebells* e *clubs*, há muitos benefícios para a saúde, como abrir os quadris, ativar os glúteos, descomprimir os ombros e proporcionar um desafio cardiovascular estimulante, tudo em um único exercício (Heins, 2014). Em geral, haverá menos dor após o treinamento e menos lesões por uso excessivo em virtude da natureza integrada do balanço de peso (Maxwell, 2013). Como demonstrado em várias opções de balanços (Figs. 23.1-23.13), a cadeia posterior é ativada por completo. Por outro lado, pode-se dizer que a ativação da cadeia posterior é o foco para a conclusão bem-sucedida do movimento The Swing.

A beleza desse envolvimento integrado é que ele imita um movimento diário fundamental, o agachamento e a ação de sentar e ficar em pé. O The Swing, quando executado de forma adequada, é um exercício que pode ser descrito como um exercício completo de promoção da saúde, corretivo e estimulante. Com a necessidade atual de compensar o longo período que permanecemos sentados, a ativação dos músculos do glúteo e a proeminência da ativação do tecido conjuntivo, por meio do efeito da retração elástica (Cap. 10), promove essa compensação restaurativa (Schultz e Feitis, 1996). Permitindo diferenças constitucionais, qualquer um pode usar e se beneficiar do The Swing, quando modificações apropriadas são feitas.

Um equívoco na indústria esportiva é que *kettlebells* são apenas para o praticante "extremamente dedicado" ou que *kettlebells* são apenas para aqueles que fazem treino para levantamento olímpico. Os *kettlebells* são uma ferramenta fantástica para introduzir movimentos integrados. O treino com *kettlebell* é acessível a qualquer pessoa disposta a experimentar algo novo (Ranes, 2009). Homens e mulheres podem se beneficiar, e já se beneficiam, ao aprender a balançar *kettlebells*.

CONSIDERAÇÕES SOBRE USO E SEGURANÇA

The Swing (Figs. 23.1-23.5) demonstra a versão estruturalmente mais fixa do exercício. "Estruturalmente fixo" significa rigor na postura e forma, mantendo o alinhamento estrutural o mais próximo possível da anatomia vertical (Eddy, 2013). É uma falha comum ter esse grande alinhamento enquanto balança o peso, para depois cair e comprometer a coluna vertebral ao descer o peso. Para garantir que o alinhamento seja mantido em todos os momentos durante a prática do *kettlebell*, sua sessão deve ir somente até a fadiga do corpo, e não até a falha (Beecroft, 2010).

A versão mais avançada do The Swing (Figs. 23.6-23.10) requer uma postura suave com maior conexão proprioceptiva do que a versão "estruturalmente fixa" já mencionada. Para aqueles que são novos no *kettlebell*, essas variações "suaves" podem parecer mais fáceis, ou pode parecer que não há controle do tronco. Essas versões de postura suave são consideradas mais avançadas. Sua execução exige mais técnica em virtude da ação multidirecional e do uso da retração elástica (Schultz e Feitis, 1996) (Cap. 10).

As sutis variações da versão suave (Figs. 23.6-23.10) têm uma complexidade neural e espacial similar e, portanto, decidir qual versão praticar, ou com a qual "brincar", se resume à "sensação" pessoal. Pergunte a si mesmo: "Como sinto o movimento em meu corpo quando brinco com ele?". Isso ajudará sua decisão, ou você pode alternar entre as duas versões flexíveis.

Isso nos leva ao peso do *kettlebell*. Qual *deveria* ser o peso para executar o The Swing? Como acontece com qualquer exercício ou prática de movimento, erre do lado da cautela e comece leve. Um *kettlebell* de 8-10 kg é considerado leve no treinamento com *kettlebell* e, dependendo da sua experiência de movimento, nível de força e coordenação, você pode ir acima ou abaixo disso (Herschberg, 2011).

É sempre melhor procurar instrução pessoalmente, participando de uma aula, oficina ou procurando um instrutor. Você não pode se tornar proficiente apenas seguindo um DVD ou vídeo *on-line* (Fable, 2010). Ter um profissional para observar, orientar, corrigir e direcionar você vai garantir que esteja obtendo o máximo do seu tempo e do seu corpo, com segurança. O peso que você usa para realizar o The Swing precisa ser pesado o suficiente para que você sinta a força do *kettlebell* quando ele balança, mas leve o bastante para manter o controle do *kettlebell* o tempo todo.

Certifique-se de cuidar dos pulsos, das mãos, da coluna vertebral e dos ombros, pois essas são as principais áreas em que podem surgir problemas e lesões. Apoiar-se com os ombros em vez de mover o *kettlebell* com o bíceps é um simples foco que permitirá a você manter o alinhamento e executar o movimento The Swing com segurança (Beecroft, 2010). Agarrar a alça do *kettlebell* com muita força pode causar rupturas na pele. O peso do *kettlebell* está fora da mão e a alça desliza durante o balanço, ou deve poder deslizar dentro da sua mão, para seguir o balanço e o arco de movimento (Stehle, 2013).

Modificações no The Swing, além das quatro versões nas Figuras 23.1-23.10, se devem a restrições físicas. Essas incluem anormalidades estruturais, gravidez e reabilitação pós-lesão. Essas modificações precisariam ser sugeridas por um professor ou instrutor qualificado.

As contraindicações para a realização do The Swing incluem todas as condições médicas habituais e estados de lesão que impedem você de realizar qualquer forma de atividade física. Essas condições incluem, mas não se resumem a, gravidez, pressão alta, dor física decorrente de uma lesão anterior, problemas de equilíbrio ou coordenação e jovens abaixo da idade de treinamento recomendada (Mayo, 2012). Se você se encaixa atualmente em uma dessas categorias, seria melhor consultar um médico antes de iniciar esses novos métodos de treinamento.

Referências bibliográficas

Armstrong, D. (2013) DragonDoor Support. support@dragondoor.com [email recebido em 9 de maio de 2013]

Beecroft, M. (2011) Level One and Two Russian Kettlebell Workshops and RKC Preparation Course, Sydney AUS.

Beecroft, M. (2010) Level 1 Kettlebell Workshop and HKC Preparation Course. November, Sydney.

Chaitow, l. (2011) The role of fascia in Manipulative Treatment of Soft Tissues. http://chaitowschat-leon.blogspot.com.au/2011/11/role-of-fascia-in-manipulative.html [acesso em 13 de dezembro de 2012]

Cotter, S. (2010) Practical Session: Kettlebells. Elixr Health Club, Sydney AUS.

Cotter, S. (2011) IKFF Kettlebell Lesson 2 with Steve Cotter – Depth of Squat in Swing. http://www.youtube.com/watch?v=rt3Vq3g0Usc [acesso em 19 de maio de 2013]

Cotter, S. (2011) *Kettlebell Basics*. Underground Wellness USA.http://www.youtube.com/watch?v=TAYZ9gKZaI0 [acesso em 9 de fevereiro de 2013]

Eddy, D. (2013) Kettlebells for Fascia Fitness. http://www.youtube.com/watch?v=CMZUXhis4Gw [acesso em 23 de maio de 2013]

Fable, S. (2010) The Kettlebell comeback. Idea fitness Journal. http://www.ideafit.com/fitness-library/kettlebell-comeback [acesso em 29 de março de 2013]

Forencich, F. (2003) *Play as if your life depends on it. Functional Exercise and living for Homo sapiens.* USA: Go Animal.

Herschberg, J. (2011) What weight kettlebell should I get? http://www.livestrong.com/article/231757-what--weight-kettlebell-should-i-get/ [acesso em 8 de maio de 2013]

Heins, S. (2014) Clubs vs. kettlebells. Live chat with Shane Heins. http://daretoevolve.tv/forum/webinar-live--chats-hang-outs/live-chat-clubs-vs-kettlebells/ Acesso em 24 de setembro de 2014]

Iardella, S. (2014) Debating the kettlebell swing: the Russian vs the American swing. http://Irdellatraining.com/debating-the-kettlebell-swing-the-russian-vs-the-american-swing [Acesso em 24 de setembro de 2014]

Jones, B. (2010) Clarifying Hardstyle. Pittsburg PA [Acesso em 25 de janeiro de 2013] http://www.dragondoor.com/articles/clarifying-hardstyle/

Mayo, S. (2012) Strength training: Ok for kids? http://www.mayoclinic.com/health/strength-training/HQ01010 [Acesso em 3 de abril de 2013]

Maxwell, S. & Newell, K. (2011) Interview with the greats. http://www.newellstrength.com/interviews/ [acesso em 13 de dezembro de 2012]

Maxwell, S. (2013) Practical Session: Kettlebells and Clubbells. January & March Sydney.

Myers, T. (2001) *Anatomy Trains. Myofascial Meridians for Manual and Movement Therapists.* Churchill Livingstone.

Myers, T. (2009) 2nd ed. *Anatomy Trains. Myofascial Meridians for Manual and Movement Therapists.* Churchill Livingstone.

Myers, T. & Schleip, R. (2011) Fascial Fitness. New Inspirations from Connective Tissue Research. Workshop notes: slide 'How to Build a better Fascial Body'.

Ranes, C. (2009) Kettlebell Swing – Before and After – 8 weeks. https://www.youtube.com/watch?v=hvERPjkDeeE [Acesso em 22 de maio 2013]

Scarito, P. (2008) Kettlebell Basics. The two arm Kettlebell swing. http://www.youtube.com/watch?v=6u_nqS-nM2S8 [Acesso em 11 de fevereiro de 2013]

Schultz, R. & Feitis, R. (1996) *The Endless Web. Fascial Anatomy and Physical Reality.* California, U.S.A: North Atlantic books. 23.

Sonnon, S. (2006). The Bigbook of Clubbell Training. 2nd Ed. RMAX.tv Productions. Atlanta USA.

Sonnon, S. (2008). Kettlebell Foundation Series. RMAX.tv Productions. Atlanta USA.

Sonnon, S. (2009) Practical Session: Kettlebells. Bellingham Sports Club, Bellingham USA.

Steer, A. (2009) Clubbells 101. Choosing and Using your Clubbells. e-book. www.clubbellcoach.com [Acesso em 11 de janeiro de 2011]

Stehle, M. (2013) 10 dangerous kettlebell mistakes. https://www.onnit.com/blog/10-dangerous-kettlebell-mistakes/ [Acesso em 17 de maio de 2013]

Tooling, (2012) Tooling U-SME. USA http://www.toolingu.com/definition-570110-120333-rotational-inertia.html [Acesso em 3 de abril de 2013]

Leituras adicionais

Cobbett, G & Jenkin, A. (1905) *Indian Clubs.* G. Bell & Sons.
http://archive.org/details/indianclubs00jenkgoog

Forencich, F. (2003) *Play as if your life depends on it. Functional Exercise and living for Homo sapiens.* USA: Go Animal.

Kehoe, D. (1866) *The Indian Club exercise.* New York: Peck & Snyder http://openlibrary.org/books/OL17998405M/The_Indian_club_exercise

Schultz, R.L. & Felitis, R. (1996) *The Endless Web. Fascia Anatomy and Physical Reality.* USA: North Atlantic Books.

Steer, A . (2009) Clubbells 101. Choosing and Using your Clubbells. e-book. www.clubbellcoach.com

24
Tecnologias de avaliação: de ultrassom e miometria a bioimpedância e sensores de movimento

Christopher-Marc Gordon, Piroska Frenzel e Robert Schleip

INTRODUÇÃO

Enquanto muitos terapeutas, treinadores e professores de movimento confiam em sua percepção palpatória subjetiva e visual da dinâmica do tecido fascial, desenvolvimentos rápidos em tecnologia estão oferecendo ferramentas úteis de diagnóstico e avaliação que podem ser usadas para examinar diferentes características físicas e fisiológicas dos tecidos fasciais. Este capítulo irá discutir quatro técnicas diferentes, que parecem ser as mais úteis e promissoras para os profissionais orientados para a fáscia:

- Diagnóstico por ultrassom (para avaliação da espessura do tecido, movimento de cisalhamento e rigidez).
- Bioimpedância (alterações no conteúdo de fluidos).
- Miometria (medição da rigidez e elasticidade do tecido).
- Sensores de movimento (qualidade de movimento).

Diagnóstico por ultrassom

Exceto pelos médicos, até muito recentemente, profissionais de saúde e treinadores dentro da área dos esportes e da terapia de movimento raramente usavam qualquer equipamento de ultrassom em suas próprias avaliações. No entanto, novos avanços tecnológicos tornaram os equipamentos de ultrassom portáteis uma ferramenta de diagnóstico cada vez mais útil nesse campo. Os profissionais focados na estabilização segmentar, via treinamento de ativação muscular, têm tido sucesso no uso da ultrassonografia em suas práticas cotidianas para avaliar a ativação adequada (ou a falta dela) de camadas musculares relacionadas à "estabilidade do *core*", como os músculos do transverso do abdome ou multífidos (Hodges et al., 2003). Da mesma forma, a ativação adequada dos músculos do assoalho pélvico é avaliada com frequência pela observação de alterações no posicionamento da bexiga durante manobras de carga específicas (Lee, 2001).

Para a avaliação clínica das propriedades fasciais, o estudo de Langevin et al. (2011) foi um importante impulso. Aqui, foi mostrado por meio de medidas de ultrassom que pacientes com dor lombar crônica tendem a expressar significativamente menos "tensão de cisalhamento" (correspondente à capacidade de deslizamento uma em relação à outra) entre camadas diferentes de suas fáscias toracolombares em comparação com pessoas do grupo de controle sem dores. Desde então, vários profissionais têm aplicado a ultrassonografia para avaliar eventuais mudanças terapêuticas no grau de potenciais aderências entre as camadas fasciais adjacentes.

O ultrassom também pode ser usado efetivamente para medir a espessura dos tecidos fasciais. Um estudo clínico impressionante realizado por Stecco et al. (2014) mostrou que em pacientes com dor cervical crônica a espessura da fáscia do esternocleidomastóideo correspondia à quantidade de dor e à incapacidade e também ao grau de melhora terapêutica após um tratamento de manipulação miofascial. Além disso, uma espessura fascial de 1,5 mm foi encontrada como um ponto de corte confiável nesse estudo para o diagnóstico de dor cervical gerada pela fáscia (Fig. 24.1).

Um desenvolvimento relativamente novo nesse campo é a elastografia por ultrassom. Aqui, uma vibração mecânica do respectivo tecido é induzida, para a qual a frequência de ressonância detectada permite uma avaliação indireta da rigidez do tecido. Quanto mais macio é o tecido fascial, mais lenta é sua frequência vibratória induzida. Essa tecnologia não invasiva já é utilizada para auxiliar na detecção de fibrose hepática, câncer de mama, câncer de próstata e fibrose plantar (Sconfienza et al., 2013). Atualmente, nosso departamento na Universidade de Ulm está envolvido em um estudo ainda maior para determinar quais são as variações "normais" da rigidez fascial em pacientes sem dor de diferentes grupos de idade e sexo para várias camadas fasciais importantes no corpo humano. Uma vez concluído, poderá ser mais fácil avaliar se uma rigidez ou maciez fascial específica está dentro dos valores normais ou não. No entanto, para medições comparativas em uma mesma pessoa (p. ex., antes/depois de um exercício ou intervenção terapêutica, ou entre lados diferentes), a elastografia por ultrassonografia já pode servir como uma ferramenta de diagnóstico útil para médicos focados nas fáscias (Martínez Rodríguez e Galán del Río, 2013) (Cap. 19). Infelizmente, os preços dos novos equipamentos ainda são relativamente altos, entre US$ 4 mil e US$ 10 mil para a elastografia diagnóstica e muito mais altos para a elastografia ultrassônica em junho de 2013. No entanto, a respectiva indústria tecnológica começou a considerar fisioterapeutas e outros como um novo público-alvo. Isso criou a necessidade de desenvolver versões mais acessíveis, com qualidade impressionante de imagem incorporada em práticas terapêuticas menores.

AVALIAÇÃO DAS PROPRIEDADES TECIDUAIS VIA INDENTOMETRIA

Introdução

No Centro de Terapia Integrativa, realizamos uma pesquisa clínica (Gordon et al., 2011) como afiliados do Grupo de Pesquisa de Fáscia da Universidade de Ulm e com a Universidade de Tübingen, na Alemanha. Ficamos surpresos em saber como foi útil coletar dados de nossos pa-

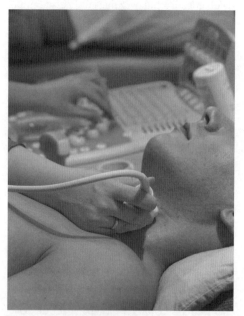

Figura 24.1 Uso do diagnóstico por ultrassom para visualizar e avaliar as propriedades fasciais.

O uso do ultrassom portátil permite a medição da espessura de várias membranas fasciais posicionadas perto da superfície. Por exemplo, uma espessura de 1,5 mm da fáscia do esternocleidomastóideo foi considerada um ponto de corte útil para o diagnóstico de dor cervical miofascial (Stecco et al., 2014). (Foto ©Afalter-Fotolia.com.)

cientes para a gestão da qualidade e a avaliação de nossos padrões de trabalho. Isso nos ajudou, como equipe, a determinar quais as técnicas que valem a pena melhorar e quais as técnicas que precisam de mais investigação ou de uma análise mais crítica. Às vezes, a consequência foi até mesmo abandonar totalmente certas abordagens. Como resultado, aprendemos que a avaliação objetiva pode ser um processo muito inspirador e fortalecedor para todos os envolvidos.

O kit de ferramentas de avaliação

O algômetro: limiar de pressão da dor

O uso do algômetro de pressão (Park et al., 2011) permite que o médico/treinador não apenas teste a sensibilidade do tecido, mas também avalie o limiar de dor do paciente. Considerado um parâmetro de medição objetivo/subjetivo, o médico/treinador aplica quantidades crescentes de pressão com o algômetro a uma área muscular relacionada, por exemplo, um ponto-gatilho (Myburgh et al., 2008), e pede ao paciente para sinalizar quando a dor é desconfortável. Ao fazer isso, o paciente tem uma impressão da escala de dor, descrita de 0-10, com 10 representando dor insuportável. O médico/treinador então repete o procedimento em vários pontos ao redor da área do problema, antes e depois do tratamento, e registra os resultados. A pressão da sensibilidade é medida em libras (lbs), e a penetração no tecido é medida em milímetros (mm).

O MyotonPro

O MyotonPro é um novo miômetro (Aird, Samuel e Stokes 2012) que dá *feedback* numérico sobre propriedades do tecido biomecânico como rigidez e elasticidade. Esse método de miometria para medir tecidos próximos à pele, com profundidades de até 1,5-2 cm, consiste em criar um impulso mecânico externo. A resposta do músculo é então registrada, na forma de um gráfico de aceleração, e, em seguida, o tônus, a elasticidade e a rigidez são calculados.

O miotonômetro

Um dispositivo de medição objetiva alternativo ao MyotonPro, esse miotonômetro foi desenvolvido para quantificar, medir e analisar o tônus e a rigidez musculares. Os protocolos também permitem a quantificação do nível de severidade da condição espástica parética. Medidas válidas, confiáveis e quantificáveis do tônus muscular são obtidas com facilidade e rapidez. Ensaios clínicos demonstraram que as medidas miotonométricas são capazes de distinguir entre músculos lesionados e não lesionados (pós-lesão) e quantificar desequilíbrios musculares.

Benefícios da avaliação constante

Existem muitos benefícios em se monitorar a eficácia do tratamento. A vantagem mais óbvia é poder acompanhar o progresso do paciente, como mostrado anteriormente. O treinador tem uma ferramenta melhor para a comunicação com o paciente, pois pode mostrar evidências objetivas do progresso do tratamento. Isso significa menos dependência de relatos subjetivos de pacientes sobre sua melhora, ou a falta dela, e mais confiança em ferramentas de avaliação objetivas, que medem uma série de parâmetros.

A avaliação objetiva permite monitorar a qualidade e a eficácia dos tratamentos. Os médicos podem melhorar as técnicas por meio da autoavaliação, o que leva a melhores metodologias e avanços nessa área da saúde. Estudos baseados em evidências também são benéficos para práticas que substanciam os tratamentos oferecidos.

Perspectivas

Essa forma de abordagem holística é muito promissora, na medida em que a avaliação baseada em evidências pode ajudar o treinador/técnico a acompanhar a eficácia de seu trabalho. Isso leva a muitos resultados positivos, pois a gestão da qualidade pode ser avaliada agora de maneiras objetiva e subjetiva.

Tabela 24.1 Tabela de comparação de dispositivos

Dispositivo	Vantagens	Desvantagens
MyotonPro	▪ Medições rápidas, não invasivas, objetivas e confiáveis ▪ Detecção de contração muscular através de 1,5-2 cm de tecido adiposo	▪ Até essa data, disponível apenas para fins científicos ▪ Funciona apenas para tecidos miofasciais superficiais, profundidade de 1,5-2 cm ▪ Custo relativamente alto (€ 4.000)
Miotonômetro	▪ Mede a força e o tônus musculares	▪ Difícil de comprar no mercado ▪ Poucos estudos de confiabilidade
Algômetro com medidor de profundidade	▪ Mede de forma rápida, simples e confiável a profundidade dos tecidos até 5-6 cm ▪ *Feedback* subjetivo e objetivo ▪ Em libras e milímetros ▪ Baixo custo	▪ Precisa de boa logística e diálogo com o paciente para adquirir dados de forma rápida e eficiente

Outro campo interessante de aplicação é o atletismo. Ao realizar medições pré e pós-treinamento, é possível determinar mudanças relativas nos tecidos do corpo. As medições podem ser realizadas de forma preventiva em atletas e/ou equipes inteiras regularmente. Avaliações regulares podem revelar quaisquer "perigos" iminentes, permitindo que medidas preventivas sejam tomadas.

Conclusão

A validação do nosso trabalho baseada em evidências pode ajudar a obter maior clareza e objetividade em nossa rotina diária de trabalho. Esperamos que, durante a leitura deste capítulo, nosso entusiasmo e inspiração inspirem os leitores a seguirem nosso exemplo.

BIOIMPEDÂNCIA ELÉTRICA

Introdução

A hidratação dos tecidos é usada com frequência como uma explicação hipotética para os benefícios de muitos tipos diferentes de exercício físico. O papel da hidratação na fáscia foi recentemente examinado por Schleip et al. (2012) (Caps. 1 e 3). Aqui eles mostraram que um aumento na rigidez dos tecidos pode ser, pelo menos parcialmente, causado por uma hidratação da matriz temporariamente alterada. Nos esportes, a análise da bioimpedância elétrica (*bioelectrical impedance analysis* – BIA) é usada para determinar a composição corporal. Ela mostrou que o desempenho atlético é influenciado pela, e dependente da, distribuição e quantidade total de massa livre de gordura e gordura corporal (Pichard et al., 1997). Também foi utilizada para detectar alterações de hidratação antes e após o tratamento (Frenzel et al., 2013) e para ajudar a determinar influências que podem alterar a distribuição de fluidos, por exemplo, posicionamento (Kim et al., 1997). A menor impedância foi mostrada ao longo das bandas colagenosas (Ahn et al., 2010). Ao longo dessas bandas, alguns dos meridianos da medicina tradicional chinesa (MTC) poderiam ser representados. Portanto, é de grande interesse ter uma ferramenta de medição que detecte a distribuição de fluidos dentro do corpo.

A análise da bioimpedância elétrica (BIA) é descrita como um método fácil, não invasivo, relativamente barato, portátil, rápido e independente de um operador, com excelente reprodutibilidade entre observadores para avaliar mudanças no estado de hidratação. Além disso, a BIA é capaz de estimar com segurança os compartimentos corporais, água corporal total (ACT) e massa livre de gordura (MLG), em indivíduos saudáveis e em pacientes com equilíbrio estável de água e eletrólitos sob condições padronizadas (O'Brien et al., 2002) (Kyle et al., 2004a) (Kyle et al., 2004b).

Como funciona a medição da impedância?

Os fluidos fisiológicos dentro do corpo contêm íons. Portanto, uma corrente alternada pode fluir por todo o corpo. Se os fluidos corporais são mais viscosos, o fluxo elétrico é oposto. Referindo-se a um modelo elétrico, esse comportamento é chamado de resistência. Além disso, a corrente elétrica carrega as membranas celulares, que funcionam, portanto, como capacitores (os capacitores são elementos que armazenam energia elétrica em um campo elétrico) (Foster e Lukaski, 1996). A (bio-)impedância medida (Z) é a soma da resistência ôhmica de todos os fluidos no corpo (ACT), chamada resistência (R), e a resistência capacitiva em decorrência das células do corpo, que é chamada reatância (Xc) (De Lorenzo e Andreoli, 2003) (Kyle et al., 2004a). A fórmula é $Z = (R^2 + Xc^2)^{1/2}$ (Oldham, 1996).

Comparados aos músculos e ao sangue, os ossos e a gordura são mal condutores no corpo. Portanto, se houver mais osso e gordura, o corpo é menos condutivo. Além disso, como a corrente alternada induzida é muito baixa, ela não é perceptível para o indivíduo (Foster e Lukaski, 1996) (Schüler, 1998). Também, as frequências aplicadas são muito altas para estimular os músculos ou o coração (Anderson, 1988).

Em geral, é interessante separar a impedância medida (Z) em resistência (R) e reatância (Xc). Portanto, a impedanciometria também mede um ângulo de fase (PhA), permitindo a separação de Z em R e Xc. O PhA indica ainda a distribuição de água entre os espaços intracelulares (AIC) e extracelulares (AEC). O PhA também é um indicador de saúde celular: um PhA alto reflete uma função celular forte, e um PhA baixo está associado a um aumento da morbidade e do risco nutricional em indivíduos (Kyle et al., 2004a; 2012).

Compartimentos do corpo

Medir o corpo como um sistema de um compartimento, ao medir o peso corporal, por exemplo, significa que mudanças de distribuição ou desequilíbrios dentro do corpo não podem ser detectados. Em outras palavras, o peso pode ser o mesmo em um indivíduo com muitos músculos e um com muita gordura. A análise de diferentes compartimentos (ver Fig. 24.2) do corpo separadamente permite a descrição dos desequilíbrios de distribuição entre as partes. Por exemplo, uma medição independente da massa livre de gordura (MLG) e da água corporal total (ACT) permite detectar a desidratação, que é frequente em idosos ou atletas após treinamento pesado (Jaffrin e Morel, 2008).

A medição da impedância de todo o corpo é tipicamente realizada em decúbito dorsal com quatro eletrodos de superfície colocados em um lado do corpo. Dois eletrodos de fonte de corrente são colocados na parte de trás do pé e da mão, e dois eletrodos de detecção são posicionados na parte de trás do pulso e do tornozelo (Foster e Lukaski, 1996) (Kyle et al., 2004a). Uma distância mínima de 3 cm deve ser mantida entre a corrente e o eletrodo de detecção (Fig. 24.3), pois dentro desse espaço ocorre uma homogeneidade do campo elétrico, levando a uma distribuição desigual da corrente dentro do segmento medido. Em outras palavras, quanto maior a distância, maior a homogeneidade da corrente no segmento medido e melhor é a captura dos segmentos (Schüler, 1998).

Medições elétricas e propriedades do corpo/tecido

Equações

O corpo humano pode ser visto como um conjunto de vários, na maioria das vezes cinco, cilindros, por exemplo, membros e tronco (Chertow et al., 1995) (Jaffrin e Morel, 2008). Com a ajuda da lei de Ohm, o volume de um cilindro medido (segmento) pode ser calculado quando o comprimento condutivo (aproximado por

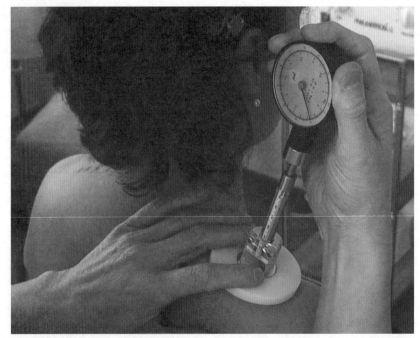

Figura 24.2 Miometria com o algômetro.

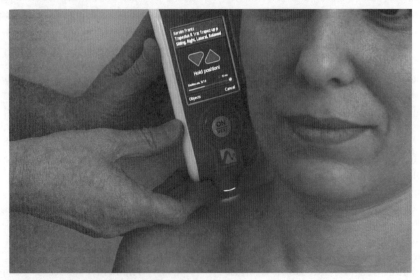

Figura 24.3 Miometria com o MyotonPro.

altura) e a resistência (impedância) do segmento são conhecidos, seguindo a fórmula: $V = L^2/R$ (V = volume; L = comprimento; R = resistência) (Segal et al., 1991) (De Lorenzo e Andreoli, 2003). Para ajustar essa comparação à geometria real do corpo, é necessário introduzir um coeficiente adequado que tenha em conta, entre outros, a resistividade específica do tecido condutor e a anatomia do segmento em questão. Há uma relação empírica entre o quociente de impedância (altura^2/R) e a massa corporal magra (MCM) (Kyle et al., 2004a). A fim de incluir uma ou mais variáveis, como idade, sexo, peso, altura ou etnia, para calcular a massa livre de gordura (MLG), a água corporal total (ACT) e a gordura corporal, é necessário gerar equações matemáticas que correlacionem as medidas ao volume do compartimento de interesse. Essas equações são encontradas comparando as medidas de resistência com outros métodos de análise corporal (Houtkooper et al., 1996) (Gudivaka et al., 1999). (Para listas detalhadas de equações, consulte Houtkooper et al., 1996 e Kyle et al., 2004a.)

Frequência e métodos de BIA

Em tecidos vivos, a dispersão da corrente elétrica depende de sua frequência (Van Loan et al., 1993). Em razão do caráter capacitivo das membranas celulares, uma corrente de frequência zero ou baixa flui em torno das células apenas na água extracelular (AEC), enquanto a corrente de frequência infinita ou alta também passa pela membrana celular e pela água intracelular (AIC) (Kyle et al., 2004a) (Jaffrin e Morel, 2008) (Medrano et al., 2010). A faixa de frequência ideal não pode ser alcançada ao medir com eletrodos de superfície, e a frequência é limitada a 5-1.000 kHz. Portanto, elas precisam ser extrapoladas usando um gráfico, que é chamado de gráfico Cole-Cole (Cole e Cole, 1941) (Jaffrin e Morel, 2008). A 50 kHz, a corrente passa pela água corporal total (ACT), mas, dependendo do tecido, a distribuição entre a água intracelular (AIC) e a água extracelular (AEC) difere (Kyle et al., 2004a).

Na BIA, vários métodos de medição são realizados. A BIA de frequência única (SF-BIA) mede Z numa frequência (tipicamente 50 kHz) e inclui modelos de regressão empírica, que permitem a estimativa da massa isenta de gordura (MLG) e da água corporal total (ACT) com precisão razoável em indivíduos normalmente hidratados (Gudivaka et al., 1999). A BIA multifrequência (MF-BIA) combina dados de impedância de 2-7 frequências com equações de regressão e parece ser sensível a alterações na água extracelular (AEC) ou na relação AEC/ACT, que pode indicar edema e/ou desnutrição (Kyle et al., 2004a) (Baracos et al., 2012).

A espectroscopia bioelétrica (BIS), como a MF-BIA, também inclui modelagem matemática e equações de mistura (Kyle et al., 2004a). A espectroscopia de composição corporal (BCS) funciona como a BIS, mas usa parâmetros corrigidos pelo IMC (Moissl et al., 2006). A análise de vetores de bioimpedância elétrica (*bioelectrical impedance vector analysis* – BIVA) é um modelo gráfico de SF-BIA em que o gráfico R-Xc é comparado com elipses de tolerância de 50, 75 e 95% calculadas em uma população saudável do mesmo gênero e etnia (Piccoli et al., 1996) (Piccoli et al., 2000) (Kyle et al., 2004a).

Circuitos elétricos

Outro fator complexo ao descrever o corpo humano usando um modelo elétrico é que o comportamento do tecido biológico precisa ser comparado com circuitos elétricos nos quais a capacitância (células do corpo) e a resistência (ACT) possam ser combinadas em série ou em paralelo. Em ambas as combinações, a mesma impedância pode ser medida, mas o valor do componente será diferente (Foster e Lukaski, 1996). Vários modelos de R e Xc em série, em paralelo e em circuitos combinados foram estabelecidos com variações adicionais nas frequências aplicadas e constantes que são específicas para cada modelo. Todos esses modelos tentam correlacionar o sinal elétrico ao volume de água no compartimento de interesse (Gudivaka et al., 1999).

Quais são as dificuldades com a BIA?

A desvantagem de ver o corpo como um conjunto de cilindros, ao medir a impedância de todo o corpo (soma do membro superior, tronco e membro inferior), é que o tronco está contribuindo desproporcionalmente menos (não mais que 8%) para Z do que os membros. Isso ocorre porque pequenas mudanças na área da seção transversal dos membros mostrarão um impacto relativamente grande em Z. Comparadas ao volume total do corpo, essas mudanças são relativamente pequenas e, portanto, mudanças de volume grandes no tronco podem mostrar pouca ou nenhuma mudança na geometria (Organ et al., 1994). Esse efeito não é evidente em indivíduos com distribuição de água equilibrada. Aqui, cada segmento medido é representativo de toda a situação corporal (De Lorenzo e Andreoli, 2003). No entanto, essa situação destaca que as variações da massa corporal magra (MCM) ou da massa corpórea (MC) (dos membros ou do tronco) ou grandes alterações de volume de líquido na cavidade abdominal (p. ex., ascite) não são bem captadas pela impedância do corpo inteiro (Kyle et al., 2004a) (Fig. 24.4).

Para superar essa limitação, uma medição segmentar da BIA é realizada. De Lorenzo e Andreoli (2003) acharam que essa abordagem é um método relativamente preciso para a avaliação da composição corporal em indivíduos saudáveis. Além disso, mede a distribuição de fluidos e suas alterações em indivíduos saudáveis e não saudáveis.

Outra limitação da BIA é que a água corporal total (ACT) dos compartimentos, a água intracelular (AIC), a água extracelular (AEC), a massa livre de gordura (MLG) e a massa corpórea (MC) são intercorrelacionadas entre si (Schoeller, 2000). Em pacientes super-hidratados, por exemplo, uma desnutrição proteica relevante pode estar escondida na massa livre de gordura (MLG) em decorrência de uma expansão da água extracelular (AEC) (Kyle et al., 2004a). Para superar essa intercorrelação, a BIA pode ser realizada antes e depois de uma intervenção de alteração na distribuição do fluido corporal, por exemplo, uma pressão local aplicada no tecido (Kotler et al., 1996). Se a intervenção altera a resistividade da água corporal, por exemplo, injeção de fluido cristaloide, essa abordagem levaria a possíveis erros (Schoeller, 2000).

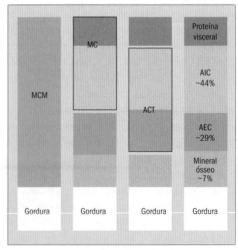

Figura 24.4 A distribuição aproximada do compartimento (após Kyle et al., 2004a).

Gordura = gordura corporal = peso − MLG (Kyle et al., 2004a)

Massa corporal magra (MCM) = Massa livre de gordura (MLG) = tudo o que não é gordura corporal (Kyle et al., 2004a).

Água extracelular (AEC)

Massa corpórea (MC) = inclui todas as células não adiposas, bem como o compartimento aquoso das células adiposas (portanto, a estimativa de tamanho é difícil) (Kyle et al., 2004a). É o compartimento rico em proteínas que é afetado em estados catabólicos (Baracos et al., 2012).

Água intracelular (AIC)

Água corporal total (ACT) = AEC + AIC, fortemente relacionada à MLG, em indivíduos saudáveis contém ~73% de água (a média de hidratação varia com a idade) (Kyle et al., 2004a).

Resumo

A BIA funciona bem em indivíduos saudáveis e em pacientes com doenças crônicas, desde que seja escolhida a equação apropriada e validada em relação a idade, sexo e etnia (Kyle et al., 2004b). Para informações mais detalhadas sobre recomendações relacionadas à aplicação clínica da BIA, ver Kyle et al. (2004b).

SENSORES DE MOVIMENTO PORTÁTEIS

Dentro da indústria esportiva, tornou-se moda usar dispositivos eletrônicos facilmente portáteis para avaliar fatores voltados para o desempenho, como variabilidade da frequência cardíaca, queima calórica, número de passos e distâncias, velocidade e aceleração. Espera-se que esse campo tecnológico se torne um dos mercados de crescimento mais rápido dentro dos produtos digitais de consumo. No campo do movimento orientado pela fáscia, abordagens que medem velocidade e aceleração parecem ser desenvolvimentos promissores.

No tratamento de tendinopatias de calcâneo e da fasciose plantar, a pesquisa clínica mostrou que contrações excêntricas lentas dos músculos da panturrilha são benéficas (p. ex., descer lentamente com o calcanhar enquanto nas pontas dos pés em uma escada). Enquanto a maioria dos médicos assume que a contração excêntrica é a responsável por esse efeito, investigações recentes de Kjaer et al. (2014) sugerem que é apenas a velocidade lenta da execução do exercício a responsável pelos resultados benéficos, e não a ativação excêntrica ou concêntrica (Cap. 5). A maioria das pessoas tende a se mover mais rápido em contração concêntrica em comparação com ativações excêntricas nesse exercício. No entanto, quando supervisionados de perto e encorajados a levantar o calcanhar com a mesma velocidade lenta que mostram durante a aplicação padrão de queda, os pacientes demonstraram exatamente a mesma quantidade de melhora.

Da mesma forma, há também indicações de que uma execução superlenta de tratamentos com rolos de espuma (p. ex., em casos de endurecimento doloroso do trato iliotibial, também conhecida como joelho do corredor) pode estimular o fibroblasto tratado localmente a uma expressão aumentada da enzima MMP-1 durante as horas subsequentes (Zheng et al., 2012). Isso criaria um efeito antifibrótico, ou um efeito geral de amaciamento nas cicatrizes e contraturas de tecido semelhantes, por meio de tais aplicações de tratamento superlentas. Resta saber se, e de que maneira, pequenos sensores digitais de movimento podem ser desenvolvidos para auxiliar os pacientes na condução de seus autotratamentos dentro de sua velocidade terapêutica recomendada.

Ainda mais promissor é o uso de minúsculos acelerômetros. Em geral, uma pequena massa é suspensa dentro de uma pequena caixa. A ferramenta mede o deslocamento no próprio sensor e, tipicamente, todos os três planos de movimento. Esses deslocamentos surgem de mudanças na inércia e, portanto, de qualquer aceleração ou desaceleração na direção medida. Com base nos avanços em microeletrônica, tem havido melhoras rápidas nos últimos anos no desenvolvimento de sensores inerciais sem fio que podem ser usados no corpo e que são pequenos o suficien-

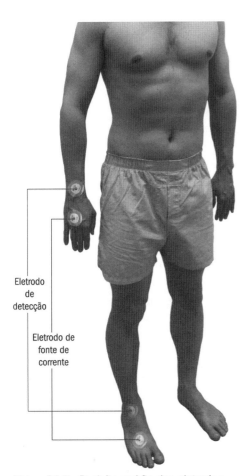

Figura 24.5 Posição padrão dos eletrodos para medição de impedância em todo o corpo.

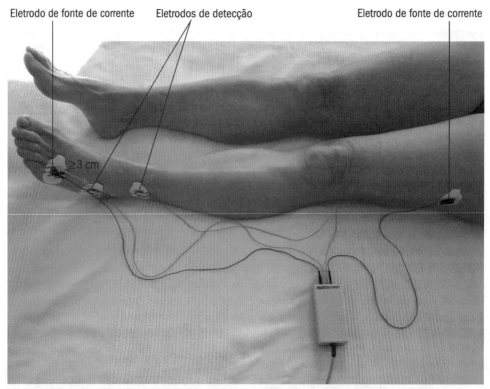

Figura 24.6 Medida segmentar do pé.

te para não impedir a dinâmica normal dos movimentos. Esses sensores respondem a mudanças minúsculas na inércia durante um movimento de aceleração ou desaceleração. Os custos caíram drasticamente nos últimos anos (de US$ 20 a US$ 250 para produtos de usuário final, e de US$ 2 a US$ 600 para técnicos/cientistas). Hoje, muitos *smartphones* já incluem acelerômetros embutidos para uso diário.

Algumas empresas de calçados de corrida começaram a implantar esses sensores em seus calçados. O dispositivo de monitoramento é então usado como pulseira, relógio de pulso ou é incluído como um aplicativo de *software* em um programa de *smartphone*. Estão disponíveis dispositivos semelhantes que podem ser facilmente presos a um cinto ou colocados em um bolso. Após algumas etapas iniciais de calibração, os programas de *software* desses dispositivos geralmente são capazes de detectar o nível de atividade da pessoa, por exemplo, se está descansando, subindo escadas ou caminhando.

No treinamento pliométrico, eles também foram usados para avaliar os efeitos do treinamento em termos de aceleração melhorada (Ruben et al., 2010). Juntamente com algoritmos desenvolvidos apropriadamente no *software* que os acompanha, eles já permitem o reconhecimento de seu "dono" por meio de sua assinatura de movimento individual: por exemplo, em caminhadas, escadas etc. (Godfrey et al., 2008) (Strath et al., 2012).

Parece plausível que eles também possam ser adições úteis para detectar em que medida uma pessoa realiza um exercício com mudanças de velocidade sinusoidais favoráveis à fáscia, e não de uma maneira brusca (Cap. 11, Fig. 11.2). A esse respeito, esses minúsculos sensores de movimento também podem servir como suporte de proteção para evitar lesões por esforço em movimentos dinâmicos. Para os corredores, esses sensores poderiam substituir o ouvido humano qualificado para dar um *biofeedback* sobre a qualidade "ninja" em um determinado dia (Cap. 11). Eles também poderiam dar recomendações ao corredor sobre a inserção adequada de breves pausas de caminhada (i. e., quando a qualidade inicial da retração elástica se perde em troca de uma qualidade de movimento mais pesada e barulhenta).

Referências bibliográficas

Ahn, A.C., Park, M., Shaw, J.R., McManus, C.A., Kaptchuk, T.J. & Langevin, H.M. (2010) Electrical impedance of acupuncture meridians: the relevance of subcutaneous collagenous bands. *PLoS one* 5(7): e11907.

Aird, L., Samuel, D. & Stokes, M. (2012) Quadriceps muscle tone, elasticity and stiffness in older males: Reliability and symmetry using the MyotonPRO. *Arch Gerontol Geriatr.* 55(2): e31–e39.

Anderson, F.A., Jr. (1988) *Impedance Plethysmography in Encyclopedia of Medical Devices and Instrumentation.* John Wiley & Sons, 3: 1632–1643.

Baracos, V., Caserotti, P., Earthman, C.P., Fields, D., Gallagher, D., Hall, K.D., Heymsfield, S.B., Müller, M.J., Napolitano Rosen A., Pichard, C., Redman L.M., Shen, W., Shepherd, J.A. & Thomas, D. (2012) Advances in the science and application of body composition measurement. *J Parenter Enteral Nutr.* 36(1): 96–107.

Chertow, G.M., Lowrie, E.G., Wilmore, D.W., Gonzalez, J., Lew, N.L., Ling, J., Leboff, M.S., Gottlieb, M.N.,Huang, W. & Zebrowski, B. (1995) Nutritional assessment with bioelectrical impedance analysis in maintenance hemodialysis patients. *J Am Soc Nephrol.* 6(1): 75–81.

Cole, K.S. & Cole, R.H. (1941) Dispersion and absorption in dielectrics I. Alternating current characteristics. *J Chem Phys.* 9: 341–351.

De Lorenzo, A. & Andreoli, A. 2003. Segmental bioelectrical impedance analysis. *Curr Opin Clin Nutr Metab Care.* 6(5): 551–555.

Frenzel, P., Schleip, R. & Geyer, A. (2013) Effects of stretching and/or vibration on the plantar fascia. In: A. Vleeming, C. Fitzgerald, A. Kamkar, J. van Dieen, B. Stuge, M. van Tulder, L. Danneels, P. Hodges, J. Wang, R. Schleip, H. Albert, B. Sturesson eds. *Conference proceedings of the 8th Interdisciplinary World Congress on Low Back& Pelvic Pain.* Dubai 2013. 546–547.

Foster, K.R. & Lukaski, H.C. (1996) Whole-body impedance–what does it measure? *Am J Clin Nutr.* 64(3): 388S–396S.

Godfrey, A., Conway, R., Meagher, D. & OLaighin, G. (2008) Direct measurement of human movement by accelerometry. *Med Eng Phys.* 30(10): 1364–1386.

Gordon, C., Schleip, R., Gevirtz, R.N. & Andrasik, F. (2011) Eine neue integrative Kombinationstherapie. *PT-Zeitschrift für Physiotherapeuten* 63(10): 72–77.

Gudivaka, R., Schoeller, D.A., Kushner, R.F. & Bolt, M.J.G. (1999) Single-and multifrequency models for bioelectrical impedance analysis of body water compartments. *J Appl Physiol.* 87(3): 1087–1096.

Hodges, P.W., Pengel, L.H., Herbert, R.D. & Gandevia, S.C. (2003) Measurement of muscle contraction with ultrasound imaging. *Muscle Nerve* 27(6): 682–692.

Houtkooper, L.B., Lohman, T.G., Going, S.B. & Howell, W.H. (1996) Why bioelectrical impedance analysis should be used for estimating adiposity. *Am J Clin Nutr.* 64(3): 436S–448S.

Jaffrin, M.Y. & Morel, H. (2008) Body fluid volumes measurements by impedance: A review of bioimpedance spectroscopy (BIS) and bioimpedance analysis (BIA) methods. *Med Eng Phys.* 30(10): 1257–1269.

Kim, C.T., Findley, T.W. & Reisman, S.R. (1997) Bioelectrical impedance changes in regional extracellular fluid alterations. *Electromyogr Clin Neurophysiol.* 37(5): 297–304.

Kjaer, M. & Heinemeier, K.M. (2014). Eccentric exercise: Acute and chronic effects on healthy and diseased tendons. *J Appl Physiol.* Epub ahead of print; DOI: 10.1152/japplphysiol.01044.2013

Kotler, D.P., Burastero, S., Wang, J. & Pierson, R.N. (1996) Prediction of body cell mass, fat-free mass, and total body water with bioelectrical impedance analysis: effects of race, sex, and disease. *Am J Clin Nutr.* 64(3): 489S–497S.

Kyle, U.G., Bosaeus, I., De Lorenzo, A.D., Deurenberg, P., Elia, M., Gómez, J.M., Heitmann, B.L., Kent-Smith, L., Melchior, J.-C., Pirlich, M., Scharfetter, H., Schols, M.W.J. &Pichard, C. Composition of the ESPEN Working Group. (2004a) Bioelectrical impedance analysis-part I: review of principles and methods. *Clin Nutr.* 23(5): 1226–1243.

Kyle, U.G., Bosaeus, I., De Lorenzo, A.D., Deurenberg, P., Elia, M., Gómez, J.M., Heitmann, B.L., Kent-Smith, L., Melchior, J.-C., Pirlich, M., Scharfetter, H., Schols, M.W.J. & Pichard, C. (2004b) Bioelectrical impedance analysis-part II: utilization in clinical practice. *Clin Nutr.* 23(6): 1430–1453.

Kyle, U.G., Soundar, E.P., Genton, L. & Pichard, C. (2012) Can phase angle determined by bioelectrical impedance analysis assess nutritional risk? A comparison between healthy and hospitalized subjects. *Clin Nutr.* 31(6): 875–881.

Langevin, H.M., Fox, J.R., Koptiuch, C., Badger, G.J., Greenan-Naumann, A.C., Bouffard, N.A., Konofagou, E.E., Lee, W.N., Triano, J.J. & Henry, S.M. (2011) Reduced thoracolumbar fascia shear strain in human chronic low back pain. *BMC Musculoskelet Disord.* 12: 203.

Lee, D. (2011) *The Pelvic Girdle: An integration of clinical expertise and research.* 4th ed. Edinburgh, Elsevier.

Martínez Rodríguez, R. & Galán del Río, F. (2013) Mechanistic basis of manual therapy in myofascial injuries. Sonoelastographic evolution control. *J Bodyw Mov Ther.* 17(2): 221–234.

Medrano, G., Eitner, F., Walter, M. & Leonhardt, S. (2010) Model-based correction of the influence of body position on continuous segmental and hand-to-foot bioimpedance measurements. *Med Biol Eng Comput.* 48(6): 531–541.

Moissl, U.M., Wabel, P., Chamney, P.W., Bosaeus, I., Levin, N.W., Bosy-Westphal, A., Korth, O., Müller M.J., Ellegård, L., Malmros, V., Kaitwatcharachai, C., Kuhlman, M.K., Zhu, F. & Fuller, N.J. (2006) Body fluid volume determination via body composition spectroscopy in health and disease. *Physiol meas.* 27(9): 921–933.

Myburgh, C., Larsen, A.H. & Hartvigsen, J. (2008) A systematic, critical review of manual palpation for identifying myofascial trigger points: evidence and clinical significance. *Arch Phys Med Rehabil.* 89(6): 1169–1176.

O'Brien, C., Young, A.J. & Sawka, M.N. (2002) Bioelectrical impedance to estimate changes in hydration status. International journal of sports medicine. 23(5): 361–366.

Oldham, N.M. (1996) Overview of bioelectrical impedance analyzers. *Am J Clin Nutr.* 64(3): 405S–412S.

Organ, L.W., Bradham, G.B., Gore, D.T. & Lozier, S.L. (1994) Segmental bioelectrical impedance analysis. *J Appl Physiol.* 77(1): 98–112.

Park, G., Kim, C.W., Park, S.B., Kim, M.J. & Jang, S.H. (2011) Reliability and usefulness of the pressure pain threshold measurement in patients with myofascial pain. *Ann Rehabil Med.* 35(3): 412–417.

Piccoli, A., Piazza, P., Noventa, D., Pillon, L. & Zaccaria, M.(1996) A new method for monitoring hydration at high altitude by bioimpedance analysis. *Med Sci Sports Exerc.* 28(12): 1517–1522.

Piccoli, A., Pittoni, G., Facco, E., Favaro, E. & Pillon, L. (2000) Relationship between central venous pressure and bioimpedance vector analysis in critically ill patients. *Crit Care Med.* 28(1): 132–137.

Pichard, C., Kyle, U.G., Gremion, G., Gerbase, M. & Slosman, D.O. (1997) Body composition by x-ray absorptiometry and bioelectrical impedance in female runners. *Med Sci Sports Exerc.* 29(11): 1527–1534.

Ruben, R.M., Molinari, M.A., Bibbee, C.A., et al. (2010) The acute effects of an ascending squat protocol on performance during horizontal plyometric jumps. *J Strength Cond Res.* 24(2): 358–369.

Sconfienza, L.M., Silvestri, E., Orlandi, D., Fabbro, E., Ferrero, G., Martini, C., Sardanelli, F. & Cimmino, M.A. (2013) Real-time sonoelastography of the plantar fascia: comparison between patients with plantar fasciitis and healthy control subjects. *Radiology.* 267(1): 195–200.

Schleip, R., Duerselen, L., Vleeming, A., Naylor, I.L., Lehmann-Horn, F., Zorn, A., Jaeger, H. & Klingler, W. (2012) Strain hardening of fascia: static stretching of dense fibrous connective tissues can induce a temporary stiffness increase accompanied by enhanced matrix hydration. *J Bodyw Mov Ther.* 16(1): 94–100.

Schoeller, D.A. (2000) Bioelectrical Impedance Analysis What Does It Measure? *Ann N Y Acad Sci.* 904(1): 159–162.

Schüler, R. (1998) *Apparative Gefäßdiagnostik.* Ilmenau: ISLE Verlag. 17–23.

Segal, K.R., Burastero, S., Chun, A., Coronel, P., Pierson, R.N. & Wang, J. (1991) Estimation of extracellular and total body water by multiple-frequency bioelectrical-impedance measurement. *Am J Clin Nutr.* 54(1): 26–29.

Stecco, A., Meneghini, A., Stern, R., Stecco, C. & Imamura, M. (2014) Ultrasonography in myofascial neck pain: randomized clinical trial for diagnosis and follow-up. *Surg Radiol Anat.* 36(3): 243–253.

Strath, S.J., Pfeiffer, K.A. & Whitt-Glover, M.C. (2012) Accelerometer use with children, older adults, and adults with functional limitations. *Med Sci Sports Exerc.* 44 (1Suppl1). S77–S85.

Van Loan, M.D., Withers P., Matthie, J. & Mayclin, P.L. (1993) Use of bioimpedance spectroscopy to determine extracellular fluid, intracellular fluid, total body water, and fat-free mass. *Basic Life Sci.* 60: 67–70.

Zheng, L., Huang, Y., Song, W., Gong, X., Liu, M., Jia, X., Zhou, G., Chen, L., Li, A. & Fan, Y. (2012) Fluid shear stress regulates metalloproteinase-1 and 2 in human periodontal ligament cells: Involvement of extracellular signal-regulated kinase (ERK) and P38 signaling pathways. *J Biomech.* 45: 2368–2375.

Leituras adicionais

Deurenberg, P. (1996) Limitations of the bioelectrical impedance method for the assessment of body fat in severe obesity. *Am J Clin Nutr.* 64(3): 449S–452S.

Genton, L., Hans, D., Kyle, U.G. & Pichard, C. (2002) Dual-energy X-ray absorptiometry and body composition: differences between devices and com-parison with reference methods. *Nutrition.* 18(1): 66–70.

Medrano, G., Eitner, F., Walter, M. & Leonhardt, S. (2010) Model-based correction of the influence of body position on continuous segmental and hand-to-foot bioimpedance measurements. *Med Biol Eng Comput.* 48(6): 531–541.

Pirlich, M., Schütz, T., Ockenga, J., Biering, H., Gerl, H., Schmidt, B., Ertl, S., Plauth, M. & Lochs, H. (2003) Improved assessment of body cell mass by segmental bioimpedance analysis in malnourished subjects and acromegaly. *Clin Nutr.* 22(2): 167–174.

Scharfetter, H., Monif, M., László, Z., Lambauer, T., Hutten, H. & Hinghofer-Szalkay, H. (1997) Effect of postural changes on the reliability of volume estimations from bioimpedance spectroscopy data. *Kidney Int.* 51(4): 1078–1087.

Segal, K. R. (1996) Use of bioelectrical impedance analysis measurements as an evaluation for participating in sports. *Am J Clin Nutr.* 64(3): 469S–471S.

25
Métodos de palpação e avaliação funcional para disfunção relacionada à fáscia

Leon Chaitow

INTRODUÇÃO

A fáscia fornece continuidade estrutural e funcional entre os tecidos duros e moles do corpo. É um componente sensorial, elástico-plástico universal que reveste, apoia, separa, conecta, divide, envolve e dá forma e funcionalidade ao resto do corpo, ao mesmo tempo que permite a fluidez e o deslizamento dos movimentos, bem como desempenha um papel importante na transmissão de forças mecânicas entre estruturas (Cap. 1). Pelo menos, é assim que a fáscia se comporta quando é saudável e totalmente funcional. Na realidade, por causa da idade, trauma ou inflamação, por exemplo, a fáscia pode encurtar, tornando-se dolorosa e restrita, e falhar em permitir uma transmissão de forças coerente e indolor, ou interações suaves de deslizamento, entre diferentes camadas de tecidos do corpo (Langevin et al., 2009).

ADAPTAÇÃO

Uma maneira de ver a disfunção relacionada à fáscia – que ocorre gradualmente ao longo do tempo, acontece subitamente após um trauma ou inflamação ou que pode fazer parte de mudanças inevitáveis relacionadas à idade – é como uma adaptação fisiológica ou biomecânica ou como uma compensação. A contração do tecido neuromiofascial pode resultar em graus variados de ligações indutoras de dor, ou "aderências", entre camadas que deveriam ser capazes de se esticar e deslizar umas sobre as outras, possivelmente prejudicando a função motora (Grinnel, 2009) (Fourie e Robb, 2009) (Cap. 2).

Há um processo que evolui e que pode ser resumido como "densificação" de tecidos anteriormente mais flexíveis, incluindo a fáscia. A densificação envolve interferências advindas de relações miofasciais complexas, alteração do equilíbrio muscular, controle motor e propriocepção (Stecco e Stecco, 2009). Esses processos adaptativos de evolução lenta podem se tornar habituais e naturais. Por exemplo, em um indivíduo com um padrão postural cronicamente alterado, envolvendo uma posição anterior da cabeça, ombros alongados, um grau de cifose dorsal e lordose lombar, haverá tanto uma série de alterações de tecidos moles, fibrose etc. como a evolução de padrões posturais, habituais e enraizados, que em geral são difíceis de modificar, a menos que as características crônicas do tecido sejam alteradas por meio de exercícios e/ou intervenções terapêuticas. Myers (2009) expressou esse fenômeno adaptativo progressivo como envolvendo um processo no qual a carga crônica do tecido leva a "padrões de sustentação de tecido mole global", no qual a desobstrução postural e o desequilíbrio e disfunção funcionais são visíveis, bem como palpáveis.

Um resumo rápido de tais processos pode descrevê-los como o resultado de:

- Uso excessivo, por exemplo, ações repetitivas.
- Mau uso, por exemplo, danos posturais ou ergonômicos.
- Desuso, por exemplo, falta de exercício.
- Abuso, por exemplo, trauma.
- Ou qualquer combinação desses.

Quaisquer que sejam as características contribuintes únicas ou múltiplas, o resultado final é de modificações estruturais e funcionais que impedem a atividade normal, resultam em desconforto ou dor e que, por si próprias, demandam adaptações adicionais à medida que o indivíduo tenta compensar restrições e uso de padrões alterados.

OBJETIVOS DA AVALIAÇÃO

Ao avaliar possíveis intervenções, sejam terapêuticas ou relacionadas ao exercício, é importante averiguar quais tecidos, estruturas, padrões e mecanismos podem estar envolvidos. Por exemplo, há alguma evidência de alteração do tecido mole, envolvendo hipertonicidade ou fibrose? Existe envolvimento articular ou neurológico? Os tecidos estão inflamados? Em outras palavras: por que isso está acontecendo? Quais características causativas ou de manutenção são identificáveis? Quais ações úteis podem ser tomadas para modificar, melhorar e corrigir a situação?

Como ponto de partida, a fim de incentivar a reabilitação, as áreas de restrição precisam ser identificadas e avaliadas para que possam ser incentivadas para a retomada da normalidade. A questão de como identificar melhor essas alterações fisiopatológicas é, portanto, um dos principais desafios enfrentados pelos profissionais, antes que as terapias, modalidades manuais e/ou de movimento possam ser aplicadas com segurança. Felizmente, uma gama de ferramentas de palpação e avaliação está disponível para ajudar a alcançar a identificação e localização da disfunção, como será descrito mais adiante neste capítulo.

COLETA DE EVIDÊNCIAS

A tomada de decisão clínica deve basear-se na combinação da história e das características únicas do indivíduo, combinadas com informações objetivas e subjetivas, reunidas a partir de avaliação, observação, palpação e exame. As descobertas de tais esforços para coleta de informações precisam ser correlacionadas com quaisquer evidências existentes, estudos de pesquisas, experiências etc. que ofereçam orientação sobre diferentes opções terapêuticas. Portanto, o objetivo da palpação e da avaliação é a coleta de evidências sobre função e disfunção, para que decisões clínicas informadas possam ser tomadas, em vez de serem baseadas em suposições. O que está muito contraído? O que está muito frouxo? Quais funções estão prejudicadas? Quais cadeias e estruturas cinéticas estão envolvidas? Quais são as causas? O que pode ser feito para remediar ou melhorar a situação?

Existem muitos métodos e protocolos de avaliação funcional, bem como uma variedade de métodos de palpação que podem ajudar nessa busca por informações e respostas. Alguns deles foram testados quanto à confiabilidade, outros são usados extensivamente, sem qualquer evidência clara de que sejam confiáveis.

Isso leva a uma recomendação-chave: que nenhuma "evidência" isolada obtida pela observação, ou pelos resultados de testes e avaliações funcionais, ou da palpação, deve ser usada sozinha como evidência para guiar as escolhas clínicas. É muito mais seguro confiar em combinações de evidências que apoiam umas às outras e que apontam para opções de reabilitação e/ou tratamento.

> ### Opções terapêuticas
>
> Quando o potencial dos movimentos de fluir/deslizar da fáscia é reduzido, doloroso ou foi perdido, o restabelecimento da função normal requer atenção aos fatores causais, assim como aos de manutenção, associados às camadas fasciais disfuncionais. Este capítulo foca a avaliação, a palpação e a análise das alterações fasciais que podem estar contribuindo para sintomas funcionais ou relacionados à dor. A intenção de usar tais descobertas é decidir sobre as melhores maneiras de incentivar uma função mais normal. Existem, evidentemente, múltiplas estratégias que visam melhorar, corrigir ou reabilitar tal disfunção, mas as ambições de todas elas podem ser resumidas brevemente como segue:
> - Reduzir a carga adaptativa: por exemplo, modificar o uso excessivo, o uso incorreto ou outras situações que estão contribuindo para o problema.
> - Melhorar a funcionalidade: por exemplo, melhorar a postura, a função respiratória, a nutrição, o sono, os padrões de exercício, bem como a mobilidade local e a estabilidade dos tecidos.
> - Concentrar-se na redução dos sintomas: o que pode ser uma opção pobre, potencialmente de curto prazo, a menos que, e até que, as exigências adaptativas sejam reduzidas e/ou melhoradas.

AVALIAÇÃO POSTURAL

Uma avaliação geral dos padrões de postura e movimento oferece pistas iniciais sobre áreas que estão pouco ativas ou excessivamente ativas em suas amplitudes de movimento ou funcionalidade.

> ### Coleta de informações
>
> 1. Uma avaliação geral dos padrões posturais e de movimento oferece uma visão geral do que é funcional e quais tecidos, estruturas e áreas requerem investigação adicional (ver quadro "Opções terapêuticas").
> 2. Testar determinados músculos-chave quanto a um encurtamento relativo, bem como quanto à eficiência funcional, permite uma avaliação mais concentrada dos locais onde existem restrições.
> 3. Dentro de áreas identificadas, como músculos encurtados, áreas locais de disfunção podem ser isoladas por meio de palpação direta (ver notas sobre ARTT mais adiante neste capítulo).

SÍNDROMES CRUZADAS (ver Fig. 25.1)

Padrões de desequilíbrio, como os padrões da síndrome cruzada superior e inferior, têm sido classicamente interpretados como demonstrações de músculos extensores hipertônicos sobrepujando os flexores abdominais inibidos (Janda, 1996).

Greenman (1996) explicou essa perspectiva da seguinte forma: "O desequilíbrio muscular consiste no encurtamento e na compressão de grupos musculares (geralmente os músculos tônicos 'posturais') e na fraqueza de outros grupos musculares (geralmente os músculos fásicos), com a consequente perda de controle da função muscular integrada. A síndrome cruzada inferior envolve iliopsoas, reto femoral, FTL, os adutores curtos da coxa e o grupo eretor da espinha hipertônicos e, portanto, encurtados, com músculos abdominais e glúteos inibidos. Isso inclina a pelve para a frente no plano frontal, enquanto flexiona as articulações dos quadris e exagera a lordose lombar." Além disso, não é incomum que o quadrado do lombo encurte e contraia, enquanto os glúteos máximo e médio enfraquecem. A síndrome cruzada superior envolve, entre outros músculos, extensores cervicais, parte descendente do trapézio, peitorais, eretores da espinha torácicos hipertônicos, com flexores profundos do pescoço e fixadores inferiores dos ombros inibidos.

Key et al. (2010) observam que esse padrão pode envolver "um deslocamento posterior (pélvico) com aumento da rotação ou inclinação sagital anterior", juntamente com um desvio/translação anterior do tórax e da cabeça. Esses casos podem resultar em controle diafragmático e alteração da função do assoalho pélvico.

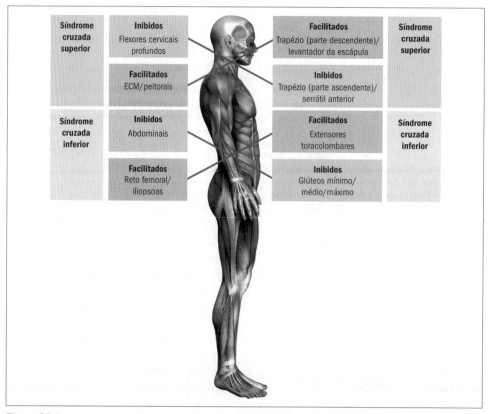

Figura 25.1
O padrão postural chamado de "síndrome cruzada", como descrito por Janda (1983).

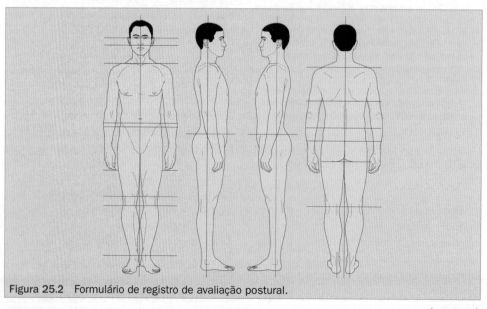

Figura 25.2 Formulário de registro de avaliação postural.

(continua)

Avaliação visual da impressão postural geral (i. e., não diagnóstica)

O indivíduo em avaliação está em pé.

Avaliação estática

1. **Vista posterior**
Nota: simetria e níveis de ombros e escápulas e qualquer evidência de escápula alada, posição da cabeça, qualquer curvatura da coluna vertebral, bem como volume relativo dos músculos paraespinais, posição da pelve, dobras de gordura (vincos) na cintura e glúteos, simetria e posição dos joelhos, pés, maléolos, tendões do calcâneo, membros superiores e qualquer assimetria morfológica óbvia, como cicatrizes ou contusões.
2. **Vista lateral**
Nota: estado dos joelhos: relaxados ou travados em extensão, curvas da coluna vertebral: exageradas ou invertidas, posição da cabeça: para a frente ou equilibrada, evidência de ptose abdominal ("flacidez") ou qualquer assimetria morfológica óbvia, como cicatrizes ou contusões.
3. **Vista anterior**
Nota: níveis do ombro: há simetria na linha medioesternal, inclinação da cabeça, desvio das clavículas, assimetria da pelve: as cristas estão niveladas, simetria da patela e qualquer assimetria morfológica óbvia, como cicatrizes ou contusões.
Os desequilíbrios que você observa sugerem um padrão no qual pode haver restrições, estruturas envolvendo padrões de "síndrome cruzada", rotações, desvios laterais ou envolvimento particular da cadeia fascial? Em caso afirmativo, investigue usando palpação, bem como avaliações funcionais (ver abaixo).

Avaliação ativa

Agora observe o indivíduo caminhando para longe e para perto de você, bem como de lado. Faça isso devagar e com mais rapidez, avalie a passada, equilíbrio/simetria, transferência de peso, padrões incomuns de movimento. Registre os achados de suas impressões. Observe uma variedade de movimentos normais potencialmente significativos, particularmente aqueles de que o indivíduo se queixa de serem dolorosos ou limitados, e, além disso, olhe atentamente para quaisquer padrões anormais quando o indivíduo está sentado com as pernas estendidas (como na Fig. 25.5) ou se dobra para a frente, para trás, ou quando se estende para cima, assim como o padrão de respiração.
Pergunte a si mesmo:
- O que precisa mudar para ajudar a melhorar/normalizar a postura dessa pessoa?
- O que está contraído, solto, girado, descentralizado, desequilibrado, dobrado, aglomerado e/ou comprimido, e onde podem existir restrições relacionadas a tais observações?
- Quais estruturas fasciais podem estar envolvidas em tais restrições que, se liberadas, permitiriam que ocorresse um alongamento, abertura ou desdobramento postural?

O ENIGMA DA PALPAÇÃO DOS TECIDOS MOLES: OS PROBLEMAS NÃO ESTÃO NECESSARIAMENTE NO LUGAR ONDE ELES PARECEM ESTAR

Nas descrições de síndromes cruzadas, os músculos individuais são nomeados. No entanto, tornou-se óbvio nos últimos anos que o conceito de músculos individuais é falho. As múltiplas conexões fasciais entre os músculos "nomeados" e outros músculos significam que sua ação não é independente. A força é transmitida em várias direções, oferecendo aos músculos uma alavancagem e funcionalidade adicionais, além de adicionar carga a músculos às vezes distantes. Os músculos nomeados individualmente não podem mais ser considerados distintos e separados, operando individualmente. Huijing (1999) apontou que os agonistas e os antagonistas estão ligados estrutural e mecanicamente por meio da fáscia que os conecta, de modo que quando a força é gerada por um motor primário, ela pode ser medida nos tendões dos músculos antagonistas.

Franklyn-Miller et al. (2009) mostraram que, por exemplo, um estiramento dos músculos posteriores da coxa produz 240% da tensão resultante no trato iliotibial e 145% na fáscia toracolombar ipsilateral em comparação com os posteriores da coxa. A transmissão de tensão (carga), durante a contração ou o alongamento, afeta, portanto, muitos outros tecidos além do músculo-alvo, em grande parte por causa de conexões fasciais. É importante ressaltar que isso sugere que restrições musculares aparentes, como "posteriores da coxa retesados", podem não ter origem no músculo afetado, mas em outros lugares. No caso da restrição dos posteriores da coxa, pode haver disfunção fascial no tensor da fáscia lata, ou no toracolombar ipsilateral, criando, estimulando ou mantendo os sintomas dos posteriores da coxa. Esse tipo de interconexão fascial existe em todo o corpo, de modo que, à medida que o conhecimento se acumula a respeito de quais estruturas estão ligadas a outras por meio da fáscia e a qual orientação, a compreensão das fontes de disfunção deve se tornar mais previsível.

PALPAÇÃO, AVALIAÇÃO E TRANSFERÊNCIA DE CARGA: A FÁSCIA TORACOLOMBAR

As estratégias de palpação e avaliação precisam levar em conta esse fenômeno de compartilhamento de carga. A escala do enigma da palpação pode ser vista na ilustração do enorme número de elos potenciais disponíveis a partir de apenas uma estrutura fascial maciça, a fáscia toracolombar. Esta une os músculos eretores da espinha, latíssimo do dorso, quadrado do lombo, psoas, transverso do abdome e músculos do diafragma, além de inúmeras outras estruturas musculares menores (Fig. 25.3 e 25.4).

DESVENDAR O ENIGMA

À medida que focalizamos a atenção na avaliação do encurtamento relativo em certos músculos, precisamos manter a consciência de que existem múltiplas conexões fasciais que unem os músculos com nomes diferentes em uma estrutura virtual de tensegridade interconectada

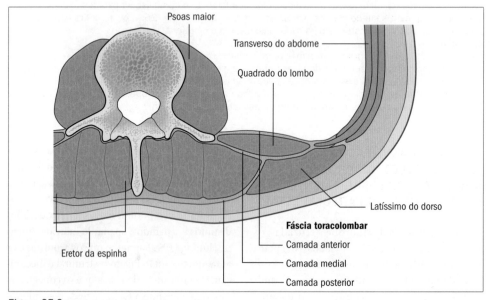

Figura 25.3
Visão transversal do envoltório fascial que une músculos importantes, incluindo o quadrado do lombo, o psoas, o eretor da espinha, o latíssimo do dorso e o transverso do abdome. (Anatomia de Gray.)

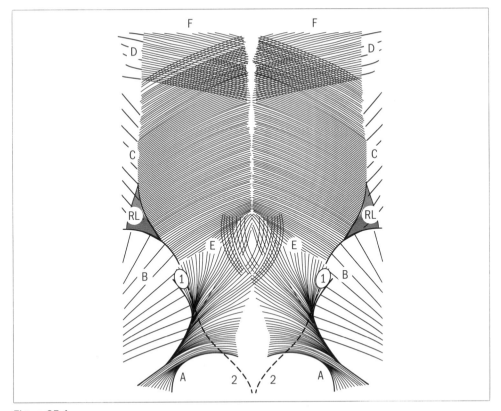

Figura 25.4
A camada profunda da fáscia toracolombar e diferentes direções de fibra de ligações a:
A Ligamento sacrotuberal ligado aos posteriores da coxa
B Fáscia do glúteo médio
C Fáscia do oblíquo interno do abdome
D Serrátil posterior inferior
E Músculos eretores da espinha

A rafe lateral (RL) fornece fixação para parte do oblíquo externo do abdome e latíssimo do dorso, bem como distribui a tensão dos músculos hipaxiais e extremidades adjacentes para as camadas da fáscia toracolombar (Willard et al., 2012). Todas essas camadas e estruturas fasciais se interconectam pela fáscia toracolombar que, como visto na Figura 25.3, provê também os grupos eretores da espinha.

1. Espinha ilíaca posterossuperior
2. Sacro

Observe várias direções de transmissão de força na região sacral. A palpação sensível pode ajudar a identificar direções de tensão restritiva com potencial influência em músculos específicos. Observe que existem conexões fasciais diretas entre o membro superior, o tronco e o membro inferior. Múltiplas conexões fasciais indiretas, menos óbvias, permitem a transmissão de força, com profundas implicações clínicas (Barker et al., 2004).

(Cap. 6). Uma distinção importante precisa ser feita em nossa busca por áreas de restrição responsáveis pelo problema. Há uma necessidade de identificar tanto a *localização* da restrição, por exemplo, posteriores da coxa encurtados, como a *fonte* da restrição, que, como foi expli-cado, poderia estar nos posteriores da coxa, mas também possivelmente na fáscia toracolombar, ou em outro lugar.

O teste da restrição/perda de toda a amplitude de movimentos e o teste da eficiência funcional de determinados músculos-chave permitem uma avaliação mais concentrada dos locais onde existem restrições. Existem estratégias que podem ajudar a identificar áreas que possam ser responsáveis pela disfunção:

1. Observação geral: por exemplo, de postura e movimento normais, como ficar em pé e andar, conforme descrito (ver Avaliação ativa).
2. Observação de movimentos ou posturas funcionais: por exemplo, andar (Cap. 17), posição sentada com as pernas estendidas (ver Fig. 25.5), dobrar, bem como os testes de abdução do quadril e extensão do quadril de Janda (1996).
3. Testes específicos para encurtamento do músculo: ver Tabela 25.1, Sequência de avaliação muscular postural.
4. Palpação manual direta: ver os exercícios de palpação descritos mais adiante no capítulo.

AVALIAÇÃO FUNCIONAL: TESTE DE ABDUÇÃO DO QUADRIL, TESTE DE EXTENSÃO DO QUADRIL

Existem centenas de métodos de avaliação funcional que oferecem evidências de uso excessivo, inibição, restrição e outros aspectos da disfunção, bem como, potencialmente, desconforto ou dor, quando demonstrados. Em decorrência das restrições de espaço, apenas dois exemplos são descritos a seguir.

Teste de abdução do quadril

Essa avaliação pode ser realizada pela inclusão da palpação, no entanto, é possível que a

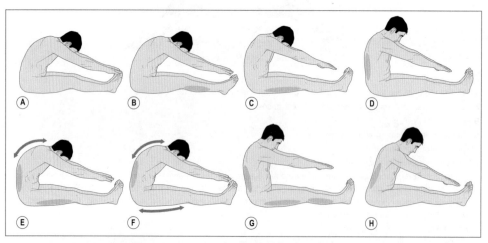

Figura 25.5 A-H Flexão na posição sentada com as pernas estendidas: observação de padrões de restrição quando a flexibilidade é limitada.

Testes para encurtamento dos eretores da espinha e músculos posturais associados.

A Comprimento normal dos músculos eretores da espinha e dos músculos posteriores da coxa.
B Gastrocnêmio e sóleo retesados; incapacidade de dorsiflexão dos pés indica rigidez dos flexores plantares.
C Músculos retesados dos posteriores da coxa, que fazem com que a pelve incline posteriormente.
D Músculos eretores da espinha e lombares retesados.
E Posteriores da coxa retesados; músculos lombares ligeiramente tensos e músculos superiores das costas sobrecarregados.
F Músculos da parte inferior das costas ligeiramente encurtados, músculos da parte superior das costas estirados e músculos posteriores da coxa ligeiramente estirados.
G Músculos lombares, posteriores da coxa e gastrocnêmio/sóleo retesados.
H Músculos lombares muito contraídos, com lordose mantida mesmo em flexão.

adição de toque digital aos músculos em avaliação acrescentaria uma estimulação sensorial motora que poderia reduzir a confiabilidade de quaisquer achados. Somente a observação é encorajada inicialmente, com a adição da palpação direta apenas depois (Fig. 25.6 A).

O objetivo desse teste é rastrear a estabilidade da região lombopélvica. O paciente deve estar deitado de lado com a perna superior apoiada na perna inferior, que é flexionada no quadril e no joelho. A perna de cima deve estar alinhada com o tronco. Solicita-se que o paciente, então, levante lentamente a perna em direção ao teto. Se normal, a perna deve abduzir a 20° sem rotação medial ou lateral, ou flexão do quadril, e sem qualquer "elevação do quadril" ipsilateral (elevação pélvica em direção à cabeça). Deve haver uma contração inicial moderada do eretor da espinha e/ou quadrado do lombo, a fim de estabilizar a pelve. No entanto, isso não deve envolver qualquer contração óbvia, apenas uma indicação de tonificação.

O teste é considerado positivo se qualquer um dos seguintes itens for observado:

1. Rotação lateral ipsilateral quadril/perna, que sugere excesso de atividade e provável encurtamento do piriforme.
2. Rotação pélvica ipsilateral lateral, que sugere excesso de atividade e provável encurta-

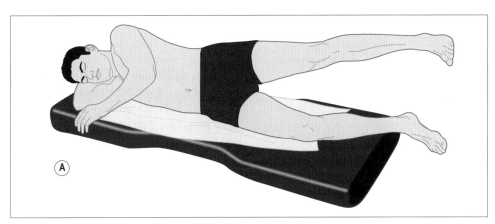

Figura 25.6 A   Teste de abdução do quadril.

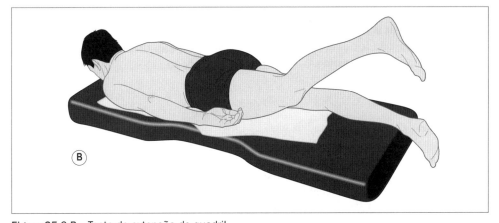

Figura 25.6 B   Teste de extensão do quadril.

mento do piriforme e de outros rotadores laterais do quadril.
3. Flexão ipsilateral de quadril, que sugere excesso de atividade e provável encurtamento dos flexores do quadril, incluindo psoas e/ou tensor da fáscia lata.
4. Elevação em direção à cabeça da pelve ipsilateral antes de 20º de abdução do quadril, o que sugere excesso de atividade e encurtamento do quadrado do lombo.
5. Uma clara dobra deve ser notada no quadril, e não na área da cintura, se o glúteo médio e o tensor da fáscia lata estiverem funcionando idealmente e o quadrado do lombo não for hiperativo.
6. Qualquer dor relatada na execução do movimento de abdução. Por exemplo, desconforto observado na parte interna da coxa pode representar encurtamento de adutores.
7. Qualquer combinação dos itens anteriores.

Teste de extensão do quadril

O objetivo desse teste é avaliar a coordenação de alguns músculos (Fig. 25.6 B) durante a extensão do quadril em decúbito ventral. O paciente deve ficar deitado em decúbito ventral com os membros superiores ao lado do corpo e os pés estendendo-se além do final da mesa. Solicita-se ao paciente, então, que levante uma perna específica em direção ao teto. Uma contração tonificante inicial do eretor da espinha toracolombar, para estabilizar o tronco antes que o membro se estenda, é considerada normal, se a ação for efetuada pela atividade coordenada dos posteriores da coxa ipsilaterais e glúteo máximo.

O teste é considerado positivo se qualquer um dos seguintes itens forem observados:

1. Uma flexão da perna sendo estendida sugere excesso de atividade e provável encurtamento de posteriores da coxa.
2. Disparo tardio ou ausente do glúteo máximo ipsilateral. A ausência de uma contração significativa do glúteo máximo no início do movimento de extensão é considerada significativa, já que este deve ser um dos primeiros a se mover. A inibição pode indicar excesso de atividade do grupo eretor da espinha e/ou dos posteriores da coxa ipsilaterais.
3. Ocorre uma falsa extensão de quadril, na qual o ponto de articulação/pivô da perna, durante os primeiros 10º de extensão, ocorre na parte inferior das costas e não no próprio quadril, sugerindo atividade excessiva do eretor da espinha e inibição do glúteo máximo.
4. A contração precoce da musculatura periescapular contralateral sugere uma instabilidade lombar funcional, envolvendo o recrutamento da parte superior do tronco como compensação pela inibição dos músculos motores primários pretendidos.

A postura observada, juntamente com a observação dos padrões de movimento, bem como nos testes sentado com as pernas estendidas, abdução do quadril e extensão do quadril, dão pistas sobre quais músculos/grupos de músculos podem estar excessivamente ativos e potencialmente encurtados e quais podem estar inibidos. Essa informação pode ser refinada testando músculos específicos para encurtamento, como indicado na Tabela 25.1.

Tendo identificado músculos com amplitude de movimento reduzida, pode-se buscar áreas locais ou áreas distantes que estejam afetando-os. Então, seria útil avaliar essas áreas (ver discussão anterior sobre a fáscia toracolombar).

Características de palpação de ARTT de disfunção local

A disfunção musculoesquelética geral ou fascial, envolvendo dor e/ou restrição, por exemplo, é comumente associada a uma série de características previsíveis que podem ser resumidas usando-se o acrônimo **ARTT:**

- **A** significa Assimetria (*asymmetry*), uma vez que a disfunção fascial unilateral é mais comum que a bilateral.

Tabela 25.1 Sequência de avaliação muscular postural

Nome: _____ I = Igual (circule ambos se ambos estão curtos). E ou D são circulados se esquerda ou direita são curtos. As abreviações da coluna vertebral indicam lombar baixa, junção lombodorsal, áreas torácica baixa, torácica média e torácica alta (nivelamento e, portanto, reduzida capacidade de flexionar – eretor da espinha curto).
1. Gastrocnêmio I E D
2. Sóleo I E D
3. Posteriores da coxa mediais I E D
4. Adutores curtos I E D
5. Reto femoral I E D
6. Psoas I E D

7. Posteriores da coxa
   a) Parte descendente I E D
   b) Parte ascendente I E D

8. Tensor da fáscia lata I E D
9. Piriforme I E D
10. Quadrado do lombo I E D
11. Peitoral maior I E D
12. Latíssimo do dorso I E D
13. Parte descendente do trapézio I E D
14. Escalenos I E D
15. Esternocleidomastóideo I E D
16. Levantador da escápula I E D
17. Infraespinal I E D
18. Subescapular I E D
19. Supraespinal I E D
20. Flexores dos membros superiores I E D

21. Achatamento da coluna vertebral:
   a) sentado com as pernas retas LB JLD TB TM TA
   b) sentado com as pernas flexionadas LB JLD TB TM TA

22. Os flexores da região cervical da coluna são curtos? Sim Não

A Tabela lista os principais músculos do corpo que são propensos a encurtar quando usados em demasia, mal utilizados (p. ex., má postura) ou feridos (traumatizados) (Janda, 1996).
As letras I, E e D representam: I = igualmente/bilateralmente curto, E = esquerdo curto, D = direito curto.
As outras abreviaturas referem-se à falta de flexibilidade de: LB = lombar baixa, JLD = junção lombodorsal, TB = torácica baixa, TM = torácica média, TA = torácica alta. Detalhes para avaliação desses músculos podem ser encontrados em *Palpation and assessment skills* (Chaitow, 2010).

- **R** significa Restrição (*range*) da amplitude de movimento. Em quase todos os casos de disfunção musculoesquelética fascial ou geral, haverá uma redução na amplitude de movimento disponível para os tecidos envolvidos.

- **T** significa Toque suave (*tenderness*) ou sensibilidade/dor, que é comum, mas não universal. Fryer et al. (2004) confirmaram que locais nos músculos paravertebrais torácicos, identificados por palpação profunda como exibindo "textura anormal do tecido",

também mostraram maior sensibilidade do que tecidos adjacentes característicos de disfunção. A disfunção fascial frequentemente envolve uma qualidade particular de sensação aguda, cortante ou de "queimação", quando movida, comprimida ou estirada.
- **T** significa alterações Texturais ou Teciduais (*textural or tissue*). Os tecidos disfuncionais são comumente associados com hipertonicidade, fibrose, rigidez/endurecimento, edema ou outras modificações palpáveis com relação ao padrão. Fryer et al. (2005) examinaram a possibilidade de que a irregularidade da textura dos tecidos das áreas paravertebrais poderia se dever à maior espessura da parte transversal do volume do músculo paravertebral. A ultrassonografia diagnóstica (Cap. 24) mostrou que esse não era o caso. Mudanças na "sensação" da fáscia, quando disfuncional, têm sido descritas como "densificação": uma palavra que resume com clareza o que é comumente palpado. Fryer et al. (2007) examinaram a atividade eletromiográfica (EMG) de músculos paravertebrais profundos, situados abaixo de músculos torácicos paravertebrais com "textura alterada", que também eram mais sensíveis do que os circundantes. Isso demonstrou uma atividade EMG aumentada nesses músculos disfuncionais, ou seja, eram hipertônicos.

Todos os quatro elementos do ARTT nem sempre estão aparentes quando os tecidos disfuncionais são avaliados/palpados. No entanto, seria incomum não haver pelo menos duas e, idealmente, três dessas características em evidência quando a fáscia estiver funcionando de maneira diferente da ideal.

Exercício ARTT

Faça com que o paciente fique em pé, flexionando-se a partir da cintura, enquanto você fica na frente, visualizando a musculatura paravertebral a partir da cabeça. Um dos lados dos paraespinais em geral será mais "saliente" do que o outro. Observe o nível em que isso ocorre e coloque o indivíduo em decúbito ventral.

Nesse exemplo, vamos supor que seja a área torácica baixa/lombar superior à esquerda. A essa altura, você terá estabelecido que o "A" (assimetria) no ARTT é identificável. Agora palpe os lados esquerdo e direito dessa área das costas para avaliar o tônus relativo de cada lado. O lado mais saliente, o esquerdo nesse exemplo, inevitavelmente será sentido como "mais firme", mais hipertônico.

O teste para o elemento "R" do ARTT é facilmente alcançado tentando-se alongar suavemente os tecidos paraespinais, seja simplesmente pressionando-os, ou tentando dobrar os tecidos lateralmente com o polegar, o dedo ou a mão. Haverá redução da amplitude de movimento no lado hipertônico encurtado.

Uma vez que você tenha sentido a diferença de tônus, de um lado para o outro, palpe um pouco mais a musculatura, possivelmente de um ângulo levemente lateral em vez de verticalmente, e sinta quaisquer diferenças que você possa identificar na textura dos tecidos. Normalmente deve ser possível sentir maior rigidez e, possivelmente, dependendo da cronicidade, alguns elementos fibróticos no lado hipertônico. Nesse caso, você terá estabelecido um dos elementos "T" (textura ou tecido) do ARTT.

A pressão aplicada nos tecidos, em cada lado, deve estabelecer que, na maioria dos casos, o lado hipertônico será sensível (produzindo o segundo "T") no ARTT.

A tradução do ARTT na avaliação fascial é menos óbvia do que quando aplicado aos músculos ou articulações, uma vez que muitas restrições fasciais podem ser profundas e não diretamente palpáveis. No entanto, a fáscia superficial e os tecidos areolares frouxos são facilmente avaliados, conforme descrito a seguir.

EXERCÍCIOS: PALPAÇÃO DA PELE E DA FÁSCIA

O ideal é que os exercícios seguintes sejam praticados em tecidos "normais", bem como em áreas em que a disfunção é aparente ou suspeita. Além disso, pratique em tecidos que estão sobrepostos a grandes massas musculares e também em lugares onde haja um mínimo de músculos entre o contato palpável e o osso subjacente. Quanto maior a variedade de tecidos, e indivíduos de diferentes idades e condições físicas, que estiverem envolvidos nos exercícios de palpação, mais rápida será a alfabetização palpatória (Chaitow, 2010).

Exercício 1

Arrastar a pele

- Antes de iniciar o exercício, remova qualquer relógio ou joia.
- Sem nenhuma pressão, apenas o toque mais leve de um ou dois dedos, acaricie a pele da área em que o relógio esteve, para que você se mova da pele que não estava coberta pela pulseira, para atravessar a área e vice-versa, por várias vezes.
- Você percebe uma diferença óbvia ao atravessar essa área mais "úmida" em comparação com as áreas mais secas?
- Alterações aumentadas da hidrose da pele (suor) devem ser palpáveis. O que você está sentindo é conhecido como "arrastar", e você está usando a palpação de arrasto para identificar o aumento da hidrose, que é de forma geral associada com a hipertonicidade, disfunção tecidual e resistência fascial ao deslizamento.
- Quando estiver confortável de que é capaz de reconhecer a sensação de arrasto, e sem usar nenhuma pressão, apenas o mais leve toque de um ou dois dedos, acaricie a pele da parte anterior da sua coxa (para o propósito desse exercício), em várias direções.
- Depois faça o mesmo na parte lateral da coxa, cobrindo os aspectos mais densos do trato iliotibial.
- Tente sentir e identificar áreas de arrasto. Estas serão muito menos óbvias do que a área sob a pulseira do relógio, mas devem ser reconhecidas quando o movimento suave dos dedos, sobre a pele, se tornar um pouco "áspero".

Exercício 2

Deslizar e rolar a fáscia superficial

- Coloque dois ou três dedos na pele da parte anterior da coxa com mínima força compressiva (somente gramas) e deslize-a (a pele junto com a fáscia superficial, à qual está vinculada) em direção ao joelho, até sentir resistência. Em seguida, volte para o lugar onde você começou e deslize a pele na direção do quadril.
- Compare a facilidade de movimento em uma direção com a outra.
- Houve maior resistência em uma direção ou outra?
- Realize a ação em áreas que exibiram sensações de "arrastar", assim como naquelas que não exibiram.
- Agora realize as mesmas ações na superfície lateral daquela perna, cobrindo o trato iliotibial. Compare a facilidade de movimento com a superfície anterior ou com áreas livres, bem como com as que exibem o "arrasto".
- Depois de explorar uma perna, faça as mesmas avaliações na outra perna, bem como em outras áreas facilmente acessíveis do corpo, como a região anterior e lateral da panturrilha, comparando e lembrando as diferentes "sensações" desses tecidos à medida que você os levanta, desliza e rola.
- Compare seus achados. Houve maior resistência ao deslizamento da pele/fáscia superficial em alguns locais em comparação com outros, e isso se correlacionou com o arrasto?
- Houve maior resistência em uma superfície da perna, ou aspecto da perna, em comparação com a outra?
- Quais diferenças você notou ao tentar realizar os mesmos exercícios em áreas com

pouca cobertura muscular ou em que havia densas camadas fasciais (trato iliotibial)?

Exercício 3

Teste de elasticidade da pele

- Agora, gentilmente pince uma pequena porção de pele entre as almofadas do indicador, do dedo médio e do polegar em uma área já testada quanto ao "deslizamento" da pele, como no Exercício 2.
- Levante essa pele para sentir seu grau de elasticidade, que diferirá muito em diferentes áreas do corpo.
- O que você está segurando é pele e fáscia superficial, junto com parte do tecido conjuntivo adiposo/areolar/solto que fica entre essas camadas e o tecido conjuntivo denso subjacente. Esse material "solto" inclui uma variedade de células e substâncias, como proteoaminoglicanos, que facilitam o "deslizamento" das várias camadas de tecido, umas sobre as outras (Cap. 3).
- Quando essa facilidade é reduzida ou perdida, a disfunção, a restrição e a dor são consequências quase inevitáveis. Repita esse leve "pinçar e levantar" em várias partes da coxa, tanto nos lugares onde há uma camada espessa de músculo como onde há um mínimo de músculo e mais tecido fascial.
- Agora, veja se consegue "rolar" a pele e a fáscia superficial entre os dedos e os polegares, nas diferentes áreas que você está testando, em várias direções.
- Você notou que no lugar onde o deslizamento reduzido (Exercício 2) foi observado, a pele é menos fácil de levantar/alongar e rolar?
- Em geral, quanto maior o grau de hipertonicidade e encurtamento, maior será a resistência ao deslizamento livre nas estruturas subjacentes da pele/fáscia superficial.
- Em muitos casos, haverá uma correlação entre arrasto, falta de capacidade de deslizamento fácil e perda de qualidade elástica (Cap. 10).

Note que vários elementos do ARTT são demonstrados por meio desse exercício. Um grau de aumento de sensibilidade também é provável em áreas onde o arrasto é observado, onde há uma capacidade reduzida de deslizar e rolar. Às vezes, rolar o tecido será mais desconfortável, acrescentando o elemento final de ARTT (sensibilidade ao toque).

Exercício 4

Aplique os testes 1, 2 e 3 no sacro de alguém e/ou na parte inferior das costas e, ao fazer isso, tente avaliar as direções de restrição relativa na capacidade de deslizamento dos tecidos superficiais. Você está agora a caminho da alfabetização palpatória.

RESUMO CLÍNICO

- Avaliação global via observação: estática e durante o movimento oferece indicações de áreas restritas ou disfuncionais.
- Avaliações funcionais permitem identificar estruturas específicas que merecem mais investigação.
- Palpação direta isola áreas de mudanças locais de tecido.

Sua única preocupação remanescente é o que fazer com o que você identificou. Este livro oferece soluções para essas preocupações.

Referências bibliográficas

Barker, P.J., Briggs, C.A. & Bogeski, G. (2004) Tensile transmission across the lumbar fasciae in unembalmed cadavers: effects of tension to various muscular attachments. *Spine* 29(2): 129–138.
Chaitow, L. (2010) *Palpation and assessment skills.* Edinburgh: Churchill Livingstone.
Fourie, W. & Robb, K. (2009) Physiotherapy management of axillary web syndrome following breast cancer treatment: Discussing the use of soft tissue techniques. *Physiotherapy* 95: 314–320.
Franklyn-Miller, A. et al. (2009) IN: *Fascial Research II: Basic Science and Implications for Conventional and Complementary Health Care Munich:* Elsevier GmbH.
Fryer, G., Morris, T., Gibbons, P. et al. (2007) The activity of thoracic paraspinal muscles identified as abnormal with palpation. *JMPT,* 29(6): 437–447.
Fryer, G., Morris, T. & Gibbons, P. (2004) The relationship between palpation of thoracic paraspinal tissues and pressure sensitivity measured by a digital algometer. *J Ost Med.* 7: 64–69.
Fryer, G., Morris, T. & Gibbons, P. (2005) The relationship between palpation of thoracic tissues and deep paraspinal muscle thickness. *Int J Ost Med.* 8: 22–28.
Greenman, P.E. (1996) *Principles of manual medicine.* 2nd Edition. Maryland: Williams and Wilkins.
Grinnel, F. (2009) *Fibroblast mechanics in three-dimensional collagen Matrices. Fascia Research II: Basic Science Implications for Conventional and Complementary Health Care.* Munich: Elsevier GmbH.
Hammer, W. (1999) Thoracolumbar Fascia and Back Pain. *Dynamic Chiro Canada.* 31(10): 1.
Huijing, P. (1999) Muscular force transmission: a unified, dual or multiple system. *Arch Physiol Biochem.* 107: 292–311.
Janda, V. (1983) *Muscle function testing.* London: Butterworths.
Janda, V. (1996) Evaluation of muscular balance. In Liebenson Ceditor: *Rehabilitation of the Spine.* Baltimore: Williams and Wilkins.
Key, J. (2010) *Back Pain - A Movement Problem: A clinical approach incorporating relevant research and practice.* Edinburgh: Churchill Livingstone.
Langevin, H. et al. (2009) Ultrasound evidence of altered lumbar connective tissue structure in human subjects with chronic low back pain. Presentation 2nd Fascia Research Congress.
Myers, T. (2009) *Anatomy Trains.* 2nd edition. Edinburgh: Churchill Livingstone.
Stecco, L. & Stecco, C. (2009) *Fascial Manipulation: Practical Part.* Italy: Piccini.
Willard, F.H., Vleeming, A., Schuenke, M.D. et al. (2012) The thoracolumbar fascia: anatomy, function and clinical considerations. *J Anat.* 221(6): 507–536.

Índice remissivo

A

Abordagem funcional 95
Abordagem funcional no alongamento 96
Ácido lático 28
Adaptabilidade à carga mecânica 6
Adaptação mecânica dos tecidos fasciais 205
Adaptação tecidual da fáscia muscular e do tendão 205
Adaptações da região lombopélvica do quadril 221
Adjo Zorn 179
Agachamento 200
Agachamento com salto 250
Algômetro 271
Alongamento 89, 91, 125, 126, 150, 160
Alongamento ativo da fáscia 174
Alongamento clínico 90
Alongamento da cadeia miofascial 223
Alongamento dinâmico 161, 162, 225
Alongamento fascial 114
Alongamento instintivo 125
Alongamento passivo 94
American Academy of Orthopedic Surgeons 73
Amplitude de movimento 89
Amplitude de movimento funcional 90
Anatomia patológica e fisiologia 76
Andar de forma energética 187
Andar elástico 179
Aplicação clínica 107

Arremesso 64
Artes marciais 169
Artrogripose 81
Atletas competitivos 243
Atletas de elite 41
Avaliação ativa 287
Avaliação constante 271
Avaliação estática 287
Avaliação funcional 283, 290
Avaliação muscular postural 293
Avaliação postural 285, 286
Avanço rápido com afundo 201

B

Balanço com as duas mãos 258
Balanço da perna 110
Balanço de *club* com duas mãos 264
Balanço de colágeno 10
Balanço de mão única 259
Balanço na barra 251
Bioimpedância 269
Bioimpedância elétrica 272
Bioquímica 23
Biotensegridade 48
Birgit Juul-Kristensen 73
Blindagem fascial 171

C

Cadeia diagonal anterior direita 64
Cadeia diagonal posterior esquerda 63

Cadeia miofascial 61
Cadeia muscular 62, 67
Cadeia muscular, comparação de modelos 68, 69
Cadeias de flexão e extensão 63, 69
Cadeias musculares de Kurt Tittel 69
Caminhada 62
Capacidade de armazenamento de energia 121, 122
Carga de estresse 41
Carga mecânica 41, 44
Christopher-Marc Gordon 269
Cicatrização de feridas 16
Cicatrizes 231
Ciclo de alongamento e encurtamento 245
Ciência do esporte 6
Cíngulo do membro inferior 17
Circuitos elétricos 275
Clubbells 255
Cocontração 77
Coleta de evidências 284
Coluna vertebral 124
Compartimentos do corpo 273
Componentes da fáscia 5, 115
Composição de neurônios em tecidos conjuntivos musculoesqueléticos 35
Conceitos-chave fisiológicos 244
Condicionando o corpo fascial 175
Condições com hipomobilidade 80
Condições de saúde associadas a disfunções no processo proprioceptivo ou interoceptivo 39
Conectividade 13
Congresso de Pesquisa sobre a Fáscia 33
Consciência corporal 171
Consciência fascial 171, 176
Contramovimento 162
Contramovimento preparatório 109, 111
Corpo fascial 109
Corrida 62
Córtex insular 38

D

Dança 157
Defeitos gênicos 76
Deficiência proprioceptiva 39, 65

Desempenho do movimento humano 89, 91, 94
Desenvolvimento da dor 78
Desenvolvimento de sintomas 78
Desorganização interoceptiva 39
Desvio na barra 252
Diagnóstico por ultrassom 269, 270
Dinâmicas do armazenamento 99
Diretrizes de treinamento da fáscia 116
Divo Müller 109
Donna Eddy 255
Dor inclusiva 81

E

Economia dos movimentos 151
Efeitos do tratamento 79
Elasticidade 121, 174
Elementos musculares 100
Elementos neurais básicos do controle do movimento 24
Eletrodos 277
Elizabeth Larkam 131
Endomísio 14, 45
Energia 7
Energização do Qi 172
Epimísio 14, 45
Equilíbrio de temperatura 28
Equilíbrio geral 78
Equipamento de Pilates 140
Escaladas rápidas 197
Especificidade em adaptação 92
Espinha ilíaca anterossuperior 53, 54
Estabilidade central 148
Estabilização 146
Estabilização do sistema miofascial 173
Estimulação do corpo 151
Estreitamento da pelve 149
Estruturas anatômicas 14
Estruturas/redes fasciais otimizadas 222
Exemplos funcionais no esporte 234
Exercício ARTT 294
Exercício de arco/curvatura 152
Exercício de estabilização 223
Exercício de Pilates 140
Exercício e treinamento da fáscia 233
Exercícios de postura 195

Exercícios de treinamento funcional para a fáscia do corredor 196
Exercícios no *mat* 134
Exercícios pliométricos 249
Expansão da tensegridade 114
Expansão e retração 147
Experiência unificadora 119
Eyal Lederman 89

F

Fáscia, o órgão esquecido 3
Fáscia, o que é 3
Fáscia saudável para um corpo saudável 176
Fáscia toracolombar 18, 288
Fatores de crescimento 30
Fatores humorais 29
Fatores que influenciam o sistema fascial 27
Fernando Galán del Río 205
Ferramentas de avaliação 271
Fibras de colágeno 7, 76
Fibrila 44
Fisiologia 23
Fisiologia e bioquímica do tecido miofascial 30
Fita elástica (bandagem) 224
Fita kinesio (*kinesiotaping*) 224
Flexão pliométrica 251
Força de transmissão 14
Força e equilíbrio de força 77
Força miofascial 13
Força muscular explosiva 77
Forma fascial na yoga 119
Fragmentação do movimento 93
Frequência de ressonância 101
Frequência e métodos de BIA 275
Frequências ressonantes de diferentes atividades humanas 102
Função física geral 78
Fundamentos neurofisiológicos 23

G

Guerreiros ninja modernos 243

H

Helmut Hoffmann 217
Hidratação 8
Hidratação e renovação 8
Hipermobilidade 83
Hipermobilidade articular 73
Hipermobilidade articular generalizada 75
Hipomobilidade 79, 83
Hipomobilidade adquirida 82
Hipomobilidade articular 73
Histerese 8
Hormônios 30

I

Implicações para o sistema miofascial 221
Inatividade 42
Indentometria 270
Integridade tensional 120, 122, 123
Integridade tensional em movimento 120
Interocepção 38

J

Joanne Avison 119
Joelhos 59
Joseph H. Pilates 131

K

Kettlebells 255
Klaus Eder 217
Kurt Tittel 61

L

Lactato 29
Lars Remvig 73
Leon Chaitow 283
Léopold Busquet 61, 67
Lesão miofascial 211
Lesões ósseas e articulares após trauma esportivo 212
Levantamento 66
Liane Simmel 157
Liberação da fáscia dorsal 160
Liberação da fáscia plantar 160
Liberação do peso corporal 146
Liberação fascial 141, 159
Limitações e problemas com a metodologia Gyrotonic 154
Limitações musculares 47
Linha espiral 50, 237

Linha frontal profunda 53
Linha frontal superficial 49
Linha lateral 49, 236
Linhas do braço 51
Linhas funcionais 52
Linha superficial do dorso 48

M

Maleabilidade 57, 58
Matriz extracelular 29
Mecanoestimulação celular 41
Mecanoterapia 229
Mecanotransdução 42
Medição da impedância 273
Medição de impedância em todo o corpo 277
Medicina esportiva 205
Medições elétricas e propriedades do corpo/tecido 273
Meridianos miofasciais 138, 140
Método Pilates 133, 134
Métodos de treinamento funcional para a fáscia do corredor 191
Michael Kjaer 41
Micrografias eletrônicas 45
Miofibroblastos 16
Miometria 269
Miometria com o algômetro 274
Miometria com o MyotonPro 274
Miotonômetro 271, 272
Mobilidade articular normal/anormal 73, 79
Molas elásticas 181
Motoneurônio superior e inferior 23
Movimento 47, 112
Movimento do Pilates 132
Movimento estático 69
Movimento extrapiramidal 24
Movimento proporcional 50
Movimentos estereotípicos específicos de futebol com cadeias miofasciais associadas 222
Movimentos intencionais 61
Musculatura 62
Músculo e fáscia 25
Músculo esquelético 41
Músculos abdominais 18
Músculos das cadeias miofasciais de fechamento ilíaco e de abertura ilíaca 221
MyotonPro 271, 272

N

Nervos 34
Neurologia fascial 48
Neurônios 35

O

Opções terapêuticas 285
Órgão sensorial 33

P

Padrões de respiração 153
Palpação 283
Palpação da pele e da fáscia 294
Palpação dos tecidos moles 287
Pandiculação 90, 126
Patogênese 75, 80
Pelve 150, 184
Percepção da conectividade 164
Percepção fascial 163
Percepção sensorial 113
Perimísio 14, 45
pH do tecido 28
Philipp Richter 61
Pilates 139, 142
Piroska Frenzel 269
Pliometria 103
Postura 127
Potencial físico 173
Prática diária 9
Preparação para treinamento e competição 224
Prevalência 75, 80
Princípio ninja 110
Princípios do método Pilates 132
Princípios do treino orientado para a fáscia 132
Princípios Gyrotonic 146
Processo de cicatrização fisiológica 212
Programa de treinamento para atletas competitivos 248
Propriocepção 78

Protocolo de exercícios para treinar a fáscia do corredor 194

Q

Qualidade de movimento 111

R

Raoul Engelbert 73
Raúl Martínez Rodríguez 205
Receptores polimodais na fáscia 36
Receptores sensoriais na rede fascial 34
Rede fascial conectada 229
Rede tensional 3, 4
Refinamento proprioceptivo 113
Regeneração e fibrose 208
Relação agonista-antagonista nos músculos da articulação do joelho 219
Remodelação do tecido 41
Resiliência 53, 57, 171
Resiliência fascial 173
Resistência 77
Respiração elástica 185
Respostas celulares à carga mecânica 43
Respostas fisiológicas e patológicas à carga 45
Retração elástica 99, 100, 101, 109, 111, 113, 150
Retração elástica de tecidos fasciais 99
Rigidez 121
Rigidez da fáscia em lesões miofasciais e tendinosas 206
Risco de lesão 77
Robert Heiduk 243
Robert Schleip 3, 33, 99, 109, 269
Rotação da coluna 165

S

Salto de precisão 250
Salto de tornozelo com as duas pernas 199
Salto na barra 252
Saltos com ambas as pernas em baixa amplitude sobre miniobstáculos 198
Saltos sobre caixa com perna alternada 201
Salto unipodal do tornozelo 199
Sensores de movimento 269
Síndromes cruzadas 285, 286
Síndrome de hipomobilidade fetal 81

Sistema miofascial 61, 224, 226, 217
Sistema musculoesquelético 218
Sistema nervoso central 17
Sobrevivência evolutiva 231
Sol Petersen 169
Sonoelastografia 211
Stefan Dennenmoser 145
Stephen Mutch 13, 229

T

Talipe equinovaro congênito 80
Tecido conjuntivo 4, 17, 41
Tecido miofascial 23
Tecidos da matriz 44
Tecidos fasciais em movimento 99
Tecidos periarticulares 53
Técnica de modelagem de cicatriz 210
Técnicas de autoliberação miofascial 226
Tecnologias de avaliação 269
Temperatura 27
Tensão física 26
Tensegridade 124
Teoria 1
Terapia fascial 207
Teste de abdução do quadril 290, 291
Teste de elasticidade da pele 296
Teste de extensão do quadril 291, 292
Testes de Beighton 74
Thomas Myers 47
Tônus de repouso 26
Tônus miofascial 25
Transmissão de força 14
Tratamento de lesão no tendão 209
Treinabilidade 166
Treinamento atlético 229
Treinamento cíclico 163
Treinamento da fáscia 109, 111, 158
Treinamento da fáscia na metodologia Gyrotonic® 145
Treinamento de dança 158
Treinamento de dança direcionado à fáscia 159
Treinamento de força muscular 116
Treinamento de força para corredores 192
Treinamento de Pilates 131

Treinamento do método Pilates orientado
    para a fáscia 141
Treinamento fascial 137, 164, 193
Treinamento físico de longo praz 42
Treinamento funcional 192, 194
Treinamento muscular 100
Treinamento pliométrico 104, 243, 246
Treinamento pliométrico para o atleta
    recreativo 249
Treinamento Shaolin de Kung Fu 169
Treinamento temático 249
Trikonasana 54
Trilhos anatômicos 47, 49
Trilhos anatômicos na yoga 55, 56

U

Ultrassom 269

V

Velocidade da mudança 9
Viscoelasticidade 121

W

Werner Klingler 3, 23
Wilbour Kelsick 191

Y

Yoga 54